山右叢書·二編

山右歷史文化研究院　編

上海古籍出版社

八

目　録

楊全甫諫草

〔明〕楊天民　撰

張　燕　點校

仰節堂集

附《曹門學則》《共發編》
《共發續編》《乾臺筆記》
《門人問答語》

〔明〕曹于汴　撰

李　蹊　點校

蒼雪軒全集

〔明〕趙用光　撰

張　仁　點校

楊全甫諫草

〔明〕楊天民　撰

張　燕　點校

點校説明

《楊全甫諫草》，作者爲明人楊天民。天民字正甫，山西太平人。萬曆十七年（1589）進士，除朝城知縣，調繁諸城，有異政，擢禮科給事中，後進右給事中，以亟言立儲君事得罪，貶貴州永從縣典史，以憂憤死於永從。天啓二年（1622），明朝廷因其立儲之議有功，給予死後哀榮，贈官光禄少卿。

楊天民所任職的給事中不過是一介言官。封建社會專門設立言官，目的就在於朝廷（以皇帝爲首的中央政府）能夠聽到不同的聲音，説明封建王朝的大小官員以及皇帝，還是深明“堯舜之道”的，亦即封建社會的“言論民主”，雖然僅僅限於朝廷之内（據説堯舜之時還有“誹謗之木”、“諫鼓”，專門要聽到最下層民衆的聲音，號稱“問於芻蕘”）。《毛詩序》也還説“言之者無罪，聞之者足以戒”。但是封建專制社會的皇權最高統治者，往往只是將這種設想當做一種門面，並不能真正實現。楊天民因直言進諫遭受貶斥的遭遇可以説相當典型。

楊天民一生其實就做過兩件事。一件是做縣令，兩屆縣令都做得好，諸城的百姓一直懷念他，就是鐵證。第二件事就是在京城做諫官。他是嚴格照着上面所説的“堯舜之道”辦事的，所以光是建議趕緊册封太子（立儲君）這件事就一連上了十二道奏章，不厭其煩。開始萬曆帝還頗能忍耐，任其訴説上奏，而或者藉口拖延，或者留中不報。當然，針對“立儲”上奏章的人不止楊天民，但是別人不過上一兩次，不論皇帝是否聽從采納，但求在名義上盡到爲臣的責任就作罷。而楊天民却真的不畏生死，堅定維護儒教長子繼承的倫理原則，竟然連續不斷地上奏。

加之他言辭犀利，思維縝密，常常將萬曆帝爲拖延立儲之事所編排的各種借口，一一加以剖析揭露，連萬曆帝寵妃鄭貴妃的兄弟也因此遭責，最終令萬曆帝忍無可忍，龍顏大怒，把他貶謫到遠遠的貴州永從縣做一個典史，大概文職官員中是不能再小的了。在《大典愈遲乞刻日傳諭舉行疏》這一題本末，萬曆帝批示有關部門對楊天民等人遠調邊方，而且"不許朦朧推升"，同時大加責罵："楊天民等這畜物輒敢逞臆瀆阻，假此要譽沽名，而實離間遲緩，好生可惡！"將恪守封建倫理的朝廷言官稱之爲"畜物"，可見在封建皇權之下官員的可悲處境。

但是在封建社會政治倫理的普遍輿論中，楊天民的做法還是被看作是"壯舉"、"義舉"，"文死諫"，似乎就是封建文人的光榮之路，這也是封建王朝一代又一代得以延續的關鍵——任何集團、階級、社會，都有自己的英雄，不然，那個集團、階級或社會就不會存在一天。這大約就是萬曆之後，這個腐朽到了極點的明王朝還能延續二十多年的原因吧？楊天民就是延續明朝命運的英雄之一，他在奏疏中也表現出對於明朝江山的深遠憂慮，因此除了著名的"立儲"一事，楊天民更對萬曆帝縱容宦官在各地"開礦"、"榷稅"，騷擾盤剝民衆等橫徵暴斂有直接深刻的批評，他直言皇帝"貪利"，並且向其發出"盛世危言"："嗷嗷景象，何變不生？萬一草野奸雄，乘之而起，揭竿斬木，響附雲從，土崩瓦解之勢，不待智者而後知矣。此時雖赤禍國群奸之族，亦何救於危亂哉？"封建社會的人們忘不掉這類英雄，特別是經歷過明末大亂的清代士大夫。所以，《四庫總目》的作者津津樂道："天民在諫垣，敢於言事，建儲之疏至十二上，卒以是謫死。"而他的同鄉也以此爲自豪，"其鄉人爲梓先後疏稿，共成四卷"。

當然，我們從楊天民的"諫草"中看到的具體歷史，還多得很。比如明代科場舞弊的黑暗、官場投機的不知恥、後宮爭鬥的激烈、邊將邀功的殘暴齷齪，從楊天民對他們的彈劾中，也能看出另外一種社會心態。其中，楊天民有關明代科場的奏疏特別值得一提，涉及明代後期青年士子們思想世界出現的變化，具有思想文化史研究的價值。如在《科場文體不經大悖明禁乞賜議處疏》中，楊天民批評當時科舉考試中大量的試卷違背朱熹注，而發揮佛教思想的現象（一曰悖朱注，二曰用佛經），認爲文體不經怪誕，關係到儒教社會的秩序，主張嚴格懲處"異端"士子和主考官，"在士子方炫奇吊詭，在主司復厭常喜新，大亂聖真，髡弁功令，誠何心哉？設謂時尚固然，滿場皆是，不容不取，然亦當於批點之際，明注醇疵，庶法戒猶昭，未爲大失。胡乃意愈禪而圈愈密，詞彌誕而中彌高？是明爲異端樹赤幟也"。這當然顯示出楊天民保守儒教立場的一面，但同時也可見一時之學風已然有衝破儒教束縛之勢，特別是川、湖兩省。此外，此書中還頗有涉及明朝與藩屬國朝鮮之間軍政往來的內容，頗有政治史研究價值。

本次整理，所據爲北京國家圖書館所藏明刻本，即《四庫總目提要》所謂"其鄉人所梓"者，別無他本可校。但這個刻本極劣，凡遇不可識別的漫漶處，則一律用"□"符號表示出來，爲免繁瑣，一般不出校記；個別依據字形或文意可以判斷者，則以校勘記的形式説明，以供讀者參考。其中有兩處題本之文字頗涉舛誤，互有混淆，因無其他校本作爲依據，未敢擅動原文，亦在校勘記中加以説明。另外，原書各題本、奏本皆無標題，今目錄及正文相關標題，皆爲點校者根據奏疏主題所擬。

除整理點校底本全文外，另收錄三項相關文獻，附於書末，分別爲：《四庫全書總目・楊全甫諫草提要》、《明史》卷二百三十三《楊天民傳》、《山西通志》卷一百十一《楊天民傳》。可供讀者參閱。

《楊全甫諫草》題詞

許維新

楊全甫先生既拜給諫，遇事輒言。遇人不敢言，若礦稅之類，尤力言之。當時所最難言無如建儲，業讁□[一]罪□若而人矣。先生抗章言之，力疏凡十二上。時宰而下咸爲危之，而上折其議，□留中，□□語戀甚，上不能平，手批其章百餘語。語至畜之，南讁瘴鄉，凡三易其地而□□□，蓋憤□猶以語真情至，得不至重典耳。先生遂無□不祿。而鄉人憐之，爲梓其疏，凡若干卷。今上即位，臺臣上其事，請加恤錄而□□重言一山嶽矣。往見晉范氏與叔孫穆子論不朽，豹以德、言、功當之，千古以爲知言，而兼者難之。先生初主朝城，再主諸，皆著尤異迹；而盡言忠告，至不難以身徇國；先帝雖暫棄其身，而陰用其言，不一二載而儲位定：則德、功、言併立而三不朽兼。余豹鄉人，而文慚豹；先生范鄉人，世祿之愧先生，爲一洒之。古之事相反而相及殆若此。使先生默默固位，世至大官，没而無聞，其於今日孰得喪者。先生長子春濤，性至孝，言之輒泣下。聊書此以□之。

天啓元年十一月，同年□弟東郡許維新謹題

校勘記

〔一〕□，本題詞爲手書字，字多行草，且板墨模糊，幾乎不可讀。凡不可辨識之字，今一律以□出之，本題詞中下文類此者不再出校。

修舉闕典疏

禮科給事中臣楊天民謹題，爲累朝闕典，究竟難湮，懇乞聖明及時修舉，以成祖德，以光正史事：

臣惟神器相承，天下之大事也。名號顯揚，直與天壤共敝，其迹惡可湮也？國史纂修，一代之大典也。紀載昭垂，將通古今爲信，其實惡可枉也？以大典識大事，以必不可湮之迹，筆必不可枉之書，故從古以來，即餘分閏位，亦不得以竊據廢編年之體，況屬在正統者，能令湮没乎？即觸忌冒嫌，猶不得以私情奪《春秋》之法，況本無嫌忌者，可强爲委曲乎？臣嘗反覆於斯，不能不扼腕於建文革除之既誤，又不能不滋惑於累朝因循之無謂也。

夫革除之辯，不自臣言始。臣查嘉靖十四年，該吏科給事中楊僎嘗以表揚革除死事諸臣請矣，此其意蓋隱然爲建文地也。比時禮官夏言因倉卒召對，未暇深思，既謂“諸臣不宜褒綠〔一〕”，及明日上議，又以“文皇帝百世不遷之宗”爲詞，卒使讜議不行，闕典如故。抵今，筆橐之臣未嘗不切齒於夏言之失對也。迨我皇上萬曆十六年，該國子監司業王祖嫡復以建文不宜革除，與景泰不宜附錄，并形奏辯，而禮部尚書沈鯉亦悉心議覆，至擬爲聖德聖政第一事。中外喁喁，以爲事在必舉。不謂附錄改正雖蒙俞旨，而革除年號依然報罷。此何謂哉？

夫建文爲太祖嫡孫，固皇上一脉骨肉之親也。若聽其湮滅，如宗誼何？臣仰窺聖衷，必灼知情理之不容恝。祖孫兩朝，名分各殊，就中皆有嫌微當辨。若令孫蒙祖號，則幾無別矣。臣仰窺聖衷，必灼知統系之不宜混。識大識小，貴在不遺。今革除幾二百年，其事已不無散逸失，今再不搜輯，將散逸愈多，可令熙朝無完史耶？臣仰窺聖衷，必灼知典謨之不當缺。朝有史，野亦有史，固并存於世者。此時縱無改於革除之舊，而億萬世之後，能保其不從野史中搜遺事乎？臣仰窺聖衷，必灼知後世之不可欺。有一於是，則革除之復，宜不俟終日可矣。乃因仍至今，若有所顧忌，而不肯遽許，得非終惑於"百世不遷"之說，恐存一建文，即於成祖相妨，因於聖孝未愜耶？是大不然。

蓋靖難之舉，順天應人，其師不嫌於無名；永樂之勛，革命鼎新，其功不殊於再造。無論更號成祖，自有中興創始之義，固不以建文之位號有無爲增損。即初號太宗，亦最似漢之文帝，雖前有孝惠，其徽稱固少不相礙也。臣不解夏言"百世不遷"之說抑何所主持，而令至今成不決之疑乎？

昔孔子論武、周達孝，歸之"善繼善述"。夫所謂"善"者，正謂以心相體，以是相成，不拘拘往迹云耳。臣考成祖登極之後，猶稱建文爲少帝。且其葬也，用天子禮，曷嘗忍於明議革除哉？說者謂宣力之臣欲假此形迹以張功伐，故贊成至此，良爲不誣。以此臣知革除之復固不徒爲建文崇榮名，正所以善體成祖之心也。史以傳信，不信則疑，疑則訛，此必然之勢也。以成祖湯武之心，有何不可令人知者？而乃以革除諱之，欲後世弗疑弗訛，得乎？甚必有舉一律百，并全史而疑其爲諛聞之具者，將使好事不經之談得以任口雌黃，而反致聖祖心事不白於後世，非計之得者。以此臣知革除之復固不徒爲建文存實録，正所以善成祖之是也。

臣不暇遠引，即我朝英宗皇帝，不嘗削景皇帝位號乎？及憲宗皇帝嗣位，則旋爲議復。質諸人心，垂之青史，不聞有累於英宗，亦不聞少虧於憲宗之孝。今何獨於建文之事而疑其於成祖相妨，於聖孝未愜哉？不但此也，往年革除報罷，猶曰"正史未修，時姑有待"。邇皇上允儒臣之請，業已開局授餐，纂編逾歲矣。若及是時慨然命復，則修廢舉墜，而天下萬世皆謂闕典頓興，自皇上始；如姑舍之，則承乖襲舛，而天下萬世皆謂闕典終廢，亦自皇上始。所關聖德聖政誠非渺小，而臣愚待罪該科，亦與有責焉，故不憚緩煩而仰瀆宸嚴若此。

伏乞敕下該部，再加覆議。如果臣言不謬，願亟賜允行，則上可以襄祖德，下可以光信史。而繼述大孝，不在武、周，而在皇上矣。臣不勝激切祈望之至。

緣係累朝闕典，究竟難湮。懇乞聖明及時修舉，以成祖德，以光正史事理。未敢擅便，謹題請旨。

萬曆二十三年七月初四日具題。

本月初七日，奉聖旨："禮部知道。"九月十六日，該禮部覆。十八日，奉聖旨："建文事迹，着附載太祖高皇帝紀之末，仍存其年號。"

乞罷斥奸臣疏

禮科給事中臣楊天民謹題，爲□〔二〕臣罪狀大著，昧心戀位，玷辱清朝，懇乞聖明速賜罷斥，以彰乾斷，以杜隱憂事：

臣惟：大臣享有高爵厚祿，其體面既崇，其廉恥宜重。用舍之權，當聽之朝廷；是非之公，當付之輿論。固不宜聞言反噬，冀逞患失之鄙懷；亦不宜借辯自賢，默寓乞憐之工計。此正所以養廉恥，重體面也。臣不意當今清明之朝，乃有穢迹敗露，清議不容，而猶然昧心强辯，戀爵祿，喪廉恥如戎政侍郎沈思孝者。

寧不羞朝廷而辱班行耶？

　　臣按思孝生平，心胸最毒，性氣最戾，機械最深，口舌最利。止因建言一節，每每欺世盜名。雖時有醜行，人姑諒之。乃自入工部之後，遂恣肆無忌，并前所爲欺世盜名之意，一掃盡地，而滿朝縉紳，人人思欲逐奸臣矣。科道連章糾劾，豈其有宿憾於思孝？期爲朝廷清仕路，拔禍本也。爲思孝者，宜省躬知罪，引咎求去，猶不甚謬於大臣之體，胡乃塗面放刁，無所不至。於科臣之疏，則創爲"尊主權"之説，以傾陷之；於臺臣之疏，則創爲"迎合權貴"之説，以解釋之。一番彈射，一番支吾，恃有三寸長舌，甘作千層厚面。

　　信如思孝"尊主權"之説，必其自重主權，猶可言也。乃連疏瀆擾，其於"□參不許奏辯"之旨何如？黨救貪墨，其於"考察不許囑托"之諭何如？且飾辯之後，知公論難掩，懼人言再至，遂揚言曰："皇上眷我甚厚，如再有指摘我者，皇上有言，必要廷杖以安我心。"此長安喧布，人所共聞者，不知皇上果有此語否？有之，而思孝預泄以彰己之寵，是謂弄權；無之，而思孝捏造以箝人之口，是謂擅權。此等作用，則廷臣中之不尊主權，尚有過於思孝者乎？信如思孝"迎合權貴"之説，必其自非權貴，猶可言也。乃二卿之位，不爲不尊；戎政之權，不爲不重。兼之翻雲覆雨，勢焰薰天，當其不與少宰之推，輒忿罵曰："把老孫趕了去罷！"蓋指冢宰也。此醉中真語，同飲所共駭者。使非有大權力，敢公然爲此論耶？故一説謊，而六科之長立就傾危；再説謊，而百官之長幾不自白。此等景象，則廷臣中之第一權貴，尚有愈於思孝者乎？只圖反攻，不顧矛盾。

　　蓋思孝主意，將欲家於官而死於官，一旦爲諸臣論列，故不勝忿狠。雖理屈詞窮，猶巧尋題目，爲含沙射人計耳。思孝至此，良亦苦心哉！然而肺肝盡露，豈能欺天下乎？臣若縷數思孝罪狀，思孝必且另立題目，再費支吾。臣惟即思孝所疏聞於皇上，而敢蹈謾上之罪，肆爲喪心之行者，爲皇上陳之。

思孝前疏述母年甚衰，至譬爲風燭，止有繼子在側，別無依倚。其母旦夕涕泣，以望思孝，而思孝亦自知悽哽酸楚，欲圖歸養。纍纍數百言，豈不儼然一孝子乎？乃未幾，而思孝之繼子盡攜家入都門，而獨遺所謂“風燭”“涕泣”之母孑然在家矣。夫方云“辭官以養母”，而反奪母側之人以隨官，此何謂者耶？且今既數月矣，不復聞言及伊母一字。臣不知思孝之老母今將安在？豈寄之他人耶？豈伊母自老轉少，即無一人侍養，而思孝可以不動念耶？又豈思孝挾先臣程濟之仙術，日在任所，夜在家鄉，而可以躬侍伊母耶？嗟嗟！思孝將不欲自列於人類乎哉？以上則詭語欺君，以下則附羶忘親。臣不知思孝平旦清明，何以爲情？引鏡窺面，何以爲顏？蓋思孝之心，至此死矣。有臣如此，若不速去，彼以良心已死之人，逞其奸雄變幻之才，必將引用非人，摧殘善類，盜弄主權，把持國是。其爲宗社生靈大害，真有臣子不忍言者。

伏乞皇上洞察，大奮乾斷，將思孝亟賜罷斥，用息禍胎，俯答中外臣民之望，是皇上自爲宗社生靈計也。臣無任激切惶悚待命之至。

緣係奸臣罪狀大著，昧心戀位，玷辱清朝，懇乞聖明速賜罷斥，以彰乾斷，以杜隱憂事理。未敢擅便，謹題請旨。

萬曆二十三年九月初二日具題。

留中。

濫封可已疏

禮科署科事給事中臣楊天民謹題，爲濫封可已，成例當嚴，懇乞聖明俯從部覆，杜倖門，以一法守事：

臣看詳章奏於本月二十七日，接得禮部覆吉王乞恩改封一疏，奉聖旨："吉府係朕親支，常汶、常灐，准照秦府改封，仍不爲例。"欽此。臣悉詳顛末，不勝驚駭，奈何皇上以聰明英斷之主，乃屢爲諸藩所誑，遂決裂明例，一至此極也？

臣惟：當今天潢之派，至稱繁衍，朝廷所以整齊約束，能令貼然無競者，非以私恩濫典，日爲之煦煦，亦以其法制定耳。正今日之《要例》是也。《要例》封典一款內開："親王絕嗣，許親弟親侄進封爲親王。如無親弟親侄，以次推及倫序相應者進封。日後子孫除承襲親王外，其餘俱照原封世次，授以本等爵級，不准加封。"夫此一例也，明白炳若日星，非微有隱約不盡之意可以滋疑也；決斷嚴於斧鉞，非別有奏請定奪之文可以藉口也。今吉王以龍陽王繼嫡弟莊王之爵，非例之所謂"進封親王"者乎？除長子常淳已封世子承襲外，其二子常汶、三子常灐業亦封鎮國將軍矣，非例之所謂"授以本等爵級，不准加封"者乎？是常汶、常灐不當妄覬郡爵，亦彰明較著矣。吉王以溺愛之私，滋無厭之請，固曰人情常態。乃皇上爲紀法之宗，自當秉成憲以繩束諸藩者，顧竟奪部議，曲徇冒請，抑何爲也哉？

臣伏誦明旨，不過曰"吉府係朕親支"而已，又曰"仍不爲例"而已。執此兩端，果可謂封固無害耶？臣竊謂不然。蓋諸藩皆太祖高皇帝一體而分也。皇上纘承大統，止可以分之崇卑定爵級，不宜以派之遠近別親疏，亦帝王之體固然耳。信如吉王謂二子派出英宗，爲皇上至親當封，臣思英宗之派不止一吉府，而皇上今日之懿親且有視吉府爲更近者，觸類加恩，不識若子若孫皆人人可王乎？恐勢不能矣。臣以爲"吉府係親支"之說，既非所以昭一本，亦非所以聯諸藩也。至例者乃畫一之法，必上之人堅如金石，斯下之人信如□□[三]。當皇上予潘府珵瑄、珵

□〔四〕之封已破祖宗舊例，然猶有“不爲例”之旨可守也。乃未幾，於秦府□□〔五〕之封復許之。是并“不爲例”之例，亦背之矣。雖誼渼之封既破“不爲例”之例，然猶有“仍不爲例”之旨可執也。乃今於吉府常汶、常瀲之封復許之，是并“仍不爲例”之例又棄之矣。聖上綸綍之言無難反汗，彼各藩隴蜀之望自可垂涎，嗣此請者當接踵矣。臣以爲今日“仍不爲例”之説，既不能以踐前言，亦不足以彰後信也。是明旨二端，本欲廣敦睦之仁，適足爲敦睦之累；方欲垂覬覦之戒，反足爲覬覦之招。將來流弊，宗枋不至於償□□治，朝廷不至於掣肘濫觴不止也。皇上安得不畜察而預防之哉？

至於“准照秦府改封”，臣更不容無言者。蓋秦府之封，藩府爲之階也。當時科部執奏，奉聖旨：“今後再有援例的，該部科參來。”欽此。天語森嚴，皇威咫尺，諸藩獨不聞且畏乎？乃因秦府嘗試於前，皇上已誤，致今吉府效尤於後，皇上豈容再誤？

臣職司封駁，請得奉旨從事矣。伏乞聖明念舊章之當率，防倖竇之易滋，將吉府常汶、常瀲二郡封停罷，一如部覆，則豈惟見朝廷無偏無黨之公，抑可爲宗藩安分寡過之地也。臣干冒宸嚴，不任悚慄翹延之至。

緣係濫封可已，成例當嚴，懇乞聖明俯從部覆，杜倖門以一法守事理。未敢擅便，謹題請旨。

萬曆二十四年正月二十九日具題。

二月初一日奉聖旨：“已有旨了。禮部知道。”

乞重懲革退舉人疏

禮科署科事給事中臣楊天民謹題，爲奉旨革退舉人飾詞妄辯，大干法紀，乞亟賜重懲，永絕倖竇事：

臣於正月二十八日□科辦事，接得原中順天鄉試、今奉旨革退爲民舉人屠大壯一本，爲守禮情眞，勘明日久，沉冤未伸，懇天原情，照例覆試，以廣聖孝，以正國法，以全士節事。奉聖旨："該部院知道。"欽此。臣讀之，不勝駭愕。

蓋設科取士之典，我朝最重。凡主考行私，士子用倖者，法無赦。臣自備員鎖□[六]，每聞朝紳談及戊子順天科場一事，未嘗不扼腕切齒也。當是時，主考黃洪憲及同考沈璟輩以附勢之心，遂其罔利之計。所中者，非相門之婿，則富室之郎。或假字句以通其關節，或焚硃卷以掩其對磨。一省臺省部屬諸臣如李汝華、高桂等直據此事而參者，不止一疏。如胡汝寧、林祖述等阿徇此事而敗者，不止一人。惟是冰山未泮，錢神有靈，倖中多人，盡從漏網。就中尤可恨者，莫有甚於屠大壯也。蓋大壯用賄於黃洪憲，與賀學禮等用賄於沈懋孝同。賀學禮等之覆試也，在午門；大壯等之覆試也，乃在禮部。賀學禮以劣卷被黜，大壯以劣卷獨留。賀學禮等之原卷下部，大壯等之原卷存□[七]。神術通天，更僕難悉。卒使清議竟屈，國法不伸，安得令人無遺恨也？後幸周如綸之疏一投，而再覆試之命又下。時大壯自揣文理之不堪也，又計徵倖之難再也，不候覆試，輒爾潛逃，隨經禮部以規避具參，隨奉明旨以規避革黜。使大壯少知廉恥，少知法紀，自當終其身竄伏牖下，羞面見人，又胡爲乎叩閽强辯耶？

據其奏詞，不過借口親喪耳。夫情法不並伸，君親不兩重。細查朝臣聞訃，未有不候部文而去者，亦未有不報辭朝而去者。蓋君重則親輕，法伸則情屈，禮固然也。大壯係有罪之人，非朝臣無故之比。其進其退，可得自由？即使在家提試，決難以守喪不來，而況待試都門，豈容以聞喪徑去？僅隔數日，胡不少停？則其規避之情，可謂肺肝畢見矣。托言爲母，而敢於抗君，未見奪情，而實以蔑法。

大壯得以此名獲附編氓之籍，臣以爲幸之幸者。若從公坐以賄買，罪豈止於一褫？縱有案查非詐喪，惡僅免於五逆。安得引孫給事之歸爲例，而指李御史之案希脫也？嗟嗟！大壯之計亦詭矣。始也以行賄而中，既也以借勢而免，今又欲假親喪以復。輦金再入，鑽刺愈工，百狡百奸，何冤何訴？是尚知有三尺哉？蓋三尺之法，朝廷所以整肅天下之具也。人不得越於法之內，則不敢覬於法之外。彼見近來一二冒籍者之濫復衣冠也，而遂欲破甌之重完；彼又見一二敗行者之躐躋華要也，而遂欲寒灰之再焰。大壯今日復舉，則洪憲明日起官，將令狐鼠縱橫，渙汗不定，其何以重試典而清朝路哉？

伏乞敕下該部院，嚴加覆究，明正厥辜。無使幸門再啓，制典蒙羞；無使紀法或撓，伏奸復出。乃今日磨礪世風一大機括也。臣不任激切顒望之至。

緣係奉旨革退舉人飾詞妄辯，大干法紀。乞亟賜重懲，永絕倖竇事理。未敢擅便，謹題請旨。

萬曆二十四年二月初一日具題。初三日奉聖旨："該部院知道。"

究治解官作弊疏

巡視太倉銀庫禮科等衙門給事中等官臣楊天民等謹題，爲解官作弊，乞賜究治，以肅法紀事：

臣等奉命巡視太倉銀庫，每思國計重務，日切競競。幸見督陪諸臣出入公平，關防嚴密。竊謂弊無由作，可省彈文矣。不虞有意外之奸，如順天府武清縣解官張聚及庫役甄松，乃敢於銀錠鑽鉛，矇朧納庫者，謹據實爲皇上陳之。

近該臣等巡視到倉，適該庫奉本部札付，兑發應支各項銀兩，其銀乃武清縣原解到河西務關稅也。錠底各粘一縣印紙票，間有擦損不完者，顯露銀底隱隱青色。隨該監督主事周一梧、陪庫員外楊坦公同臣等取視，果鑽鉛也。又別啓數錠，無不皆然。隨令燒驗一二，每錠流出鉛汁三錢上下不等。通查原銀共一百二十餘錠，總計漁獵正銀大約三十兩有奇。

夫詐僞，大弊也。侵欺，大罪也。矧太倉何地？帑金何物？乃敢庸奸玩法若此乎？但未經對審，不惟贓數難憑，抑且犯情未悉，似不容不提問，以正厥辜者也。至於該庫銀匠，原爲辨認銀之真僞而設，乃當收受之時不能覺察，果以印帖所誤，不及致詳耶？抑以通同所使，明知故縱耶？罪必有歸，亦應并究。

伏乞敕下法司，將武清縣原解張聚、甄松并該庫銀匠邢釗一并提問，務審奸弊的出何人，疏虞有無他故，依律奏擬，以示後戒。庶法紀既彰，而人心知警；譏察必謹，而奸僞不生矣。未必於帑藏無小補也。臣等不勝翹延待命之至。

緣係解官作弊，乞賜究治，以肅法紀事理。未敢擅便，謹題請旨。

萬曆二十四年二月初五日具題。

初七日奉聖旨："着法司提了問。"

直陳修省之實疏

禮科給事中臣楊天民謹題，爲直陳修省之實，仰乞聖明采納，以謹天戒，以圖治安事：

臣聞之董子曰："國家將有失道之敗，天乃出灾害以譴告之。

不知自省，又出怪異以警懼之。”信乎灾異之生，因天心所以仁愛人主，顧人主應之者何如耳。果能悔悟惕厲，應之以實，則其興也勃焉；若更晏安怠惰，應之以文，則其亡也忽焉。其機如此，胡可不畏？茲者，大內火災爲變匪細，恭奉聖諭：“議遣官告廟自責，并詢合行事宜。”欽此。

臣仰見陛下修省至意，竊計，一時輔弼大臣及禮曹條請，必將詳切直陳，共圖消弭。不謂尚爾忌諱宛轉，此正詩人所稱“泄泄”之流，不但上負陛下，抑且孤皇天降灾之意，拂萬方望治之心，終陷陛下於何地？置宗社於何所乎？臣固不明天人之理，但知和氣致祥，乖氣致異，自古記之矣。爲今之計，惟當反其所謂乖者，致其所謂和者，庶幾天意可回也。用是，敢披瀝血誠，願皇上垂聽焉。

一、親郊廟以協神人之和。昔孔子謂“吾不與祭，如不祭”，即祖訓亦云：“風雲雷雨之神，亦不可遣官代祭。”其在天地祖宗又可知也。陛下累年遣代，已非慎重大典之意，況此何時也，猶然修遣代之故事乎？縱陛下仁孝中涵，亦無由以達，恐從此天地祖宗益不居歆，而譴怒或未已也。臣故謂郊廟之亨不可不親也。

一、御朝講以宣政治之和。夫古哲王宵旰聽政，猶切一日萬幾之慮。陛下靜攝深宮，臨御久廢，其何以理天下？我太祖嘗曰：“高居晏樂，亦豈不願？顧自古國家未有不以勤而興，以怠而衰者。天意去留，人心向背，皆決於此，甚可畏也。”今陛下獨不畏乎？儻溺安如故，切慮堂簾遠隔，上下不交，其壅蔽之禍，尚可勝言？不敢謂非天意人心、去留向背之機也。臣故謂朝講之御不可不勤也。

一、慰兩宮以藹庭闈之和。夫問安侍膳，聖哲芳規。陛下大孝光昭，久隆盛美。第靜攝以來，即定省儀文已爲暌隔，如邇者聖母誕辰，陛下不復如往年一御朝受賀。竊恐聖母之心未悅，而陛下之心亦有所未安也。矧當此火厄震驚之後，其慰安尤當詳審，庶庭闈和而天地之和應之矣。臣故謂兩宮之孝不可不隆也。

一、舉大禮以暢宗社之和。夫太子者，宗廟社稷之主也。皇長子册立之期當二十一年，時陛下明許"少俟二三年舉行"。今期會已渝，綸音未煥。豈所以重元良而昭天信耶？矧請冠請婚，并從留滯，竊恐宗廟社稷之靈，亦必有鬱邑未安者。誠沛然並舉，則國祚彌昌之道，端不外此。臣故謂大禮之行不可不亟也。

一、還忠直以通耳目之和。夫言官者，朝廷所寄以爲耳目者也。陛下不資之爲聰爲明，反厭其爲聒爲激。往時屏棄既多，近時斥逐尤甚。人才難得，天意攸存。豈所以自爲社稷計乎？不及此時賜環，將使謇諤風微，諂諛日盛，陛下不至孤立于上不止也。臣故謂忠直之當還也。

一、平喜怒以怡性情之和。夫左右近習，恩怨易生，故孔子謂小人女子難養。固不當使之狎，亦不當使之怨也。側聞陛下靈威叵測，至令人人自危，不幾於寡恩乎？無論肘腋之間意外當防，即聖懷日觸，亦未免動氣傷神，甚非所以養和平之福也。臣故謂喜怒之當平也。

一、止抄没以葆畿輔之和。夫抄没之慘，等於上刑。陛下一時震怒，固出偶觸，至於株連蔓引，旁及無辜，此何爲也？蓋人在捶楚，何所不承，任口招攀，實非真迹。徒使輦轂之下，一時人情洶洶，此豈盛世所宜有哉？臣故謂抄没之當止也。

一、減織造以舒蒼赤之和。夫惡衣澣服，本帝王美德。矧秦晉吳越之地，非殘於兵火，則疲於水旱，乃陛下絨紬紗緞之織，猶不少緩。獨不爲民窮財盡慮乎？愁苦嗟嘆之聲，恐夫心亦所厭聞。今陛下縱不能盡罷，亦決當量裁以答嗷嗷之望。臣故謂織造之宜減也。

陛下欲引咎自責，惟此數事爲切要之圖；陛下欲祈天永命，惟此數事爲昭格之本。自古多難興邦，殷憂啓聖，皆自一念悔悟中得之。願陛下無諱闕失而憚於改圖也。

臣待罪該科，向不能隨事納忠，預效徙薪之謀，是臣不職，誠無所逃罪。然茲亦不敢泄泄從事，而并忘其款款之愚。惟聖明省察，無忽臣干冒天威，不勝激切戰慄之至。

緣係直陳修省之實，仰乞聖明采納，以謹天戒，以圖治安事理。未敢擅便，謹題請旨。

萬曆二十四年三月十二日具題。

留中。

母病身病乞回籍疏

禮科給事中臣楊天民謹奏，爲驟聞母病阽危，驚憂欲死，仰乞聖慈俯容回籍，以徼餘生，以全微孝事：

臣以風塵縣吏，蒙恩拔置瑣垣，計今既一載餘矣。涓埃之報未伸，葵藿之忠正切。苟堪就列，奚敢乞身？第臣有不容已之至情，臣遘不可起之危症，其勢有不得不爲乞歸計者。

蓋臣自己丑登第以來，一官匏繫，曾未過家。臣母七秩衰齡，又不願迎養，以此母子各天，相懸八載。臣心不死，已自難堪，且今於四月初一日接得臣男家書，謂臣母冬杪感嗽，歷春未愈，形體日羸，醫藥鮮效。又謂床褥呻吟之中，每望臣歸，若欲面訣者。臣觸目傷心，魂迷腸斷。一號仆地，竟日方蘇。今雖幸不即死，然氣忡不已，寢食都廢，已爲奄奄待斃也矣。及延醫陳大節等診視，俱謂臣積鬱陡驚，病在心膽，非藥石能療，非旦夕可起。惟有回籍見母，或可解憂而延殘喘，不然必無幸矣。臣自揣亦然，安得不哀鳴於君父之前也？

夫此時掖垣乏人，近見刑科給事中楊士鴻疏乞歸養，該吏部以士鴻母既相從，身又無病，竟覆留供職矣。臣非聾瞶，豈不知自例？但臣母臥病家鄉，既與士鴻依母任所者不同；臣亦垂危朝露，又與士鴻本身無恙者迥異。臣生不空桑，何忍以劬勞罔極之母委聽於沉疴？臣職匪閑局，豈容以死生未卜之身臥糜乎廩禄？貳念交煎，心益焦勞，病愈煩劇。即留臣備員，亦止可於私寓伏枕俟死而已，其於職業何補？

臣查原任户科都給事中侯先春、刑科都給事中劉爲楫，各曾以親病身病乞歸，俱蒙題准回籍調理。臣今事體正與相同。伏乞敕下吏部，查臣別無規托，照例覆請，容臣遄歸。或者臣母慰倚閭之望而衰病可回，臣亦慰瞻雲之思而殘軀可保。是皆聖上再造之恩也。異時臣不死之年，皆圖報之日，必不難捐糜以仰酬高厚矣。臣情迫詞激，無任隕越待命之至，爲此具本謹具奏聞。

萬曆二十四年四月初四日具奏。

初六日，奉聖旨：“吏部知道。”

爲市棍掀瑠日移主聽疏

吏[八]科給事中臣楊天民謹題，爲市棍掀瑠日移主聽，官愁民怨，禍變可憂，懇乞聖心早悟速更，以保萬年宗社事：

臣待罪瑣闈，近依日月之光，伏睹陛下英斷若神，奧奸屏迹，真所謂千古不世出之主也。前此聖心無欲，利孔不開，中外宴然，孰敢異議？自奸輔張位以開礦之利密揭，嘗試固寵結瑠，流毒蒼生，遂爲禍首。臣所以夙夜躊躇，不遽進諫者，竊意陛下神聖，必不終爲群小所欺。或者偶一試之，旋即悟而改耳。何期市井無賴紛然若狂，巧中投宿，日甚一日。陛下不惟不悟，不惟不改，更又甚焉。今日聽某奸弁開礦嶺蜀，明日聽某奸弁榷稅江湖。今日爲某中貴草□〔九〕敕，明日爲某中貴鑄關防。前逮知縣吳□堯，今并知府吳寶秀亦逮矣。前止行於水陸聚貨之地，今并及太原、密雲邊瘠之區矣。山川無一處不發掘，雞犬無一處不驚騷。官府無一處不寒心，商〔一〇〕民無一處不切齒。陛下果真以此爲快意事乎？臣姑指其不可之大者言之。

重莫重於國體。區區衛所奴弁，何如閣部九列大臣？大臣公建一議，百言而百不從；會推一官，屢催而屢不報。獨此輩言無留牘，人皆坐差，孰重孰輕，倒置若此，似非所以重國體也。

公莫公於國用。借口大工，幾曾有錙銖用之於營繕？借口東討，幾曾有毫忽用之於轉輸？外進內收，掩誰耳目？藏之囊篋，下同匹夫。似非所以公國用也。

罪莫大於顯欺君父。此輩漫天說謊，徧地栽殃。淮上餘鹽，盡屬烏有；蒲東奇寶，悉是空山。貓食狗徒，黃旗招搖於道路，一以帶十，十以帶百，如虎傅翼，飛而食人。私剝者不啻萬千，進上者僅分一二。戲弄玩侮，傳笑四方。縱加三尺之誅，尚有餘恨。陛下奈何貪其小利，而忘其大罪乎？

禍莫大於結怨臣民。蓋利者，天地之所最忌，亦細民之所必爭。閭左爭寸布一錢，不難白刃相向。況君實生我，寧堪朘我以生哉？故自古善理財之臣，如桑弘羊、劉晏皆始博能名，終受奇禍。今此輩依憑城社，蠹國肥家，海內之人無不欲食其肉而寢處其皮，異日得禍，亦何足惜。獨念守令逮於獄而臣心離，商賈剝於塗而民心離，臣民離心，非國之福。嗷嗷景象，何變不生？萬一草野奸雄，乘之而起，揭竿斬木，響附雲從，土崩瓦解之勢，不待智者而後知矣。此時雖赤禍國群奸之族，亦何救於危亂哉？

臣誠恐陛下二十七載堯舜之德，一旦爲群小累；祖宗百戰艱難之基業，一旦爲群小促之使壞也。伏乞陛下三思臣言，亟罷礦稅之使，亟正原奏官民之罪，下詔更始，以謝蒼生。庶民心不搖，皇圖可固矣。臣心忠語戆，不知忌諱，惟陛下垂察，天下幸甚，臣愚幸甚。

緣係市棍披瑠日移主聽，官愁民怨，禍變可憂，懇乞聖心早悟速更，以保萬年宗社事理。未敢擅便，謹題請旨。

萬曆二十七年三月初三日具題。

留中。

校勘記

〔一〕"緑"，當作"録"字，形似而誤。

〔二〕□，原書斑駁不清，從本疏末尾重述本題奏内容看，當是"奸"字。

〔三〕□□，二字原書漫漶不清，據文意，當爲"蓍蔡"（蔡，龜之别稱，與蓍草同爲占卜斷疑之靈物），猶言不容懷疑之標準，猶"圭臬"之義。

〔四〕□似當爲"珽"字。

〔五〕□□，原書漫漶，查《明史·秦王誼澊傳》，當爲"誼澊"。下文"澊"雖模糊（已補），而"誼"字明顯可證。

〔六〕"鎖□"二字，原書後一字漫漶不清，據文意，當爲"瑣闈"，下文《母病乞回籍疏》中"蒙恩拔置瑣垣"、《市棍披瑠日移主聽疏》"臣待罪瑣闈"可證。

〔七〕□，原書漫漶不清，據文意疑似"閣"字。

〔八〕"吏"字恐有誤，據《明史·楊天民傳》以及本書其他各題本奏本，俱稱其官職爲禮科給事中、右給事中，非吏科之官。

〔九〕□，據文意疑似爲"上"字。

〔一〇〕"商"，原書作"商"，於文意難通，當爲"商"字之誤，今徑改。下文仍有"商"而誤作"商"字之處，如"商賈剥於塗"之"商"字等例同此，不再出校。

嘉禮愆期乞亟遣官疏

禮科右給事中臣楊天民謹題，爲嘉禮愆期，勢難再緩，懇乞聖明亟賜遣官，以重儲配，以定群疑事：

臣惟皇長子選婚之禮，係國家大典。皇上慎重於數年，待舉於一旦，中外臣民，罔不歡欣踴躍，以爲乾斷既定，巽命已申，從此六禮舉行計日可睹矣。不謂遣官一節復見留難，該部請之，不報；臣科請之，亦不報。該部催之，又不報；臣科催之，亦又不報。向慮皇長子清弱，今氣體已充，不知更復何慮？邇待□〔一〕八府報到，今報到已久，不知更復何待？縱聖意淵微，或自有說，然時至事舉，決難再遲。臣備員該科，與聞典禮，不得不直陳於旒纊之前也。

夫我祖宗緣情制禮，國典昭焉，家法垂焉。載在令甲，較若畫一。皇上試觀二百年來，曾見聖嗣選婚有愈十六歲者乎？今皇長子過期二載，已非舊制，奈何刷選之舉，猶事徐徐，豈以國典可輕而家法不足守耶？《詩》言"不愆不忘，率由舊章"，未有違舊章而得免於愆忘者。臣謂今日遣官之當速，爲其關係於成憲者，不可不遵也。

王者之言，其出如綸，其渙若汗。言其由小而大，一出不反也。皇長子選婚之命，斷自聖心，出自特旨，不但布之所司，抑且見之行事矣。乃遷延數月，乍行乍緩，若決若疑，其於出綸、渙汗之體何如也？古人謂天子無戲言，奈何皇上以宣諭爲戲耶？臣謂今日遣官之當速，爲其關係於明旨者，不可不信也。

婚姻，人道之始。孟軻氏有言："男子生而願爲之有室，女子生而願爲之有家。"父母之心，人皆有之。今皇長子睿齡日茂，豈無瘝瘵反側之思？皇上篤愛時殷，亦豈無佳兒佳婦之願？胡不刻期而成，一舉而定，則不但可以樂觀桃夭之化，抑亦可以蚤協熊夢之祥。宗廟社稷靈長之計，宜無急於此者。臣謂今日遣官之當速，爲其關係於聖胤者，不可不重也。

九重舉動，萬國觀瞻，少涉遲回，易生疑謗。今淑女待選者無慮數百家，夫以一人之選，而令數百家及笄之女守候歲月，槪停媒妁，豈能久而不生觖望？由觖望而疑慮滋，由疑慮而訛言起。一時洶洶之口，至有不忍聞於臣子，不敢言於皇上者。皆此當斷不斷，有以啓之耳。臣謂今日遣官之當速，爲其關係於人心者，不可不定也。

大抵禮之所首重者，惟婚；婚之所首重者，惟時。故《易》以"歸妹"爲天地之大義，《詩》以"及時"歌文王之聖化。當國家典制大備之朝，值皇上教化大行之日，即天派之裔，舉得奉明例而蚤諧伉儷；雖韋布之子，亦得循禮教而蚤樂唱隨。豈以皇長子身則神明之胄，配亦軒曜之儲，顧反不獲依時而聯嘉耦哉？此臣愚益有所未解也。

伏乞皇上察鉅典之不當稽，體至情之不容恝，即賜遣官，亟行刷選。則前而祖制，後而孫謀，上而皇緒，下而輿望，豈不盡萃於亨嘉之會，而爲宮府一大快事哉！臣無任激切祈望之至。

緣係嘉禮愆期，勢難再緩，懇乞聖明亟賜遣官，以重儲配，以定群疑事理。未敢擅便，謹題請旨。

萬曆二十七年閏四月初八日具題。

乞斥貪鄙銓臣疏

禮科署科事右給事中臣楊天民謹題，爲貪鄙銓臣被論驟遷，大非政體，懇乞聖明英斷，特賜顯斥，以清仕路，以快人心事：

臣惟士君子立身行己，自有法度。以當是非毀譽之交，宜聽之公論，若巧爲彌縫，陽辯陰媚，置公論而略不顧惜，是謂無行；以當用舍去留之際，宜稟諸成規，若恃有憑藉，轉黜爲陟，破成規而莫可誰何，是謂無法。臣不意清議昭明之日，朝政畫一之時，乃有無行無法如吏部文選司郎中梅守峻者。臣請爲皇上言之。

臣按守峻生平，品格卑污，衷情險譎。鄉評士論，具所羞稱。迨營調銓司，遂以官爲市。始則藉口調停，公然曲徇請托，以行營窟之謀，後即借名請托，因而廣納苞苴，以遂肥家之計。問其贓，寧止巨萬；聽其醜，喧遍長安。罵柄笑資，更僕難悉。發奸招尤之説，將誰欺乎？幸而吏科左給事中程紹露章彈劾，一時中外人心傳以爲快。然猶病其掛一漏萬，不能悉諸穢狀，俾達聖聰也。

乃守峻心計轉粗，狡謀百出，挾哄堂官，救云則救，留云則留。今且聞破格推升爲太常寺少卿矣。嗟嗟！銓政如斯，尚可謂有公道哉？臣姑不指贓私，免污齒頰，惟即其被參後，蠅營狗苟之狀，則其可羞者有四，其不可解者有三，如：

聞參具辯，護短誇長，若面質亦所不懼者。乃一面上疏，又一面轉托相知，謝罪於原參之門，大意謂："蒙參之事，件件心服，但不得不一辯者，恐從此無面孔向人也。幸望見原。"此不可謂行濁言清，色厲内荏者與？其可羞者一。

刊刷疏揭，遍遞縉紳，非不似含冤負屈者之所爲也。乃又今日倩一人焉說某省臣，明日倩一人焉說某臺臣。不曰“事由囑託，勢不得已”，則曰“情已窮迫，姑容自歸”。惟恐其彈文之再至也。此不可謂昏夜乞哀，驕人白日者與？其可羞者二。

君子正大光明，即屋漏不愧，豈忌傍觀也？守峻不知内省，一味尤人，明謂疏列諸狀，具得隱微曲折，非由中傳，胡從外洩？於是狐疑同官，日甚一日，或因而謗其傾陷，或因而要其遊說，以致一時僚寀剖白無計，奔走不遑。此何等景象也？其可羞者三。

君子難進易退，即終日不俟，奚遑他恤也？守峻既經指謫，移病求去是矣。乃未幾商及覆疏，則曰：“去則誠妥，但後日誰肯起我？不若還我大參。”又未幾商及大參，則曰：“外轉亦甘，但選郎曾無轉大參者，恐後將爲例。”戀戀附羶之意，必至於許推京堂而後已。此何等行藏也？其可羞者四。

臣聞該部舊規，凡司官曾推外任者，即命或不下，亦例不掌選，且究竟外補。守峻非曾以年例外推者乎？胡爲乎獨得掌選，又胡爲乎獨得内轉耶？此一不可解。

臣又聞該部舊規，凡選郎優轉太常，必以六選告峻[二]爲期，間有以五選得者，必其先掌考功，曾經大計，然後准減一選，以酬前勞。不則不爾也。今守峻僅完五選耳，且曾無大計之勞，又胡爲乎驟轉太常耶？此二不可解。

我朝二百年來設立臺省，以糾察官邪爲第一義，未有謫發多贓而徑不議處者。即使事涉曖昧，亦未有不俟公論已明，而遽得超擢者。何守峻被參猶未久也，杜門猶未出也，乃輒轉貳卿美秩？是言官之疏，本係彈章，翻成薦剡，使將來再有徇情鬻爵如守峻其人者，言官參之是乎，不參是乎？此三不可解。

夫止知乞憐可以倖免，即至於可羞而不羞也，將何事不可爲，而猶云雅志？止知好官可以自爲，即至於不可解而必强爲之解也，將何例不可變，而猶云銓體？此推疏未上之前，聞者且駭且疑，謂堂官之無主裁，或不至此。推疏既上之後，見者且嘆且恨，謂守峻之無忌彈，無復有天日矣。豈不益增壞法徇私一左驗哉？

伏乞皇上深念百司清濁之機，視吏部爲的，庶政公私之候，以銓法爲標。亟宜大奮乾剛，將文選司郎中梅守峻特賜罷斥，則所爲澄清吏治，轉移世風，豈曰小補，而大臣圓融體面，似姑在所緩也。臣不任激切跂望之至。

緣係貪鄙銓臣被論驟遷，大非政體。懇乞聖明英斷，特賜顯斥，以清仕路，以快人心事理。未敢擅便，謹題請旨。

萬曆二十七年八月十一日具題。

十三日奉聖旨："梅守峻着擬外任用。吏部知道。"

祈欽限責成大禮大工疏

禮科署科事右給事中臣楊天民謹題，爲大禮大工奉旨相須，計時難緩，仰祈欽限責成，蚤襄慶典事：

臣愚不肖，伏蒙聖恩任使，既署掌本垣印務，又鑒察兩宮工程，苟於職掌有關，皆當先時議請。臣查得萬曆二十六年十一月二十七日，該禮部接出聖諭："朕惟册立分封東宮及諸親王，此乃祖宗訓章大典，嫡庶長幼，一定自有次序。緣因皇長子禀質清弱，氣體未充，况皇后年在妙冲，又屢遭不諱大難，故不得已遲緩少俟耳，非有別意亂危家國。昨者大行皇妣之服已滿，雖無三殿，其二宮不日落成。皇長子齡已過期，體已充足爾，該部便具選婚舊儀來看。其册立并加冠禮，少候二宮落成之日行。朕又思三皇子、五皇子、六皇子、七皇子，俱已長成，若再少待，恐又費一番事。不若亦於二宮完日，一併加冠分封，庶免煩擾。内皇三子、皇五子年歲稍長，待分封之日可着出閣講書，親近儒臣，朝夕訓誨，以開蒙塞。禮部知道。”欽此。

夫册立冠婚與夫分封出講，皆國家鴻儀鉅典。皇上不但欲一時并舉，以萃亨嘉，且必俟二宮落成，以昭盛美。洋洋睿思，豈復臣下所能仰贊一籌！顧臣愚，三復綸音，一則曰“皇長子齡已過期”，二則曰“少俟二宮落成”。夫謂之“已過”，若無容再過者，豈欲其年過一年也？謂之“少俟”，若計日可俟者，豈欲其歲俟一歲也？況淑女之選中既久，而桃夭之芳候將臨。且近查累朝嘉禮，無有不乘春令舉行者，今距春令能幾何時也？乃工程次第雖在垂成，尚多未竟。加以冬月寒沍，强半當停，轉盼及春，時至事舉，將行禮乎？而工未完。將候工乎？而時不待。處勢兩難，當機罔措，不知守禮督工諸臣，將何術以仰副德意矣？

臣用是不勝私憂過計，竊謂并工宜預講也，欽限宜蚤定也。蓋天下事可難可易，惟視人為；可速可遲，惟從上令。臣連日詣各工點檢，除木作石作與油漆作之有暖屋者，雖冬寒無礙營造外，至於泥水固難動也，然未完者僅丹墀之鋪砌耳；灰漆固難行也，然未完者僅蓋面之光漆耳；五墨固難施也，然未完者僅外檐之金碧耳。誠得皇上沛然下一嚴旨，責成内外監督儲〔三〕臣，凡工不宜停者，令其上緊攢造，務在歲裏報竣，毋留為春作之妨。工不得不停者，令其預辦細料，亦務在歲裏悉完，毋致有臨時之缺。一當春和，即倍加夫匠，督者畫地分方，役者鱗集蟻赴，毋互有耽延，毋姑容玩愒。大約限來年二三月之交，依期完報。

夫以子來之衆，而加天語之嚴，其弗克告成於不日者，臣不信也。當此之時，景運芳菲，宸居清穆，即遵將聖諭所定諸禮，一併舉行，庶工不誤禮，禮不違時。在皇長子，册立早，而宗廟社稷之本定；婚媾早，而《關雎》、《麟趾》之慶長。在衆皇長[四]子，封者封，冠者冠，出講者出講，并足以昭玉葉金枝之盛，光祖宗之訓典，酬皇上之訏謀，端有待於今日[五]責成之一舉也。伏乞聖明裁斷，臣不任翹延顒望之至。

緣係大禮大工，奉旨相湏，計將難緩，仰祈欽限責成，畚襄慶典事理。未敢擅便，謹題請旨。

萬曆二十七年十月初三日具題。

感異憂時疏

禮科署科事右給事中臣楊天民謹題，爲感異憂時，乞聖明亟悟，早圖計安宗社事：

臣入科辦事，接得陝西巡撫賈待問揭帖，爲邊鎮孤懸，灾兆異常，懇乞聖明預飭文武邊臣，修省戒備，以保疆場，以弭天變事。內稱，本年八月十八日，狄道縣城東山高二百餘丈，午時崩裂一半，長一里，其下衝成一溝。山南舊有居民耕地，忽涌出大小山五坐，約高二十餘丈。又拘問土民，稱未崩之先，每夜山下火光四出，其內有聲如雷，稍稍又聞有鼓樂之音，如此者十數夜，遂有此變。又謂虜情叵測，乞要天語，申飭邊臣，以保疆場，以弭天變，等因。臣讀之不勝驚駭。

夫西陲殺降邀功，無端啓釁，以致醜虜忿叛，誓死報讐。已入犯者殺掠甚慘，未入犯者窺伺有待。欺蔽成習，而主不獲聞；毒痛干和，而天爲示警。理或有然，而臣猶不敢謂其盡在是也。蓋帝王不拔之業，取象山河；而傾頹不振之徵，每形崩裂。至平地五山涌出，尤罕見聞。查惟唐之垂拱年間，有山出於新豐，而唐易爲周，孰謂陵谷變遷，僅僅應在一隅也乎？

臣竊觀時事，堂簾暌隔，而泰交已非；忠佞溷淆，□〔六〕國是弗定。紀綱法度，日見廢弛；兵馬錢糧，動稱凋耗。事事告瘏，皆有旁落倒持之象，而其釀禍最深，召亂甚速，則無如目前礦稅二事也。《傳》不云乎：「財聚民散。」《書》不云乎：「虐我則讐。」民亦何常懷之有哉？乃今虎狼之使橫噬難堪，狗鼠之徒爭攫無厭。不但無市而徵稅，無洞而包礦，且毀人田盧，掘人墳墓。借事藉没者有之，平空搶奪者有之，擅威誅戮者有之。參守令則守令逮，參撫按則撫按逐。勢薰焰灼，漸漸并官府化爲貙閻。於是不才有司，有助虐交歡，因而自潤其囊橐者；無恥監司，有甘心左袒，因而仰借其吹噓者。以此，嗷嗷之衆，益無所依賴，益無所控訴。戴目而視，傾耳而聽，人人懷幸灾樂禍之心，處處有土崩瓦解之勢。

脱今不亟與更始，臣恐水火之民有掉臂而去，亦將如山之分崩，而不可收拾也。草澤之雄且揭竿而起，亦將如山之突出，而不可削平也。皆不可知之數也。況引伸觸類，如君之與臣，男之與女，君子之與小人，中國之與夷狄，皆有陰陽一定之分，上下不易之位。由今山高驟平，地卑驟高者，推測於人事，明屬陰欲乘陽，下將陵上，兆苟不虛，將何事不可煩宵旰也！且今一歲之中，雷火未已，而水旱繼之。水旱未已，而蝗蝻繼之。近都市喧傳，謂太白經天者，復屢屢矣。不意泰山又見告也。豈非務財用，善小人，灾害並至之明驗哉？

《詩》曰：「敬天之怒，無敢戲豫。」昭君鑒也。又曰：「天之方蹶，無然泄泄。」垂臣戒也。今日之計，皇上誠不宜以「戲豫」負天，臣安敢以「泄泄」負主？用是，不避忌諱，而且效其無隱之義如此。伏乞皇上俯察臣愚，上謹天戒，亟下明詔，首罷礦稅，其庶政之因循者一併振刷修舉。庶民心可定，奸宄不生，祖宗二百年金甌之業，永永有磐石之固矣。臣不□〔七〕隕越籲祈之至。

緣係感異憂時，乞聖明亟悟，早圖計安宗社事理。未敢擅便，謹題請旨。

萬曆二十七年十月初六日具題。

乞嚴勘西陲殺款邀功疏

禮科署科事右給事中臣楊天民謹題，爲西陲殺款邀功，召禍最慘，朋欺太甚，仰乞聖明亟行嚴勘，特賜議處，以謝生靈，以重邊計事：

臣聞禍莫大於殺降，罪莫重於欺君。延鎮之於套虜，自二月擣巢暨七月入犯，其間殺降欺君之狀，中外臣民，人人皆知之，人人能道之。所不得聞者，獨陛下耳。臣久擬糾發，然猶謂地方有按臣在，必能勘實以聞。乃頃閱邸報，見巡按御史吳楷一本，爲虜情事，內稱，訪得虜衆大舉入犯，攻圍堡寨，殺傷軍民，掠搶人畜。兩旬不爲不久，聲聞不爲不遠。各該道將意在隱蔽，牌催數次，通不報。臣等因噫邊事若此，尚可謂有天日哉？臣職叨耳目，敢不據所聞爲皇上言之？

謹按延綏巡撫王見賓、總兵趙夢麟、總督尚書李汶，皆西陲共事之臣。非本年正月間爲套虜會議題款得旨下部者乎？據疏稱：“卜莊等酋畏威悔禍，俛首乞哀，貢馬已收，罰馬亦進，鑽刀説誓，屈伏異常。”以此觀之，其求款何如切者，彼松山久掃，有何關情，肯因此而遽背約乎？又聞“各酋自去歲十一月進馬後，該鎮即與撫賞，且於各邊口互開小市，交易兩月，華夷一家，從此臨邊皆虜帳矣。”以此觀之，其信款何如深者，脱有心西擾，能不遠遁，敢處此而自待死乎？

止因總兵趙夢麟見邊外夷帳星羅，夷情貼伏，輒謂奇貨可居，遂以掩取之謀動督撫。而見賓也，汝也，乃亦不勝其邀功之念。於是西行擾工之名，平空而起；關鎮擣巢之舉，暗地而來矣。聞此時虜見官兵，猶以爲樵采相戲，及臨帳開刀，惟束手就斃。其誅夷之易，真不啻割几上肉，探囊中物者。所以雖操防小堡，人人皆獲首功焉。甚且殺諸館驛者亦九十餘名，殺諸市場者復八十餘級。乃駕言堵截大戰，豈不欺天罔人之甚！

夢麟自知名義不正，耳目難欺，遂因而大行科斂。每參遊營派銀三百兩，每守備營派銀二百兩，每操防營派銀一百兩，共得銀六千。半賄委勘官員，半饋長安權要，希圖內外雷同，共爲掩飾。又將首級以十分爲率，內抽三分賣與買功之人，每級得價五十兩。文武三衙門均分訖。其七分在軍者，夢麟又每級逼抽銀二十兩，及見窮軍出辦不前，幾至激變，而當事者又代爲調停，先以市貨給軍三十兩，約候賞功之銀到日，全扣還官，是二十兩依舊歸帥府矣。其剝削無厭又如此。至所獲夷畜盡掠入己，復散各營，變價數萬，又其甚小者也。以此軍士共誓，再有殺虜者如殺其父兄，而心灰體解矣。

自是虜懷必報之忿，軍有疾視之心。四月以後，常有零虜竊掠，而各堡惟閉門自保，當事者亦不敢一問，良有以也。迨七月大舉入犯，又有此來專殺將官之説。夢麟魂搖膽落，斂兵嬰城，竟不敢以一矢相加，任虜蹂躪，任虜焚燒，任虜殺掠，任虜搬運。兩旬之久，葭州神木一帶，堡寨悉被殘破，窖薰男婦以千計，屠戮老幼以萬計。其少壯群驅而去者，至不可以數計也。他如田禾一躪而平，貨物一掃而空，又不足道者。

如此景象，見者傷心，聞者酸鼻。而督撫諸臣獨閉目掩耳，寂然不一奏報，固知良心已死，獨不念有國法乎？且混扯東虜西助，以爲嫁禍之謀；又捏報兩路破敵，以爲掩敗之計。即以巡按御史奉敕專勘功罪，業有別聞，猶屢催不報，其公然隱匿，又從來所未有者。上而侮誑朝廷，下而藐玩憲紀。臣不知督撫鎮道果何所恃，而敢於無忌憚至此矣。嗟嗟！軍國大計，首重安攘。況今日之虜款戰相半，其觀望向背之機，尤爲喫緊。使中國威信允孚，無論已款者向化益堅，即未款者皆叩關恐後；苟威信一乖，無論方款者搆忿相讐，即久款者亦蓄疑成二。今如延鎮所爲，明是約自我敗，釁自我開，豈但卜酉之禍方來未已，且恐順義之心將謂中國之信爲不足憑，兔死狐悲，亦情所必至。聞夏間撤回擺邊達子，謀欲北徙，是其兆也。失今不蚤爲區處，竊慮諸邊雲擾之患，莫知所終；而九重西顧之憂，從茲伊始。豈不大可寒心也哉！

夫殺降啓釁，前之一大罪案也；敢欺上而報以奇功，失事殃民，後之一大罪案也。復欺上而掩其重罪，前之欺售而後之欺愈堅，後之罪寬而前之功立叙。該督撫鎮道之計，誠乃巧且神矣。彼固自恃錢可使鬼，術可鑽天，謂臺省耳目爲可塗，謂朝廷聰明爲可蔽，錦衣可廮，蟒玉可腰，笑罵由人，峥嵘自我。竊恐橫亡厲氣，必禍其家，九廟有靈，亦必軫念無辜之蒼生，而羞宣告之虛節，肯令此輩紛紛得計哉？

伏乞敕下該部院，責成巡按御史密訪嚴核，毋以勢重而甘爲扶同，毋以罪大而曲爲姑息。毋專憑造報，采紙上之虛文；毋任聽延捱，成署中之高□[八]。秉公執法，從實參聞。更願宸嚴特加重處，以昭邊臣連年欺罔之戒，是今日安攘之至計也。臣忠憤所激，不勝懇切企望之至。

緣係西陲殺款邀功，召禍最慘，朋欺太甚，仰乞聖明亟行嚴勘，特賜議處，以謝生靈，以重邊計事理。未敢擅便，謹題請旨。

萬曆二十七年十一月初九日具題。

邊臣大肆奸欺疏

禮科署科事右給事中臣楊天民謹題，爲邊臣大肆奸欺，糾摘事事有據，懇祈聖斷，俯檢原疏，亟賜批發，以明公道，以服人心事：

臣於本月初九日申時具有題本進呈，爲西陲殺款邀功，召禍最慘，朋欺太甚，仰乞聖明亟行嚴勘，特賜議處，以謝生靈，以重邊計事。内參延綏督撫鎮道王見賓等殺降啓釁，失事殃民，欺罔鑽蔽，種種異常等情。候旨七日，未蒙批發。

臣竊思之，邊疆失機，重事也；督撫欺罔，重情也。朝廷之上，恨壅蔽不得聞，安有既聞而付之不問者？安有欲問而顧肯遲遲者？且往時留中諸疏，或上干乘輿，或内涉宮闈，事各有因，人猶易曉。今如臣疏，乃朝臣明知之事，邊氓切齒之奸，有何忌諱，亦復見格？果曾經御覽乎？抑未經御覽乎？果聖心別有所察，而徐行之乎？抑聖心偶有所爲，而姑置之乎？外庭之疑，誠不可解。惟是延鎮諸臣，自四月擣巢之後，無一日不爲掩飾謀，亦無一日不爲賄賂計。臣原疏謂此輩"錢可使鬼，術可鑽天"，要非漫語，然亦不虞其遽至此也。

嗟嗟！自皇上静攝以來，宮府九閽，堂簾萬里，神謀睿斷，猶不遂至旁落者，獨賴有此章疏一綫路耳。若并此一綫斷絕，切恐臣下之忠讜無由上通，主上之聰明無由下濟。太阿之柄立見倒持，將來如南詔之喪師，亦有不得聞者矣。此其有係於臣工觀望社稷安危之機，尤非細故也。伏乞皇上防微慮遠，將臣原題參疏俯檢亟發，仍將督撫鎮道等官先行革任聽勘。蓋彼輩扶同欺罔，業已打成一家，虎踞鼠鑽，牢不可破。舊按臣屢問屢催，且不以一字報；新按臣所委之道屬，所寄之耳目，皆彼平日術籠威嚇，頤指氣使之人，何由直發其奸機，而顯定其罪案耶？

伏惟皇上留神，生靈幸甚，臣愚幸甚。緣係邊臣大肆奸欺，糾摘事事有據。懇乞聖斷，俯檢原疏，畢賜批發，以明公道，以服人心事理。未敢擅便，謹題請旨。

萬曆二十七年十一月十六日具題。

十八日奉聖旨："章疏朕日親覽，誰敢壅格？這事關邊機，原本留覽。就着該科送揭到兵部覆議來□〔九〕。"

疊灾示警疏

禮科等科署科事右給事中等官臣楊天民等謹題，爲疊灾示警，天譴可憂，乞亟賜修弭，以保宗社靈長事：

臣等竊聞天不忘警，帝不諱灾。我國家數年之間，山川星雷，諸變未易縷指。其回禄一灾，由北上而西華，而兩宮，而三殿，并今尚寶印綬諸處，凡五見矣。上天示警，不爲不頻，即側身承之，猶懼日□〔一○〕，乃依然泄泄從事，在皇上不聞修省之言，在臣下僅進慰安之疏。此寧直諱灾，且忘其所謂爲灾矣。得非以數值適然，無預朝廷闕失耶？臣固不明占驗之術，但□稽往牒，博采群言：

有謂君不思道則火者。皇上十年靜攝，宮府太隔，朝講久虛。大臣之召對不聞，言官之匡救不入。珠玉爲寶，貂璫漸親。長告訐之風，開投獻之路。皇上試以此觀好尚，道耶？非道耶？則天意可知也。

有謂國有失禮則火者。今郊廟重典，久不躬親。遣代雖殷，誰對誰格？至於皇長子冊立冠婚，時無可待。況聖斷久定，何復遲疑？乃舉朝公請之章未即就聽，甚非所以重主鬯也。皇上試以此觀典禮，失耶？不失耶？則天意可知也。

有謂官非其人則火者。夫建官雖多，閣臣爲重，平章國事，身係安危。人不肖則辱官，員不備則曠職。乃今端揆尸素，笑罵自甘，推請已煩，爰立未決。政本重地，覆餗亦足虞矣。皇上試以此觀相道，得人耶？不得人耶？則天意可知也。

有謂正士道消則火者。夫國家設立臺省，原藉補闕觸邪。然必上有容直旌諫之禮，而後下有批鱗折檻之忠。乃頻年遭貶削而去者，賜環無期；應弓旌而來者，守株逾歲。摧折若此，垂首灰心。皇上試以此觀士氣，消耶？不消耶？則天意可知也。

有謂民傷未瘳則火者。今開礦未已，繼以抽稅，山川破碎，閭巷驚騷，朝廷所得幾何？群小剝奪日甚。傾家殞命，控訴無門。積怨成離，積離成叛，恐揭竿斬木之變，勢不在遠。皇上試以此觀民情，傷耶？不傷耶？則天意可知也。

有謂蔑棄法律則火者。蓋法貴持平，非以飾怒。在昔匹夫抱憤，尚干天和，邇來或以事外逮人，或以律外決罪。法官情同首鼠，冤氣積於圄囹。且有逮而未訊者，辯而未釋者，螻蟻有命，草菅何堪！皇上試以此觀法律，棄耶？不棄耶？則天意可知也。

況降灾之地，尤可繹思。蓋司曰尚寶，監曰印綬，非皇上所綰握以示信於天下者乎？年來天戒孔昭，不一而足。皇上當對火拜禱之時，曾下罪己之詔，采時政之宜，明許與天下更始矣。乃煨燼既除，闕失如故，其於信何在也？今日之灾，天意若曰：“人若不以信爲寶，亦安用此藏信之所爲也？”夫灾與事既相應，地與灾又相符。天人相與之際，豈不可畏？皇上安得視爲適然之數，不一動念哉？董子有言：“尚不知變，傷敗乃至。”今火灾由小而大，由大而小，惓惓不已，固愛而留之之徵也，亦怒而去之之徵也。回怒重怒，事在今日。

伏望聖明垂察，特敕文武百官，共加修省，應行實事，條議以聞。先乞采納臣言，首端好尚，以肅感格之原；亟舉典禮，以答神人之望。重政本之選，廣耳目之司。罷礦稅之騷，清羅織之獄。如此，則幽明胥暢，朝野均歡，將太和在宇宙間。而陛下也方稱壽觴，又行吉典，庶聖祚萬年之無斁。此蓋國家極盛極樂之享，則亦何憚而不爲也？伏乞及期斷示，臣等不勝顒望祈禱之至。

緣係大禮久待綸音，懇乞聖慈速示定期，以信詔令，以慰群情事理〔一一〕。未敢擅便，謹題請旨。

萬曆二十八年八月二十日具題。

留中〔一二〕。

大禮久蒙聖斷祈亟賜諭行疏

禮科等科署科事右給事中等官臣楊天民等謹題，爲大禮久蒙聖斷，春令届期，仰祈亟賜諭行，以便欽遵事：

恭惟皇上道重彝倫，謀周啟佑。如皇長子冊立冠婚諸禮，業久荷英斷矣。近且屢勤聖諭，不曰“典禮在邇”，則曰“喜事臨近”。惓惓注念，真有時如不及之意。乃頃於舉朝公請，偶一留中，而禮曹再疏，亦未蒙批發。臣等展轉思惟，莫知所謂。豈以業有成斷，臨期自可隨傳隨舉，始終無庸臣下奏請耶？果爾，則臣等不能無説。

蓋禮時爲大，事豫則立。嘗味“春宮養德”之言，《桃夭》“宜家”之咏，則知冊儲、冊妃必當在春令舉行。兹獻歲將臨，正惟其候。況淑媛入選，婚禮決難愆期；而名號相因，儲禮尤當先舉。且并欲加冠，嘉祥輻輳，稍或遲延，豈不耽誤？至於所需冠服儀物之類，既非一局一監之司，亦非一朝一夕之力。昨歲雖經該部題行造辦，然因未奉成期，率多觀望。此時即申命行事，尚恐難齊，況不戒視成，其能卒辦乎？夫上有不可違之天時，下有不宜緩之人事，前有不敢悖之明綸，後有不容違之典禮。臣子荷國厚恩，敢於此宗廟社稷之計，甘蹈違誤而不爲懇請哉？

伏祈皇上俞納，亟敕該部擇吉具儀，及時并舉。庶於大典有光，於大信無爽，而國家億萬載靈長之祚，培之永永矣。臣等職掌所關，不勝惓切俟命之至。

緣係大禮久蒙聖斷，春令屆期，仰祈蚤賜諭行，以便欽遵事理。未敢擅便，謹題請旨。

萬曆二十七年十二月初七日具題。

爲摘議巡青要務疏

禮科等衙門右給事中等官臣楊天民等謹題，爲摘議巡青要務，以舒民財，以仰神國計萬一事：

臣各准奉本衙門關札，接管巡青，除各遵行外，案查嘉靖四十四年，該刑科等衙門給事中等官張憲臣等題前事，該戶部覆議在外各馬房獸畜及擠乳馬、擠乳牛、駞□〔一三〕牛羊等畜，靡費不貲。歲終巡青，科道會同本部監督主事，查驗膘壯者存留，其餘應揀退變易者，另行議處。出巡事畢，覈實造冊，奏繳青冊，送部查考等因題。奉世宗皇帝聖旨：“是。這馬匹着該監務據實數開派錢糧，一應宿弊盡行查革。揭帖不必進。”欽此。又查得萬曆五年，該兵科等衙門給事中等官劉□等，題戶部覆內一款，重掌貼以勵勤能，大要□〔一四〕巡青科道官出巡查驗，分別參治等因題。奉聖旨：“依擬行。”欽此。欽遵通行在卷，隨該臣等於本年十二月初九日，會同户部山西等清吏司主事楊材等，前往壩大等二十四馬牛羊房等處，將見在駝馬驢騾牛羊等畜，逐一查驗，得膘壯馬五百六十一匹，駝八隻，騾三頭，驢七百五十九頭，牛一百九十八隻，馬駒八十六匹，羊并羔共二百七十五隻；瘦損馬八十一匹，馬駒一匹，駝五隻，驢六十七頭，牛五十一隻，瘦損羊二十隻。

除將膘壯者責付各房，用心喂養，其瘦損者執役軍人分別朴[一五]責，聽户部議覆外，臣等竊惟天閑之費，亦甚不貲矣。内除供乳、供羔者，雖多冒濫之情，猶有萬一之用，姑不具論外，至於馬驢等畜，使用之果有需於養也？或養之真可備乎用也？即費亦安足計乎？乃今臣等按藉查驗，其瘦損者僅存皮骨，即肥壯者亦甚么麽，私家役使者十九，臨點雇覓者强半。此無論芻養積歲，曾未效有奔走之勞，即謂備用一朝，亦豈能勝乎馳驅之任？昔奉差諸臣題准揀退變易，分別參治，良有以也。奈何通年積弊，牢不可破，無一歲不阻挌，無一歲不疲羸，無一歲不條陳，無一歲不沮格。固知城狐社鼠，掣肘爲常。第兹何時也？國值空虛，皇上業以計處責司農矣。民遭饑饉，皇上業以救濟責撫按矣。誠取此無益之費，或存其價於帑藏，或蠲其賦於閭閻，則積一分得一分之用，寬一分廣一分之賜。其視用之若泥沙委之填溝壑者，不較爲得計乎哉？是惟候聖斷之何如也。

至於掌貼等官，職司典守，雖責有攸歸，然弊襲於從□[一六]，權分於多制。不但法有難盡，抑且情有可原。況今歲瘦損無多，似應免究。大抵政有弊竇，然後人有弊端。今日欲爲牧務更弦改轍計，臣等竊謂與其議人，無寧議政。伏乞敕下户部，將壩大二十四馬房事體悉心酌議，是否有裨實用，應否另爲變通，從長覆請施行，未必於國計民生無小補也。臣等不勝惓惓待命之至。

緣係摘議巡青要務，以舒民財，以仰裨國計萬一事理。未敢擅便，謹題請旨。

萬曆一〔一七〕十七年十二月十五日具題。

循例舉劾有司疏

禮科等衙門右給事中等官臣楊天民等謹題，爲循例舉劾有司，以昭勸懲，以仰裨國計事：

臣等各准奉本衙門關札，接管巡青，所有山東、河南并直隸、順天等七府子粒、草料、錢糧，例應歲終查核，分別舉刺〔一八〕。夫臣之差僅錢穀之司也，而臣之官則耳目之任也。司錢穀，自當爲國用計，安得不據盈縮爲殿最？任耳目，并當爲激揚計，又安得不酌賢否爲品題？用是，臣等參考於二者之間，查得歷俸近一年以上，錢糧全完，賢能茂著者：

在北直隸，則祁州知州黃道亨、通州知州高位、開州知州臺存道、冀州知州楊嘉猷、昌平州知州田廓、定州知州張鎔、景州知州馬朴、薊州知州單自新、霸州知州許從坤、易州知州孫大祚、定興縣知縣李瑾、文安縣知縣岳儲精、真定縣知縣徐天寵、獲鹿縣知縣景昉、浚縣知縣張其忠、唐縣知縣楊一桂、大城縣知縣任彥棻、獻縣知縣徐鍰、博野縣知縣李廷訓、清宛縣知縣張五典、邢臺縣知縣劉九光、遵化縣知縣張舜命、寧津縣知縣侯執蒲、滑縣知縣趙士吉、固安縣知縣官箴、永年縣知縣耿鳴雷、東明縣知縣丘雲肇、密雲縣知縣王之都、任丘縣知縣錢允燦、邯鄲縣知縣孟三遷、魏縣知縣王道一、元氏縣知縣郎三俊、長垣縣知縣張文炫、廣平縣知縣徐一□、大名縣知縣高出、南宮縣知縣程希道、靈壽縣知縣聶世潤、新安縣知縣畢如松、良鄉縣知縣錢一鶚、肥鄉縣知縣曹司宰、新城縣知縣張聯芳、任縣知縣徐璘、無極縣知縣倪天秩、隆平縣知縣楊學詩、房山縣知縣左之龍、静海縣知縣戴大槐、順義縣知縣劉伯綬、慶雲縣知縣周棟、保定縣知縣張四聰、贊皇縣知縣李橘、安肅縣知縣馬應賓、棗強縣知縣李夢熊、沙河縣知縣史興禄、饒陽縣知縣翟燿、唐山縣知縣李本盛、新樂縣知縣趙□、高邑縣知縣金四科、南皮縣知縣李正華、平鄉縣知縣陸應鍾、行唐縣知縣馬巽衢。

在山東，則德州知州陸敏捷、膠州知州汪兆龍、寧海州知州姚宗道、高唐州知州楊震雷、東平州知州劉子唯、平度州知州王汝濂、濮州知州陳文郁、鄒縣知縣王一禎、諸城縣知縣顏悦道、滋陽縣知縣楊明盛、曹縣知縣成伯龍、壽光縣知縣高邦佐、寧陽縣知縣李沐民、東阿縣知縣張光紀、金鄉縣知[一九]霑化縣知縣馮世臣、郯城縣知縣王惟聰、棲霞縣知縣張雲霄。

在河南，則磁州知州顧頤、光州知州劉一煜、署裕州事南陽府同知井濟博、許州知州洪啓采、鄭州知州俞喬、安陽縣知縣朱冠、杞縣知縣潘文、嵩縣知縣李俸、蘭陽縣知縣劉亮采、長葛縣知縣朱與翹、河内縣知縣袁應泰、通許縣知縣張應昌、濟源縣知縣史記言、中牟縣知縣歐學啓、寧陵縣知縣車從衡、偃師縣知縣黄元勛、確山縣知縣郭佳鎮、商丘縣知縣劉育、宜陽縣知縣何其智、洧川縣知縣杜縻、永寧縣知縣姚□、新蔡縣知縣王一魁、息縣知縣李如松、商水縣知縣趙尚忠、尉氏縣知縣阮上卿、扶溝縣知縣戴天德、延津縣知縣劉元會、西華縣知縣胡璉、郾城縣知縣張仕周、伊陽縣知縣范垠、臨潁縣知縣羅文俊、林縣知縣孫夢桂、孟津縣知縣周南、湯陰縣知縣孫許、葉縣知縣馮日望、温縣知縣袁賦才、陳留縣[二〇]萬邦俊、考城縣知縣王世熙、涉縣知縣李天柱、柘城縣知縣王希龍、修武縣知縣越應捷、鞏縣知縣馮運隆、鎮平縣知縣李幼勛、遂平縣知縣葉維龍、内鄉縣知縣尚從試。

以上諸臣，品皆金玉，政各鳳麟，理邑如理家，勸課靡遺乎地利；足民而足國，輸將有裨於天閑。窺豹豈止一斑，展驥素推千里。明時卓異，漢世循良，均當薦揚，以備行取擢用之選者也。

又查得未完八分以上：武清縣知縣潘大復、鄒平縣知縣王紹徽、汲縣知縣王良佐。未完六分以上：寶坻縣知縣李如檜。以上諸臣，政本廉勤，地遭荒歉，仰承明旨，方躬拮据，以挽流離，敢呕追乎？忍效繭絲而驅溝壑？縱有虧乎賦額，實無損於官評。似應免罰，以責續完者也。

又查得未完十分：除昨〔二一〕城縣知縣雷雲衢病故，獲嘉縣知縣馮元吉改教，虞城縣知縣張志劣轉，魯山縣知縣羅文寶丁憂外，如臨邑縣知縣喬應節。并未完六分以上：玉田縣知縣周璧。未完四分以上：平陰縣知縣徐州牧、榮澤縣知縣蔣成材、新鄉縣知縣黨曾三。以上諸臣，本玩愒之心，敷因循之治。阜安無術，未聞撫字心勞；逋負多端，徒見催科政拙。持籌有愧，曠職何辭？所當分別罰治，以警怠玩者也。

再照青差薦數，原無定額，然臣等頗浮於常之故實，非因無限額而有溢數也。良爲今年三省錢糧在在全完，較之往歲不無徑庭。且據各司府所報諸有司賢能狀，率多應薦。臣等安得自爲拘拘，而使其有遺賢之嘆也哉？

伏乞敕下户部，查臣等舉刺〔二二〕，如果不謬，酌議覆請，將黃道亨等轉行吏部紀録，潘大復等免罰，喬應節等分別罰治，庶勸戒攸昭，其於官箴牧政未必無小補矣。

緣係循例舉劾有司，以昭勸懲，以仰裨國計事理。未敢擅便，謹題請旨。

萬曆二十七年十二月二十五日具題。

校勘記

〔一〕□，原書漫漶不清，（清）俞森《荒政叢書》卷九：“惟河南、山東、江北、裏八府之人心耳。”又（明）余繼登《淡然軒集》卷一《皇長子婚禮疏》四：“奉旨：‘是。其選淑女，着在裏八府及南京、河南、山東刷選。’”《皇長子婚禮》疏五：“先該臣等開具皇長子選婚事宜上請，奉聖旨：‘是。其選淑女，着在裏八府及南京、河南、山東刷選’……奉旨‘刷選淑女，自着在京城内外及裏八府差官刷選。”可證實“裏”字。

〔二〕“峻”，疑當作“竣”。

〔三〕“儲”，文意難通，據前文提及“諸臣”一語，疑似應爲“諸”字。

〔四〕“長”，文意不通，疑似爲衍文，“皇長子”三字應爲“皇子”二字。

〔五〕“目”，文意不通，疑爲“日”字。

〔六〕□，原書漫漶不清，據文意疑似“而”字。

〔七〕□，原書漫漶不清，據文意疑似“勝”字。

〔八〕□，原書漫漶不清，據文意疑似“閣”字。

〔九〕□，原書漫漶不清，疑似“説”字。

〔一〇〕□，原書漫漶不清，疑似“晚”字。

〔一一〕“伏乞及期斷示，臣等不勝顒望祈禱之至。緣係大禮久待綸音，懇乞聖慈速示定期，以信詔令，以慰群情事理”等句，所述與本奏疏内容以言“灾異”爲主及題頭所述事由不合。考本書卷三之《大禮久待乞速示定期疏》結尾作：“知皇心獨斷之不移，在天不轉灾爲祥者，無是理也。臣等職掌攸關，義難緘默，顧愚戇不識忌諱，冒犯嚴宸，無任悚息待命之至。緣係疊灾示警，天譴可憂，乞亟賜修弭，以保宗社靈長事理”等句，其題頭與結尾所述事亦不相合，而言涉“灾異”，恰與本疏相合，本疏結尾所述事言“大禮久待”，又與卷三之疏事由相合。又，本疏原底本其後題本年代日期，時在萬曆二十八年，不合本書題本俱按照時間次序編排之例，而本卷奏疏年代日期皆在萬曆二十七年。而卷三《大禮久待乞速示定期疏》，其題本年代恰在萬曆二十七年。故此疏與卷三《大禮久待乞速示定期疏》兩文之間，恐有編輯錯誤，以致二疏結尾有所混淆紊亂，互相舛誤。

〔一二〕"萬曆二十八年八月二十日具題。留中"，據卷三《大禮久待乞速示定期疏》日期作"萬曆二十七年十二月初一日具題"。

〔一三〕□，原書漫漶不清，疑似"驢"字。

〔一四〕□，原書漫漶不清，疑似"諸"字。

〔一五〕"朴"，依前文意，當作"付"。

〔一六〕□，原書漫漶不清，疑似"來"字。

〔一七〕"一"，有誤。本書各奏疏依年代先後排列，前一疏爲"萬曆二十七年十二月初七日"，此疏自當爲"二十七年十二月十五日"。

〔一八〕"剌"，據文意，應爲"刺"字之誤。

〔一九〕此處文句殘缺，按底本旁注：原缺第五十二葉。

〔二〇〕"陳留縣"後恐脫"知縣"二字。

〔二一〕"昨"，《續通典》卷一百二十六："滑州，昨城。"編者按："昨城，當是胙城。"

〔二二〕"剌"，據文意，應爲"刺"字之誤。

督臣詭辯橫詆失體疏

禮科署科事右給事中臣楊天民謹題，爲督臣詭辯欺君，橫詆失體，懇乞聖斷，速賜罷斥，以申公勘事：

先該臣以西陲殺降召釁，失事殃民，具疏參劾督臣李汶等，蓋邊民恨之入骨，朝士聞之滿耳者，業經部院覆，奉明旨將巡撫、總兵各俱革任嚴勘矣。獨汶以百足自衛，尚寬一褫，禍首罪魁，已屬厚幸。使稍知自愧，安心以待公勘可也。即或欲辯飾，平氣以待併勘可也。何乃逞蛇虺之舌，弄戈矛之筆，欺橫一至此乎？就中漫引"國家世讐當報"之語，與"邊境數年被虜"之情，轉換支吾。不滿士君子一笑，臣亦不屑與之字字細辯，姑就其緊要欺罔處，略爲析之。

汶謂虜非恭順，已未題款。臣查巡撫王見賓原題疏中，一則曰虜到花馬池謁見軍門，崩角稽首，軍門已許進馬；一則曰督臣有書寓臣，果言款可許，貢馬當收；一則曰該臣會同總督尚書李汶議照；一則曰先將可許之狀會疏題請。以此觀之，虜恭順耶？不恭順耶？汶預題耶？不預題耶？以露章入告之言，公然隱諱，此與面欺者何異哉？頗聞殺降之後，延寧二撫臣貽書都中所知曰："此軍門意，吾無奈何耳。"是累二撫臣者，汶也。汶尚欺言不共議耶？

汶謂套虜與松虜同枝，無漠然不相顧恤之理。夫松、套形勢隔絕，在二千里外，若風馬牛之不相及也。無論朝紳曾宦秦中者，人人皆訝其爲誣。即謂急難相關，顧不赴援於巢穴方危之日，而赴援於掃空遠遁之後；不相助於跳梁犯順之時，而相助於獻□〔一〕市賞之□〔二〕，有此理乎？旬日之間，方盛稱其乞哀，又遽言其悖嫚。汝既不能遠擾謀，又無端可□，將無自以莫湏有加虜耶？

汝以一舉大獲、兩艇〔三〕斬虜爲奇捷。臣姑不論黠虜萬衆，臧及二千，士馬不聞損傷，小堡各能得級，事勢不通，耳目難掩；惟觀七月入犯，到處尋殺兵將，地方殘破，已無噍類，各將斂兵馬於一城，股慄自保，無一敢出。皇上試問李汶，前此探穴斬級之雄，於今安在？豈西陲將士勇於鏖戰，而怯於堵截？深入則强，而坐守則弱耶？殺降邀功之情，互觀立見。尚敢以唐之名將藉口，不知指誘殺爲血戰，博奇禍於旋踵。李靖陰山擒頡利之後，次年曾有此辱國殃民之事否乎？

汝謂一切殘掠人畜，即時上聞。夫國家申報軍情之例最嚴，故各邊虜入則報，虜出則報，失事有無輕重則報。今虜自七月半入犯，至八月終出境，始終荼毒生靈幾五十日，其間殺掠之慘，千狀萬態，何日無之？汝延捱掩覆，始終不以實聞。寥寥一疏，朦朧數語，非欺弊而何？且“蹂躪空窖，得失相當”之説，即事已敗露，猶詆奏不已。若稍有忌憚，敢如此乎？

督鎮同舟，事聯一體，始見功有可邀，汝既指授夢麟襲降殺款，共爲富貴之資。繼知罪無可赦，又聽縱夢麟科斂打點，共圖僥倖之計。麟之貪，孰謂非汝之貪？麟之賄，孰謂非汝之賄？猶然佟口談生平，真不知世間有廉耻事矣。

臣原疏諸狀所得者，秦關往來之真傳，都下縉紳之公論。事事有據，非僅風聞。乃汝輒忿氣相加，至妄謂簧鼓媒孽，信如汝意，必任己誤國欺君，令秦人不敢怨、言官不敢問而後爲快乎？且按臣所參不盡於汝之所報，又誰簧鼓，又誰媒孽耶？總之，昧心撒潑，塗面放刁。譬如攫金於白晝，而惡人指其爲盜，且自稱曰廉士；宣淫於通衢，而惡人指其爲娼，且自誇曰貞婦。百醜俱彰，無所用恥，大臣之體，從汝污喪殆盡矣。

夫臣，言官也。糾摘奸欺，自其職掌，況被參不許奏辯，屢有明旨，昭昭赫赫，孰敢干之？而汝輒狂悖無忌若此，尚可謂有人臣禮哉？藐玩君父，人人切齒，其罪又無待臣言者。獨念朝廷行勘，自有定例，□□〔四〕官不解任而可勘者，尤未有總督不解任而可勘者。汝以待罪之身，居節制之任，即其跋扈鴟張之狀，將何官不可把持，何奸不能蔽匿？

臣前疏有云：「按臣所委之道屬，所寄之耳目，皆彼術籠威嚇，頤指氣使之人，必不敢直發其奸機，而顯定其罪案。」正慮及此也。況新推總兵王威，亦係殺降邀功，負罪聽勘之數，反驟膺推轂，即專閫本鎮，是依然一夢麟也。表裏爲奸，始終做成一局。非乾剛獨斷，盡破奸謀，則謂之罪人自勘可耳，謂之未嘗行勘可耳，其何以伸公道而服人心哉？

伏乞聖明亟將李汝革任聽勘，庶耳目之體少重，軍民之憤少紓。臣無任激切顒望之至。

緣係督臣詭辯欺君，橫詆失體，懇乞聖斷速賜罷斥，以伸公勘事理。未敢擅便，謹題請旨。

萬曆二十七年十二月二十二日具題。

歲清京糧并舉私擅那借之弊疏

禮科等衙門右給事中等官臣楊天民等謹題，爲歲清京糧，并舉私擅那借之弊，乞賜議處，以肅法紀，以一事權事：

臣等管理巡青，案查節年題，奉欽依事例，應該年終將京糧庫歲出歲入，一應料草銀兩逐一清盤明白，造冊奏繳。臣等遵奉，近於本月十九日親詣該庫，會同管庫户部陝西清吏司主事楊文裕盤過，實在銀三萬九千八百餘兩。及細查開，除款内本年閏肆月分，因給發東兵行糧借解過本庫銀八萬兩，臣等見之，不勝駭愕。

　　夫錢糧關經國大計，論出納各有正款，論職掌自有專司，一切私擅那借皆法之所必禁也。京糧另建庫藏，查覈專屬青差，屢經條議，屢奉欽依，非守法之臣所當斤斤，不敢紊錙銖、失尺寸者哉？查上年已曾以私借被參一次，雖經部藉口權宜一時，苟免重譴，然權宜相濟，必正項有餘，或可以濟別項之不足耳；必正支稍緩，或可以濟別項之至急耳。今京糧實在尚不及四萬兩，臣查口〔五〕前料草諸價應支之數，非十六萬不可，果有餘乎，抑可緩乎？嗟嗟！自那移之弊生而商人已不給預支矣。今復併辦納已完之價，逾時不與，又奚怪乎諸商傾家蕩産，削髮逋逃，呼天號地於輦轂之下哉？非朝廷困商，實皆此屬陷之也。

　　臣等叨任督理，事權所在，即綱紀攸存，乃該部既不請旨於皇上，又不關白於臣等，任意那東補西，是遵何例？且如太倉均係錢糧，均有巡視，該部曾有不請會同、不候執結而敢徑自支發者乎？獨於京糧專恣若此，無論髦弁臣等。其變亂成規，擅空帑藏，使稍知有法度，諒必不敢爾爾也。若再不申飭，濫觴何極？除將造完文册，遵例親齎進繳外，伏祈嚴敕該部自覆：借出銀兩作何抵還，待領疲商作何處給？仍將彼時經手私借之臣列名，并請重加罰治。庶無所逭於前，斯有所警於後，而天閑重計，可不遽至廢弛矣。

　　緣係歲清京糧，并舉私擅那借之弊。乞賜議處，以肅法紀，以一事權事理。未敢擅便，謹題請旨。
　　萬曆二十七年十二月二十四日具題。

亟行三禮疏

礼科等科署科事右給事中等官臣楊天民等謹題，爲仰懇聖明深惟宗社大計，亟行三禮，以定群疑事：

臣等竊惟人主纘丕基而弘令緒，未有不以宗廟社稷爲重者，而太子則宗廟社稷之本也。苟以主器之身，而典禮未備，既非所以示重；或當期會之際，而猶豫未決，尤非所以杜疑。故自古不諱之朝有一於是，臣不得不力諍，君不得不勉從，無非爲宗廟社稷計靈長也。今皇長子業十九齡矣，麟姿已偉，鶴禁猶虛。且淑媛久選，而六禮未行，囊髪久垂，而三加未舉。即縉紳士庶之家，或不其然，奈何於朝廷見之也？頃者，舉朝文武諸臣或以合疏，或以單疏，既十餘請矣。皇上概留中不報，此何以故？

臣等反復思之，愛子者，天性之親。觀聖諭中既念其齡已過期，又喜其體已充足，是聖愛之不欲遲此禮也明甚。立長者，祖宗之訓。觀聖諭中既謂“長幼自有定序”，又謂“非有別意，亂危家國”，是聖斷之不欲遲此禮也又明甚。本不欲遲而今若遲之，得非終以希恩沽名疑臣下耶？

臣等切謂國家二百年來，凡大典禮、大政事，率皆公請公行。其不以總攬廢僉謀者，非但明帝王至公無我之心，亦以見上下相與有成之體。臣不敢遠引，即當年皇上諸大禮，册立在隆慶二年，而諸臣於隆慶元年請之；加冠在隆慶六年，而諸臣於隆慶五年請之；大婚在萬曆六年，而諸臣於萬曆五年請之。朝奏疏而夕報可。舊典固具在也，今諸臣安得不請乎？況典禮一日未行，人心一日未定，觀望者驟倡調停之説，所謂先行冠婚，後行册立者是也；使皇上"三禮併行"之美意，□〔六〕紊而難通。揣摩者妄騰疑謗之口，所謂緩完大工，多泒珠寶者是也；使皇上"少候在邇"之明綸，反因而幾晦。又況道路之訛言，更有謬不止此者哉？諸臣憂典禮之愆期，念渙汗之難反，固宜其一疏再疏，公請單請，必期得俞旨而後已也。

伏望皇上擴虛受之懷，采通國之論，就疏批答，明示允行，此明良之泰交，都俞之盛事也。即不然，亦湏亟頒中旨，特敕所司，將前日聖諭所定諸禮先冊立、次冠婚，各諏吉具儀，及時并舉，庶片言足以定大策，蚤斷足以釋群疑。諸臣但有歡呼踴躍，額手稱賀而已，又奚庸煩瀆哉？儻併此遲滯，竊恐事關國本，臣下誰敢不爭？言出公心，臣下誰敢中變？惟聖慈速賜裁決，天下幸甚。臣等無任隕越翹延待命之至。

緣係仰懇聖明深惟宗社大計，亟行三禮，以定群疑事理。未敢擅便，謹題請旨。

萬曆二十八年正月十七日具題。

爲慶典久稽懇乞聖斷蚤定疏

禮科等科署科事右給事中等官臣楊天民等謹題，爲慶典久稽，群疑漸起，懇乞聖斷蚤定大計，以安中外人心事：

臣等竊聞骨肉之間，人所難言，宮闈之中，疑所易起。況國儲重器，建儲重典，自非俯順輿情，明定大策，則上猶豫而下觀望，鮮有不耽誤事幾而醞釀釁隙者。是不可不深長思也。今皇長子應舉三禮，率皆逾期。在聖諭非不屢斷，然斷而不果於行，猶弗斷也。在朝臣非不屢請，然請而無濟於事，猶未請也。臣等叨耳目之官，以諫諍爲職，其敢以累疏片詞，僅取塞責而遽已哉？

惟是淺言之，既不足聽；深言之，又不敢陳。展轉躊躇，莫知所措。無已，姑以至情之不容恝，與夫人言之不可忽者，略披其愚，願皇上垂察焉。

夫重莫重於祖宗之典，而典屬承祧，尤重之重者也。親莫親於父子之情，而情關繼體，尤親之親者也。列聖相承十朝於茲矣，曾見有十九歲之皇長子倫序久定，而名號猶未正者乎？窈窕久選，而伉儷猶未諧者乎？睿德久成，而元服猶未加者乎？即恐宗藩中亦未嘗有此條例可按也。奈何以垂統之舊章，且行且止？以貽謀之吉典，若決若疑？雖知皇上篤愛皇長子之意未嘗不切，然舍此，亦安所寄以示元良之眷，而慰九廟之靈乎？臣等竊謂至情之不容恝者此也。

自古執狐疑之心者，來讒邪之口；持不斷之意者，開群枉之門。追憶十八等年，因渙汗未信，致橫議叢生。猜及宸衷者有之，猜及□〔七〕愛者有之。人情洶洶，至上勤聖慮，大費暴白。不曰「朕豈有溺愛」，則曰「朕無端受誣」。眾口難調，往事可鑒也。今遷延又及十年，而奏疏轉成沉閣。回視當年景象，其時之蚤暮何如，事之緩急何如，能使道路揣摩之口一是甚乎？臣等誠不敢一一驟聞，顧念疑謗日深，隱憂可畏，是豈聖德聖世所宜有哉？臣等竊謂人言之不可忽者此也。

伏乞皇上深思遠慮，體無所解之情，踐不可爽之信，將原定冊立冠婚諸禮，特諭所司，乘時并舉。庶國本蚤定，人心自安，而宗社億萬載有道之長端在於茲矣。臣等無任翹企籲禱之至。

緣係慶典久稽，群疑漸起，懇乞聖斷蚤定大計，以安中外人心事理。未敢擅便，謹題請旨。

萬曆二十八年二月初五日具題。

宗藩違例干恩疏

礼科署科事右給事中臣楊天民謹題，爲宗藩違例干恩，仰乞嚴加申飭，以杜奏擾，以重典制事：

臣入科辦事，接得代王黼匀一本，爲比例陳情，懇乞天恩俯賜，請封郡爵，以廣聖澤，以隆藩國事。奉聖旨："禮部查例來看。"欽此。臣仰頌皇上聖明，知朦朧之奏不足信，而必責查於部；知陳乞之私不當徇，而必責合於例。如此則法不虞撓，恩不虞濫。臣似可以無言，第念國家所以齊一政體，約束群情，而不至有潰隄濫觴之患者，惟恃有此明例爲之凛凛，非惟不可使其有覬覦之端，抑亦不可容其有瀆奏之擾。今代府何如也？

臣查宗藩有《條例》，有《要例》。《條例》定於皇祖，其進封款内載稱：以郡王而進親王已爲逾等。苟以進封之親王，又欲推恩於本支，不亦濫乎？故禮有繼統不繼嗣之文，例無加恩再加恩之理。今後郡王進封親王者，以後世子世襲親王，次嫡庶子每世止照原封世次本等官職，不得進封。此舊例之可按者也。《要例》定於皇上，其封典款内載稱：親王薨而絕嗣，許親弟親姪進封爲親王。日後子孫除承襲親王外，其餘俱照依原封世次授以本等爵級，不准加封。若嘉靖四十四年例前加封者，姑准照常傳襲；例後加封者，查照世次改正。此新例之可按者也。

兹黼匀原以新寧王進封代王，其長子鼎渭於例應封世子，異日承襲王爵；其次子鼎莎，止得照本等爵級封鎮國將軍；其一女二女亦止得封縣主。例各犁備，分當恪守。乃今於長子不以世子請而以郡爵請，豈其薄世子而不爲乎？想亦不諳典制之故，無足論也。至欲以次子而併封郡王，以兩女而併封郡主，此何心哉？

是冒濫之念重，而以祖宗之成憲或可以私干也。徼倖之意多，而以朝廷之法紀或可以嘗試也。王亦可謂不知有法守者矣。

至藉口益、吉二府事例，尤爲謬悖。蓋益王諸子加封在嘉靖三十八年，即《要例》所謂"例前加封，姑准照常傳襲"者也。今代王子女，非例前也，安得援以爲例？吉王二子雖曾以皇上親支之故，倖冒特恩，然當時科部執奏，皇上業有"仍不爲例"之旨。今天語尚新也，代王又安敢藐然視之，而不知忌憚？總之，以例爲例而例既相違，以人爲例而人又有間，其希冀瀆擾之非，臣益不能爲代王解矣。

不特此也。略聞諸藩每有例外干請，常被差使棍徒，指稱在京打點，誆騙動以萬計。小而指及吏胥，大而指及津要，甚且指及内廷，使天下聞之，皆謂朝廷之上政以賄成。如此可見，格外之恩既啓倖門，又開騙竇，既壞成例，又博污聲，是安得不加慎重，而反令其累平明之治也哉？伏乞皇上特奮乾斷，并敕該部覆請，嚴加申飭，庶成命不渝，而名器益重，紛擾可杜，而統體益尊矣。臣無任惓惓祈望之至。

緣係宗藩違例干恩，仰乞嚴加申飭，以杜奏擾，以重典制事理。未敢擅便，謹題請旨。

萬曆二十八年二月二十八日具題。

三月初一日奉聖旨："禮部知道。"

乞申飭科場條議法紀疏

禮科署科事右給事中臣楊天民謹題，爲科場條議已詳，法紀未振，懇乞宸嚴特加申飭，以肅大典事：

臣惟國家以文取士，科場之典最爲隆重。當其規畫未善，則議論不得不詳；及其通變既宜，則法紀不可不振。今歲復當比士於鄉，臣檢閱先後題准事例，業詳哉其言之矣。獨計邇來朝綱日玩，士習日險。議者未必行，行者未必實，私無必杜，法無必伸。賓興何事，可容廢格若此？臣用是不復瑣議，惟摘舉一二緊要所當亟亟申飭者，爲陛下言之。

夫潛通關節，科場之大蠹也。我祖宗朝有不犯，犯則無赦。邇來附勢通神，概多委曲，如戊子順天場中奸弊，豈不鑿鑿有據？乃主考借行勘以免，舉人假覆試以免。前者無恙，後者效尤。遂致丁酉一科又爾狼狽[八]。不知果盡法否？是陽禁關節而陰許之也？此所當申飭者一。

釐正文體，科場之首務也。祖宗朝明經守注，定於一尊。邇來頒式揭示，豈不三令五申？顧主司好奇，士子尚詭，滿紙皆鉤棘軋茁之語，信口皆老佛莊列之談。不雅不馴，襃然見錄。如丁酉順天被參諸人有何詞可解？總不以通關節論，定宜以離經黜。且主考已自認難諉，何得獨完士子？已奉旨革回，今猶未去。日營營輦轂下，又不知作何鑽刺。其胡以訓天下士哉？是陽正文體而陰壞之也。所當申飭者二。

簾官分房閱卷，例也。爲國求賢，非植桃李。如一房優卷果多，即多中何妨？如一房優卷原少，即少中何害？其不得照房定數也，令甲乙丁寧矣。邇聞各主考秉公去取者，間亦有之。其他畏口吻，徇體面，計房平分者，依然十之六七。試齒二錄可考而知也，此有遺珠之嘆，彼有續貂之譏。鑑衡謂何，苟沿弊奪。此所當申飭者三。

部科場後查參，例也。地不分直省，官不分散要。若有所查有所不查，有所參有所不參，皆非所以明□道也。□聞□事議蚤騰也。而始驗諸卷，則必有以彌縫而□□者，□□發矣。而偏坐其人，則必有以僥倖而漏網者。如此綜核，不但使被論者得以藉口自脫，即職掌所在，豈容草草塞責乎？此所當申飭者四。

夫四事者，國憲因之屈伸，士風視之隆替。臣願皇上特敕該部，嚴申告誡，今歲科場再有踵犯前弊者，部科從實糾參，朝廷盡法處治，務使一切錢神勢焰舉無所施其巧力，則其於世道人心豈曰小補？至於慎典試之選，嚴冒藉之稽；出題不宜主考自專，落卷必當各房互閱；簾外專主糾察，毋侵校閱之權；主考不論官階，總用賓主之禮。科條備具，久或參差，併乞一體申明，責令遵守。臣無任惓惓企望之至。

緣係科場條議已詳，法紀未振，懇乞宸嚴特加申飭，以肅大典事理。未敢擅便，謹題請旨。

萬曆二十八年五月初二日具題。

本月初五日奉聖旨："禮部知道。"

恭請及時諏吉以完大典疏

禮科署科事右給事中臣楊天民等謹題，爲仰遵聖諭，恭請及時諏吉，以完大典事：

臣等於三月間，欽奉聖諭，內稱："皇長子冊立冠婚之禮，俟移居後以次舉行。"嗣又特諭閣臣，叮嚀至再。中外臣工咸舉手加額曰："陛下神聖，片言而明長幼，一舉而植綱常。"衆皆悅服，翹企以俟綸音，不敢復有陳瀆。顧今逾春而夏，夏而秋矣。金風授律，爽氣漸回，刜兩宮竣事，已成萬年不拔之基；萬壽屆期，正當一家和樂之候。且外臣齎捧至者，行將雲集闕下，請及茲時蠲吉，成此慶典。庶人知聖心獨斷，原不待於臣下之私憂。然而國本不搖，益有以慰海內之係望。臣等不勝屏仄待命之至。

緣係仰遵聖諭，恭請及時諏吉，以完大典事理。未敢擅便，謹題請旨。

萬曆二十八年六月二十九日具題。

留中。

大工已竣祈敕落成疏

監察工程禮科等衙門右給事中等官臣楊天民等謹題，爲大工已竣，仰祈特敕落成，以奠宸居，以慰輿望事：

臣等伏念自兩宮告爐，致六寢偏安，中外皇皇。所爲竭子來之力，而企鼎建之成者，業五載於兹矣。幸今輪奂既美，金碧已輝，計所未完，不及九仞一簣。竊謂刻期可竟，無難事也。不意旬日以來，情形頓異。督者有惓勤之心，作者任偷安之便，問及仰面天花，則曰："請旨未下，誰敢擅專？"問及圍廊油飾，則曰："奉旨細成，誰敢造次？"支調延捱，明屬觀望。不知聖心果不欲落成之速耶？臣等夙夜躊躇，莫得其解。

蓋正位宅中，崇高之體，今啓祥雖均屬清禁，然仰視乾清、坤寧，終偏在一隅，此其孰爲爽塏[九]，孰爲清嚴，可不問而知者。奈何不欲落成，恐非所以計攸芊也。

玩愒虛縻[一〇]，財用之蠹。今每日夫匠動及數千，急之則速，一日即得一日之省；緩之則遲，一日即冒一日之費。況此何時也？朝廷之營繕尚多，水衡之匱乏已甚。奈何不欲落成，恐非所以節縻費也。

工程典禮，奉旨相湏，頃見皇上愛重皇長子，方懷溽暑之虞，即有"少俟"之命。計今暑已消矣，俟已久矣，聖斷傳行，諒惟旦晚，是典禮已不容緩也。而工程獨不當速乎？奈何不欲落成，恐非所以集國慶也。

出警入蹕，用備非常。今荷鍤操刃之夫，朝昏蜂擁，既近在法宮咫尺之間，又正遇車駕遨遊之日，盤詰難施，倉卒可慮，工蚤完利耶？不蚤完利耶？奈何不欲落成，恐非所以戒不虞也。

況聖壽在邇，正六宮燕喜之辰；且覲典方臨，又萬國嵩呼之候。誠及此時竣工，此時還御，配乾坤而並位，臨閶闔以凝禧，豈不休哉？

臣等以耳目之司，叨監察之任，雖宮府九閽，莫由仰窺聖意，但欽奉敕書，原責臣等以“工獲早完，財不虛費”爲稱任。使今事勢如斯若緩，緘默不言，是不但不能償其完於未完之前，抑且隱其完於已完之後；不但不能節其費於有可費之中，抑且溢其費於無可費之外。簡書謂何，臣敢弗畏？用是不避忌諱，冒昧瀆請，伏乞皇上特敕在工諸臣，務殫心底績，刻日告成，俾蚤康聖躬，大慰輿望。臣等不勝幸甚。

緣係大工已竣，仰祈特敕落成，以奠宸居，以慰輿望事理。未敢擅便，謹題請旨。

萬曆二十八年七月二十九日具題。

留中。

蚤定大禮吉期疏

禮科署科事右給事中臣楊天民等謹題，爲遵明旨、循職掌，伏乞蚤定大禮吉期，以慰群情事：

臣惟大禮一事屢奉玉音，載在金匱，曰“俟天氣清涼，以便舉行”，今已□□[一]，爽氣漸回矣。曰“待慈慶宮成，挨次舉行”，今輪奐告成，業已謝土矣。雖宸衷之獨斷，天下信之，群臣信之；而吉期之猶豫，則天下望之，群臣望之。夫君有美而將順者，臣等之夙心；禮宜舉而因時者，臣等之職掌。當萬國嵩呼之候，盍令佳兒佳婦同稱萬年之觴？值一人有慶之宸，會見是父是子共聚一堂之樂。則陛下之詔令信如四時，臣等之朴忠無事再瀆矣。臣等激切顒望之至。

緣係遵明旨，循職掌，伏乞亟定大禮吉期，以慰群情事理。未敢擅便，謹題請旨。

萬曆二十八年八月初八日具題。

留中。

大禮久待乞速示定期疏

禮科署科事右給事中臣楊天民等謹題，爲大禮久待綸音，懇乞聖慈速示定期，以信詔令，以慰群情事：

今者天氣清爽，新宮落成，臣等仰遵宸斷，屢以大禮吉期爲請，未蒙俞旨。竊思秋仲以來，聖節正臨，想樂事駢臻，無暇綜理。今朝賀諸臣又將陛辭，盍及遠近華夷并集之候，早完君臣長幼各盡之倫？是在群臣也，方效嵩呼，又瞻星耀。知皇心獨斷之不移，在天不轉災爲祥者，無是理也。臣等職掌攸關，義難緘默，顧愚戇不識忌諱，冒犯嚴宸，無任悚息待命之至。

緣係疊災示警，天譴可憂，乞亟賜修弭，以保宗社靈長事理[一二]。未敢擅便，謹題請旨。

萬曆二十七年十二月初一日具題[一三]。

校勘記

〔一〕□，原書漫漶不清，據文意似當爲“琛”字（典出《詩經》）。

〔二〕□，原書漫漶不清，據文意疑似爲"隙"字。

〔三〕"艇"，疑有誤。

〔四〕□□，原書漫漶不清，據上下文意似當爲"未有"二字。

〔五〕"口"，原書漫漶不清，當作"日"或"目"。

〔六〕□，據文意疑似"久"字。

〔七〕□，原書漫漶不清，疑似"帷"字。

〔八〕"狽"，原書從"彳"，不從"犭"，今徑改。

〔九〕"墶"，當作"壋"。

〔一〇〕"禜"，原書從"示"，不從"糸"，據文意，當爲"縻"字之誤。

〔一一〕□□，原書漫漶不清，據文意疑當是"秋深"。

〔一二〕"知皇心獨斷之不移，在天不轉災爲祥者，無是理也。臣等職掌攸關，義難緘默，顧愚戇不識忌諱，冒犯嚴宸，無任悚息待命之至。緣係疊災示警，天譴可憂，乞亟賜修弭，以保宗社靈長事理"等句，所述與本疏題頭事由不合。據卷二《疊災示警疏》或作："伏乞及期斷示，臣等不勝顒望祈禱之至。緣係大禮久待綸音，懇乞聖慈速示定期，以信詔令，以慰群情事理"等句，則與本疏事由相合。詳見卷二相關校記。

〔一三〕"萬曆二十七年十二月初一日具題"，據卷二《疊災示警疏》作："萬曆二十八年八月二十日具題。留中。"

戚臣異議大禮疏

　　禮科署科事右給事中臣楊天民等謹題，爲大禮宸斷久定，戚臣異議驟興，仰乞聖明洞察，主持宗社大計事：

　　本月初九日，臣等接得錦衣衛帶俸都指揮使鄭國泰等揭帖，爲大典萬分難緩，懇乞聖慈亟賜舉行，以慰群情事，蓋爲皇長子册立冠婚請也。臣等心甚韙之。及徧讀一過，乃見就中詞意，種種足駭，大都以三禮併行爲輕驟，以先奉冠婚後及册立爲循序。嗟嗟！此何事也，此何時也？而敢爲異説若此。臣等待罪該科，義難緘默。

　　夫三禮并行，久奉皇上英斷，方今朝野臣民，其誰不翹首跂足，望旦夕發敕舉行者？乃泰等忽云：“册立之事，尤爲綱常重典，縱難以緩，亦難輕率。”又云：“册立冠婚不可不舉，但三者并行，則涉於馳驟。”夫以十九歲之元子，儲位久虛，冠婚尚滯，即一朝并舉，猶懼已遲，何得謂“輕率”，何得謂“馳驟”？泰等既明知係綱常之重，奈何反欲延緩乎？是誠何心？臣等所未解也。

　　至三禮事體相因，原不容紊節，奉聖諭每稱册立冠婚，挨次舉行，即定序也。乃泰等輒云：“惟成人而後可以治人，或者冠婚先之而繼以册立，庶使事得循序而舉，不失之倉皇阻滯。”夫國家事未有名不先正，能使言順事成而禮樂可興者。如謂册立可後冠婚，不知三加彌尊，當用何冠？六禮告行，當稱何號？泰等既留意緩急先後之辨，奈何反欲阻滯乎？是又何心？臣等愈未解也。

噫！使泰等無知妄議，猶可言也。使泰等有心異議，不可言也。上惑皇上久定之聖斷，下違舉朝共請之公心，其關係豈鮮淺哉？伏望皇上虛心詳察，一意主持，蚤踐"并舉"之明綸，無渝"挨次"之成命。庶□□□□，國本不搖，宗社靈長之慶端必賴之矣。臣等愚昧，不識忌諱，無任惶悚懇切之至。

緣係大禮宸斷久定，戚臣異議驟興，仰乞聖明洞察，主持宗社大計事理。未敢擅便，謹題請旨。

萬曆二十八年十月十一日具題。

留中。

畿闈掄文多謬貢額徇私乞賜議處疏

禮科署科事右給事中臣楊天民等謹題，爲畿闈掄文多謬，貢額徇私，謹遵例查參，乞賜議處，以信明旨，以昭公道事：

竊惟科場重典，惟以釐正文體，杜絕私弊爲要。邇來上厪明禁，不啻三令五申，然猶虞人情之易玩也，特令科部於場後查參，□〔一〕令森嚴，臣子宜何如凜凜！乃不意今歲順天場，依然恬不知畏也。近據儀制司送到閱過試卷，有以文理駁者，有以卷號駁者，臣等覆詳已確，敢不爲皇上陳之。

查得萬曆二十五年，該禮部條議科場事宜，内開：文理險僻怪誕及荒謬不堪者，奏請黜革，主考等官分別參治，等因。奉聖旨："依擬行。"欽此。是場中文字非但險怪者應以不經見黜，即荒謬者亦當以不堪并斥。今閱順天奏，概多鉤棘紕繆，勢難徧求，姑舉其甚。

如第一名趙維寰，首篇破承云："聖心無能信，無能爲聖。"

已非"不多"之本旨矣。而入起又有"道人無不能"等語，果"多能"之"能"否？至大講處，以"天縱將聖"一節，對"大宰知我"數句，有此體否？語澀意禪，繳更迂泛。總之，以依奇而傷雅者也。次篇起講云："□制願於外，即不願是願。"已非"不願"之本旨矣。而入講又有"得惟得於入"等語，不知君子無入不自得，果有如許之割裂否耶？至"物實挈精"之説不可解，"驕倍陵援"之意不相合。總之，以好異而成謬者也。孟義雖僅屬字句之差，而一論則大涉怪誕之甚。如云："其體近虛，其中無有而物不實。"又云："我所虛，人亦不實；我所不有，人亦欲無。"又云："不先自爲實，以起天下之厭虛；不先自爲有，以起天下之厭無。"又云："一人不必借資人人，人人不必借資一人。"讀之徹尾，大率杳冥，反之本題，茫無干涉。所謂虛無寂滅之談非耶？此卷論思，誠若論學，殊僻、刻削、險詖，士君子皆謂非盛世之文。且京闈係四方之極，而解元又一榜之首，傳此以風示天下，甚非所以爲訓也。

第三十六名周希令，學本荒蕪，詞多迂謬。如首篇有"下之職詳，不若上之職要"等語，又有"窮無窮，極無極，紛如秩如"等語。又有"行有坊表，治有一隆，寂如窕如"等語。又有"水造冰，冰□水，取一漚水具大海味"等語。次篇有"宮府宜一，環瑱易通"等語，又有"上天道，天高而聽卑；下地道，地卑而上行"等語。三篇有"先天下之憂而憂，後天下之防而防"等語，又有"先憂之道□得之危微之士"等語。此輩可中，是塞白者偏能登第，無惑乎高才之見置也。

第八十七名婁所性，中本□〔二〕腸，外剽腐吻。如首篇有"離岐之心，頹墮之境"等語，又有"無其能心，併無其多心，能心化，多心亦化"等語，又有"無以多事擾其無事，勿以多心亂其無心"等語。次篇有"我爲位之樞，我爲位之衡"等語，又有"爲天地立心惟此位，爲生民立心惟此位"等語，又有"人有一定之位，斯有一定之在，在位而無在之心；人有一定之在，斯有一定之心，心安而有安之實"等語。三篇有"試觀今日之域中，竟是何術之鼓唱"等語，又有"夫吾也乃斯道所寄寓之吾，而爲天下所托之吾，亦先聖所屬之吾，而爲萬世所寄之吾"等語，又有"斯道不可無吾，故先聖不可無吾；先聖不可無吾，故後學不可無吾"等語。夫此輩可中，是乳臭者偏能入彀，無惑乎佳士之多遺也。

至一百四十七名苗自成，三場文氣亦自闊大，但賄買之説喧布長安，甚有采集書言組成時義，以播揚其醜者。事屬曖昧，臣等誠不敢以風聞遽信，但本卷首篇承破中即有"不知多能之落於藝"及"能且不着"二語，夫"着"、"落"兩字已涉嫌疑，且收自落卷，則人言安保其盡無影嚮也？并應參明，以俟公論。

至一百四十九名許國士，查與周希令均係《春秋》，竊聞主司藉口，每謂孤經無多佳卷，不得不掩瑕取瑜。臣等縱不敢盡以此言爲虛，但本卷瑕不勝指，瑜無足稱，甚且用句欠通，堪資笑柄，抑何取於續貂也？畿輔麟經未必乏才，至此亦應參摘以防倖成。臣等所謂掄文多謬者，此其大較也。

又查得萬曆二十三年，該禮部題選貢入南北監肄業，或撥歷在兩京者，當科舉年分，則就南北京應試，既其撥歷而出，歷滿各歸本省。如遇鄉試之年，提學官照例於科舉正額外，考選起送，且以本省之才應本省之試，既無額可拘，自不應有號可辨，惟混同庠士，一體校藝，等因。奉聖旨："依擬行。"欽此。是歸籍選貢，應中生員之額；在監選貢，應中新增之額，詎不明甚？乃今提調府丞喬璧星敢徇鄉曲之私，擅變朝廷之法，將入府歸籍選貢，初場已與生員同編三不成字號。至二場三場，又忽與在監選貢同編皿字號，是明示直隸選貢可□卷而知，以爲侵奪中額之地。又謂直隸選貢計數一百六十餘名，檢皿號選貢中宜中七人，其卒也果以七人中矣。噫！有是哉！府臣之權力一至此乎？

夫人臣之罪莫大於專擅。選貢之編號增額，明旨昭然，豈以皇上主與庠士同校，而府臣必主與監生同校；皇上特廣額以嘉惠雍髦，而府臣輒分額以市恩梓里，此何等法紀也？撤闈之後，府臣自知爲公論所不容，因而□〔三〕揭摭辯，首謂生員中額原設一百名，選貢不得相擾。夫自奉旨以來，各省皆有歸籍選貢，□已到試錄，如河南選貢中十餘名，少者亦五七名，何嘗於生員額外另增一名而□生員之額不得□耶？又謂□□□□□名敢在廷諸臣交章論列，迄今未歇。夫例奉欽依，諸臣何曾交章何曾未歇，獨有□□少卿傅好禮□□之疏議而禮部□已奏寢，□□□□寢之疏而□□□之爲口實耶？又自謂曾具疏題請候旨未下□□□未有不奉明旨而可徑行者，既明旨未得，則舊例當遵，何得自用自專而變亂成□乎？又謂場前曾與閣部面議選貢編號，或從此從彼，惟視廣額之旨下與不下爲轉移。夫廣額之旨，從禮部請也，部疏止議廣額，未議侵額，以廣額特奉之旨而欲□侵額未下之疏，其與閣部曾私議否？臣不能知，但紀綱法度之朝，決無此體，而不意今日有之也。且科場以文衡士，本行之內，未聞分省分人。藉令直隸百六十餘人，即見有□監得與各省選貢同試，亦當聽其校文之優劣，爲中之多寡，何至計數均分，若宰社然？是遵何例？設謂宜爾，則別省選貢皆當各分一數，何獨有衆寡有無之不同？即持衡之任，亦僅可付之一書算手，照數坐派足矣，亦安用此糊名易書，分簾校閱爲哉？以國家掄才之大典，任意低昂；以君父久定之科名，恣情予奪。若府臣者，真可謂無人臣禮矣。臣等所謂貢額徇私者，此其顯迹也。

抑臣等猶有說焉。文體弊壞，咎在士習，然使主司□例弗收，則士習自正。乃主司先自好奇，故一遇怪誕佶屈之句，即不勝嘆賞，不復計全卷之庸劣，本房之棄置，徑列高等者，比比是矣。至於以維寰之論登之程錄，種種禪玄已爲可訝，乃其心猶以爲未足，又自增數段，如云：「非慮不德而求慎，見德覓慎，即慎與德，強執體用，是不慎之慎，非慎之慎也。夫非防不慎以求先，因慎覓先，即先與慎，強執次第，是不先之先，非先之先也。」又云：「慧根夙植，玄符自舍，非痳非惺，無欲無營。」又云：「有物渾成，先天地生，宿於丹臺，居於遂初。」諸如此類，恐魑魅魍魎之談不誕於此矣。夫詞林之文，多士式之，京闈取選，四方觀之。今王〔四〕司若此，取士若此，將來必用都綱提點，共與文衡；緇衣黃冠，並偕計吏。其爲孔孟之害，可勝慨哉！

竊謂今日欲懲險怪之風，在士子固不可輕容，而在主司更不宜輕貸者也。中額擅侵，咎在提調，然使考官執例弗從，則提調亦何詞之抗？乃考官素習脂韋，一任權勢頤指氣使。提調曰回籍選貢，當與在監選貢同校，試官即與之同校；提調曰選貢中額當計數均分，試官即與之均分。且聞通關之際，試官慮及指摘，已從提調處索一印信手本，以爲交質。夫無質，猶可原也，謂不知有明例在，偶爲提調所欺；有質，則無可原也，謂已知有明例在，公然共謀而共悖之矣。至於不校文之優劣而校人之多寡，皇上試問試官，二百年來有此事否？將諱言於數之偶合，已有提調之辯揭可憑；將托詞於人之我欺，或不宜木偶之甚，一至於此，豈不辱文衡而大負任使也哉？竊謂今日欲明專擅之罰，在提調固應首坐，在試官亦不宜未□者也。

夫臣等與科場諸臣非但素無蒂芥之嫌，抑且間有交知之雅。特以明旨在前，清議在後，職掌攸關，不得不糾發如此。至樹怨召讒，臣等且聽之亦甘之矣。伏乞皇上嚴敕該部，歷查屢次明旨，從公議覆。如果臣等所言不謬，乞將考試官右庶子楊道賓、修撰顧天峻、提調官順天府府丞喬璧星及指摘舉人趙維寰等分別重處。庶禁例不爲虚設，事權無敢擅侵，其所□〔五〕於士風政體當非淺鮮矣。臣等無任翹企待命之至。

緣係畿闈掄文多謬，貢額徇私，謹遵例查參，乞賜議處，以信明旨，以昭公道事理。未敢擅便，謹題請旨。

萬曆二十八年十月二十四日具題。

留中。

科場文體不經大悖明禁乞賜議處疏

禮科署科事右給事中臣楊天民謹題，爲科場文體不經，大悖明禁，乞賜議處，以端士趨，以肅法紀事：

邇自文體日壞，士習日非，所關世運人心甚非鮮淺，故屢經申禁，一曰悖朱注，二曰用佛經。明旨森嚴，豈容玩視。乃今覆閱各省直試卷，仍多悖違，内除全場之中僅一二卷、全卷之中僅三五句者姑不概□〔六〕外，至於離經畔道之尤如川湖兩省，臣斷不能爲之諱矣。

四川《論語》題“君子道者三，我無能焉”全章。夫此題觀朱注“自責”、“謙詞”二解，其義自昭，乃中式諸卷，率以道體本空爲無能，聖心本空爲自道，滿紙禪語，幾徧一榜。兹姑舉其甚。

如第一名丁紹春講云：“道本無象，其種種名理，皆添入之見解，夫子方寸内渾乎未有涯也，泊乎未有萌也。見解忘而并忘見解之心，亦忘更得於無之中自增一有之障乎？道本無形，其念念體認，皆紛出之情□〔七〕。夫子幾微内虚不填以實也，潛不□以顯也。情識泯而并泯情識之心，亦泯更得於無之上自加一能之累乎？”此二比耳。外仍有“君子持之以爲高者，聖人忘之以爲大"等語。又有"□於太初之先,莫大於無能而有能爲小;質之清虛之地,莫要於無能而有能爲粗"等語,又有"融會得盡,淘靜得空,與夫元始境界及夫不解不靈"等語。□□□[八]也。

第二名胡繼先講云:"吾想夫子之蓄此,至神也。神,故宅之無朕,遊之無方,而内顧本來曾無有仁智與勇,紛立而爲三者是侗乎?未始,名象之初也,夫安得於未始名象之内道之以爲有?又想夫子之運此,至化也。化,故涉而不有,過而不存。曾無有憂懼疑惑[九],檢制而後無者是兌乎?未始,識知之原也,夫安得不於未始識知之地道之以爲無?"此二比耳。外仍有"無者道之真,亦聖之真"等語。又有"聖人洞見真空而自神闡發"等語。又有"能以人造,無以天合"等語。不勝數也。

第十九名方重講云:"有可擬議,斯有端倪之可尋,而聖人以無體爲體,則三者宅之淵寂而無其垠,亦妙之員通而無其意,且得以擬議加乎?故内忘其體,自不見我於體,而見我之無所能也。有可應緣,斯有迹象之爲執,而聖人以無用爲用,則三者與境會而無其感,亦與迹化而無其應,且得以應緣執乎?故外忘其用,自不見我於用,而見我之無所能也。"此二比耳。外仍有"道無可道也,無可道故賜謂自道"等語。又有"安生於仁,覺生於智,定生於勇,而我宎然若喪;逍遥物外,神游象先,坦夷世途,而我冲然若虛"等語。又有"非聖人不能自釋其心知,亦非聖人不能自證其道體。非聖人不能自遊於天能,亦非聖人不能自化其我見"等語。不勝數也。

第二十七名譚謙益講云:"蓋唯疑慮震撼之遞爲乘也,而後有不爲所乘之用,則此中空洞不即境,而自無可乘者,是夫子虛無之真體,而自爲呈露者也。又唯清虛剛大之各爲涉也,而後有不爲所涉之境,則此中渾涵不離真,而自無可涉者,是夫子無物之天機,而自爲發抒者也。"此二比耳。外仍有"我無道而迹象爲虚，我有道而迹象爲着”等語。又有“現前皆是真機，而世累塵緣無不可以執樞運；名理皆非吾有，而道德性命有不容機緘域”等語。又有“此非自融理趣，固不能忘象數而默證乎太虚；又非冥契聖真，夫孰能返無名而領解乎默體”等語。不勝數也。

第六十四名余化龍講云：“道有自離而後合者，則合之名以離而立。夫子不緣離以爲合，又安所得於若冥若虚之境，而自呈一合之形象也？亦有由失而後得者，則得之形以失而彰。夫子不據失以爲得，又安所得於至空至洞之府，而自呈一得之境界也？”此二比耳。外仍有“無存注，并無無存注之心；無排遣，并無無排遣之意”等語，又有“消於何起，滅於何門”及“不知心載道，道載心；不知道忘我，我忘道”等語，又有“大道無名，原不着象於有；大德不有，亦不覺自道其無”等語。不勝數也。此五卷者，川文之大較也。

湖廣《論語》題：“君子不憂不懼。”夫此題觀下文“内省不疚”一語，其旨自明，乃中式諸卷，率謂君子視世爲幻境，視身爲幻形，侈口禪玄，亦幾半榜。兹姑舉其甚。

如第十一名王之栩講云：“遡憂懼之原，則當無我時憂懼從何寄，迨寄之後而反認寄爲我焉。則憂懼始自無而適有，然而有者終非有也。君子且若素位又若妄緣，盡冥之不有而奚事被除也？極憂懼之變，則當有我時憂懼始爲緣，迨緣之後而反因緣爲我焉。則憂懼乃自有而愈有，然而有者終爲無也。君子且若嘗之又若遠之，盡游之若無而奚俟杜絶也？”此二比耳。外仍有“在物者，豈盡不攖而不必以我造適；在我者，豈盡不緣而不必以我爲遣”等語。又有“逐於境而不起於境，生於心而且鬥於心”等語，又有“抱一而處，則自視其身，身且非我有也，何緣而忽有憂懼？憑虚而御，則泛觀其物，物且無其物也，何自而執有憂懼”等語。不勝數也。

第三十八名李正芳講云："人心有虛實二界，憂與懼之迭乘，其無乃離於虛而溺於實乎？君子虛遊其舍，方且人喧而我寂，形闊而神恬，曾何認實相於可憂可懼之來，而自碍吾太虛耶？人心有靜躁二根，憂若懼之偶涉，其母乃越於靜而即於躁乎？君子靜持其扃，方且淡乎其無營，泊乎其未起，何致伏躁想於倏憂倏懼之因，而自弛吾靜主耶？"此二比耳。外仍有"雖未嘗强挧以閉其中關"及"固不必强陽以杜其外搆"等語，又有"君子不逃境，亦不着境；君子不起念，亦不弛念"等語，又有"自樂其樂而非樂人之樂，自適其適而非適人之適"等語。不勝數也。

第五十八名楊學奇講云："蓋有憂懼心，必有心憂懼之心，而虛中忽起一意，則心之源不靜。君子直於其源化之，而太虛不動，物無能爲之動。有憂懼心，必有遣憂懼之心，而意中又起一意，則心之流亦不清，君子無俟於其流杜之，而意無其意，無物能淆其意。"此二比耳。外仍有"更不必定心於極而心自定，更不必息念於靜而念自息"等語，又有"非其因生而滅，非其因起而除"等語。又有"諸緣皆易斷，惟心不易滅，惟真心徧滿，妄心自滅。既滅妄心，自永見真心"等語。不勝數也。

第七十名程士升講云："人世之柴栅一立，始而不得其形則懼府也，既而益惴其後則疑端也；兩念并結於方寸，而暗中之汩没已深。此中之解脱一透，前之憂不能牽則心忘也，後之懼不能膠則境忘也；百慮俱融於一念，而宏襟之逍曠已遠。"此二比耳。外仍有"適來者時，適去者順"等語，又有"睯焉嗒焉之衷，悾焉棘焉之私"等語，又有"有人之形，無人之情，故憂懼無所寄"等語，不勝數也。

第七十七名董以修講云："出世者之不能住世，住世者之不能出世，此之憂懼，凡以爲世繫耳。君子則有所適而心無去，有所留而心無住，世不得而繫也。世故不滑其神，故神有餘適。夫且不見其憂且懼者，而安往不得恬愉樂。寂者之不能逐喧與樂，喧者之不能逐寂，此之憂懼，凡以爲境役耳。君子則語寂不見其靜，語喧不見其紛，境不得而役也。境界不羈其神，故袞有餘閑。夫且不知其憂且懼者，而何處非其坦□〔一〇〕。”此二比耳。外仍有“神聖宅於不遷之宅，而當境常□〔一一〕”等語，又有“立大宗以妙萬應”及“有鼓鞏於天鈞”等語。不勝數也。此五卷者，湖文之大較也。

　　在士子方炫奇吊詭，在主司復厭常喜新，大亂聖真，髦弁功令，誠何心哉？設謂時尚固然，滿場皆是，不容不取，然亦當於批點之際，明注醇疵，庶法戒猶昭，未爲大失。胡乃意愈禪而圈愈密，詞彌誕而中彌高？是明爲異端樹赤幟也。如謂道本空虛，西方之教原有可尊，則身宜削髮披緇，潛伏野寺，自傳衣鉢，誰其禁之？胡乃以棘院爲叢林，借賓興爲剃度？詎非名教之罪人也乎？臣嘗考宋之名士劉幾爲文務險怪語，當歐陽修初主試事，而幾之論曰：“天地軋，萬物茁，聖人發。”修曰：“必劉幾也。”輒痛斥之，且以硃筆橫抹其卷，時謂之紅勒帛，而文體遂爲之一變。及修再主試事，幾因改名爲輝，其《堯舜性仁賦》有曰：“靜而延年，獨高五帝之壽；動而有勇，形爲四罪之誅。”修大稱賞，復擢爲第一。由此觀之，可見士習靡常，惟視上所好。今臣指摘諸卷，大都才氣宏博，想皆高明之士，果何難返歸馴雅，如宋之劉幾？良由邇來試官無歐陽修其人，故士競投主司之好，遂成狂瀾不返。然則誤天下時髦而不得爲聖人徒者，非主司其誰也？臣謂主司清夜自省，當必愧悔無地，又安得浪言科場陷阱而且多方爲倖免計哉？

　　嗟嗟！今天下最可憂者，朝綱日玩，法令難伸，就科場一事往往以徇情廢法，故臣於五月間即有“條議已詳，法紀未振”一疏，蓋慮之深矣。未幾，順天以首善之地既掄文多謬，又貢額徇私，臣循職糾參，無非欲爲朝廷一伸法紀耳。不謂至今静聽兩月，未蒙批發。是皇上申飭之明旨，竟托空言；而言官奉例之彈章，徒惹空怨。將士風何由而正，法守何由而肅哉？臣竊懼之矣。伏望皇上留神省察，亟敕下該部，將四川考官楊一葵、趙拱極等，湖廣考官沈淮、張其廉等并原參順天内外簾官楊道賓、顧天峻、喬璧星等及舉人丁紹春、王之栴、趙維寰等逐一列名，上請議處如例，庶邪既闢，雅化自弘，其於世運人心，殊非小補。臣無任翹延待命之至。

　　緣係科場文體不經，大悖明禁，乞賜議處，以端士趨，以肅法紀事理。未敢擅便，謹題請旨。

萬曆二十八年十二月二十二日具題。

認罪回話疏

　　禮科署科事右給事中臣楊天民謹奏，爲認罪回話事：

　　臣於昨歲十二月二十二日，因川湖文體不經具疏參正，業候旨月餘矣。忽於今年二月初二日得前疏發下，奉聖旨：“禮部知道。本内如何犯寫朕名不行迴避？楊天民着回將話來。”欽此。臣聞命自天，措躬無地，及細加檢閱，始知單犯御諱一字。臣痛加怨艾，已悔罪無及。蓋緣臣所録者乃場中之文，而臣所犯者即中文之字，依樣抄謄，坐是失於點檢。兹蒙聖慈寬臣斧鉞，責臣不行迴避，臣有何辭！但乞皇上鑒臣平日敬慎之衷，憐臣一時□〔一二〕誤之失，曲賜涵宥，則浩蕩之恩，或有出於臣之望外者矣。□□〔一三〕任悚慄待命之至。爲此具本謹具奏聞。

萬曆二十九年二月初二日具奏。

留中。

久病曠官懇乞回籍疏

　　禮科署科事右給事中臣楊天民謹奏，爲久病曠官，懇乞天恩，俯容回籍調理事：

　　臣自備員瑣闥糜廩，幸逾三年，署印且居二載，兼蒙任使監察工程，遭際聖明，捐糜莫報。詎意忽感危症，萬不得已，不得不哀鳴於君父之前。蓋臣禀受原豐，居嘗不以風寒暑濕爲苦。頃當乍寒乍暖之時，自恃素壯，不知避忌，遂致感冒，表裏受傷。然呻吟中尚念科員甚乏，此病苟旦夕可愈，分當盡瘁，曷敢言去？兼念工次垂成，此身苟湏臾可待，例得徼恩，又曷肯言去？無奈中邪日深，久益困憊，屢延醫吳海等診視，俱謂陽氣耗弱，非假數年調攝，決難以藥餌求痊。臣聞之始不勝大懼，蓋非獨爲一身慮也。良以科務殷繁，一切命令疏章，看詳曾無虛日，是豈經月可曠之官？工程緊急，一切錢糧夫匠，稽核全在親臨，亦豈卧榻可了之任？尸位待遷，素餐廢事，即浩蕩之恩終不問臣，而臣益有餘辜矣。

　　近查得萬曆二十七年，兵科右給事中劉道隆曾因病乞歸，維時亦值科臣缺乏，亦有帶管工程，但緣真情所□[一四]，隨蒙恩允放。今臣事體正與相同，伏乞敕下吏部，照例查覆，容臣回籍調理，庶有更生之望，可免曠職之虞。公與私□[一五]爲兩便。臣無任籲乞待命之至。爲此具本，謹具奏聞。

　　萬曆二十九年三月十九日具奏。

　　留中。

大典愈遲乞刻日傳諭舉行疏

禮科等科署科事右給事中等官臣楊天民等謹題，爲大典愈遲，人心愈惑，懇乞聖明省悟，刻日傳諭舉行，以永安宗社事：

臣等竊惟：太子者，國之大本，家之冢嗣。樹本欲固，未有不自蚤正名號始者；衍嗣欲昌，未有不自蚤諧伉儷始者。今皇長子二十齡矣，册立之期已過十年，冠婚之期亦越五載，皇上試想，今日宗廟社稷大計、續承啓佑良謀，事尚有重於此者乎？情更有切於此者乎？胡乃屢旨雖明，竟無一踐？且近於舉朝公請，俱留中不報？即間有別諭，亦復以必不能完之珠寶爲詞。是上之意益不可知，而下之情益不敢信矣。

夫上不可知，則窺伺之端也；下不敢信，則逢迎之漸也。有窺伺將有覬覦，有覬覦將有陵逼；有逢迎將有黨附，有黨附將有讒搆。啓釁釀變，臣等雖不敢盡言，然古之名臣，則嘗言之矣。昔楚共王不蚤定世子，屈建曰：“楚必多亂。一兔走於街，萬人追之；一人得之，萬人不走。分未定則萬人皆爭，分已定則貪夫知止。今楚多庶子而世子不定，亂自此生矣。”又宋仁宗不蚤建太子，司馬光曰：“向者臣進豫建太子之説，今寂無所報，此必有小人言陛下春秋鼎盛，何遽爲此不祥之事。小人無遠慮，特欲倉卒之際立其所厚善者耳。‘定策國老，門生天子’之禍可勝言哉？”由此觀之，可見計關儲二，不必君父實有他念，顯有別圖，始足貽亂；惟當機寡斷，反汗靡常，即足基國家之隱憂不小也。皇上味古人之言，決今日之策，尚可猶豫徘徊而不爲久安長治慮哉？況男女之欲及時，而開父母之心，推情而體，豈以萬乘之子，體充氣旺之日，好逑在望，鼓瑟未調，竊恐怨曠久而展側爲勞，鬱結深而情神鮮暢。此自關皇上天性之愛，又無俟於臣等之曉曉也。

臣等待罪掖垣，分宜力諍，邇僅附名公疏，則以旦夕靜俟之旨可信可待，恐冒激阻之嫌耳。乃今時已往矣，望已負矣，抑豈敢效尤將順，首鼠兩端，辱朝廷糾繩之司，誤國家宗社之計哉？伏乞皇上虛心省納，銳意蚤行，母爽成命，以駭中外之心；母泥曲說，以來讒慝之口。將冊立冠婚諸禮亟敕所司，刻日并行，庶國本固於苞桑，聖胤綿於瓜瓞，三代有道之長，不將復睹於今日也哉？臣等干冒宸嚴，無任隕越待命之至。

緣係大典愈遲，人心愈惑，懇乞聖明省悟，刻日傳諭舉行，以永安宗社事理。未敢擅便，謹題請旨。

萬曆二十九年五月初九日具題。

本月十二日，奉聖旨：“皇長子及諸子長幼天倫素定，祖宗家法，朕所恪遵，冊立、冠婚、分封大典已屢有明旨曉然，有何疑議惑亂？有何逢迎覬覦？有何陵逼黨附？況春初內外遵旨靜俟，乃即擇日命其移居矣。是果欲遷延乎？是皆因爾等奏擾瀆阻乎？今各該衙門已攢造應用器具，稍有次第，正欲降旨，擇日舉行。楊天民等這畜物輒敢逞臆瀆阻，假此要譽沽名，而實離間遲緩，好生可惡！本都當拿問究治，內楊天民、王士昌都姑且降雜職，調極邊方用，不許朦朧推升，其餘各且罰俸一年。該部知道。”

廷議附

東兵留撤議

禮科署科事右給事中楊天民議得：閫外自有專寄，軍機非可遥度。東征之役，總督以身任之者數年於茲，請兵則予兵，請餉則予餉，稱有功則功無不酬，稱無罪則罪無不赦。果何事不由議處，不任主張？今奈何叙功徵賞之後，獨欲以廷議決撤留哉？且一倭奴也，向言其不來，今又言其必來；一戍守也，向言其當撤，今又言其難撤。轉換不一，使廷議將奚憑焉？如謂軍國機宜當共圖長便，不宜反涉推諉，不思以朝鮮之視倭，較中國之視倭，其利害之關係孰切？以廷臣之料敵，較督臣之料敵，其情形之睹聞孰真？

今舍利害切身之朝鮮，而謂其不必查議；移督臣身親料理之事，而欲廷臣以臆決代之，無乃舛乎？況戍鮮易，安鮮難；留兵易，供餉難。有謂關白已死，各島爭雄，倭必不能大舉者；有謂近鮮一二島，其來易禦，或我當頭欲歸者；有謂我兵之擾甚於倭者；有謂留兵之害甚於撤兵者；有謂帑藏已空，中國已敝，即欲留兵，其餉當聽朝鮮全供折色，不煩中國者；有謂朝鮮苦擾，雖欲撤兵，不敢明言者。此等情狀，廷臣何得決之？若冒功於己，而嫁禍於人，邊臣方欲愚廷臣，廷臣復以此自愚，勿論取笑於士夫，且貽笑於青史矣。今日之議，惟當責樞臣與督臣自決，朝廷以賞罰隨其後，庶爲長便。謹議。

萬曆二十八年四月二十六日。

抄參附

朝鮮國王請易嗣

禮科參看得：朝鮮國王李昖易嗣之請，一至再，再至三矣，始終不過以長子臨海君肆性資凡近，且曾爲倭所虜，次子光海君珲好學聰明，又能號召散亡，遂謬襲"以賢以功"之説，決意舍長立幼矣。不知此敗道也，國王未之深思耳。

蓋立嫡立長，萬世常經，亘古亘今，未有紊常而不釀亂者。臨海君縱性資凡近，未聞有失德可指，奈何便謂不堪繼承？脱光海君賢矣，名分所關，賢者必不敢僭；彝倫所係，賢者必不忍僭，又安得以幼奪長而冒不韙之名耶？當王京既陷，即國王亦且播遷，自不當獨以臨海君被虜爲辱。雖光海君曾蒞全慶軍事，然卒未見有戡亂定難之勛，此謂五十步之走則可，若謂國家由光海君再造，而藉口於世亂先有功也，誰則信之？況當此卧薪嘗膽之時，欲爲此亂常召變之事，無論内難將生，倘日本假此爲由，稱兵再犯，則向年猶侵疆之寇，今且爲有名之師矣。中國即欲復爲撻伐，亦將何詞之執？恐非朝鮮社稷之福也。抄出，慎之。

陸巡撫卹典

禮科參看得：四品已經考滿官止賜祭一壇，例也。原任巡撫江西右僉都御史陸萬垓積俸雖深，終屬四品。乃其子大鋭陳乞卹典，若葬若廕若諡，統欲徼恩於予祭之外，則例之所不載也。縱欽賞可紀，顧未必躬履行陣，恐不可以言軍功；即旅櫬可矜，顧匪係取義成仁，恐不可以言死事。至諡以易名，典更鄭重，既有定制，自難任情。總之，固不宜苟，尤不宜濫。抄出，一禀裁於例可也。

韓侍郎卹典

禮科參看得：已故侍郎韓世能，曾充經筵日講之目，又叨三品考滿之後，祭葬常典，或可循例徼恩。至贈諡兩端，自非卓行高品純粹無暇者，朝廷原不輕許。兹聞本官行誼碌碌，品格卑卑，當年屢掛彈章，至今猶多遺議，即前此恩廕，尚出夤緣，吏部之執奏可據也，而猶殷殷隴蜀之望乎？情自無厭，例則難徇。抄出，慎之。

張尚書郵典

禮科參看得：易名之典關係最重，非若祭葬之僅論官階，亦非若贈廕之兼論勞勳。故條例申明謚典一款，必首稽生平有無論劾。非公論久服，毫無瑕疵者，不輕許焉。其慎如此。原任兵部尚書張學顏，揚歷多年，其宦績固誠有足述，但陰陷御史劉臺一事，屢見彈章，大犯公議。而粉飾衰朽等說，又其末節也。當贈廕之請已見人言嘖嘖，使非藉礦孫貪緣之力，在吏部必不欲覆，在朝廷必不肯予。則亦安所稱"公論久服，毫無瑕疵"者，而後覘及於天下萬世，必不可私之謚典哉？況近奉明旨，議奪議補，正在講求，誠并俟論定，不更妥乎？不然，竊恐貽辱且多，則今日之言未必非忠告也。抄出，酌之慎之。

雲南撫按總鎮進獻土儀

禮科參看得：雲南撫按總鎮陳用賓等會疏，類進夷人方物，并獻各官歷年所受土儀一節為照。諸夷內附已久，土儀僅屬私交，撫鎮諸臣果能推心撫馭，即卻饋未必見疑；縱欲藉口羈縻，則貯庫自有舊例。乃今一旦取而貢之朝廷，此何名也？參詳原疏，不過恐年久湮沒而已。查自嘉靖三十九年至今，已四十餘祀，條件分明，遞傳無恙，何獨今日遽虞其湮沒也乎？又不過欲自明□節而已。夫外夷私饋□所□置能□□無事可明，即使人取我棄，亦不宜以臣子棄置之物，反欲為尚方供用之需。不幾以朝廷為溝壑哉？此等舉動，遠□前代藩鎮□□之風，近似今時弁豎孝順之態。大體可□，□弊當防。抄出，仍宜覆核往例有無，酌為□止可也。

何侍郎卹典

禮科參看得：生員何裕家爲其父原任禮部左侍郎兼翰林院侍讀學士何洛文，陳乞卹典一節爲照。洛文非昔年講讀舊臣而以被劾致仕者哉？夫論講讀之久，朝廷誠當念其舊而酬其勞；但核致仕之由，公論又多優其文而卑其品。今查條例所載，重在侍從則有云“特恩所加”者，固例也；重在清評則有云“悉行停止”者，亦例也。揆度二者之間，祭葬或不容已，而贈謚斷不容輕乎？抄出，酌之。

殷尚書卹典

禮科參看得：卹典條例内稱被劾致仕官員，若果罪過昭彰，清評共棄，則不拘見任致仕，悉行停寢。兹查原任南京刑部尚書殷正茂生平，克餉冒功，徇私激變諸穢狀，姑無暇縷指，惟略考其賄讚權要一節，如珊瑚、鵝絨、金珠、犀象等物，扛饋江陵者以百計，扛饋馮保者以四十計，扛饋游七者亦以十計。原疏臚列，至今猶污人口頰，所謂罪過昭彰，清評共棄者，寧有兩乎？生前僅從致仕，徼幸已多；死後尚敢希恩，無忌殊甚！抄出，寢之。

佘侍郎卹典

禮科參看得：淑人徐氏爲其夫原任兵部左侍郎佘立，陳乞卹典一節爲照。佘立考察自陳致仕官也。曾經三品考滿，於例止應祭一壇半葬。至於贈謚錄廕，苟非勛猷炳耀，節概孤騫者，不宜倖覬。兹按本官生平，雖稱斤斤自守，第撫應天，則左袒豪官，人□〔一六〕坐視焚坑；佐樞管，則莫展一籌，自處傍觀木偶。所謂碌碌者流，得徼祭葬如例足矣。尚可他有希冀哉？抄出，酌之。

贈官誥命

奉天承運，皇帝制曰：國有賞諫作忠之典，榮哀無間於歿存；政當紹庭訪落之初，志事尤先於繼述。其有功存國本，身竄遐□〔一七〕，方需不次之恩，而久抱“云亡”之感，褒崇尤宜亟焉。

爾原任禮科右給事中降貴州黎平府永從縣典史楊天民，浩氣雄文，元心峻節。明廷升俊，壯□分符，首嘉治行之高，特擢糾繩之地。而爾矯然特立，知無不言。編年存一代之闕文，制科洗邇時之陋習。格邊吏冒功之賞，窮宵壬言利之誅。羽翼抱其苦心，批瀝矢其危論。一鳴叱伏，萬里投荒。方賜環之有期，而蓋棺之已定。幽魂可憫，寵命宜光。茲用贈爾爲光祿寺少卿，錫之誥命。於戲！卿月升華，青簡垂直臣之譽；龍綍渙寵，泉臺賁永世之光。眷乃明靈，服茲休命。

天啓二年九月□日。

諭祭文

維天啓三年歲次癸亥閏十月丁亥朔，越二十四日庚戌，皇帝遣山西等處承宣布政使司、分守河東道、協理糧儲監督鹽法右參政王家賓，諭祭原任禮科右給事中、今贈光祿寺少卿楊天民曰：

惟爾磊落才猷，璘珣風節，高搴廷對，再歷花封。方視民以如傷，遂補君於有闕。七年執簡，聲丕振於梧垣；三易投荒，忠已通於楓陛。前星既正，甘自埋光；少海可迴，遽知滅頂。放棄雖鄰於汨水，羽翼寔重於商山。未及賜環，遽嗟宿草。軫先朝之遺直，需舊德以彝章。晋秩疏榮，加邅錫寵。歆兹渥典，慰爾明靈。

校勘記

〔一〕□，原書漫漶不清，據文意似當爲"敕"字。

〔二〕□，原書漫漶不清，據文意似當爲"寠"字。

〔三〕□，原書漫漶不清，據文意似當爲"擬"字。

〔四〕"王"，據文意疑似"主"字之誤。前後文皆用"主司"，無用"王司"者是其證。

〔五〕□，原書漫漶不清，據文意疑似"裨"字。

〔六〕□，原書漫漶不清，據文意疑似"摘"字。

〔七〕□，原書漫漶不清，據文意疑似"識"字。

〔八〕□□□，據後文應爲"不勝數"三字。

〔九〕八股文亦稱八比文，此處所舉爲二比（股），其前半股爲"而内顧本來曾無有仁智與勇"，此後半股只有"曾無有憂懼疑惑"，顯然較之少了"而内顧本來"五個字，這不只是少了一句話，而是少了一層意思。疑此處作者引用考卷原文有誤，參考前後文所引（皆爲二比）可證。

〔一〇〕□，原書漫漶不清，疑當爲"適"字。

〔一一〕□，原書漫漶不清，疑當爲"虚"字。

〔一二〕□，原書漫漶不清，據文意疑當爲"疏"字。

〔一三〕□□，原書漫漶不清，據文意及此前各疏之例，當爲"臣無"二字。

〔一四〕□，原書漫漶不清，據文意疑當爲"迫"字。

〔一五〕□，原書漫漶不清，據文意疑當爲"實"字。

〔一六〕□，據文意當是"唯"字之或體。

〔一七〕□，據文意似當爲"販"字。

附録

《四庫全書總目·楊全甫諫草》提要

《楊全甫諫草》四卷　山西巡撫采進本

　　明楊天民撰。天民號全甫，山西太平人。萬歷己丑進士，官至禮科右給事中，降永從縣典史，後贈光禄寺少卿。事迹俱《明史》本傳。天民在諫垣，敢於言事，建儲之疏至十二上，卒以是謫死。其鄉人爲梓先後疏稿，共成四卷，後附贈官制及諭祭文。贈官在天啓二年九月，諭祭在三年十月；而卷首許維新序作於天啓元年十一月，已有臺臣請加邮録之語，蓋奏請在前，得允在後耳。

《明史》卷二百三十三《楊天民傳》

楊天民，字正甫，山西太平人。萬曆十七年進士。除朝城知縣。調繁諸城，有異政，擢禮科給事中。時方纂修國史，與御史牛應元請復建文年號，從之。

二十七年，狄道山崩，下成池，山南涌大小山五。天民言：“平地成山，惟唐垂拱間有之，而唐遂易爲周。今虎狼之使吞噬無窮，狗鼠之徒攘奪難厭。不市而征稅，無礦而輸銀。甚且毁廬壞冢，籍人貲産，非法行刑。自大吏至守令，每被譴逐。郡邑不肖者，反助虐交歡，藉潤私橐。嗷嗷之衆益無所歸命，懷樂禍心，有土崩之勢。天心仁愛，亟示譴告。陛下尚不覺悟，翻然與天下更始哉？”不報。

文選郎中梅守峻貪黷，將擢太常少卿，天民劾罷之。延綏總兵官趙夢麟潛師襲寇，以大捷聞，督撫李汶、王見賓等咸進秩予廕。寇乃大入，殺軍民萬計，汶等又妄奏捷。天民再疏論之，奪見賓職，夢麟戍邊，汶亦被譴。

天民尋進右給事中。册立久稽，再疏請，不報。無何，貴妃弟鄭國泰疏請皇長子先冠婚，後册立，天民斥其非。國泰懼，委罪都指揮李承恩，奪其俸。順天、湖廣鄉試，文多用二氏語，天民請罪考官楊道賓、顧天埈等，疏留中。

二十九年五月，天民復偕同官上言，請早定國本。帝大怒，謫天民及王士昌雜職，餘奪俸一年，以士昌亦給事禮科也。時御史周盤等公疏請，亦奪俸。天民得貴州永從典史。至十月，帝迫廷議，始立東宮，而天民等卒不召。天民幽憤卒。天啓中，贈光禄少卿。

初，天民去諸城，民爲立祠。其後長吏不職，父老率聚哭祠下。

《山西通志》卷一百十一《楊天民傳》

楊天民，字正甫，太平人。萬歷十七年進士。除朝城知縣。調繁諸城，有異政，擢禮科給事中。纂修國史，請復建文年號，從之。

二十七年，狄道山下成池，山南涌大小山五。上言："平地成山，惟唐垂拱間有之，而唐遂易爲周。今虎狼之使吞噬無窮，狗鼠之使[一]攘敚難厭。不市而征稅，無礦而輸銀。甚且毀廬發冢，籍人貲産，非法行刑。自大吏至守令，每被譴逐。郡邑不肖者，反助虐交歡，藉潤私囊。故天心仁愛，亟示譴告。安可不覺悟，翻然與天下更始哉？"不報。劾罷文選郎中梅守峻。再疏論延綏失律，奪巡撫王見賓職，總兵官趙夢麟戍邊，總督李汶亦被遣。

進右給事中。册立久稽，再疏請，不報。鄭國泰疏請先冠婚，後册立，天民力斥其非。二十九年五月，復上言："皇長子年已二十，明旨雖頒，未嘗一踐。間有別論，又以珠寶未完爲詞。上意益不可知，下情益不可信。夫嫌疑之際，不必果有別圖，始足貽患。即當機少斷，反汗靡常，基國家無窮之禍，奈何不早計而預定哉？"謫貴州永從典史。九月，上迫廷議，始立東宮，而天民卒不召。幽憤卒。天啓中，贈光禄少卿。

初，天民去諸城，民爲立祠。其後長吏不職，父老率聚哭祠下。

校勘記

〔一〕"使"字，與前句重複，《明史》作"徒"，本書卷二《感異憂時疏》本作"徒"。

仰節堂集

附《曹門學則》《共發編》
《共發續編》《乾臺筆記》
《門人問答語》

〔明〕曹于汴　撰
李　蹊　點校

點校説明

曹于汴（1557—1634）字自梁，明安邑（今屬山西運城）人。萬曆十九年，舉鄉試第一。明年，成進士，授淮安推官，以治行高第授吏科給事中。天啓四年，起南京右都御史，辭不拜。魏忠賢黨徒石三畏，以東林領袖劾之，遂削奪。崇禎元年，召拜左都御史，振舉憲規，約束僚吏，臺中蕭然。後被小人誣爲“西黨”，被斥歸家。崇禎七年卒，年七十七。贈太子太保。《明史》本傳稱其“篤志正學，操履粹白，立朝正色不阿，崇獎名教，有古大臣風”。

曹于汴生平著述，以《仰節堂集》爲代表，四庫館臣評其文曰：“于汴之詩文，亦在理學舉業之間。或似語録，或似八比。蓋平生制行高潔，立朝風節凜然，震耀一世。遠者大者，志固有在，原不以筆札見長。從吾序所謂‘非沾沾以文章名’者，爲得其實。觀是集者，謂之文以人重可矣。”這段話對馮從吾的評價有曲解，所謂“非沾沾以文章名者”，正贊曹于汴文章之好，而于汴未嘗以此沾沾自喜自足也。曹于汴固是一代名臣，然其文爲世所重，非僅僅“以人重”也。其文質樸中藴奇崛，頗得古文家之神髓。

本次點校，將存世的曹于汴著作《仰節堂集》《曹門學則》《共發編》《共發續編》《乾臺筆記》《門人問答語》等俱收在内，并以《仰節堂集》爲主體，將其餘書稿以附録形式置於後。

版本方面，《仰節堂集》見於世的版本有天啓四年長安首善書院本，康熙二年弘運書院刻本，明天啓刻、清康熙乾隆補修本，《四庫全書》本等，諸本皆以天啓本爲宗，内容無甚差異，唯《四庫》本對天啓本文字錯訛處有一定改正。故本次點校《仰節堂集》，以天啓四年長安首善書院本爲底本，以《四庫》本爲校本。《曹門學則》（原爲四卷，詩詞二卷，奏疏二卷。因詩詞部分已具《仰節堂集》中，故僅收其奏疏部分）僅見明丹陽馬之騄刻本，故以此爲底本。《共發編》以《四庫存目叢書》所收天啓五年重刻本爲底本。《共發續編》《乾臺筆記》《門人問答語》則是從《廣理學備考》摘出，無他本可校。

《仰節堂集》序

　　夫學，性而已矣。夫性，善而已矣。何以證性善也？今人欽欽焉，目明耳聰，手恭足重，心空空而無適，於斯時也，徹内外非天乎？天非性乎？性非善乎？以其爲人之本色，無纖毫欠缺，無纖毫汙染，而謂之善也。循是而動，不違其則之謂道，故學莫難於見其本色，見本色斯見性矣。程子以學者須先識仁，而謂"不須防檢，不須窮索"。夫學豈可廢防檢窮索？欲人識防檢窮索之非本色，辨其非本色者，則知其本色。知其本色，則防檢窮索皆本色也。吾見曹真予先生於長安中，終日欽欽，目明耳聰，手恭足重，叩其中，空空而無適也，可以證性矣。夫性，空言之則無朕也，實證則有象也，先生非其象乎？故先生居鄉孚鄉，立朝孚朝，告君者足以定群囂、明國是，告友者足以明學術、闡道奧，見於咏歌者足以暢天機、流性蘊，所謂循是而動，不違其則之道也。此之謂性，此之謂善。知先生者，知斯集；知斯集者，知先生根本枝葉無二物也。

　　時天啓四年六月二十六日錫山友弟高攀龍頓首拜撰

《仰節堂集》序

　　昔明道先生作字甚敬，曰：“非是要字好，即此是學。”余以爲作文亦然，非是要文好，即此是學。若作文甚敬，行必顧言，吾得之真予曹先生云。先生全集梓成，余讀之喜甚。鄒魯嫡傳、濂洛正脉，其在斯乎？言言有理，言言不苟，而又言言有作意。它不具論，即如《題南皋先生教言》數語，雜之秦漢古文辭中亦不多得。寸山起霧，勺水興波，賞心哉！觀止矣，蔑以加矣！先生以千古絕學自任，固非沾沾以文章家名者，而作文又甚敬乃爾，即世所稱操觚自豪之士，寧不避三舍退哉？先生雖諄諄講學，而非其人不輕發一語，即得其人，亦不輕發一語。《易》云：“擬之而後言，議之而後動，擬議以成其變化。”先生以之，故其著作雖間有應酬，而譽必有試；獨爲余文似又輕譽，余竊愧之。而或謂善“信如樂正子，孟子進之以‘美大聖神’，夫‘美大聖神’而可易言乎哉？其期望不得不如此，子惟勉之可耳，焉用愧？”猶記前歲少宰缺，廟堂誤起余而借重先生陪，先生特膺簡在。余方爲銓衡得人喜，而先生再三力辭，竟不稅冕行。夫銓衡，重任也；少宰，美秩也。他人爭之若鶩，而先生棄之若浼，此其高風峻節，即古之人寧數數見哉？先生之學，以“躬行”二字爲宗，而辭少宰一節，尤爲躬行之大者。讀先生集，當因言而求於言之外，不然，而徒艷羨其文辭，浮慕其理致，出口入耳，忘厥躬行，即先生所謂没齒務學，終屬半塗，終日矗矗，猶漫道者也。豈惟負先生，亦且自負。或曰：“薛文清公與先生皆晋産也，文清終身學問，只是一‘敬’字。先生學問淵源，蓋有所自。”余曰：“然。‘青出於藍而青於藍，冰出於水而寒於水’，自古記之矣。”

　　天啓乙丑七月既望，關中馮從吾撰

《仰節堂集》小引

世之有意乎詩文者，將傳詩文以鳴世，而世多不傳。非詩文不可傳也，其所爲傳詩文者，未落紙而已朽也。雲遠澹出岫也，月希微入潭也，風于于喁喁來松也，詩乎文乎，有意乎？無意乎？吾師曹先生之詩與文實似之。余小子在庭游先生門久且深，先生無所不有，一無所有，吾無從窺其際也。噫！學絕道喪，世幾陸沉矣。一力荷肩，有賴先生。先生之於文字波瀾，寧不屑爲、不肯爲而亦何暇爲乎！偶然意到，筆且隨之。開鑿混沌，而繪則天巧；酬唱虛空，而韵則天籟。先生自視直唾餘耳，庭則珍之襲之，不啻波斯大寶焉。每欲剞劂以公同好，先生固辭不可。庭嘗手寫藏笥中，示海門周先生，曰：“文至此乎，宜剞劂以傳。”及西遊豫章，示南皋鄒先生，曰：“文至此乎，宜剞劂以傳。”而無奈先生之固辭不可也。今先生暫歸里，連同二三門下士，不告而梓之長安首善書院，亦天機應洩漏時也。書院，先生常公餘宴處，與二三子講德論業於其中者，故存其語言文字，以存先生於不朽。或者曰：“先生詩文語語不經人道，兹集出而爲詩文家另闢一堂構，真教外別傳乎！”庭唯唯否否。此猶作詩文觀也，請以先生觀先生《仰節堂集》，固尼山注疏也。

甲子初夏山陰門人劉在庭百拜手書於香山之觀旭樓

《仰節堂集》序

　　仰節堂者，予師曹真翁先生講學所也。先生自家食而宦達而林居，無在不以講學爲事，而文集獨以兹堂名，蓋取不忘其初之意。小子不敏，幸備見知之列，見先生渾是一段仁體，生生之機，隨在充滿。在家則透於家，在鄉則透於鄉，在朝廷則透於朝廷，在天下則透於天下。不惟出處取予確有章程，即起居嚬笑罔非至教所寓，而兹集又視爲緒餘者也。先生雖視爲緒餘乎，而千古賢聖之宗、一代得失之林胥此焉在。他不具論，如《仁體策益真訂頑篇》，識仁説也。《江西試録序》，蓋定性書、好學論也。《題渌汀先生華陰卷》，雖僅數言，孟子親説不過如此。《薦舉》一策，非末世對症藥石而萬古用人之準乎？聖人復起，全敢必無易其言也。説者謂宋有四篇文字，全讀先生書，於我明亦云然。又有説焉，世儒著述，其表章贊揚，類多軒冕赫奕之輩，而卑微者不肯收録，是貴貴書，非賢賢書，豈足取信千古？乃先生虛中忘我，舍己從人，苟有善焉，雖卑微易忽之人，必一一嘉與。曹良良，族僕子也，孝行可取，輒爲詩歌以闡揚。而《乾臺筆記》此類甚多。或曰：“先正謂‘師冕見’一章，可以括《論語》。讀《良良》一歌，可以知先生之集乎！”全笑唯其言，遂筆之以告天下後世知言者。

　　天啓丙寅春首四日古絳門人辛全拜手書于真樂窩中

仰節堂集卷一

序

江西鄉試録後序

臣不敏，副江西典試之役，既告竣，當有言。

夫兹地習譚聖學，而諸以比士來者，亦大概於〔一〕作聖之功三致意焉，臣安能更端以告士？士不聖人之學而誰學乎？學聖人者，心其心，行其行，言其言。舉子制藝，亦言其言者也，方其湛重淵之思，抉九天之秘，魯鄒覿面，莘岐傾懷，里巷屑越之語，烏能有此？不謂聖人口吻可乎哉！第孔孟、伊周啓口容聲，罔非是物，而諸士匪臨場、羔雁，鮮不爲里巷屑越之語者，要在充其類耳，詎寧惟言？士亦嘗心聖人之心矣，行聖人之行矣。尋常食息，大聖如斯，雖在牿亡，猶涵至性。忽愴臆於顛連，忽赧顏於爾女，忽莊容於賓祭，忽灼知於著掩。其於聖心聖行，隙露全露、乍合乍離者皆是。方其離時，一毛萬山；當其合時，百世同室：亦在充其類耳。充之者，言有常也，行有常也，心有常也。夫一臠知五鼎，跬步知千里。業有其言，何不常其言？業有其行，何不常其行？業有其心，何不常其心？言之實者，其言常；行之實者，其行常；心之實者，其心常。其心實，無有不實；其心常，無有不常。無不實者，至誠也。無不常者，不息也。充類者，致其曲而誠也。夫滄浪之咏，充之綦隆，臻居室之能；充之天地，察孩提之愛；充之仁義，達豈以士也？而熒熒隨熄，涓涓自封，弗克充滿，優入聖域哉？夫觀天者以昭昭，察地者以撮土，學聖者以一隅，故棘内可信棘外，一緒可窺全體，非過也，士誠有此倪也。然而由聖倪躋聖極，則亦有辨矣。

臣北産也，既壯而渡江。北之所聞，恪守實蹈、尺步繩趨居多焉；渡江所聞，頓解根宗、圓通開廣居多焉。或相背而各往，或相疑而交辯。頓解者曰："何爲瑣瑣滯滯，拘攣格式？眼瞳不瞭，足趾竟隘。"恪守者曰："何爲艷悟忘修，駕大棄細？以名節不足檢，以疏縱爲無礙。"臣竊謂二者之言可相濟也，俱不可廢也。夫恪守之士，斤斤於門外者也；頓解之士，揚揚於門内者也。門外[二]之論，終不能勝。顧烏得决去藩籬，便其情態，躬爲嚆矢，遺人口實？道之暗也，殆與有責焉。夫障緣愈添，本真益昧爾，先達之重戒者，戒之良是；賄賂干請，任情執見爾，先達之明糾者，糾之亦良是。爾多士兩存之，一切謹嚴，一切脱化。三百三千，何思何慮？九經九德，無臭無聲。以此爲心，以此爲行，以此爲言，淵源孔孟，證可伊周，豈不偉與？不然，膠於師説，岐於門户，其爲辭也詖。詖辭不足辱兹録，而況生於其心，發於其行，害且更烈，何聖學之足云？豈所望於多士哉！

《崇賢録》序

盱山士紳，以宋劉剛烈父子及李博士應列祀典狀，建議於邑侯許君，得諾。先是，三公顯靈於漕直指蘇公，樹壇於直指董公，兹議乃興。建祠以祀，就祀爲會，用闡聖學、感三公而思濟美，匪直報之俎豆已爾。爰述其經制始卒之詳成録，問序於余。

夫宋距今歷年累百，英爽猶存，追崇不誼。今人之性不隔於古人，故不誼也；古人之性不隔於天地，故猶存也。然則天人一而已矣，東西南北之人、古人今人一而已矣。而人或自封一局者，何歟？不達鬼神之情狀，付之曰烏有，亦自封也，則何不可自封者？門其門，户其户，名其名，利其利，步武幾許，胡不藩之，剖而家之大乎？吁嗟！此君子之所不爲也。劉氏父子，身其身乎！宋與我何有，而自糜於鋒刃？李氏而身其身，皇皇於聖道之翼也何爲？直指、邑侯而身其身，何有於亡人？何有於旰而舉之祠祀？旰士紳而身其身，翕然不忘於昔賢何爲？而又何會講之殷殷也？是皆根於性也，不可得而隔也，故不容已也。彼自封一局者，亦何嘗隔？而以爲若有畛焉，若有域焉，是幻見也。如夢中之畫界，倏然而醒，畫界安在？諸君子仰止於斯，知其無幻見矣。幻見於講，互有辯；幻見於行，互有規；幻見於幽隱之衷，三公在上，不笑且怒幾希。吁嗟！謂三公不笑且怒，是以爲無神也，奚以祀？以爲有神也，尚念遊哉！

馮少墟先生集序

夫道生人，失其所以爲道，則失其所以爲人矣。誰甘於失其人，而每失其道弗思耳。道貫於血氣之質，弗相離也。離道而抱空質焉，與土梗何殊乎？是道也，其大無外，或狹而小之；其密無間，或輟而斷之；其粹無滓，或點而羼之。是故學爲急焉。學也者，恢廓而使之大，綿聯而使之密，滌盪而使之粹也。道不待學而有，而非學無以保其有，非學無以復其有，非共學無以公其有。故孔子肇歲志學，没齒不厭也。然學亦難言矣，性天之奧，本中有本，胡以徹之？知見之紛，岐中有岐，胡以析之？習情之錮，忽醒忽迷，胡以覺之？是用連朋講究，互參證以求至當，相夾持而防墮落，故孔子以不講爲憂也。夫道需學，學需講，有不啻飢之食、寒之衣者。而講學顧罹世訾，非盡世之尤也。不學之士患在不講，講學之士患在不副，或亦艷爲美稱，擔簦聊聚，朝朝問路，歲歲不越閾，辟露背而談九容，揮玉麈而稱儉素，於我乎何有？故孔門之訓"無行不與"，夫惟相與以行，則學爲真講，而萬世宗之無斁也。

少墟馮先生沈潛聖學，踐履篤至，問業之士如雲。而先生惟有故[三]以闡揚剴實，衛道謹嚴，蓋亦以行爲講，以行爲學者也，道不在茲哉？昔有問楚侗先生以"天命之性"者，先生方欲訓解，其人曰："意公自言其性耳。"先生爲之躩然。慕岡先生會友於白下，凝然相對，或曰："馮公何無講？"座上曰："此人渾身是講。"其亦旨於論講矣。于汴不肖，仰先生之行有年，茲誦其講道之集若而卷，而窺君子之惓惓也，敬綴數語，志向往焉。

《理言什一》序

夫人之所以爲人，理而已矣。里巷庸衆對談之語，未嘗不謂"理云""理云"；然究其精微，則峨冠而皓首，或不識爲何物，亦可詫也。古先聖賢，以理爲行，亦以理爲言。言爲後人設也，而究心者寡，安望有窺於理而能齊其行乎？

知一張先生有味於先正闡理之言，摘而錄之，時時研討，間發以所見，遂至成帙，命之曰《理言什一》。嗟乎！風會之下也，士之所趨者，流俗汙世、競利逐時之習而已。即沉涵典籍之中，窮年兀兀，藉其可裨進取已耳。又不然，《左》《史》英華，晉唐膏馥，輝潤筆毫，留連光景已耳。聞所謂理言者，如奏古樂，不終場而思睡矣。亦有口誦注脚，漫謂了了，實則錮蔽，此又訑訑之見耳。先生之志大矣哉！其造理之邃、制行之卓，宜也得其所以爲人者矣。人之徹內徹外，動容啓喙，孰能外此？譬彼魚然，能爲順水，能爲逆水，而不能外於水，人亦何爲不理之順也乎？雖然，"什一"云者，以言言之也。理無所謂什者，一而已矣，亦無所謂一。嗚呼，微哉微哉！非究心於理，何足以語此！

《質言》序

徹天徹地，亙古亙今，一理而已矣。人得理以生，惻隱、羞惡、恭敬、是非、真誠，其質也。以此見之行，則爲質行；宣之言，則爲質言。其爲殘忍、無恥、傲慢、昏憒、虛詐之行與言者，非其質矣。故曰“人之生也直”。直，其質也，故曰“君子質直”。

海陵心齋先生，崛起末俗之中，獨完其質，而流遺風以啓後人。靈臺唐君私淑先生之教，興學祠内，敦行慎言，躋八旬無倦。鄉里薰之，縉紳褒之，曰：“不失其質者也。”彼有遜聖哲爲復絶、甘沈染於習氣者，反以習氣爲質者乎？譬之人面有本來色相，乃至抹墨塗朱，盤舞劇戲，久假不歸，不知真面掩朱墨之内也。然一洗刷，真者立露，又豈借面於人哉？人心之質亦若是。予不類，少失其質，時稍稍覺其非是，顧與賢人君子相講劘，其質輒露幾希。或涉世味，恣嗜縱情，則質復隱，而反以非是者爲質，蓋至今悵悵也。辟如劇戲之人，登場逐隊，樂事方濃，若以其抹塗之面爲固然，不復知醜，場終意盡，對衆鑑形，則有啞然自笑，而洗刷不皇耳。

紀生常新、陳生魁類輩，受業於唐君而彙梓其《質言》，欲因言以求質者，則必日親師友，相切相磋，守其惻隱、羞惡、恭敬、是非、真誠之質，必不至抹塗其面，而以非是者爲質矣。不類他日遊海陵，走祠下，將以鑑吾之所質，當有以洗刷我。

《讀易夢覺》序

秦蓮勺先生史公，學《易》有年，沛然徹悟，録其所得成編，爲卷者九，命曰《夢覺》。何覺乎？覺我之爲《易》也。何録乎？將覺世以共覺也。殷阿衡云：“予，天民之先覺者也，予將以斯道覺斯民也。”夫《易》，六十四卦括於乾之一卦，三百八十四爻括於乾之一爻，廣大無垠，森羅悉備，我命如是，我性如是，我心如是，我身如是。萬邦億姓，九夷八蠻，昆蟲草木共是。不知我之如是，是睡夢方沉，不可言覺。業覺其如是，我固乾也。九夷八蠻，昆蟲草木，連貫相關，矧夫切而近焉者乎？而不欲其共覺乎？此《夢覺》之所由編也。

讀是編者，謂公逢時不偶，歸田研究，立言覺世，棲山林者當如是。然阿衡覺民，乃在三聘幡[四]然之後，何也？大行窮居，寄迹殊象，自覺覺人，心念惟一。心齋先生不云乎："唐虞君臣，只是講學，'執中'十六字，莫非呼人之寐也。"世見孔夫子周流未遇，歸而刪述，乃謂達則道行，窮則道明，或遂以"內聖外王"分別爲兩，寧知其周流十二國時，未嘗不爲明計也，故曰"欲明明德於天下"。即如公曩覺世以讜言，今覺世以讀《易》，寧有異耶？泰運復亨，徵車且至，大覺斯民，譬天光之煥，幽陬盡朗。象稱乾元、大明，不在茲乎？余蓋有深望焉。

《四書說意》序

聖賢之書，聖賢之言也。聖賢之言，發於聖賢之意。聖賢之意，動於聖賢之心。有其心則知其意，有其意則知其言，知其言則能說之。說之者，說其意也。說其意者，以意逆之也。不以意逆，而徒揣摸[五]其言而已，終不可肖。今天下士人，其於《四書》，蓋童而說之矣；然至白首，或不達其意。吾無其意，安窺其意？吾無其心，意從何來？李放桃花，其可得乎？

稷竹東任先生著《四書說意》，說孔、孟、曾、思之意，洞然詳盡，何以臻此？余未睹其人而聞其行，清貞端謹，年且望九而不倦於勤，跬步必繩諸義，可以識其心矣。不失其無意之初也，不失其同聖賢之初也。以聖賢之心說聖賢之意，與自說其意何殊？烏得不了了？讀是說者，勿徒以說視之，亦以意逆之。吾之意與先生之意投，乃與聖賢之意投，而先生說聖賢之意者，吾亦可了了。然在能有其心，有其心斯能有其意。李放桃花之謂乎？心，水也；意，波也。江海波、池沼波，洪纖懸異，有同然者。吁嗟！心學可不講哉？正心、盡心、養心、存心，"四書"顧不諄諄哉！

《四書疑問》序

或有問於余曰："吾讀蓮勺史先生之《疑問》而竊疑焉。夫先生積學功邃，神遊於孔、曾、思、孟之間，默契道真，何疑之有？"吁！此未知疑之不可無也。孔夫子自述云："四十而不惑。"是其四十之前何嘗自謂無惑？儒者四十之後，尚未可當夫子四十之前，動云"吾既知之矣"，居之不疑，如何其可也？善哉乎先生！以疑自居，而長安諸君子復有未能信、未能疑。真疑、真信之惓惓也，疑則問；問則成其學，學則信。然則既信矣，當無復疑乎？是匪可易言也。虞帝之聖，奚窅於信？而問察之好不置，夫豈自處了了而姑爲是諮詢也？夫子不惑矣，而假年以學，蘄免過之大者，又豈自信無過而漫求免也？世人謂惟聖無過，此殊不然。到得聖，過轉多耳。譬百里之侯，不任咎於封外；天下之宰，詎委責於遐荒？故彼能是，是亦足爲一長之士也。聖人而有足時乎？不足則不敢騖言信，烏得不問且學也？是故讀"四書"者疑焉而已，讀《疑問》者轉疑焉而已。伯玉未五十時，幾不覺四十九年之非，儻亦嘗自疑也，而罔歇於問也，乃克自覺乎！夫學難於有睹，而有睹非可盡學也。疑以生問，問以成信，轉信轉問，没齒焉而已矣，則兹編之所開者宏也。余不敏，叢疑如織，當圖航大河之津，陟華嶽之嶺，摳衣請問矣。

《銀臺政紀》序

竊嘗謂當官致治之要有二，尊令甲、修職掌而已矣。國家建一官，則有一官之成憲，幾經籌量而後布爲章程者，鑒於成憲而精神畢注於此，罔敢頽廢，斯於職不溺。一職不溺，則一官之事理。顧或蔑棄典故，惰窳職守，世之不治無惑也。

安節先生歷官中外有年，所至輒講求舊章，設誠而行之，鴻猷駿業炳焉。比自留卿奏滿，甫入都門，天子簡之銀臺，則首詢掌故，而掾史無以應。先生曰："奚而[六]持循以修職業？"於是廣搜旁采，要例科條，燦然悉具。某事也，訓典之當舉，莫或湮之；某事也，訓典之所禁，莫或循之。政乃大飭。汴不敏，睹先生之爲《納言》，而知奉職者當如是也；睹《政紀》，而知先生之盡職有所據也。職巨職細，諸百執事，疇不有成法在？疇不有官守在？即古稱名臣傑士，躋世蒸隆，亦無他奇，第各不虧其職分，以無戾於憲典足矣。雖然，方策昭垂，由心制之。先生編纂而躬行，由心運之。脱無是心乎，即令條教盈案，將藐焉背之以馳，世之不治自若耳。然則當官致治，又自有本也歟？蓋信哉其有本也！

馮慕岡先生《語録》序

昔有士人十數，相遇於崆峒之陽，衣冠甚都，吐辭雋永。主人蕭之，各授采牋，冀承清論。須臾俱就，録而成編，覽者珍襲，何異程朱比肩哉！居頃之，叙及生平，或曰："吾軮掌日久，崇膴不我及，奈何？"或曰："時情未可拂，將造貴人之門。"或曰："田無妨求，舍無妨問，不者何以遺子孫？"主人驚汗吐舌，是與録中之語殊不類，人與言可相背而馳耶？因思前代以詩賦取人，未免靡麗之習。國朝定以經義，周情孔思，淋漓筆穎，制非不善。迨其後也，僅借梯榮，下不必顧行爲文，上不聞因文問行，若謂舉子業固應爾爾。大人先生乃登壇講道，彙語爲録，評駁古先，抉剔造化，非法言不言，宜亦非法行不行，是以高賢大良，罕不從事躬修。今若此，將令異日觀語録者亦若觀擧子藝乎？是可嘆也。於是新安戴生以所輯《慕岡語録》視余。余交公知公，揚言於衆曰：“是固非憑耳入，流之於肺肝；非僅口出，履之以實踐。其通籍二十餘載，茅茨猶故。秉憲於楚，兢兢奉職，百務俱興，直觸横璫，脱全楚於水火。禁詔獄累年，講晰益邃。兹録所載，獄中爲多，蓋以自砥，亦將覺人，塵態光華，無所覬覦，其亦可尚也乎！”主人乃逌然而喜，因叙次所談，弁之簡首。

《馮慕岡先生年譜》序

昔在孔門，無不從事學問，及語好學，僅推顔氏之子。好學，誠難言矣。何況叔世知學爲艱，安問“好”哉！然弗好則可作可輟，可信可疑，學之無成者多矣。

慕岡馮子，孜孜於學，以“好”自許。嘗語余云：“吾好學如好好色。”蓋自覺其深，嗜不可解者。其家亦云：“公曾對卷研思，大雨，水入户及座下，不動，家人驚呼之，方出。”詎不有真好哉？何以徵之？徵於其學之進也。余初會於都門，再會於玗，三會於淮泗，又會於都門，五通問於圜室，度度非復阿蒙，年有進焉，非好何以致此？譬飢之好食，終果腹也；寒之好衣，終蔽體也。好故有成也。故夫子思顔子，亦曰：“吾見其進。”士將學顔子學，何不好其好？馮子殫精於好，可謂善學顔子。向令天假之年，不知所進何似，然亦不虛其年矣。其年可譜，譜之足爲學士模。

其門下士戴君任，當馮子逝後，門户荒涼、交遊星散之日，搜羅讐較，爲之著譜。裹糧重趼，間關累千里，問序於余，此亦好學之報也。聊綴數言，闡揚其好，以俟尚論者知其生平竅要云。

重刻《我真語略》序

絳郡公筐我真大夫，甫涖堂皇，輒以興學維風爲第一義，進多士而誘掖之。觀其《語略》，蓋其初爲鉛山侯以教鉛士，而鉛士刻之者也。多士以傳寫爲艱，重付梨棗，問序於余。

余與大夫同遊久，此語亦習閱。其人恂謹，其學有本原，故其語精切而醒人。其歷官行政，袞然有成勳。仕絳未半期，口碑業徧四境，多士若其化，乃崇其語耳。第未知多士之梓之也，將誦其語乎？抑語其語乎？踐其語乎？語其語者，大夫曰：“仁亦非仁無談。”大夫曰：“義亦非義無談。”宛然有道口頬也，盛矣。踐其語者，業共談仁，非仁無由；業共談義，非義無行：儼然有道步武也，尤盛矣。顧余所望，在此不在彼。蓋嘗聞海濱一先生出所著《語録》示諸人士，人士爭捐貲鋟之梓。最後一人以貲來，主者弗納，其人恚甚：“奈何拒我？”主者曰：“爾既應試列名矣，烏用此？”先生聞之，嘆曰：“將令我不暇給耶！”士林傳爲笑柄。吾晉士風椎魯，罕從事於講，講則矩蹈而繩約之，弗敢越軼，寧失之方，不至失之圓。兹之剞劂《語略》者，固“非公不至室”者也，子大夫其忻允。

《理學文鵠》序

關中少墟馮先生，輯諸大家舉子藝百數十首，以式多士，命曰《理學文鵠》。不命以舉業，而曰理學，何也？見理學、舉業之非二也。皇制，羅俊秀之士於庠序，俾其研究理奧，心繹而躬迪之，期於湊泊融貫，可通於世用，顧上之人無由知也，則令攄所學於文藝。其文肖其所學，乃因文而知其人，擢以科第，簡以官秩，而收治平天下之效。舉業之制，豈不善哉？習之敝也，學不必理，文亦不必理，帖括剿襲，妝點色澤，以博進取。迴視所爲文，真成敝帚，無一字可濟於世，此舉業之贗也。清修之士從而厭薄之，講聚闡理，自謂理學。或遂謝舉子藝以爲高，誦法孔子而甘蹈其所謂果，失則均焉。兹集出而舉業在是，理學亦在是。舉業而不本之理學，雖極工巧而識者亦窺其微，庸人之腹終不能做聖人之口。亦未有理學徹而文不精者，孔孟、周程之文，不在兹乎？固可睹已。彼不達於理而覷成章，譬醲甀而欲瀉酒，味固不似也。吁嗟！不達於理，而文之飾滔滔皆是，厭薄而不屑爲者，宜其高矣，此理學之所以不明也。

《鯤伯詩選》序

夫世之治也，士大夫惟公室之恤。迨其念不越身，計不逾家，漠然不知有國，而世乃衰。風之醇也，無不尚樸者。鑿醇而漓，則繻麗穠纖以相矜尚而已。士大夫不能報國而至衰其國，不能維風而至敝其風，亦足恧矣，顧非所論於藩潢家也。彼其離腹墮地，所睹宮殿之巍，錦繡之爛，禄豢終其齒，惟絲竹之爲娛，裘馬之爲豪已爾。而又格於功令，無當官從政之責。治不任勣，亂不任咎，烏能約其躬而國之慮也？

王孫鯤伯有異焉。足未嘗過城闉，而聞廟堂有善政，不啻欲躍者。抑或民有隱，天有災，亂有萌，不啻額之蹙者。居恒自奉殊簡，雖座上時有客，而不類徵逐宴飲，競水陸而侈繒綵，無關侯鯖、誇趙舞之態，其精神固有所注也。若人而爲貴戚卿乎，安有惟田之求、舍之問、金玉之輦，爲不可知之子孫計，而治理日圮，民生日困，外訌日熾，内釁日積，而金甌無闕之天下，且有懷問鼎之思、虞方蹶之憂者乎？竊謂鯤伯足尚也。或曰："若晤其人乎？"曰："否。""何以知之？""以詩知之。"其詩慷慨激烈，殷殷國是，忠義之肝膽，流於吟諷，如將天問而雲排焉，而蕭寂清約之致，時時宣露。《經》云："《詩》言志。"又云：

"《詩》可以觀。"公之志形於篇什，吾因篇什而觀其人，知其關於治亂醇漓之大也，乃三嘆而書其集之首以爲序。

《孔廟禮樂考》序

夫高下未判，有自然之中；陰陽未蕩，有自然之和。天地之禮樂，本於茲矣。人得之爲性，則亦有自然之中焉，有自然之和焉。中固未有不秩如者，和固未有不雍如者。聖人若是，途人亦若是。第中和之性不能無所蔽，其不形而爲乖戾者寡矣。故聖人以性之中制爲禮，俾人人遵其禮，而各復其性之中；以性之和制爲樂，俾人人遵其樂，而各復其性之和。辟之於水，制之者由源而發爲流也，遵之者緣流而得其源也。得其源者，得其性也；得其性則中和合一，禮樂匪二。後世不究其源，安問其流？孔子，禮樂之宗也。其廟祀之典，尚不免於舛廢，況其他乎？夫磬折式里，自鮮愆動；鳴鑾鏘玉，當無躁心。袒背而歌濮上，必納於邪。禮樂豈細故，可忽漫言哉？

楚儒瞿睿夫氏慨然欲以興之，乃推廣觀察周淑遠氏之意，爲《孔廟禮樂考》。稽引宏遠，核訂精嚴，闡發幽奧，皎然不啻列眉。意若曰：諸誦法孔子，遊其門，觀其禮，聞其樂，肌膚固，邪穢滌矣。又若曰：請自茲始，舉廟廊、閭巷承訛襲陋、敝禮淫樂，一反之隆古，合諸天地，世教其興，民性其復矣。故禮行而民志定，樂作而神人格。夫論禮而不遺民也，論樂而不遺人也，則聖人之制禮樂，瞿氏之考禮樂，意固可想。是書成而陳令尹鋟梓以永之，與瞿、周之意又何殊焉？

《七克》序

昔者魯鄒之立訓，知天知人之說，蓋屢言之。學莫要於知天矣，知天斯知人，知人者知其性也。共戴一天，共秉一命，共具一性，可知也。泰西距中華八萬里，逖矣。龐君順陽著《七克》各一卷，中華之士諷其精語，爲之解頤，此何以故？其性同也。傲、妬、慳、忿，迷食、色，惰善，七者情之所流，吾性所無。率其性焉，未有肯任其流者，中華、泰西之所不能異也。謂傲妬之可長，慳忿之可持，食色之可迷，善之可惰，豈天之降性爾殊哉？平旦而憬然，見君子而厭然，聞善言而快然，其憬然、厭然、快然者，性爲政情順聽矣。性如堂皇，僕隸之所不得擾也。性不爲主，雜情熾，堂皇無主，僕隸登矣。性靈一覺，雜情濯濯；堂主一升，群僕寂寂。故知人之性者，可以盡人之性矣；盡人之性者，化其情者也；化人之情者，自盡其性而已矣。自盡其性者，自化其情者也；化其情者，知天而已矣。上天之載，聲臭且無，知天之人纖欲俱絶，詎令七者之潛伏流溢也乎哉？而克之其烏容已？於時龐君梓其編及半，索序於余，漫書此以復之。

《滕縣救荒事宜》序

余治農渠陽之塢乾所，趙公以《救荒事宜》四卷觀余，蓋其二十年前尹滕時，起溝中瘠而生全之，既試之猷也，久而未嘗示人。顧烏可不傳之宇內，俾司牧者有所型範而安養元元之衆乎？余受而卒業，則見其規畫詳盡，搆思肫懇，於神於人、於上於下，凡可爲民請命，靡不舉也；以粟、以粥、以金錢、以蔬果、以藥餌，凡可拯民於阨，靡不備也。遠近有程，給散有法，普遍而不淆，綜核而不漏，委任而無宄，拮据巡省而忘瘁。直令餓者餐，僵者起，賣者贖，流去者歸，流來者如家，病死者有葬，嗷嗷者寧，洶洶者戢，而又制器墾蕪，興農積粟，已往爲鑒，將來有儲。想其據堂皇，撫黔赤，軫饑困，切痌瘝，寸心欲嘔，雙鬢欲皓，潸淚不知幾揮，蓋其視民生若鵠而精神畢注於斯也。洵民之父母哉！是以滕民頌之久而不忘，朝論韙之，晋陟銓部。夫公之殫其職也如是，則必以是望人矣。顧簿書習熾，愛養意疏，人未必如是之殫職也，則未免信口繩之，而怨謗乃至，然公則無愧於職矣。且士人秋春二闈藝文各十九首，而國家賣弓旌之典，錫青紫之榮，何愛此十九首者而隆重若此？爲其績學已素，必能代主養民也。而民之隸其下者，未至而望焉，既至而迓焉。稽首堦墀，莫敢仰視；鞭朴詬誶，無敢反脣。出入乘於民之肩，竭厲供養，無敢違者，雖耄孺婦女，聞宰官之過其里，企足引領，冀一窺見顏色焉，又何愛於異鄉之書生而尊榮若此？爲其必能養我也。顧或秦越相視，痛苦不相關，平時既不爲之備，荒年坐視其死亡，豈非負民並負國也哉？若公者，可謂兩無負矣。

憶曩歲宦於淮北，有語余者曰：“經遊滕縣，相隔半尺許，便自迥異。”余心識之。繼被徵北上，入其疆，田頭皆樹，樹外爲墙，墙外又樹，樹外爲坦道，出境而止。其田無不墾，穀無不碩，無草莠之雜，楚楚若一姓者然。不覺心折公之孳孳民事，蓋不遺餘力也。無何，公亦離任。越數年，東省告荒，或謂余曰：“滕縣以樹木之利，民得濟於饑。”此則公救荒於行後，而公亦不知，茲卷亦所不載。余記所睹聞乃爾，遂題於簡端。

《讀史斷章》序

夫理，斷事之衡也；心，燭理之鏡也；欲，掩心之障也。欲深心昏，心昏理隱，遇事當前，蒼素無以别。非事之難斷也，既失其衡，曷憑而度之？況乎千百世之前，史編所載，其人杳如也，其事之端委茫如也。摛辭之筆，或至眩真；評議之口，遂爲成説。冀以剖斷不爽，不更難乎？

孝廉姚君仲美，天成修潔，濯濯塵表。曩在壯齡，緣侍養北堂，不暇刻離，遂謝公車，累科不赴，荏苒皓首，竟絕仕進。撫臺金溪吳公疏薦未報，而君恬處畎畝。數椽容膝，無榱棟之羨；

裋褐蔽躬，無文繡之願；藜藿充腹，無鼎烹之嗜。此於世味捐除蓋盡，心靈安得不露？理奧安得不徹？居常闔戶讀史，神遊掌指，考得失之原，察心曲之幽，策成敗之數，獨抒心見，不襲人吻，積久成帙。一日，鱀臺上谷劉公晉接間，詢其近功，出斯編以視，劉公頤解，題曰《讀史斷章》，檄刻以傳，且命爲序。分運烏程史公忻然授梓。匪具精瑩，曷來賞識？余辱交於君，知其屏除欲染，非旦夕矣。心瑩理洞，斷事炳炳，有固然者。乃弁數語，俾讀茲編者知其根，因而讀史者知所準則焉。

《三臺奏議》序

昔子輿子尚論古人，以伊尹爲"聖之任"。後世易視此"任"，每謂有所不足；其高視尹者，又謂其"任"不可幾及。近儒剖之曰："任，以所遇而言。"蓋聖賢當事未有不任，而清和自存其中，藉令夷、惠、阿衡，其任亦同，大抵名臣良相彪炳史册者，罔有不任。國制，士人筮仕曰"任某職"，其之官曰"赴任"，遷轉曰"離任"，豈異人任？而一日當官，烏可一日不副其任？然而天下不治，則以任事者之鮮也。簡命頒之當寧，職掌載之典章。而或以利害忧心，當任不任，義當言而卷舌，理當前而縮趾，職務烏得不隳？禍亂烏得不作也？

以予窺於今日，司馬拱陽孫公，所稱任事之臣哉！公曩以治行高等任南臺侍御。時柄臣用事，力能墜人於淵。公抗疏糾彈，風裁聞天下。留都豪貴，行行且止，獨畏公一人。迨後改任北臺，正色輦轂間。值群陰方熾，戈戟攢攻，公八面應之，直氣執言，終無所憚，遭其齮齕無悔。頃歲，泰運復亨，帝庸舊碩，公秉鉞西秦。藩府巨蠹憑依城社，梗憲虐衆，公毅然繩之法。藩王百計熒奏，卒不能撓公。若曰：此皆吾任，吾不任而誰任？豈其姑依違退避，博人之歡，保己之祿而已？諸疏具在，他疏可類按也。儻人人如公，無論職巨職細，事到思任，安有唯唯畫諾，悠悠玩愒，視責任若弁髦，叢脞庶務，流毒邦家也？公今知遇日隆，晉貳樞卿，則夫東西烽燧方棘，中原萑苻潛窺，兹任匪眇，而公必有所自任矣。將士淑慝，兵機興釁，明目張膽，議之朝堂；瀝誠竭智，告之君上。情面怨訕，安能撼公？蓋封疆，公之家垣；兵政，公之家政。勁骨直節，固饒任之，而海宇磐石，在其仔肩耳。豈不並駕古先哲人，而阿衡之業仁當屬之矣。

贈運庠廣文景岳康君育才館造士序

或有問於余曰：“醴直指李君緝敬，集三藩雋士於育才館而督課之，復時聚於傳是堂，專爲科第計乎？”余曰：“否。”“其敦聘廣文康君景岳司教事，專爲訓以文辭乎？”余曰：“否。”世之盛也，舉業、理學合於一。師以是教，弟子以是學，上以是登之科第而任之職，乃能廉於躬，忠於主，慈於民，而天下以治。迨其衰也，忘其初制，師之教、弟子之學、主司之掄選，總不越於文辭，曰以是梯青紫而已。終身唔咿，不知理學爲何物。間聞理學之譚，從而非笑之，以爲作僞，以爲好名。吁！亦但爲其真者耳，爲其實者耳。然不講則真安在，實安在？貿貿何之？亦不得之數矣。縱博一第，躋膴仕，而世味薰人，如舟無柁，安望廉忠慈愛，保世之不亂乎？

直指生理學之鄉，灼見於此，乃綣綣於鑄士，俾其文行雙修，直徹本體，庶由體適用，而世終藉也。而又以據皋坐者，非僅僅文辭之士所能型範，知康君自關中來，從少墟先生講學久，以黃甲之英，恬居芹序，可以爲人師，遂藉之主教。而君以天成樸茂，沈酣理域，洞燭玄微，繩趨矩蹈，罔有越逾。望之，識其爲端人；就之，坦易可挹；扣之，而無隱不剔也。士乃蒸蒸若於化，競自澡濯，向於聖學，同志有録可按也。

會直指驄馬南，諸士解館以歸，乃質余言爲廣文贈。余惟人生而明德具焉，昭昭如也。其於義利善惡、得失禍福之介，無不了然者。比其染於風習，迷於欲念，乃不知義之爲崇，利之爲卑，不知從善之足樂，從惡之足憂。道充德富，本得也而嗤其失；墮實損名，本失也而侈爲得。奢躬淩物，禍之媒也，而罔知遠；守身善世，福之聚也，而罔知趨。是非眩焉，從違乖焉。病其身而病天下，所謂載胥及溺也。揆厥所由，以不知理學而僅没没於文辭之藻繢也。學則明，不學則暗。以理則爲聖學，不以理則爲俗學。俗學之昏人，終無開眼出頭日。此廣文之所以無負直指，有造士類也。乃書此以贈廣文，且以勗多士。

《育才館同志録》序

昔有友人會余於都下，譚志甚悉。首辨志，次立志，次持志，終以成志。辨若問岐，立若樹表，持若執玉，志乃竟成，而總不越於孟子輿之"尚志"，於仁志居，於義志由。必也志學，志期於矩，從心不逾之謂成。

按齔李直指本晦，羅三藩髦士於育才館，立科條，厘教育。館祀堯舜禹，率之對越。館距城數里而遠，復於城内孔廟之東創弘運書院、傳是堂，時挈諸生遊其中，闡明聖學。士蒸蒸奮，若謂："明師在上，良朋在列，所不辨志以至成志者非夫！"爰彙其姓名字貫，爲《同志録》。同志居仁，同志由義，自同志於學也。粵稽堯舜以志成帝，禹以志成王，皋、夔、稷、契、益以志成贊襄，孔孟以志成開繼。或同志一堂，或同志千古，爾多士同其志，即謂同諸聖喆之志可也。以斯締交，亦以斯久要，蓋直指之志如斯，爾多士不相渝，斯爲不負。余嘉其志，更喜其同，乃題數語，拭目以觀其成。

《傳是堂合編》序

夫道以學明，亦或以學之偏焉而不明，故學必有分，非以一登壇講論，僅優於不事，學者便可謂明道也。學不足以明道，矻矻矗矗何爲？故子思薄賢知而道中庸，孟子舍夷惠而學孔子，學固有正傳也。

大江之右，有南皋鄒先生，學孔子之學，徹悟立本，弘大無邊，而仁體益然。蓋初誦其書，繼會其人而知之，洵所謂傳之正者。柱史李本晦氏，與同里而從遊久，蚤得其傳。按歷三藩，所至興會闡學，竟日不倦。會錄其所語語〔七〕成卷帙，余得而卒業。大概南皋之學也，即孔子所傳之學也，亦即唐虞以來相傳之學也。比付之剞劂，而奏議、序紀、書答、文告胥萃，命以《傳是堂合編》。若曰：皆是物也。從昔名世碩人，對君戒衆，序述書問，何者不本於學？不本於學者，卮言耳，奚以格上喻下，孚友而垂遠？壁經所載陳謨布告，尚矣。端木、東里以辭命安邦，而杏壇所紀，固撰著之衡也。故學以入道，何不貫？道以應用，何不藏？謂編中諸項，皆柱史之學可矣。

余歸自京師，方抱疴杜門，亟赴會於是堂。官師、紳士、耆民俱集，問難互發，無微不抉。窺其直露本根，不規規邊隅以自域，其視人無不可親，藹藹沁入群心，故曰“南皋之學”也。斯爲正學，而道由以明，明斯傳矣。士君子之學，原爲道計，其於道爲明計，明道爲傳計，將令千聖如存，萬年永揭，實式賴之。學不當如是哉！乃識數語以告夫共學者，知辨宗云。

贈鹺臺侍御緝敬李公祖育才傳是序

李侍御緝敬奉命來按鹺，約躬貞度，百務俱興，尤嘉惠風教。軺車所至，輒興會明學，羅所得三藩之雋士於城北育才館，昕夕課訓。復念城中無聚講所，創傳是堂，而時時携之遊。闡千聖之秘，期百世之業，其一段謙冲慈藹之度浹入衆心，士無不若於化者。會瓜期且届，而侍御兼有歸志，諸士將祖帳東門而難於別，謂余："盍爲言？"

余惟古昔多治，學明也；叔季多亂，學不明也。士狃於帖括，工於鏧帨，僅借爲青紫之梯，終身讀聖書，不知聖學爲何物，如是者不明。或從事講學矣，而泥於畛域，錮於意見，曲而不全，局而不徹，如是者亦不明。由前之説，將染於流俗勢利之陋，固足以殃民而蠹世。由後之説，雖其斤斤自好，優於儔伍，然亦未能充滿腸冷[八]，纇潛而不自覺，亦以學爲世病。學可不辨哉？吾鄉先正文清，生平篤學，直至性天之通。文成倡道南昌，直指良知，廓清障礙。其門下二王輩，剔發無遺。而鄒氏則前有文莊，今有南皋，俱得其傳。蓋江右多君子，法堂相望，環聽如雲。譬則五都之市，必有佳珍，而終歲剖磨，精光乃露，宜其然也。侍御産於其鄉，甫離襁褓，即立父師友朋之側，衆美躍如，聖真卓爾。耳於斯，目於斯，若呼茶呼飯以爲常，是以入之深而得之正也。竊謂侍御於吾邦，厥功甚鉅，迪多士以入道衆，著於聖人之學矣。蓋皇朝育士，士人業舉，原是如斯，而圄於辭章，溺於名利，非其初也。兹之啓瞶發蒙，躋諸聖域，是功在士類。猶之乎學也，而千里之差，起於毫釐。孔孟之學，自有嫡派，正傳既揭，周行乃顯，是功在斯道。然在道亦在士也，爲士亦爲世也。士既得未曾有，其可忘乎？夜光在野，穰人揮鋤弗顧，不知寶也。或拾之歸，未能什襲，旋亦遺忘，猶之不知寶也。余望諸士，終侍御之訓，勿曰流俗可安，勿曰小成可限，期盡其才，務傳其是，將文清、文成以下，比肩何有？馬首雖南，不殊函丈之聚。遂書此以勗多士，以別侍御。

校勘記

〔一〕“於”，四庫本作“以”。

〔二〕“外”，四庫本作“内”。

〔三〕“故”，四庫本作“教”。

〔四〕“幡”，四庫本作“幡”。

〔五〕“摸”，四庫本作“摩”。

〔六〕“而”，疑當作“不”。

〔七〕“語語”，疑衍一字。

〔八〕“腸冷”，四庫本作“分量”。

仰節堂集卷二

叙

《安邑縣志》序

昔者竊聞之，一家之政，六曹具焉。家必任用人，吏也；必有經費，户也；必有四禮文事，禮也；必防寇盜，戢外侮，兵也；必有束禁夏楚，刑也；必有田廬器用，工也。六者一有弗飭，不謂善齊。積家成邑，積邑成郡，積郡成藩，積藩成天下，六者一有弗飭，不謂善治平。地域有廣狹，幾務有繁省，而政無兩岐。是故百里之長，協寮帥屬，吏事修明，天曹之邦治；户有蓄貯，室無離析，地曹之邦教；崇祀優賢，一道同俗，春曹之邦禮；詰戎除械，有備無虞，夏曹之邦政；刑期無刑，奸豪不逞，秋曹之邦禁；城高池深，封洫服舍有章，冬曹之邦事。豈不關繫重鉅，建樹顯奕哉？烏得而忽諸？然古昔經世宰物，莫不設有方策，載其典制，而《周官》一書，獨爲明備，上揆下守，前憲後鑒，由來遐矣。繄我皇朝，廟廊有會典，諸司有職掌，有條例，史局有史，而郡邑志乘權輿於斯焉。邑志雖藐，諸項俱該，不可缺也。

余邑於余省稱劇，二百數十餘年，乃獨缺志。前侯汝陽吳公、臨清邢公嘗欲著之而未竟。今侯上谷耿公，明作庶政，宣上意，愜群情，肇未曾有。頃督學吕公行部諭及，爰命不佞從司馬先生之後，及諸文學，開局編纂。考紀載於群書，訪遺踪於耆老，聽評駁於輿論。逾百日而志成，爲卷者十。大端不越六事，懼不核也，亦懼不詳也。第若不公而胸臆之憑，不直而愛憎之比，德意云何？洵所未敢。夫一畝之宅，百十指之眾，誰不按籍據譜，思爲之理？安有籍四境、譜庶姓，肯屑越也者？侯之斯舉，視邑如家，窺其一斑，異日推治行高等，簡之津要，宰天下如此邑矣。道固非遠，術固無多也。

刻《禦夷集》序

夫用兵者，驅千萬人效死，乃能制勝。千萬人之心至不齊，死人之所甚惡也，非精誠貫結，豈克臻此乎？自使貪、使詐之說出，而介冑之士或不知有仲尼。夫貪未有人不怨者，詐未有人不疑者，縱令殲巨寇，樹勛名，要亦雜霸之習，得不償失，吳起諸人可鑑也。況其下者，僅成危敗，天下國家何賴焉？

李子明晦，研窮理學有年，其修身應世，期不愧屋漏。邇者感東倭之横，有深慮於衷，凡中外之情形，防禦之勝算，搜羅聞見，彙而爲集。不佞讀之竟篇，雅重其志。念夫用兵，呼吸變化，莫可端倪，誠不謂此集遂盡將略，而將略亦不盡明晦，然可得其概矣。因付之梓，亦懷安攘之思者所樂觀也。明晦，呈芬字。集凡四卷。

《春秋房四書同門稿》序

竊嘗謂古者學而後仕，後世不學而仕，興治之難易，所由分也。然後世豈果未學哉？失其所以學耳。孔、曾、思、孟之書，童而習之，經幾講授，經幾研究，摘而爲文，亦詣深趣。夫至於摘爲文，詣深趣也，庶幾覯當年之面，遊聖神之天矣，措之於治何有？顧以此爲登進之階梯云爾。綰綬臨民，鮮迴視燈窗之業者，若謂當官涉世，別有術焉。有仍爲孔、曾、思、孟之談，目以迂遠而不切於事情。其術彌工，悖初學彌甚，而治乃彌不古。

若國家肇立甲令，以經學訓士，以經學取士，豈僅欲耗精神於土
苴哉？弗思耳。趙韓王非知學者，稍稍能用《論語》，亦足興王
定治，況挈其根宗，明體達用，其建樹豈尋常可埒？辟之於醫，
窮軒岐之奧妙，著爲方論，固將起疴壽人也。主家敦請，玄纁既
陳，砭針且施，指其笥中藏卷，曰：“茲不過羔雁，今者之恙，
操何術以治之？”人有不胡盧者乎？

頃謬從校士之役，得士若而人，各出其“四書”義稿，選彙
梓之。余讀之，喜諸士業已學矣，積有良方矣，繫之肘後，往治
天下焉，雖與三代比隆可也。

《春秋房同門經稿》序

昔仲尼論君子所懷，曰德，曰刑。夫懷德足矣，而刑何爲
乎？德辟周行，刑辟巖險以約之，有不得不履周行者。先正云：
“《春秋》，聖人律令也。”又云：“《春秋》，夫子之刑書。”士宜
何如懷焉？況業是稱專門，搆爲文義，如按律例成爰書，撫卷悚
悚，烏容已乎？全經不具論，論首數段。“元年”之述，戒不仁
也；“即位”之削，戒不忠孝也；“盟蔑”之惡，戒不誠也；“克
段”之貶，戒不愛也。吾而仁乎，忠孝乎，誠且愛乎？讀之坦
坦，不然，則夫子之筆若爲我設，敢不懷哉！

余不敏，先爲理官，日檢律例，治爰書，書成，未嘗不心惕
也。坐堂皇之上，奮筆讞牒，某坐不仁，某坐不忠，某坐不孝，
某坐不誠，某坐不愛，夫安知吾之仁、忠、孝、誠、愛何如也？
古先哲王立法垂憲，以有形警之，亦以無形警之，或法及而人
見，或法及而我見。法及而警焉者，細人；法未及而警焉者，君
子。“懷”以言乎其隱微也。邇從愷陽先生後，以《春秋》薦揚
多士。士按聖經爲文矣，其用“懷”若何？行且筮仕治民，按
律例爲爰辭，其用“懷”又將若何？嗟乎！箕子未囚也，比干

未戮也，三桓未貴也，通乎是，可與論"懷"，可與論刑，可與論德矣。

劉公宰邢《給由錄》序

夫人生於親，用於君，事於民，觀法於後人。親胡以不忝？君與民胡以不負？後胡以佑且啓也？光前者以裕後者也，治民者以獲上者也。民之不治，君將不可獲，何以徽光寵於親而作法於後？然則民可忽哉？匪治民無以報君，無論前後矣。

友兄豫吾筮仕邢臺，政成民悦。既三載，考上上，天子敕嘉之，貤封其親。乃裒紀始末，錄而存之，曰："聊以示後人。"錄成，授其友曹子卒業。適冢子本唐捷鄉書，偕計南宫，是又將繼志理民者，曹子乃以重民之説爲友兄勖其子。語有之："仁者，人也。"舉天下之人言，不能一天下之人，仁之歉也。顧不得馭人之權，則仁之用不廣。孔子所以栖栖皇皇，願得君以治民也。以究其仁，以成其爲一人而已矣。豫吾之仕邢也，邢之四封之衆計日而冀其至，其得覿其丰采者，相述相告，有喜容。不者，亦詢諸人曰："是何容貌齒籍？"殆將生養我儕者，真如手足爪髮通氣於心腹矣。豫吾登其堂，涖其民，民之弗食，若其枵腹；民之弗衣，若其露肘。境之左一人疾，若左臂之木也；境之右一人疾，若右臂之痛也。日調攝休養，粱肉藥石，靡不具舉，又若心腹之氣貫於肢體。蓋以四境爲一人，豈私肥甘以饜三寸之喉，聚綺羅以華七尺之軀，自小其人者哉？今且晋西臺，薦陟鼎鉉，又將一四海之人矣。故曰："有大人之事。"其仁大，則其人大也。然則徽榮於君，非倖也。我弗二於民，君乃弗二於我，而併弗二於吾親，究其仁而成其爲一人也。本唐爲其後人，何以承之？亦顧得君顯親否，在其仁民如何耳。

《登壇必究》序

東海王君漢翀，沉涵勇毅，負遠略奇知。其建鉞江北之狼山，江海清晏，多暇日，乃編纂今古所安夏攘夷者，爲集若干卷，而問序於余，余遜謝未皇也。既自淮入燕，漢翀亦有黔中之遷，前諾未竟。

時友兄馮慕岡氏方從事大司馬，深於兵者，則以其集相質焉。慕岡曰：“大都爲將欲上知天文，下知地理，中知人事，此書三者備矣。渠淮陰人，故取韓侯登壇爲名。所云‘必究’者，未用宜究其理，既用宜究其用。上不制於天，下不制於地，中不制於人，獨往獨來，安國全軍，其用乃究。今楊酋不軌，王將軍登壇，此正究其用之時也。敷奏以言，明試以功。天下平日誦將軍之言，今將觀將軍之功，功副其言，言乃益信。集中戚南塘法爲多，固其生平所允蹈乎？”慕岡之言若是。夫今世論名將，輒屈指南塘。南塘自序其集曰：“精微極於無聲臭，放之格天地而動鬼神。”故不知者謂南塘練士藝，其知者曰練士心，然南塘練其心者也。心包乎天，何制於天？包乎地，何制於地？包乎人，何制於人？不制於天者，天以之清；不制於地者，地以之寧；不制於人者，人以之生。天，吾清也；地，吾寧也；人，吾生也。所謂究其用也，其用至博而至遠，其理至約而至近，其機在我而無難。夫天文億萬，地理億萬，人事億萬，不得其機而握之，衆乃在物，衆在物則我寡矣；巨乃在物，巨在物則我小矣。不爲所制者幾希，而何用之究焉？有味乎慕岡之言哉！以此弁王君之集，其足以感觀者，奏安攘之功矣。遂以之復諸漢翀，而不更有所贅説。

《泰西水法》序

惟上帝好生，既生人，則爲之生食。食出於地，藝於人，人有遺能，地乃有遺利。食乃不足，其不足恒以旱乾，天澤既不可徼，則渠塘溉灌急焉。顧亦罕所講究，而西北之鄉，尤未閑習。土高泉寡，井有淺深甘鹹，大段不得水之用。即有用之者，工力繁浩，不償所費。然大禹疏治溝洫，必於冀州，建都之域不至獨遺，今胡以一望岡鹵？豈阡陌開後，因仍墮廢，遂謂水泉之利若斬於此？方田家終歲懸懸，占雲盼雨，雨愆其期，立視苗稿，猥云"天實爲之，人力無可奈何"，枵腹菜面，展轉爲溝中之瘠而已矣。

太史玄扈徐公，軫念民隱，於凡人事之可興，靡不采羅。閱泰西水器及水車之法，精巧奇絶，譯爲書而傳之。規制具陳，分秒有度。江河之水、井泉之水、雨雪之水，無不可資爲用，用力約而收效廣。蓋肇議於利君西泰，其同儕共終厥志，而器成於熊君有綱，中華之有此法自今始。粵稽曩昔盛世，首重民食，而田器亦有司存。《周禮》稻人掌稼，蓄水止水，蕩水均水，舍水瀉水，俱有經畫。今也牧民之宰簿書不遑，過隴畝，問桑麻，亦未多睹，他何論哉？雖前人樹藝之方載於《月令》諸編，上不倡，下不諳也，食胡以足？竊意冬曹當以此書頒之直省，而方岳之長宜宣告郡邑，倣而行，觸類而長，尚何患粒食之難乎？夫士人談及參贊，遂爲聖神，若無敢望涯涘者，不知此類事即贊化育。井田壞而經界湮，雖猝不能言復，然崇重農功，固王道之先也。不圖於是，而欲睎蹤隆古之治，必弗可覬已。且安有尊處民上，坐享民膏，不爲民生熟計，忍令其饑以死？此豈天之意也哉？

《治本書》序

夫井田行廢，古今之關也。隆古之時，家均以田，人食其力，樂苦不至懸異，風尚因之不漓。後世反此，安望至治？然非但田之不井也，野多曠土，土有遺利，公私乏蓋藏之積，凶荒無拯濟之具。饑寒之苦在民，危亂之禍在國，有由來矣。今之牧民者，相向嘆惋，未嘗不曰："風俗日偷，徵納日逋。"然富之教之，有先後焉；爲之用之，亦有先後焉。胡不思也？

戴肩吾有感於是，采古今農桑樹畜之言，彙而成書四十餘卷，命曰《治本》。牧民者得是書而推行之，可以興民之利矣。夫文王岐周之治，要亦於農竈、雞彘時加意焉，不此之務而區區於簿書之間，抑末也。其或率作、補助之無方，僅一傳宣，聊示文具，即云"民不我從"，則過也。又或奪其時，傾其業，斯民也奔走繁擾之不遑，而曰"爾胡不勤農"，亦過也。噫！古之人當官一日，多人蒙福；今之人當官一日，多人蒙擾。欲興利於斯民者，其始於不擾哉！

《九族類鑒》序

族而曰九，析之也乎？不如是則尊卑疏近不分，奚而施其恩義？九而曰族，仍合之也。不論尊卑疏近，而恩義藹然貫也。一身之中，四其肢，五其官，五六其臟腑，十二其經絡，百其骸，何啻云九？然而疾痾痛癢，無不相關。不相關者，木人也。九族之痛癢相關亦然，而相關者鮮，茫茫大衆，大概木而已矣。仁人視之，不勝其憐焉。此《九族類鑒》之所由著也。著之者誰？師文周君也。

君蓋慨末俗之日漓，嘆同氣之不輯，以家爲型，陶冶六宇，援古證今，法戒咸備，而《類鑒》成焉。爲綱者六，爲目者五十有八。首曰立宗，壺國以内秩如矣；次曰睦族，凡此同支胧如矣；次曰教子，聖功浚於蒙泉；次曰事親，百行肇於一本；次曰訓内，防其屬之階也；次曰治生，殖其穀之原也。其義精，其辭剴，其指陳人情物理婉以盡。玩之，令人色動而頤解，心悦而情勃，有不覺其木之蘇而仁之浹者。竊謂此書可置之座右，人人爲箴焉。一家之九族睦則爲齊，萬家之九族睦則爲治，天下家家九族睦則爲平，道有二乎哉？君之所造邃矣。乃題數語於簡端，且將告於吾家之九族，俾共遵奉，而各告其九族，則願諸天下之家家。

賀馮少墟先生六帙序丙辰嘉平月

人人有真體，浩浩乎無涯，悠悠乎無盡，與天地同其大，與天地同其久。一身處兩儀之中，譬一指聯四體之內，有精流神貫之渾融，無一毫半息之睽隔，不待智者可知也。然或自生結礙，乃與天地之大不相肖，而其可大者自在；或自生斷息，乃與天地之久不相肖，而其可久者自在。夫其可大者可久，豈不天地同壽哉？無奈結礙、斷息者衆也，則以塵情障於內，習見錮於外耳，而壽乃獨歸之仁者。仁者，無結礙、無斷息之謂也，故以天地爲一體。萬古之前，萬古之後，天地之體如是，仁者之體亦如是，顧不壽哉？古之聖賢，或六十而順，或六十而化。順則無逆，化則無窒。無逆無窒，故浩浩悠悠，同流於天地。

少墟先生壽屆六旬，門下士不遠千里，質余言爲賀，以祝無疆。夫先生肩任斯文，躬行粹德，研入聖神之微，動爲士林之鵠。出則赤衷讜議，揭國是而肅官常；處則繼往開來，立天心而植民命。大道昭宣，風行海宇。自無結，自無斷；自抵於順，自抵於化；自大自久，自符於天地之壽：寧俟祝乎？諸人士戴履於霄壤之間，步趨於几杖之次，先生陶其情，鎔其習，誰不剖其結，緝其斷？先生不貳於天地，多士不貳於先生，共無涯，共無盡，體仁之化何其宏，壽域何其廣也！抑人亦有言："不負此日，方爲得此日。"彼靜恬自適之夫，且詡日長似歲，況有道之儒，日躋而天遊，月異歲不同乎？故日月不至仁，則日月成虛；三月不違仁，而三月非曠。志學從心，一息通於今古；垂憲萬世，尼山之聖常存。先生韶年敏學，以逮今日，窺其功力，蓋瞬息之有養；衡其造詣，偕六甲以俱崇。夫是之謂六旬哉！由斯而耆、耋、耄、期頤，至於無疆，年且彌高，德將彌邵，夫是之謂耆、之謂耋、之謂耄、之謂期頤、之謂無疆哉！完其真體，乃爲真壽，豈僅僅與尋常校年論齒已耶？是則可賀也，謹西向再拜而言賀。

《楊氏七孝芳聲》序

　　淮陰楊氏通參公，爲其封母董孺人病篤，惶迫莫可爲計。禱於天，刲股爲羹，食之得愈。公之子博士君憶淞、同配謝孺人，復因公病刲股。公之孫把總於庠，亦爲父憶淞刲股。於邦，亦公之孫；於郊妻許，公之孫婦；適陸率履者，公之孫女。一爲母潘，一爲祖母某姓，一爲父憶木，皆刲股。乃謝孺人爲處女甫〔一〕四歲時，業爲母于，及既嫁，又爲博士君各刲股矣。而博士君爲諸生時，已有孝子之稱。於是縉紳戚友交美之，或旌以扁，或贈以詩文，曰“同心純孝”，曰“奕世忠孝”，曰“德行文學”，曰“孝子名士”，曰“孝順之門”。亦有未及旌揚者，蓋有待也。

　　諸生於升，亦公之孫，而博士君之子也，將梓其詩文以傳，而求序於不佞。時不佞且北行，徒行送百二十里，示懇也。余以其刲股者七，命曰《七孝芳聲》云，因七人而概楊氏之門，因刲股而概七人之孝耳。借謂其孝止於刲股，則通參公之清修崇望，出處有聲，果何物乎？而其餘可推矣。又謂孝止於七人，則于升之奔走不遑，求顯其先，果何物乎？而其餘又可推矣。洪惟我太祖以孝治天下，而刲股一事不在旌表之列，非薄之也，不欲以難事爲民倡，且慮其毀傷滅性，重違親意也。顧孝子當親之疾，凡可救療，不憚爲之。斯時也，不知有旌，而遑知有不旌？夫民心積染，或至路人其親，區區財利校量，爾我一語不相能，或至反唇。彼其白刃自殘，視膚肉若瓦礫，瀕死無顧，豈可易及哉？善乎！盧子守恭之言曰："以身療親身，猶親自治自。夫惟以身爲親身，故能刲股，故能竭力，故無以有己，故不失身以辱親。"通參公可作，或以余言爲不謬矣。

送修吾李先生巡撫江北序

江北爲留京門戶，二陵所居，實國家重地。狼山直當日本東海，衝釜山。頃緣東方用武，頻歲戒嚴。顧濱海延袤二千里，大港可出入者無慮數十，而兵不滿二萬，犀利之器無儲，何以爲禦？然通泰鹽徒，擁蓋建旄而僭稱號；潁亳桀盜，鳴鼓露刃而詬有司。捕鹽緝盜之役，陽食於官，而陰以賊爲利。而諸豪猾不逞者，時出飛語，謂某且梗運河而剽漕粟，某且潰諸堤而灌城市。於是當事者蒿目深惟，爲一切增兵足餉計。然兵餉取諸民者也，而其民何如哉？田沉於水，一望成巨匯，其一二高原之鄉，亦遂鞠爲茂草。郊野之民委身爲駔儈，日求米升許以餬口。中人之產無五日之粟，而重以河工之迭興，大木之鱗集，班軍漕卒之奔命，榷使鹽璫之驛騷。有司者惟催科箕會是急，求免目前。民以爲不見德也，不相親而相讎，脫有緩急，何恃焉？故議者欲風勵群僚，崇重民事，力溝洫以治水，而轉害爲利；巡行補助，易蒿萊爲膏壤。於凡蠹政、妨民之習，一力更始，使野土無曠，家有蓋藏，不擾於公而暇於私。然後計里爲倉，因倉爲學，因學明約，因約練武，以通上下之情。若元氣之流盎，內治外威於斯焉在。他日南方有事，吾將批其吭；北方有事，吾將擊其尾。左提右挈，據重勢而奠國家磐石之安，顧不麻乎？然此惟撫臺可爲之，而今撫臺修吾李先生則其人也。

竊謂天下無難爲之地，無難爲之事，無難爲之時，亦無不能爲之人。其人之不爲者，則以我心據其中，而失其所以爲者也。

李先生欲無我者，知其大有爲耳。公起家地曹，時執政握重權，立能生殺人，將實言者於危法。公抗章申論，遭左謫不悔，豈計得失利害者哉？既觀察三省，揚歷兩京，爲今大理大都，無以豪貴歙法者，無以私曛倖福者，無以盤錯虺虺、衆所縮手而兩可迴者，故政成人服，所在垂永利。其視營營顯黷，問田舍，急妻子，不啻羞之。方督學晋中，一旦念其親，輒棄官歸，無異脱遺。當在齊魯，值荒疫，匹馬走餓病萬夫中飯藥之，殆不知有身。每見其推轂忠義之士，然其言曰"忠義"以自盡耳，而矜己詡人何爲？嗟乎！此足觀公矣。不有其利，且不有其名，殆庶幾無我也。持此治天下無難，而於一方何有？蓋嘗論之，州縣之吏，以百里爲我者也；一郡之守，以州縣爲我者也；司道之長，以列郡爲我者也；撫臺之尊，合道、郡、州、縣爲我者也。故邑無循令，則郡有慚德；府事修和，而後憲司無忝。撫臺之精神，包羅流貫於上下。其政方舉，有一闋隔，皆爲未充。公其以無我者師帥江北，俾道、府、州、縣皆忘其我而共成一我，政其興哉！民其康哉！國家藉兹地爲重，又何疑焉？

送許繩齋公祖入賀萬壽序

繩齋許公，湛心若冰，植躬成矱。蚤歲刺吾晋之澤郡，一窺其丰采，稔聞政教業弁冕仕籍。既揚歷金紫，飄飄巖棲者若而年。諸簪紳過其廬，無不式者。當宁采庭臣議，起憲晋寧，公再三辭，不獲允，乃西視事，宿寶故俗爲之一滌，吏未有不灑然者，事未有不蝥然者，民未有不帖然者。世之爲政以簿書，公之爲政以身也。今歲春大計群寮，銓臣疏舉廉異吏，以風有位，海内不數數，公襃然其間。是秋，屆聖天子萬壽之辰，公將齎表入賀，郡大夫祖帳郊關，質余言爲贈。

夫聖節告期，萬國執玉，冠蓋且相望，若公者真入賀人哉！

旅馳旅見，拜舞嵩呼，賀之文也。忠誠懇惻，如愛親年，賀之實也。於以究其實，公誰遜焉？夫壽君者壽國，君所御也。壽國者壽民，國所由立也。壽民者好生者也，好生者盡其性者也。盡其性者，無所以閼之，閼之者其出有繫，其處有牽，居榮若艷，遇膏若霑。性本虛而實之，性本達而隔之，君民何有乎？公之挺然有執，脫然無營，處榮如蟬，視膏如浼，澄澄乎滓之汰也，恢恢乎籬之剖也，此性體之初也，與衆通者也。性與衆通之，生乃與衆共之，奚而不好？故視民若子，立其命焉。視國若家，永其脉焉。對一夫而不敢忘君，行一令而不敢忘君，此之謂視君如元首。世之元首乎君也以分，公之元首乎君也以性。以分則不敢廢其文，以性則不容遏其實。嗟乎！天之不得不高，地之不得不下，理也。人生於天地，而斯理咸具。雖在童孺，遇長則肅。故曰："義之於君臣有性焉，真性露則愛君篤矣。"是行也，天顏日邇，赤念愈殷，稽首闕前，凝精帝座，天子萬年，而後喜可知也。縟節云乎哉？維天之鑒，聖壽與齊，介景福焉，逾岡陵焉。草野遠臣，罔效華封之祝，竊忻虎拜之虔，敬爲吾君慶。

賀于虹蛟公祖兩臺交薦序

　　虹蛟于公，以東堂握篆，綱振紀張，三尺山巖，四壁冰凜。不佞側觀風采，喟然興嘆曰："時哉！釐政由此舉乎？"既而鹽臺曾公、按臺汪公相繼報命，僉登薦剡。不佞疊窺清評，輒復嘉喜，曰："時哉！百城此其鵠乎？"盍觀諸天焉？臘深沍極，陽律飛葭，乃氣淑而彙暢；長夏番庶，商音應候，則霜嚴而衆結。假令有春無秋，大造亦幾窮矣。邇時釐地何如哉？地固近寶，閭左通神，如風斯靡，人未能自制其情也。煦煦咻煥之，輒不無修其睚眦，梗令次且。嗟乎！一人御宇，萬里傾懷。惟是法度聯絡，智無庸謀，勇無庸角也。有其弛之，莫或張之，奚所恃，亦奚所不至哉？

于公以勁氣直節，挺挺明作，不怨之辭，不恩之樹，不繞指之習，不唯唯諾諾之拘猶法逾格，令甲存焉。商民始而駴，中而服，終乃定，陽鱎固可阻也，白額固可戮也，烏足異者？吏奉刀筆如刻木，靡所施其黠。至於願休閒，行其庭，迹稀喧絕，顧不偉與？故斯時不可無公，蓋天道也。不可無兩臺之薦，亦天道也。匪公則法且湮，匪薦則群工無所嚙矢，而法亦湮。公之裨益茲土，詎尋常效官奉職已耶？迹厥注措，適中其會者也，故曰時也。時者，聖神所不違也。夏之不得不忠也，商之不得不質也，周之不得不丈[二]也。仲尼當周之季，不得不文勝之厭也，時焉而已矣。唐之藩鎮，宋之戎狄，始以因循，竟成壅潰，不識時者也。故動陽於六杪，運陰於九極，《易》之爲道，不越乎時，以濟窮而成不匱者也。齹之廣文諸士，質言贈公。夫縫掖之談，治法出焉。治能外於時乎？乃以此爲復，而并以爲公贈。

贈吳中麓父母入覲序

往歲，中麓吳父母補選吾邑，當事者若以爲難地焉，而公慨然易之。余窺其言論丰采，私爲吾邑稱慶。既則及中途而玩胥畏威，甫入境而閭閻飲和。上下不由掾喙，運之獨斷；徭賦不必往案，要之便民；讞牒不恣雀角，歸之式憲。藹然進赤子於几杖，而休息均調之，民於是帖席。窮鄉僻陬垂白之叟，謂及其未斃而出之於壑，余親聞之。而鄰封遙逖之人，企足引首，思睹其顏色。每一行部，至於擁道。此其地之難易何如也？然其故難言之矣。且民情之善良者無論，即有一二故染，亦大都外慊虛而中柔脆，張之則張，伏之則伏，擽之則懘，綏之則蘇，法易行也，恩易入也，公得其機矣。

茲以修覲屆候，先期戒途，而簪紳孺耄之謠頌者、繾綣者，難其往而盼其還者，巷若沸而心如結；而公之介幕，若譚君、邊君、封君，茹厥德意，受厥成績，莫不采謠頌而揄揚焉。其僚采之間，耳目最真，精神最邇，有不容已爾。夫謠頌也，繾綣也，若沸而如結也，氣所通也。氣也者，一體也；一體也者，父母也。請陳父母之説：先儒云乾稱父，坤稱母，而人秉天地之性，則父母之道，誰人不具？顧所用如何爾。或用之一家，或用之百里，或用之千里，或用之天下，性一而已。隨處而顯施，非易地而增減。故漢讚循吏，《詩》戒“具瞻”，無異術也。若乃胡越分歧，痛癢罔與，是荆棘生膝下而同室反脣也。公嘗向余語曰：“吾行實事者。”嗟乎！實哉，實哉！乾得實以父，坤得實以母，人得實以備。乾坤之性，實則通，文則隔。古昔之治以實，叔季之治以文。循吏也，具瞻也，實焉足矣。公非久處百里，天下之大，且利藉焉。是行也，銓鑑之司當最其父母之績，以報當宁。余故推本其性，而謂由於實。三君其以爲然乎？

送潘子孟深貳刺膠州序

天爲民立君，君爲民立百司，庶僚職巨職細不同，總之各盡其職，以安民而成治。譬之目視耳聽，手持足行，以成此一身而已矣。乃或以内外正佐，風憲、有司之異，而厭薄其官，濡延歲月，以爲弗獲建樹，而職以内曾不克盡，是目不能視而顧憾其弗得聽，足不能行而以不獲持爲歉也，豈不惑哉？

潘子孟深，爲中丞熙臺先生之孫，少承家學，攻儒業，入太學，博洽，善詩辭，不難一第，而竟不偶，選授膠之貳刺，或者以不盡其長惜之。夫長亦何地不可酬哉？會計當而委吏非虛，苗壯長而乘田無負。惟其如是，故爲司寇而魯大治。今人但知薄委吏不爲，而不知其無孔子會計之當，即委吏亦且溺職，縱授之司寇，亦何以治焉？夫一州之中，有刺史主之，而其僚屬或司捕、司農、司戎、司教化，不一而足。借令捕者戢民之寇盜，農者豐民之蓄積，戎者使民知兵，教化者使民仁且讓，不亦一郡至理乎？若捕者不省關，農者不履畝，則非官之不能盡其人，而人之不能盡其官也。孟深第盡其所司，爲良貳刺而已，他非所當計。

賀邑貳尹定宇賈父母擢尹餘慶序

夫世之治不治，由民之安不安；民之安不安，由仕之職不職；仕之職不職，由學之明不明。古者學而後仕，是以其職舉，民賴以安，而措世於上理。晚世之仕者罕由於學，非無學也，帖括辭章以爲工課，利祿華膴以爲期許，非古之所謂學也。一登仕版，鮮有軫民之隱者，豈啻不軫其隱，且朘其脂膏焉。輦金載玉，自不之醜，親戚鄰佑亦鮮爲之醜也。其資微位下者尤甚，前途近而培[三]克若不遑也。元元奚藉焉？邇值四夷之警、旱荒之災，有識者且謂揭竿斬木之變若在眉睫焉。吁嗟！朝廷之設官，豈期至於此乎？

關西馮仲好先生，倡學造士，厥意良遠，定宇賈君實出其門，以明經來丞吾邑。催徵，其職也，初至，掾史以羨金進，麾之不納。邑人以爲詫，奈何有視金若浼之丞也？繼從事直指之臺，職司捕。有訟者具緡錢爲爰書費，亦麾之。邑人尤以爲詫，奈何有視金若浼之捕官也？於是聲藉藉起，署邑篆，又署臨汾篆、猗氏篆，廉靖加愍。垂白老人私議於間，諺有之“署官如劫”，奈何有視金如浼之署官也？予聞而重之，然不以爲異。彼其講學關西之日，澄澈其心靈，堅定其操守久矣。知愛其身而不肯淪於可醜矣，固將軒軒磊磊，答億兆，報朝廷，維斯世，千秋不朽，寧肯令此膩垢者點其皎皎乎哉？君不阿上官之左右，初時不見知，顧茂實奚掩？竟知之。既而直指薦於朝，主爵者擢餘慶令尹。吾邑之慶將移於餘慶，餘慶之慶也。夫主爵乃得人若是，主爵之慶也。夫海內聞風，清吏且蒸起，海內之慶也夫！初時忽有訛傳，謂升信不的，衆乃譁，是將致汶汶者揶揄矣，夫夫亦僅至此乎？已而升信確，交相慶者倍於前，索文於予以賀。故事，爲賀文者須妝點嬿事，其衷不鬯，予則深知君，握管一揮而就，甚慊也，此亦予之慶也夫！

贈張蓮汀寅丈南歸序

世有砥躬修行之士，不知者曰："此蹠也。"可以謂之蹠乎？彼固不自蹠也。世有貪榮嗜利之夫，不知者曰："此夷也。"可以謂之夷乎？彼亦不自夷也。真夷、真蹠，在人之自知，外之毀譽不與焉。

寅丈張蓮汀氏，以保定賢能薦調淮安，董治河事。比初至，予迓之舟中，見其繪河圖爲屏，心敬其賢，必謹於職業者也。及理大工，綜核有方略。曾半夜遇大風雨，席廬盡圮，萬夫大譁，幾僨事，一言定之。往歲運道水涸，舟不能寸移，主司者束手。君倡議塞義安口，而四百萬漕粟盡北矣。其才識勛勞，大約類此。然從事理學，其講談多心見，此其立身出政之本也。君，宮保之子，澹素若出韋布，其家學有自，此又其本也。每向余言，世路多崎嶇，圖歸田以教子孫。予曰："君才當用世，且當事者憐才，安能遂君之圖？"乃主議者以不理之口投閒乎君。夫君之所圖果遂矣，顧其遂君之圖者，非所以爲名也。然君亦有真徜徉泉石之間、遊酣《詩》《書》之府，明學範俗，佑啓後人，此乃多才多勛、求歸田之蓮汀也，非主議者聽不理之口投閒之蓮汀也。君亦自知何如耳，何恤乎人言？

送劉生本唐西還序

劉生將還之前一日，曹子過焉，問所學，對曰："方從事

'忍'字。"乃翁豫,吾年兄,亦首肯,謂其言果不誣也。善乎
哉,劉生之篤於學也!夫色之於目,聲之於耳,味之於口,臭
之於鼻,安佚之於四肢,環向而相餌,而我之欲心、競心、嗔心、
矜心、習心方且沸如湯,飛如蓬,躁如技癢,忍何容易?故一時
不忍,或貽百歲之羞;一念不忍,或起滔天之禍。故君子忍小以
就大,忍妄以就真,忍童心俗氣以就聖躅賢軌,蓋終身以之也。
夫眾人之不忍何也?懦也。懦則物強而我弱。君子之能忍何也?
勇也。勇則我大而物小。故天行健,君子自強,勇之謂也。然勇
可習乎?夫愧懷內生,赤發於面,斯時也其氣揚,故兩軍對壘,
雖有羸夫,辱之則奮,故曰"知恥近勇"。夫言恥而知先之,恥
生於知也。亦有褒衣聚談,甘辭仁義,不知暴棄之可嗤;流俗相
仍,駕言從眾,不知塵情之可鄙。故學先於求知,而知何以求
焉?水之照以清,心之靈以虛,知生於內者也。對鑑而知我之妍
醜,對聖哲之範、師友之良而知我之善惡,知藉於外者也。知則
恥矣,恥則勇矣,勇則忍矣。夫虞帝殷相,古之大聖也,則亦動
之忍之增益之,於未降大任之先而克勝其任矣。動則知之謂也,
恥之謂。動則忍矣,動、忍則增益矣。劉生將求增益,以待大
任,烏得不動、忍之兢兢?

賀張碩人烏臺旌節序

碩人景氏,余年友奉常公之女。十六齡時,爲天部張公之子
婦。公子素抱羸恙,不數日,別室靜攝,荏苒三月而捐世去。人
謂碩人於公子,即眉目亦未稔也;然而矢志從一,既不獲身殉,
則寂守闈閣。玉逾瑩,冰逾潔,石逾堅,迨今三十餘載。嗣子有
室,嗣女有家,門閥不墜,埒天部他公子若光大者。萬口嘖嘖,
謂公子有妻,天部有婦,奉常公有女。宗親頌於庭,鄰里讚於
閭。於是鹺直指念山張公采群議而旌焉,隆以錫幣,額其門曰

"苦節可風"云。

粵稽《易》之《坤》，彖曰"利貞"，又曰"安貞吉"，又曰"利永貞"。不貞何以爲坤德？貞而不安，非貞也。貞而不永，亦非貞也。伊其勁節如斯，可不謂貞乎？確然無二，可不謂安乎？垂老節成，可不謂永乎？貞而安，安而永，坤元不在兹乎？洵可以風矣。凡厥有生，誰無貞性？惟無所風，貿貿不識所之，故春風過而衆物榮，秋風起而萬彙肅，風之所關，詎不大哉？兹者碩人爲風，四國爲草，諸凡閨闥之媛，瞻望感嘆，方知翠鈿羅綺非華也，刺繡挑描非巧也，惟是貞節堅凝，乃爲兩間之正氣、一代之完人，而步武芳蹤，當亦不乏，孰非風之所鼓？抑聞道肇居室，化先閨範，《詩》首二《南》，《書》崇嬀汭，豈徒爲壺内人哉？有婦之貞，以風爲子，則不貳於親；以風爲臣，則不貳於君；以風爲弟，則不貳於兄；以風爲朋，則不貳於友。若曰彼女也，且松筠其節；我士也，豈萎薾其行？故曰："男兒負剛氣，莫愧女郎身。"然則碩人之所風廣矣，苦在一身而風化被於千萬人，苦在百年而令名流於千百世。是以蚤謝鉛華，不辭落寞，固守之定，亦識之卓也。雖然，"苦節"之云，旁人睨之耳，碩人奚苦焉？彼其寧心一醮之不忘，坦然成性，異日見夫於地下，香骨如銀，其視無貞之婦，方且興憐興慨曰："斯人也，不人而禽，何苦乃爾！"蓋視失節極大，以節爲甘，故曰"苦節"之云，傍觀之説耳。昔聞公子蚤負異才，未弱冠入黌序，輒擅詞壇之牛耳。天假之年，必當巍科膴仕，封妻光顯，彼一時也，碩人冠帔鏗鏘，里婦企踵而誇羨，脅肩而尊奉，然無以顯其貞，亦無以樹之風，政不出於閫外，名不聞於四方，但赫然榮耀已耳。以今校彼，孰大孰小？蓋亦有天意焉。天若謂世態之靡，如瀾之倒，不有以風，究將何極？障大河者必堅土，護名花者豈朽木？風斯世者，非若人之儔與而誰與？是以寧奪其榮而置之苦,藉其節而用以風耳。然則直指之褒旌,固奉若天意也。宗親鄰里之旅賀,亦動於天也。碩人以節風,直指觀風,仍以碩人風,天以碩人及直指風。余不敏,以不文之辭揚其風,且厚望吾里之人勿負此風。

辛母陶夫人七旬壽言序

陶夫人者,贈尚書一闓公六世孫女,裔出於晉靖節先生。蚤稱孝女,適辛稱賢孝婦,生子爲慈母。子復元,篤於聖學,乃曩者夫人能忍貧,俾竟儒業,乏膏繼晷,令爇香以照,致有今日。當路交旌焉,勉之曰:"勿自滿。"峨冠者罕此識也。秋仲初,壽七旬。辛子門下士樂辛子之有壽母,相與歌頌之。辛子樂其母壽,樂門人之歌頌其母,而母以歌頌而益樂,且益壽也,俱天理人情之至也。

諸士質余言爲引,辛子亦以簡來。昔者趙冢宰吉亭公語余於京師:"士夫之家多壽母。"歷數之,信然。茂樹蓏生,坤氣必厚,抑以貴事,志適氣固,理有然乎!然猶以勢分論也。況生子而賢,且以賢事,又當何如?茲夫人之所以壽也。古之論大孝者曰"德爲聖人",生子而聖,且以聖事,更當何如?固亦盡人之子,盡人之母也。諸士頌夫人之壽,必述其德,亦必及其子之德。述其德,則德其德矣。各德其德,各事其事,子各事其事,親各壽其壽,洋洋金石之頌,交相應也。洵樂乎哉!此亦夫人所欲也。

甯公異政序

天壤間,目之可睹,耳之可聞,足之可至,謂之明。目所不可睹,耳所不可聞,足所不可至,謂之幽。明有盡,幽無盡。通於明,不通於幽,猶局曲之見也。古之君子,不愧屋漏,惟是以環吾前後，昭布森列，莫非鬼神，無時無地，無敢不敬，故不至有愧。而學士家或以厭世人徼福之陋，漫云：「何鬼神之有？」孔夫子盛德之訓何以説焉？幾何不縱肆於屋漏也？胡不觀明軒甯公？

公爲高密侯，禱雨雨至，憂雹雹止，憂蝗蝗去，夫非鬼神之所爲歟？一念潛乎，捷於桴鼓，鬼神之顯如是。公蓋無不敬者，無不敬，則吾心之神凝。以吾心之神通鬼神，故隨感隨應也。凡人以形用者，有及有不及；以神用者，無不入。以形用者，聲音笑貌不能信孺子。以神用者，六通四闢，用之於明格豚魚，用之於幽動天地。彼以隱微之中，莫予視指，邪辟暗滋，不知鬼神在傍，歷歷洞悉。吁，其亦可愧也夫，其亦可懼也夫！

《養心録》序

《養心録》者，復元辛子學道所得，録之成書者也。堅貞之力，精詣之語，不可枚述。其大者，在以聖人必可爲。夫丈夫何畏？有爲若是，聖人同類，從昔談之。近世名賢每謂滿街皆聖人。世人高視聖，卑視己，望之而震。其學聖人之學者，未嘗不慷慨思齊。至論及不思而得，不勉而中，亦未免遜於聖焉。夫果聖人不思，而衆不能不思；聖人不勉，而衆不能不勉。相距何啻逕庭，焉在其滿街皆聖人乎？解者曰：「思之熟可至不思，勉之熟可至不勉。」果爾，何不云「滿街皆可至聖」，而直以「皆聖」目之？不觀之孩提乎，其知愛親也，不思不勉也；不觀之稍長乎，其知敬長也，不思不勉也；不觀之乍見孺子入井乎，其怵惕惻隱也，不思不勉也。滿街之人非孩提則稍長，非壯者則老者。孩提稍長，既不思不勉而愛敬，壯而老者又不思不勉，而惻隱於孺子之入井，是以曰滿街皆聖人也。顧乍見惻隱，發一葉於枝幹，亦以知愛、知敬，原含真性於本根，理本相因，機無二致。

或又曰："聖人不思不勉，事事如斯。衆人偶觸之天，烏得比而同之？"辟諸匹夫懷抱良璧，雖其迷懵不自知，而連城在握，可不謂與富人同哉？然則不思而得，不勉而中，人之本然也，同然也。養心者，還其本然、同然而已，是爲聖人也已矣。

校勘記

〔一〕"甫"，四庫本作"十"。

〔二〕"丈"，當爲"文"字之誤。夏尚忠、商尚質、周尚文，乃古人通言。

〔三〕"培"，四庫本作"掊"，據文意似當爲"掊"字。

仰節堂集卷三

引

張時庵先生八十壽册引

歲庚申春仲念六，時庵先生張公壽屆八旬，復元辛君摘辭成册，走書質言，俾弁之首。

顧余不敏，其奚以壽公？請談壽乎。世人以氣爲身，不以理爲身，不知身者也。乃以身之所歷爲年，不以理之所貫爲年，夫所貫何極？是壽之説也，如以所歷而已。公之宰容也五六年所耳；然公之樹勛於容，及容人之思公，迨今未艾也，五六年已乎？其守滄也六七年所耳，然公之樹勛於滄，及滄人之思公，亦迨今未艾也，六七年已乎？其司南計部，二千石秦、蜀十四年所耳，然南人、秦人、蜀人之思公，迨今未艾也，十四年已乎？比歸林麓，不爲世俗縟麗態，明學講道，淑世維風，夫道何極之有哉？可以窺公之年矣。客有難予者曰：「果爾，則人人在道中，人人皆壽，何以必得其壽獨歸諸有聖德者？」余曰：「此覺不覺之異耳，復元云乎哉？」愚夫愚婦，各具聖人體段，一覺悟焉，如醉夢得醒，自爾手舞足蹈。然則人人皆聖，所乏者覺，覺之則聖；人人皆壽，亦所乏者覺，覺之則壽。覺此身從無極二五中來，有不與無極二五共不艾哉？不則不可言覺。公固覺之先者哉！請以是爲公壽。

《仙掖貤封》詩引

春曹介泉衛君之前主上黨教事也，化行勛茂，銓司以翰林待詔遷之，蓋久懸不除者，致旨嚴勘，然終以君雅稱此，遷而准授，不爲例。越三歲，則竟以是遷，移贈其大人徐川翁如其官，於是閭里歡動，謂造物者殆若有意存焉。

夫久懸之缺，介泉豈覬得之？主爵者於應除應否，靡不了了，而何爲除所不除？天子業知爲曠典，不難奪之，而特恩眷注，不啻榮介泉而卒至榮徐川翁。始終湊合若此，則翁之砥躬績學，以謹厚沒齒，而介泉承其世範，益醇修，宜於邁遐。天將昌其閥而揚其光，銓司雖欲不以是官授之，而天子雖欲靳之，有不可得者。然種德者食報，厚積者巨發，天雖欲不以是佑其父子，亦不可得也。乃世或謂通顯可力致，而圖之以術，是與天抗也。又或不求諸己而求諸天，甚且咎天之不我福，是仇天也。則胡不以翁觀焉？

翁之贈也，諸達人先生歌誦以詩，成卷，題曰《仙掖貤封》，而不佞引於首，蓋深感於天人之際，見翁之得此，非偶爾也。

題　跋

題文公朱先生《經濟文衡》

朱先生之學，繭絲牛毛而未嘗不廓大，遠搜旁稽而未嘗不簡要，履繩蹈尺而未嘗不透悟。世之外於先生者曰：“何其不廓大也，不簡要也，不透悟也？”是不諳其所到而枉之者。其歸於先生者曰：“先生繭絲牛毛已也，遠搜旁稽，履繩蹈尺已也。”是割其所到而枉之者。由前之人猶可言也，猶〔一〕後之人不可言也。故舍朱從陸，與闢陸從朱，總之不知先生。蓋儒賢之從事於學，入門不必同，及抵堂奧，未嘗或異。儻未窺其堂奧，第望門而評驚焉，烏足以盡？

余年友張華東氏尊信先生，寶其《文衡》，昕夕披玩，楮敝墨渝，重加裝演，不忍釋手，其嗜之若此，蓋亦遊先生之堂奧者矣，可不謂千載知己乎哉？

題南皋先生教言

嘗聞鄒先生之論學矣，曰行路，曰到家，曰開眼，曰未開眼。夫既未到家，則雖没齒務學，終屬半途；既未開眼，則雖終日亹亹，猶漫道也。余曩誦先生之書，邇聆先生之講，大抵高坐堂室，雙眸朗朗之談。意其閲歷之久，艱苦之嘗，參究體驗，積有工[二]力，乃臻於是乎？士人無其功力，驟而聞之，未必見信。縱或信之，亦僅爲幽玄妙論，聞未曾有，足以悦耳而解頤，非真能信也。果其聽受而出，倣效而履，質之飭躬、御物，一一相肖，方爲真信耳，詎易得哉？

浙堇父王君録先生之言成帙，余受而卒業，謬題數語，期與學者共信焉。然則當如何？亦曰第行行不已，求開不已，會有到時與開時。

題《貞裕堂集》

《貞裕堂集》，集吳母太恭人之褒揚於上下，自誥敕以及傳誌、記序、詩咏、文辭。貞，言其節；裕，言其子若孫之彬彬賢且貴。貞以啓裕，裕以報貞。兹集也，以章母懿，亦以風世教。

母之子安節先生爲汴師，寄示汴，命以言。謹拜手卒業，有概於衷。夫猶子未繼，先十年而矢節已堅，是洵貞也。撫襁褓之子，德成爵顯，繩繩未央，是洵裕也。第當其直志從一、艱苦不二之日，貞在是，裕亦在是；貞於母身可睹，裕若有待而見焉耳。善乎塘南先生之言：“節義根於性也。”夫天下有裕於性者哉？世或以險夷樂苦自撼之，自怵之，乃不無隘焉。吳母於境之可撼可怵，掃若袪霧，蕩若焚毛，亭亭無倚，浩浩無礙，孰貞於母？亦孰裕於母？詎待先生登第甫稱裕乎？竊怪夫士之不知貞者，不知裕也。夫本包六合，羅萬象，而營營於數十畝之宮，競富鬬麗，謂裕於居；本高無上，貴無偶，而屑屑焉夜睨台曜，晝傍侯門，謂裕於貴；本前無始，後無終，而斤斤於百年之內，玩流光，奉口體，幸而皓首，謂裕於壽。裕其非裕，不裕其可裕，不貞者如是。故君子亦貞而已，貞則裕矣。太恭人貞於家，先生貞於國。家國，迹也。貞不囿於迹，不囿於迹之謂裕，故貞無所待，裕亦無所待。然孝子不忘其先，則吳氏之後，固待太恭人而裕；裕無所囿，則後之裕皆其裕。茲貞裕堂所以有集也。

題劉孺人《苦貞録》

江右直指以劉孺人賴氏孀節奏於天子，欽命旌之。士大夫形諸歌頌，其子伸集爲帙，曰《苦貞録》。

夫孺人苦哉？苦於形而不苦於心者也。以不貞爲苦，以貞爲不苦者也。世不能辨苦，何以辨貞？然劉子念其母艱辛拮据，狀其苦之也則宜。余亦煢孤，共余母守貧，貧未若劉氏之甚，而亦艱於甘旨。余或食於富貴之家，或舉箸躊躇不能入口。既登仕版，無他長，獨不敢輕費人錢，安知其不似吾一錢之難？彼以一錢爲母子命，豈其不如我也？劉子仕矣，不忘母子之苦，當亦知民間母子之苦。孺人以貞而成其子之貞，劉子以貞而顯其母之貞，俾其先君子有妻有子，端在是乎？嗟夫！孺人艱於初，貴於終，劉子之懷可抒。而其先君子又艱於年，安得起九原而禄養之？則劉子之不能舉箸入口，當有時時動者，抑亦没齒而已矣，此又余與劉子同者也。揮筆至此，淚潸潸不可遏，遂止。

題《抑齋盧公夫婦傳》

余嘗言：天下多清有司，而鮮窮鄉官。夫既輦載而富，則所云冰澄玉潔，如薦剡及口譽者何爲乎？故清之真者難也。咎在不知俸廩之外，不宜更有所取；不知朝廷之禄，原以供其在任之用，非并其任後、身後俱有贍也。

平生聞山東曹楚石談及此、守及此。曾晤一客，自嘆其禄薄，謂到家何所用，竊不然之。理淮日，過諸生盧守恭之廬，其廬社學也，蕭然四壁。因思其父抑齋翁揚歷二十餘載，致位中丞，所遺後人如此，可不謂清之真者哉？既讀翁夫婦傳，則翁夙承家學，澹素稜峻，不知有權相，奚知有其官？一裘不浣，殁於國事。而江夫人閨閣丈夫，叱明珠簪珥之遺，真抑齋妻也。彼固謂食君之食，事君之事，事一日事，食一日食，子孫何勞焉，而以君之官爲其囊篋乎？我朝諸僚俸禄，載在典制，雖善節省，亦難多餘，苟無妄取，即公卿無大富。薛文清宰相迴籍，中途而窘；羅一峰狀元及第，客至無米：不爲異也。世以薛、羅爲奇絶，則盧公可易睹哉？然使守恭不甘於貧窶而行告於通家世籍、故吏門生，宜當有所獲，而不之爲也，亦真抑齋子也，約其躬而揚其先者也。不然，予何以知盧公之清之真哉？翁夫婦懿美備於傳中，清特其一節。予感於此，而聊題之乃爾。

題《張緑汀年兄主教華陰卷》

孟子曰：聖人與我同類者，夫人亦在乎爲之而已。人之所以異於禽獸者幾希。其視聖人甚近，視禽獸亦甚近，無兩可住足之處。世人俗眼，則視聖人甚遠，視禽獸亦甚遠。究則聖人之遠者果遠矣，而彼雖欲遠禽獸，不知其日近也。明眼者知其兩近，故汲汲皇皇，祈以異於禽獸而齊於聖人。其視人亦皆兩近，故汲汲皇皇，悲人之窮而共立共達也。余不肖，每念及此，未嘗不生懼焉。夫聖人者，不失赤子之心者也。赤子之心，人人皆有，則人人皆聖。戕伐之後，人人有平旦，則人人可聖。第令旦晝如平旦，不致牿亡，何至與禽獸近哉？自爲者保平旦之氣，爲人者共保平旦之氣，其斯而已矣。夫平旦之氣，以息而生，以夜而息，則其故可想矣，故聖人主靜。靜也者，不以時，不以地，不以枯寂，心之體也。赤子之初也，旦晝之牿不靜耳。不靜而胡以御動？禽獸不遠，無惑矣。

年友張綠汀氏，自爲、爲人期之乎聖人。主教華陰，以人之聖不聖責諸己，以己之聖不聖自責也。同心之友題卷贈別，余無能爲言，則以孟子之言衍而書諸卷。書既凜凜，轉自懼矣。

題孫生《廬墓克孝册》

孫生昔爲其祖母廬墓，邇復廬其嫡母墓。三年畢，士紳艷稱之，製歌成册，問序於曹子。

曹子曰：“將頌諸乎？抑祝之也？”行者啓於途，匪若居者止於室，是故必有祝，俾及其所期。孫生竟廬墓之孝，將居於斯耶？抑自此啓行耶？語云：“孝弟也者，其爲仁之本與？”謂行仁自孝弟始。夫曰“本”，則有幹有枝，有花有實。曰“始”，則有終。幹、枝、花、實之無終，而曰“吾從事於始矣”，而可乎？行道者，未有縈縈其既行之武者，有期而至者在也。孫生廬墓之孝，固其既舉之武當亦忘之，必有所期，必有所終，必有所止以居矣，乃題數語以祝焉。

題譚生《十略》

譚生同節篤志聖學，考訂仲尼年譜，正諸家之訛，皆據所見發明之，爲《洙泗考略》。居常開卷，藉以尚友，志顧不遠哉？

既又以生平所讀之書各加纂編，自李耼、釋迦、天文、地理、古今政事、文藝、方術皆爲《略》，以淑其身心而宏其應用。余得以逐一涉獵，嘉其窺覽之博、思致之邃也。

或謂其言有與孔子不合者。雖然，予嘗有云，善學者雖巷語野謳，亦切實際；不善學者，雖三墳二典，徒益支撐。顧同節之學如何耳。士人童而讀《學》《庸》《論》《孟》，言言聖訓。然思以是博富貴，虐取窮民，誰予違者？凌傲鄉鄰，誰予抗者？予讀書得第人也。嗟乎！吾夫子乃令人如是耶？則雖日誦夫子書何益？乃王文成公遇市人門喦，亦謂之講學。士誠好學，無往非益也。且人不聞雞鳴乎？彼以唱曉爲事者也。不聞犬吠乎？彼以守夜爲事者也。雞犬之聲，非以有爲而發，故主人善飼之亦然，詞打之亦然，是之謂率性。然則聞其聲，得其益不淺也。同節意若斯乎？其語之會中，諸生當知所以求益矣。

題《日星樓麟藝》

《易》始於元，《春秋》亦始於元，尼聖之大旨固在仁也。世之談《春秋》者，類云謹嚴，是固然矣，抑知聖心之仁乎？其最謹嚴者，華夷之辨。而先正以內中國、外四夷爲王道之用。王道、霸道不可同年而語，聖人所以處四夷固可識矣。後世之斬艾誅鋤，尚首功而侈京觀，終霸道耳，聖人忍視耶？智之有愚，賢之有不肖，君子之有小人，猶中國之有夷狄，聖人所以處小人亦可識矣。以王道行之，則各得其所。其有君子、小人之未辨，則又斥中夏編籍爲胡虜而橫加誅剪，聖人更忍視耶？夫霸者之腹不能效王者之口，不仁者之心不能發仁者之言。業《春秋》而摘之文，欲肖尼聖之口吻，必也仁乎？

盧君龍升藹藹吉士，其從事於仁久矣，其爲麟經之義必有當矣。竊嘗怪發揮聖人之言者，往往類於雜霸，亦其心若是，其口不可强。讀龍升《麟藝》，有深省焉，遂題數語於簡端。

題《海陽別意卷》

繄我皇明，真儒輩出，講明聖學，而大江以西尤稱盛焉。不佞遊其地，晤其人，聆其談，讀其書，未嘗不咨咨[三]三嘆，曰："文在兹乎！"

惺魯胡君，南昌名士，所從學皆鉅公碩儒，講貫有年。北遊河洛，逾中條，駐轡郇封，吾黨之士執經請質，函丈之間常滿。不佞間詢之云："若從胡先生講學乎？"曰："否。吾輩第從講書耳。"嘻！講學、講書有二乎？伊其據案橫册，第一云"大學之道"，尚不謂之講學乎？講，一而已。以學聽之，學在是矣；以書聽之，書焉已耳。聽之以學，則將契諸心，體諸身，片語隻言可達神化；聽之以書，或且入於耳，出於口。"時習"二字，亦屬想像。其勞劬同，其費月日同。身心之講，聖賢爲伍，一息成千載之業；口耳之學，皓首屹屹[四]，所造不越里巷。士宜何所擇焉？胡君馬首欲南，多士綣綣製卷爲別，聊題其端乃爾。夫胡君所講未誼也，其勿僅付口耳，昕夕修證，如獲珍饌，吾飽吾腹，方爲我有。俾江右碩儒聞之曰："吾道北矣。"不亦可乎？

題胡君《遺愛册》

夫共世而居者，共氣而生，交相愛而已。或以愛施，或以愛報，各不容已。顧其責在施者，有其施，有其報；未有有其施，無其報者也。

應暘胡將軍愛軍士，軍士愛將軍，生而歌頌之，歿而俎豆之，士紳艷稱焉，厥子敬明彙之爲册以視余。余想其當年之交相愛也，形骸化而精神貫。上不曰我可飽，爾可飢；我可暖，爾可寒；我可甘，爾可苦。愛之則願共飽、共暖、共甘也。下不曰我可飽、可暖、可甘，爾可忘。愛之則不忘之，而歌頌之、俎豆之也。斯何其翕如雍如，協氣遍滿乎？余讀遺册，恍挹淑美，而嘉愛不遑。況共閫而交愛，一何邕哉！敬明世父之官，欲繼父志，則亦繼其愛耳。夫愛不靳於禽魚草木，況同類而爲人？愛不遺於千百世，況生同時？愛不嗇於山隅海陬掉臂不相識之人，況相臨而事使，何弗愛焉？我愛彼，彼何弗愛我焉？上下交相愛，天下事何弗可爲哉？然亦知有施而已，勿計其報。無其報者，必無其施者，勿疑。

《芸窗紀愚》跋

昔人云："言之不文，行之不遠。"奚取於文而行之？文以載道，文行則道行也。如以文而已矣，雖行之遠，奚裨？

汴素不能文，其讀諸家所爲文，亦多不能卒卷。然獨有慕乎督撫褚公之文，抒寫胸臆，根極至理，其贈人不忘箴規，其論事則經綸如指諸掌，讀之可知其人必樹勛流聲、卓犖朝野者也。得其一二而自淑焉，可以無過。然則道固在是，匪文焉已也。公以"紀愚"自命，蓋不欲以文自居也。聖門惟顏子如愚，愚故空，空故近道。彼機智百出，其衷空焉否乎？其於道，何啻千里？即文工聱悅，君子不欲觀之矣。

《公餘漫興》跋

夫意動而爲言，言成聲而爲詩，詩以抒性靈、洩積臆也，故曰"詩可以觀"。乃有標新鬭異，抽黃對白，俯仰流光，茌苒情寶，敲推幾失常度，性情因而成苦，是亦不可以已耶？

汴承乏淮陰，其於督撫褚公爲屬吏，讀公所爲詩及詞若干首，大都忠愛孝節之念隨感而發，於以匡時動衆，其意油如也，公之性情可觀矣。夫詩家若以沈約、杜甫爲孔子，逐聲咻響，銖兩而較之，曰"此爲詩"、"此非詩"，其論當自有在，乃所願學不在此。謂作詩若公之忠愛孝節，可以法已。夫論詩若聽言，其言端方而醇愨，此其人何如也？其言綺麗而浮靡，其人又何如也？故立言者蘄於不失其爲人，聽言者蘄於得其人。通乎是，可以論公詩矣。

《玉笥山房集》跋

浙沖倩劉子至予館，奉其翁電仲先生《玉笥山房集》示余，余受而恭玩，卓契實詣見乎辭矣。則海門周先生題其端，謂先生少業舉子藝，窮年不倦，忽夜半聞鶴鳴，憮然有感，隨棄其所業而業此。其聽鶴之偈亦載集中，大要於有聲無聲三致意焉。時余座上二三友人，因共相辨剖。鶴之鳴也，爲有聲乎？爲無聲乎？將謂其無，則其聲至今存也。東海、西海、南海、北海俱聞之，十世、百世、千世、萬世俱聞之，而何況當時吳山之上戛然而嘹嚦乎！將謂其有，則鶴喉空空，如人耳空空，如吳山空空，如當時寂寂，而何況今日，安所執捉？然則有而未嘗有乎？無而未嘗無乎？是真有也？是真無也？有爲真有，則東海、西海、南海、北海、十世、百世、千世、萬世無間於此聲，吾安得間之？而此聲之中，有林林森森者，何間於我？我烏得不同卷同舒、同動同靜？喜同喜、憂同憂、理同理、亂同亂？無爲真無，吾安得滯之爲柴柵、泥之爲渣滓，而不洗之、退之、藏之、密之也？夫耳惟無聲，乃能受聲，惟其洗之、退之、藏之、密之，而後能與林林森森者同卷同舒，同動同靜，喜同喜，憂同憂，理同理，亂同亂。借令卷舒、動靜、憂喜、理亂之不同，吾方柴柵之塞，渣滓之錮也，掃除盪滌之不遑，鶴與我何與焉？而何必其聲之有無之辨剖之嘵嘵也？遂書之簡末，付沖倩以質於先生，或以其當日之所聞，俾我共聞矣。

《劉世子夏卿傳》跋

余讀《劉夏卿傳》，未嘗不掩卷太息，有逖思焉。世胄之家，生而崇膴，不競華鬭縟，足爲美談。夏卿具孝友忠信之行，志古人，徹《易》理，是不可嘉羨乎？其薄桓、文不行王道，罪季孫阻孔子之行王道，尤非三代以下可多得也。世之齷齪渱涊者無論，借令布置周密，動有作用，有不以爲才乎？穎識風生，揣摩無遺，有不以爲智乎？挺肩張膽，一意摧强，有不以爲力乎？處處流惠，人人見德，有不群然而推賢乎？然大段霸術之餘耳。事功固集，元氣實斲。誰能純衷直行，無機無械，至正大公，無偏無黨？神運而人不知，功成而身不宰，斯之謂王道，蓋亦未見其人也。學術不明，匪朝伊夕，世故多艱，罅漏千百，孟氏以歡虞爲小補，今以小補爲大奇，則以貿貿汶汶，不求裨補者衆也。噫！九原不作，吾誰與歸？

楊明宇都尉《榮壤集》跋

蓋余讀都尉公伏闕諸疏，淚未嘗不潸潸下也。嗟乎！臣事君，子事親，不當如是耶？子有不可致之親，而臣有不可得之君耶？世以楊封翁子尚帝女爲艷稱，然不以貴戚故妨廢子職，微異數之俞旨，徒跣扶葬，衣衰食糲三年，則昔今戚畹一人而已。不則黃金繞身，何如父子相對之貧哉？諸孫玉立，帝女出者業已五，允徵隆盛，而可欽者在蕭離，損貴榮饘食之禮，此都尉以克閑致，而實翁以貽穀臻也。夫翁之得孝於子也，都尉之得順於帝女也，聖天子俞都尉之孝願也，皆以性通者也。性淪渾無間，前不以後隔，上不以下隔，外不以內隔，故父子志同，男女道合，君臣情洽。然而世每暌焉，則不以性聯，而以形閡也。形則七尺之外若山川、若秦越，烏能通乎？盡斯人之性，詎有不孝者哉？

水共一池，故東搖而西動；人共一性，故此感而彼應。封翁孝而都尉纘其孝，都尉孝而聖帝、帝女遂其孝。或發以性之所有，故真；或符以性之所有，故速。日之遠也，珠對之而火生；月之遠也，鑑向之而水起。不知其所以然，而其所以然者固已了了，可目視而耳聽也。夫性統天下，孝統百行，然則人人可通，事事可通，盡民盡物，奚之而有間焉？

諸搢紳無間，故嘉愛歌頌如在其身。余亦游於無間者，乃綴數言於末簡，以旌仰止之思。

《薛文清公行實錄纂》跋

文清夫子，吾明之大儒也。產於吾鄉，若此其甚近也。然論其世而師友之者，則亦鮮矣。夫子學聖人，而未嘗不欲人之共學。不學夫子，是自外於聖人之學也。聖人，人也，自外於聖，是自外於人也而可乎？

稷竹東任公纂著夫子之行實成錄，將授剞劂氏，公之人人，欲人人學夫子也。學夫子者，學聖人也。學聖人者，人其人也。志顧不偉哉？吁嗟！茲錄出而吾鄉之文清夫子接踵矣，是公之大造吾鄉，以迨天下後世也。

讀《李如真先生集》

夫聖學之不明也，遜聖人而不敢居也。諺有之："衆人是聖人。"何遜焉？甘爲衆人者，無論其自好者，則曰："將爲賢人焉。"非不硜硜，非不翩翩，而真儒每難於睹善治，每難於臻世所號爲賢人者。或至爲世病，非盡名浮於質也。賢人以知見用事，而聖人無知見。以知見用事，或見己而遺人，或舉一而廢百，見一隅而遺其全，見一時而遺萬世，甚且名根利蒂滋其中，執態褊行橫其外。無知見則内不見己，外不見人。如天之覆，如地之載，如日月代明，四時錯行。孟子達此，故曰：聖人與我同類者，聖人先得我心之同然者耳。乃所願則學孔子。蓋嘗流觀[五]今古，事功不同者，學術不同也；學術不同者，學聖學賢不同也。

如真李先生教人曰："寧學聖人，毋寧學賢人。"有味乎其言之哉！其臨終訓子弟曰："人不可以知見用事。"嗟乎！茲其學聖人之要也夫！亦其學聖有得也夫！余讀其集，有深契焉，乃題於末，俟學者辨之。

書江汝修《夢蓮卷》

人與蓮花無間，安得不愛蓮？人與元公更無間，安得元公獨愛蓮？舉世何人不賞花？皆是不容自已，與當年意思無別，徒艷高蹤於千古，自不著察，自不充滿耳。元公常存蓮香不斷，若謂隔越數百年不可面晤，或謂可以窹對，不可寐接，抑謂夢中乍聚，醒後如失，俱有間之見也。故曰："孔子夢周，是其真處。"總之無間。無間之體，因欲而掩，欲盡乃露。中既無梗，相痛相憐。江漢秋陽，推而遜之，不得皛皛，前無歇地。孔子大聖，江漢濯，秋陽暴；吾儕末學，大海滌塵，烈焰鍛滓可也。欲根欲蔓，庶其可盪。用愛宏，尚友遠，窹寐通矣。

汝修《夢蓮》，南皋先生題以"無欲真宗"，且以江漢、秋陽爲孔門心法。謬附數語，請質焉。大概窹時誰不分明？於寐時想汝修，不但夢奇也。

書《知非語》

絳李子命其所著曰《知非語》。伯玉五十知非，淵明亦曰"覺今是而昨非"。顧是非何常之有？由、賜之所是，顏、閔之所非；由、賜之所非，顏、閔之所是。夷、惠之所是，孔子之所非；夷、惠之所非，孔子之所是。君子孜孜進學，月有異焉，月之是非異也；歲不同焉，歲之是非不同也。日新者日知其非也，日日新者日日知非也，日日知非者日日知也。譬鏡之照，未磨時一妍媸，既磨時一妍媸，磨之又磨，又一妍媸。

書劉冲倩《飲水携雲卷》

水泠泠可飲，雲靄靄可携，此意人多不識。顧或水未當前，雲未出岫，而望望焉庶幾遇之，是雲水之牽吾也。水既飲，水且逝矣；雲既携，雲亦散矣。猶依依口頰、襟袖間，是吾之牽雲水也。雖然，劉生所飲水今爲畫中水，所携雲今爲畫中雲。妙乃是畫中，原來着不得。

書《存陰説》

浙劉生昔著《問世狂言》，欲存陽也；兹復爲《存陰説》，不欲抑陰之極也。持以觀余，余曰：陽擬君子，陰擬小人，固有是言。然一陰一陽，總之天道，不聞貴畫而賤夜，何至軒陽而輕陰？夫非盡人之徒與而陰之耶？而小人之耶？而姑存之而已耶？均是人也，同生於乾道，則同爲陽。純陽無論。昨非而今是，則昨陰而今陽，是非半則陰陽半。縱百非一是，亦五陰一陽，可喜之復也。誰其可菲？聖主當陽，群賢夾日。午天之下，向榮足快。抑陰豈其時乎？且二氣絪縕，洋洋無間。日出而萬方俱畫，日入而萬方俱夜。若曰某地多陰，某地多陽，尤達天者之所不道。然則雖無此説，亦奚不存也？

書《權書止觀》

語云："權非聖人不能用，而聖人亦不輕以權許人。"即學人可與立，猶未遽與以權也。何也？水止成照，學無止，奚以觀？

無觀則冥冥，奚以權？是以難也。昔賢以《春秋》爲仲尼之權書，權生於觀，觀生於止，通乎！是可以誦此書矣。

潘生曾緒世業《春秋》，録其所得，命曰《權書止觀》，其知用心於止也乎！止則觀，觀則可與權。雖然，余嘗有言："賢有止，聖無止。聖無觀，故無止。"學未至於無止，猶然未可與權也。

題薛文清公像

文清先生臨終，題詩云："七十六年無一事，此心惟覺性天通。""通"字未完而絶。先生學問所得在此，生平讀書爲此。尚論先生之學者以此，學先生者當如此。

書《治病要語》

余曩閲絳藩東壁公所自撰墓誌銘，服其達於生死，賦小詩贊之。比觀辛復元氏所爲公傳，更悉諸懿行。復元向余言，公晚年孳孳於學。公之孫誠一奉公命，從辛子遊，能忘其貴而篤於道。一氣鍾耶？庭訓耶？俱可窺矣。

誠一手公所著《治病要語》示余，以仁、義、禮、智、信五字爲基，臚列十要，而參以《素問》、《本草》及諸家方訣，爲卷十二，蓋壽天下之書也。誠一曰："吾祖初著此書，計卷四十，繼減爲二十，又繼減爲十二。"此亦先正所稱"目〔六〕減而近於放下"之旨矣。世人能捐伎倆埒此者亦鮮，即此是學，即此是道。宜其達於生死，況以下區區世味，烏能動乎？吁嗟！睎公者，且從生死以下勿動。

書《濟世靈樞》

宗侯東壁公既以醫聲於時，全活無量。厥孫誠一復續其傳，有抱疴望拯者，晰如洞垣。余及家人輩或失調攝，延之治療，刻期奏效。以所著《濟世靈樞》觀余，悉醫道肯綮，將以公之世，躋萬方壽域也。念不忘世世期於濟，此學道有得，匪僅僅攻醫術者比。蓋其學直探大本，是以宇宙同視也。學局皮膚者，雖亦斤斤，而潛伏冷念，不自覺知。學徹神髓，藩籬乃破，疾痛相關矣。又嘗纂前人既效之方成帙，曰《肘後秘方》。既以公世，何以云秘？前人之鄭重而秘藏者也。何秘乎？遇則傳，不遇則不傳也。遇而傳，言言濟世之資；不遇而傳，輕則耳畔之飄風，甚則明珠之投暗矣。吁！此所以遇合之難，而世之罕睹其濟也。

書《自渡語》

《自渡語》，誠一自題其語也。渡曰自，非人之所能與也。未渡而望洋，自望也。不克渡而溺，自溺也。既渡而登岸，自登也。師不能得之徒，父不能得之子，天亦不能得之人。或不知在溺，甚且安其溺。長年憐之，大聲疾呼，聽之漠然，甚且怫然，將如之何？故渡者自渡也。雖然，未渡之先，一自而已。既渡之後，無非自者無不渡。故禹急己溺之思，伊切內溝之恥，完其自渡而已矣。

校勘記

〔一〕"猶"，疑當作"由"。

〔二〕"工"，四庫本作"功"。

〔三〕"咨"，四庫本作"嗟"。

〔四〕"屹屹"，四庫本作"矻矻"。

〔五〕"觀"，四庫本作"覽"。

〔六〕"目"，疑當作"日"。

記

婺源朱氏藏書樓記

宋朱文公故有樓藏書，自爲碑記。既罹兵火，夷爲民居。勝國時，建婺源學宫，適卜其地，今仍之。皇朝崇重文公之學，其經書傳注等書，家傳户誦，屢厪天語，敕禁違悖，載在令甲。然公遺書猶衆，學士或未全睹。茂才崇沐，公之十三世孫也，深慮散逸，將至學脉湮蕪，乃盡搜遺書，爲部若干，爲卷若干，傾囊剞劂之。高義儒紳朱光禄吾弼、汪憲副國楠、吴中翰養春輩，助貲竣業，繼復建樓以貯。厥地亢爽，厥制壯麗。典守之寄，模印之費，俱有經畫。匪家學是章，實關世教。遠抵都門，質余言爲記。

余聞昔有士人，千里從師，師悉出經史，期在盡授，初講一語，其人稽首請退，浹月不至。師問之，對云："向所聆躬行未徹，敢炫多乎？"當世稱其善學，何必載籍之種種？雖然，聖賢覺世之心，至無窮也。如國醫好生，蓄材聚方，惟患不備。文公不云乎："恐人未悟，故如此言，又如彼言；此處既言，彼處又言。"其諄諄者，其惓惓者耳。試閱諸編，近循食息之常，遠窮天地之秘，上遡洪荒之始，下暨世代之變。總括根宗之會，細分枝節之詳，費昭名物之賾，隱超聲臭之表。尺尺寸寸，自是渾融；本本原原，不逾跬步。第令學者各隨才力，藉爲津筏，至於道焉而已，可不謂廣大悉具、精微無滲者乎？而士或徒矜充棟，目不及窺；或記誦雖勤，身心無得。譬則珠玉盈前，懵爲乞丐之子。亦有身不升堂，雌黃堂上，逐聲起障，未行詆途。譬則海陸錯陳，妄言無可下箸也。之兩人者，校之初聆一語，矻矻躬行，奚翅星淵！豈文公著書之意？抑豈賢胤藏書之意？

淮北堤工記

出淮郡新城迤北，抵安東，河淮之所經行，歲苦淹漫。先是，萬曆九年，義官歙人鮑越捐資填路，建亭造橋，樹柳穿井，行路之人稱便。府縣義之，其得爲義官以此。迨十九年，水更泛濫，前路日就圮。越勸民築堤捍水，願輸米千斛以助工。時無應者，事遂寢。然從此室廬田園沉沒於水，衆不聊生，貿貿焉思逃徙矣。越乃告諸山陽令尹何君，申築堤之議。何君，愷悌愛民者也，躬督視而勸相之，越則日夜拮据，計田授工。其力不能具饔餐者資助之，不克竣其功者爲竣。堤計廣二丈至五丈，高五尺至丈餘，各隨其地宜，計長一萬三千七百餘丈。越所代竣二百五十餘丈，所資助百六十餘金。經始於二十五年正月，至次年四月告成。堤形如環，衆乃安處其中，所墾田千餘頃，二麥大獲，稱樂土矣。衆謂："非越則此工無由舉，非令尹則越無以行其議，而民不免於流亡。"遂樹坊曰"何公堤"云。

夫堤之未築，衆罹其害；堤之既築，衆享其利。此於建堤者何與？乃汲汲皇皇若斯乎？用是知天下之人本同一氣，其甘苦悲愉無不相關。譬如十指雖分，而同爲一體，故睹顛連之狀而拯救之者，勃乎不容已。由是充之，即聖賢大公無我之道，豈有他哉！竊怪夫閭左賈豎崇奉錢神者，校利害於銖兩，等人己於冰炭。利之所集，匪惟不以及人，而且瘠人以自肥。凡可以術籠力陷，無不爲也。亦有處豐養侈之人，刺甘衣輕，一費萬錢，而煢獨無告之衆枵腹露肘，曾不得其一盼。甚者深藏厚殖，若將爲千年之計，而父母不得利其有，兄弟不得沾其惠，族戚鄰里不得望其餘。此其心之迷惑，譬如麻木之人，養其一指，忘其九指而不知也。麻木者有時而愈，其十指之病，無不痛楚。迷惑者有時而悟，其四海之内有困苦不得所者，將悲悼救濟之不遑矣。然則斯役也，固足爲迷惑者勸哉！

令尹，洛陽人，余同年進士，名際可。聞百姓爲樹坊，命撤去，蓋欲辭其名耳。然業已人人口碑，詎能辭乎？

學《易》堂記

皇朝號曰大明，豈不誠然乎哉？夫道，世所由立也。道在今時，不啻中天之日矣。粤稽三五之世，及三代之盛，以迨魯鄒傳授之際，原原本本，枝枝葉葉，炳炳烺烺，可按也。漢儒承煨燼之餘，搜羅訓詁，功不可磨，間亦莫達其奥旨。有宋諸儒闡發昭朗，可謂無遺，而或割逯[一]全體，亦有之焉。高皇帝天縱聖神，凝道立極，而當日儒臣尚鮮能奉揚休美。嗣後名儒輩出，論著宏富，如入五都之市，萬寶畢陳，嚴於步武之細，徹於聲臭之先。博而有要，大而有統，周行之坦咸宜，雲漢之倬高揭。成見習聞之表，真脉呈焉；馬勃敗鼓之遺，尊生藉焉。是爲淵淵，是爲浩浩，率循無斁，不流於茫蕩，不局於邊隅。有從心，無違心；有盡性，無拗性。不以尊聖者悖聖，不以法天者乖天，不以維世者禍世。千載一時，不在兹乎？夫道載於六經，而會之於《易》。析枝葉則三百八十有四，疊互流轉，至於無窮；探原本則無辭有畫，無畫有易，杳乎微矣。道明則經明，經明而道益明也。

有孚丁子，能世其先人之學，讀《易》文園。余每遊其園，登其堂，或令筆錄，或令口談，隳括儒先之撰，業已有歲。雖余衰昧，猶未能研窺測而彷彿，大都真成明備。乃爲書“學易堂”三字，仍爲之記而序述如斯，蓋自幸得生於明盛之時云。

平陸縣創鑿興文渠碑記

參知政事詹公巡方河東，植綱振紀，飭吏庇民，靡不具舉。其大者揚勵風教，興起譽髦。更用綣綣，按部虞城，登高遙覽，挹傅説諸賢聖之高踪，神與遊焉。已而慨前修之不作，願多士之彙征。徘徊瞻顧，意者山河淑氣聚散不恒歟？抑何今昔人不相及也？乃命邑令魏君引澗析渠，環遶城邑，暢厥地靈。魏君良尹，明作於治者，遂廣謀詳度，庀材鳩工，鑿渠導澗。高者穿洞，卑者築堤。由城北流入縣治，徧及公署泮宮、通衢委巷，疏通足以破窒，聯絡蔚乎有章。旋出城外，灌田三百畝許。復於邑之艮方甃磚石爲崇臺，上豎樓閣，嚴祀漢關將軍，有鎮定之象、聳拔之義。其資民耕飲，愜人遊眺，固無俟論。經始於萬曆甲辰七月之望，越月工竣。夫取河役之餘基，取古道之隙，費不靡，民無擾，頓成勝迹。魏君以"興文"命渠，而屬余爲記。

夫豪傑之興，天所篤哉，地所鍾哉，人所奮哉！天道，萬古不變者也。人心，三代永直者也。或陵谷不能無遷，則地氣有時而乖乎！公率作僚吏，牖士之天，樹人之軌，而猶不忘懷於風氣，蓋亦嘉惠文教，罔所弗用焉耳。然天如是其不變也，人如是其常直也，而地復如是其稱勝也，虞之人士有不媲休先哲，道崇業茂，其曷以對此德意？夫傅説負上聖之質，不難版築以約，其躬草野之中，何與天下事？而舟楫鹽梅輒復儲諸豫。誰能恬之於守，不以米鹽脂潤撼其膺？誰能身任天下，不以參兩位育遺之遠？斯傅説比肩矣。善乎關將軍之言曰："心在人，日在天。"誰能俾吾之心如天之日，昭朗精融，不雜微滓，洋溢貫徹，不間一髮？斯恬於守矣，斯不忘天下矣，斯動天遇主，勛猷彪炳，光被山川矣。請因令尹以質諸公，而爲虞之人士效區區焉。

詹公名思虞，庚辰進士，常山人。魏君名學徵，乙酉鄉進士，咸陽人。

安定祠碑記

安定胡先生，子孫散逸江淮，凡八支。淮陰一支，則自洪武二年，名子英者，先生八世孫也，占籍山陽，世守譜像。隆慶元年間，庠士王汝舟輩請於郡守黄公，議以聯城明德書院改爲安定書院，以祀先生。

迨萬曆二十四年正月，余署府篆，張生東周輩以舊祠荒圮，請移於府城西北隅積薪庵，蓋前郡守倪公所建，空閒可用。隨請於督撫愛所褚公，得允，乃令倉大使胡九江修葺之。未幾，堂君藍田張公至，命竣前工。迨五月告完，移先生像於其中，扁曰"崇正祀"，樹坊曰"安定祠"。祠正堂三間，寢堂三間，門一間。是年冬十二月，余復攝府，越明春，偕寅僚忠所蔡君暨山陽尹何君修祀事於祠下，因行文何尹，議定春秋二祀，歲以爲常。命工勒石記其始末，仍遷舊祠碑於此，不忘前人好德之雅云。嗚呼！仲尼云："見賢思齊。"入是祠者，尚亦惕然思哉！

節孝祠碑記

宋節孝徐先生及其考妣墓在淮城東三里許，舊有祠，有司歲時祀之。今歲清明前，余命中軍官宋承祖增高其墓而展祭焉。承祖曰："山陽縣治之左爲先生故里，不可無祠。"復相與嘆息，謂先生之後無人，誰主蒸嘗者？

次日，承祖率諸生熊志中輩請建祠，且請以義民官鮑越董其事。余乃處金若干發承祖，令興工。逾數日來曰："偶得先生石像。"又數日來曰："得山陽縣民徐有益者，先生之十九代孫也。"余遂請於直指懷雲陳公、心銘周公，給有益衣巾，充奉祀生，而命置先生之像於祠，議立會祭享，凡爲孝子者得入會。夫先生德行文章具有衆美，而其究歸於節孝，故以節孝稱。然節亦所以成孝也，則一孝足以盡先生矣。顧孩提之童無不知愛其親，而獨先生以孝顯，何哉？則以失其本心者衆也。嗟乎！凡人之溺妻子，耽貨利，敗名檢，甘邪僻，無亦私此血肉之軀耳？然亦知此軀所自來乎？"父兮生我，母兮鞠我，拊我畜我，長我育我。顧我復我，出入腹我。"雖大聖至孝，無能酬親恩而無歉者，奈何忍遷於物而忘之？過先生之里，而猛自省焉，必將愴然其不寧矣。

祠計堂三楹，大門、二門各一楹。得二石獅於民間，乃宋時先生之宅故物，置之門下。

孟烈孝祠碑記

蒲之傭民孟端妻邵氏思，蚤寡，不欲奪其志，抱幼女亥陷於井，八歲女熙墜從之。既出屍，母猶抱亥，熙抱母，閭巷悲感。年友綠汀張君輝，其里人也，爲之傳誦。諸王公卿大夫士共揄揚之，薦達天朝，旌其門，且爲建祠樹坊遷墓，手錄各檄牒、傳咏授余，而以祠記屬焉。

余披玩愴然灑泣曰："異哉！圭竇婦嬰乃至此乎！"然妻不負夫，子不負母，適得其正，此常也，非異也。世有背夫之妻，忘親之子，則爲異耳。末俗以異爲常，得不以常爲異哉？夫重淵百尺，赴之如歸，激湍絶命，固結不解，是孰爲之氣也？即理也，循其性之自然之謂道也。斯時也，精靈粹湛，羅貫乾元，所謂夫婦知能，可以埒聖，赤子未失，斯爲大人。或有岐言理、氣，析列聖，凡高談性命，薄視庸常，蓋亦未之思已。夫大道渾淪，人人具足，日用皆是，第不知耳。顧惟不知，乃爲真用也。何也？知見起於校量，校量乃生蹊徑。假令邵知死夫之爲烈而後死之，熙知死母之爲孝而後從之，亦何能直截凝一，毫無顧望夾雜也？

而章縫士人，几席跬步，或棄大道而不用，奚取於載籍極博？或用之而猶知之，亦不免利蔕名根，其視烈孝何如乎？故學無他，亦於忠孝廉節，日用不知，斯已矣。故不識不知爲順，則不學不慮爲仁義。嗚呼！詎易言哉？

祠建景虞門下，計堂四楹，中阿居邵，熙、亥左右侍。大門一楹，建坊，額"貞烈祠"。二門一楹。外東西小屋二，居良嫗一，以司涓除啓閉。東隅井一，便自食。創於郡刺史川南郭公元柱，成於鄞郡孫公好古，歷萬曆戊戌、庚子方竣云。

孔節婦祠碑記

節婦姓謝氏，大河衞軍舍雲之女，嫁山陽民孔椿，一載而孀，撫遺腹子金以居。有杜言者謀娶之，不從，強之，節婦投溺於河，屍逆流烈女祠旁。時已越旬餘，面顏如生。金號泣，鳴其冤於上，困苦不爲阻。言竟坐斬，死於獄。觀風諸部院屢旌節婦之墓，與門堂君藍田張公以鄉賢祠左隙地給金建祠祀其母。不佞重節婦而多金之不忘母也，褒以匾，授金冠帶，列於鄉飲之席。

嗟乎！生子者報曰男，則其喜倍，男固優於女也。丈夫而猥瑣，則妾婦之；婦人而才智，則丈夫之。丈夫，固嘉名也。乃節婦不背夫，而士或背親、背君、背兄弟、背友，嗜榮畏窮，偷生忍辱，以爲得計。由節婦觀之，不亦羞乎？遂三嘆而書諸石，以告夫進此祠者。

趙烈婦祠碑記

烈婦姓侯氏，安邑李店村侯良宰女，蚤孤，育於伯父，轉育於所親。年十四，爲馮村趙良進妻。貧，爲人傭，越兩月而良進病，侍養甚謹。又三月而良進卒，其母輩將令別適，烈婦自縊以死，時萬曆甲午歲之仲夏。明經葵南張君表其閭，孝廉化域王君表其墓，銓部朴庵劉君題以辭，鹽臺侍御璇石曾公誄以詩。移檄鼞司，發鍰建祠一所。堂四楹，大門二楹，植木主而祀。鄉屯謂可忽玩，或寢住其中。余結茅其鄰，瞻拜感嘆，恐其久而湮廢，爲之塑像以肅觀者。

夫貧家幼婦，非有保姆之教、習見之素。五月之夫，強半在疢，未嘗享其饜飽。而一醮不忘，甘死如飴，與其敗節而偷生，寧一死以全節，視改節爲甚耻，視保耻爲甚急，生且可捐，況區區末利，豈與廉耻校重輕哉？乃有圖利欲之便安，厭禮義之拘檢，喪耻不顧，聞烈婦之風，當亦忸焉泚其背矣。爰述芳蹤，勒之貞珉，藉以維世云。

增建觀音廟碑記

或有問於余曰："觀音救苦，有諸？"曰："有之，然救其可救者耳。""救難，有諸？"曰："有之，亦救其可救者耳。"有人於此，敦孝克弟，循理守義，不幸而罹於苦難，神將急救之。抑或舉動雖愆，出於失誤，不係有心，苦難及焉，神亦救之。亦或顯有罪過，似在弗宥，悔心未泯，尚可更新，苦難之遭，神亦救之。神明好生，衆生可憫，用是拯濟。倘有良心斷滅，甘從邪枉，逞暴戾爲得計，懷譎詐而罔人，怙惡不悛，省改無日，天網昭昭，賞善罰惡，有常理焉。斯人之苦，天苦之也；斯人之患，天患之也。觀音固慈，不與天左，烏得而救諸？吁嗟！強家騙室，未嘗不奉神像，甚且攫金而還，刲羊報祭，神方怒笑，彼昏不知，尚冀免禍而倖福，其可得乎哉？祇見其愚而已矣。

吾巷觀音廟，肇自國初，屢經重修，碑志詳載，邇歲圮漏殆甚。里耆輩捐貲募衆，庀材集工，增建巍焕。先時神殿一間，香亭三間，大門一間。今則神殿三間，捲棚三間，通過一間，大門三間。大都別樹非故，即俱謂創建可也。廟後又創殿一間，以祀地藏。是役也，首事十人，勤慎不遑，而郭君某尤爲拮据，故甫逾時而工竣。謀伐貞珉，以識始末，問記於余。余乃述觀音之所救與否，以告焚拜於此者，願慄慄共洗心云。

一樂堂記

河東龍泉董公，篤行之士。蒲坂綠汀張先生從其仲子振祖之請，題公之堂曰“一樂”，蓋取孟夫子之語。公夫妻康壽，五子森立，雍雍一堂之上，洵可樂也。夫孟夫子第言“俱存”耳、“無故”耳，未嘗計其賢與否。豈以家庭之間，恩常掩義，俱存足樂矣，無故足樂矣，何敢必其皆賢？然公之夫妻諸子，則皆賢者。公孜孜砥行，偶有誤，輒內訟不寧，期於澡滌而後已。里人故有博奕，風訓而化之，積習頓革。仲子潛志聖真，問學四方，其弟徒步從之，其兄徒步省之，俱人之所難，可不謂皆賢哉？藉令孟夫子談及此，又當以爲何如樂也？王天下，勢分之極，且不與天倫之樂，況區區田疇之廣，宮室之美，囊篋之富，官爵之榮，豈足掛公橋梓之齒頰乎？惟其賢乃共樂其樂，而不羨世俗之樂。然則賢者而後樂，此故不必計其賢與否，而賢可知也。不然，雙親垂白、兄弟雁行者，豈少哉？而世味薰心，不以爲樂可若何？此或孟夫子意也，或亦張先生意也。

修社學記

萬曆丁酉春，余署淮安府事。盧生守恭以所居社學傾圮請修，乃爲處數金修葺之。未幾告竣，盧生請爲記。

夫是區區之役，烏足記者？雖然，余有言。往歲李樗山先生遊淮浦，宋正吾丈見其子，求爲之師。樗山憮然曰：“予固不若渠，胡以訓之？”謂赤子方純朴，而漸長者漸琢其真，何所裨益赤子？此樗山自治之嚴也，亦可以知訓蒙之方矣，第令保其初而已耳。夫童蒙譬立通衢，靡所向往，有人焉，引之周行則周行矣，引之羊腸則羊腸矣。聖人之學，周行也；勢利之學，羊腸也。盧生何以教童蒙，當自能辨之。

仰節堂記

先大人以萬曆四年之春構書舍一區，命曰"雲津書舍"。爲間者三，前敞以會講，後分爲靜室。慕陶靖節、邵康節二先生高致，題曰"仰節堂"，俾不肖輩學習其中，慈訓殷矣。迨六年春，大人厭世去，不肖不能治生產，渭弟長成，猶未授室，遂廢此舍，爲之完娶事，時則十五年冬。及十九年，不肖叨舉於鄉，次年成進士，每懷仍建，以不泯先緒，未能也。第於三十六年冬，以刑科右給諫奉差過里，製堂舍二扁，揭於住屋，以見未忘而已。今歲始庀材建造，彷彿當年規制，移匾懸之，私衷方少寧帖。

嗟乎！先人創業，燕翼良遠，不肖捐廢之日，俄頃數語間耳。比欲再構，則宦遊二十餘載，僅克復焉。興廢難易之辨，豈不章章可鏡哉！爰識數語以告後人，且使知此番工役所由起念也。萬曆四十四年丙辰二月十八日。

遊西山記

余寄京二載且半，每聞談西山之勝，不能一往。拱陽年丈屢約同遊，余屢改期，及今月三日乃行。

自廣寧門出，迤邐而西，草樹葱蘢，塵襟漸爽，流盼顏解，鞍馬無勞。一行三十餘里，抵南禪古寺，大緣和尚出迎。寺殿閣門宇俱損漏，其新葺僅殿三楹、廊六楹，然寬敞豁人心目。北有小齋，暫憩，出寺後，登山踞坐，穀黍一望如油，因思天地生生之德其大矣乎！又念后稷播種之功，感感不已。山後有山，森樹烟靄，遠眺堪嘉，良久乃下。經觀音閣，睹大像三首六臂，相與嘆訝。夫此以像寓意，亦四目四聰之説耳。繼而歷諸果園蔬圃，井邊樹下，清幽可人。僧持戒不設酒，拱陽諷之，得白酒一壺共酌。迨晚歸寢室時，大緣之檀越唐邀遊金山，約以明晨。中夜聞雨聲灑灑，遂高臥晏起。及起，則山色經雨，青翠大異前夕，忻然稱賞。

乃跨馬緣山北行，見群刹或據山麓、或山半、或山頭。朱墻碧樹，掩映縹緲。大緣指云某寺、某寺，然不能遍登也。抵一庵，曰靜妙，石墻永巷。將入門，門者大擊雲板，主人蕭客。顧瞻殿宇及殿後大瑠之冢，俱宏麗。延入廊房，以爲止此廊耳，入則更有大宅，連楹列棟，頗興"民膏"之思。一茶而起，行亂石中，狹若山窮，驀然徑出，旋繞至香山寺。寺前大木連抱，水聲淙淙，蟬語清越，不似城市所聞。殿宇俱依山勢，層疊攀援而上，經數殿轉入方丈。進一軒，題曰"來青軒"，今皇御筆也，主者談駕幸之詳甚悉。軒前高峰右峙，層巒左衍，此山之勝，或未逾此。主僧護守，草木繁茂，無寸不青。復思世人愚冥，得罪天地者，亦自不鮮，而天地生養不厭，蓋信乎生生之德大也。大緣携有果盒，拱陽預命僕夫備酒，盤桓少時。出門，猶徙倚石橋，玩水觀魚方行，赴寺曰"碧雲"者。主僧以訟他出，其頭陀啓殿遲遲。乃由左廊直入，觀所謂卓錫泉者，殊清漪，匯爲小池，泉邊古柳一株，池内有荷，池外修竹數百，琳瑯可愛。僕夫仍酌前酒二三啜，由中而出，覽沼中金玳魚，活潑甚夥。

乃赴金山之約，至則唐越及主僧甕江在彼，遲予輩之來也。寺右有小軒，團坐之，日且西馳。此一日之行，其朱墻碧樹，掩映縹緲，不能遍登者，無不似初出南禪時也。軒臨清澗，遠瞻平野，左有群峰。遶左而行，窮水源，至一石洞，亦幽致。過洞，抵一樓，據高遠覽，逸興益劇。見遊人兩兩，山僧獨步，當無機心。出樓後，緣山步進，山徑纔二尺許，抵華岩寺。寺不大，然有小洞三，二俱幽邃。倚檻迴首，見石壁在屋後，綠赤垂垂。下寺，抵一池，其形如壺，土人呼爲“捏鉢湖”，水清甚。就地坐，垂足池內，去水不盈尺，秋高不可濯，第襲其清氣耳。日已沉冥，主人進巨觥，醺然而歸。時見燈光出樹間，忽聞各梵鐘鼓之音，不覺擊節。

抵寺，仍坐前軒。夜色蒼黝，漏深乃寢。迨曉，主人相留，固辭而迴。經功德寺，殿宇俱廢，第唐越建一小宅，養花其中。少坐，緣河堤行，大柳千章，西湖之蓮可十里。其花已凋謝，悔不早來。忽睹一二朵，亦足酬此一行。既而過萬壽寺門，今上祝釐之處也。大緣謂內有奇石，請入觀之。予不敢，天威不違顏咫尺，諒哉！第入鄰寺延慶，觀布袋和尚畫像，不爲六賊所動，頗有所得。

大緣別而西，唐越東，予與拱陽東南，漸覺喧鬧逼耳，塵土撲面。至寓，殊困倦，隔日不能蘇。豈方遊時肋[二]力勞憊，彼時不覺而此時方覺耶？抑塵喧敗人佳趣，陡爾成憊耶？抑塵遊山遊，亦俱勞事，不可差視耶？然方在山也，則二年之塵若隔世，今仍在塵也，則三日之山亦若隔世，信不可大差別矣。復憶生長晉中，故多山河，少年偕計走霍山，三日方出。乘高四望，萬壑千峰，汾流激岸，雷轟霆震，彼時不以爲奇也。西山暫往，乃戀戀至是，倦塵氛之擾，而後知幽棲之樂耳。嗚呼！天下事多如此。辛丑八月七日書。

遊龍門記

里居一載，聽客談龍門之勝，爲之馳想。是月旬有一日，偕一峰李君並嚳北遊。薄暮抵弘芝，棲遲田野蕭寺，摩撫古碑，業覺灑然。十三，登孤山東偏之柏林。甫及山麓，見怪石縱橫，若蹲獅，若伏象，若欹鼎，若倚案。萬柏森欝，柯交根走，狀若龍蟜與獅象狎卧。因而小憩，疑在世外矣。仰顧山巔，有樓突兀如在霄漢。由西徑步上，爲風伯雨師之廟殿。前有亭，亭前爲門，橫以欄楯，則先所仰，顧以爲樓者也。憑欄南眺，百里目前。萬頃平疇，紅緑相間。廟中人謂余曰："今猶霧靄耳，其晴日，禹都鹺海，歷歷可指。"然已大恢廓矣。李君聞宗室守正者耕耨其下，下山訪之，迴視，余以爲仙也。

無何，守正遣人邀余，余辭焉，至再，乃赴其社。有泉雙注，頗植花卉，白牡丹成叢，亦足嘉賞。北望山巖，又若大虎拗項伸爪，將飲甘泉之象。李君浮白，余亦忻釂。迨晚迴山，皎月東升，六宇浮朗，林隙露白，樹杪平鋪，幽色可人，鳥聲清婉。余於此時興不淺，李君豪劇醉叫，幾忘其險。凌晨而起，月尚挂空。蒼林若洗，愈覺妙好。暢然而北，日中，至文清公墓下。再拜瞻眺，感嘆典刑。既出祠門，將倚坊上馬，大風忽起，悚然屏息，步走十丈許。是風之來不可知，然謂先生風之亦可也。

十五，拜子夏子祠。其裔孫殊貧，時余飢甚，渠不能具一熟水，胡無周之者？逮晚，至神前村，去龍門尚三二里。或謂且歇於此，余志方鋭，策馬趨之。傍山東南，鑿石爲磴，其缺處聯以棧道，盤曲而上，拜於神禹殿前。見其兩山斷崿，大河北來，緬懷疏鑿之功。古柏森立，雉堞迴環。右有危峰，橫插中流，上凌碧落，甃磚石爲樓，所謂"吞吐雲雷"者。峰下架木若橋，覆之以屋，懸浮水面，去水可百尺，扁曰"飛閣"。以暮，未遽登也。憑堞流盼，月光射波，若冶金泛涌。舟人欸乃，聲動山谷。徘徊，漏深方就卧。

次早，乃陟雲雷。樓身在空中，但目力所及，誰障之者？大觀哉！不知山下之人仰視此樓中人，又何如仙也。下此遠入飛閣，容膝之外，四顧洪波，雖謂水擊三千，何不可焉？閣前刳板爲寶，懸以轆轤，余爲木朽地峻，不欲窺之，猶存巖墻之戒乎！經西亭出廟後，度小橋，更成幽寂。巉巖壁削，怪石離列，石隙童樹，點青綴綠。北祀后土，右有大石龕，懸泉滴滴，榜曰"鳴玉"，貴在萬古不息，滴滴自奇也。龕中寒肅，不可久留。瀕河小亭共坐，地遠喧稀，坦懷淵舒，動固不若靜耶？入山已靜，猶羨乎此，靜趣固無窮耶？巖頭群鴿爲巢，繒繳不及，嘉其知止。循東廊入東亭，遊人詞翰俱集，拂拭讀之。又東，復高峻有亭，南向亦堪覽勝。北皆巨石，好事者鐫大字於其上。仍入廟中，得文清公之記於碑，其陰爲湛甘泉先生之筆，更不虛此遊也。過午，大風作，激濤怒號，飛沙彌漫，石巖撼震。想漢壽、汾陽誅伐寇虜之日，揮戈大戰，萬騎奮呼，當亦肖是，輒又神曠，動固不異靜耶？抑動中自寓靜耶？既晚，爲主司者所知，騶從群擁，爲我走村人，備饌廩，意固甚嘉；然余盂菽足飽，安用勞人爲？

次晨遂還，立馬峩嵋，猶舉鞭指顧，挹攬烟雲也。方遊時，以未獲涇野先生之記爲憾，北溪路翁授余以稿，可以爲慊。遂呼筆識之，時萬曆甲辰三月二十日。

邰陽縣興復阿衡書院記

邰陽爲古有莘國，傳志所載甚核，伊尹耕於其野，故邑之學宮南百步許有阿衡書院一區，不知創自何時。萬曆間，縣令王邦才更爲常平倉，書院之名遂湮。客歲，代篆蘇按檢銳意復之，扁其堂曰"志尹"。未幾，吳令尹來，按檢行其事未竣，邑紳康國學時爲運庠掌教，乃請於嶅臺李直指，移檄竟興復之舉，萃諸人士講學其中。曠典一新，闡揚聖道，洵盛事哉！

夫書院以阿衡名，固欲諸人士遊於斯者志尹之志也。尹志云何？志在覺民，故曰："以先知覺後知，以先覺覺後覺。"一夫不被其覺，若己推而內之溝中。尹爲聖之任，而其任固在此，斯其爲學之準也。然則據皋鳴鼓，簪珮俱集，問答互發，遂可謂之覺民矣？曰：“未也。”夫亦先自覺耳，故尹曰：“予天民之先覺者也，非予覺之而誰也？”不則我不昭昭，胡以使民昭昭？然則見非不高也，解非不晰也，聞見非不博且富也，遂可先覺自命，衆亦從而先覺之矣？曰：“亦未也。”蓋有印證焉。伊尹樂堯舜之道，非其義也，非其道也，禄之以天下，弗顧也；繫馬千駟，弗視也。一介不以與人，一介不以取諸人。尹之覺不可窺測，不可模擬，然必有瑩然内湛，覺其不可顧，不可視，不可取予者，乃如是之嚴也。故覺民者使之於辭受取予，覺其有不可而勿欲勿爲，而任先覺者必於辭受取予之不可，覺之尤蚤，持之尤堅焉。尹所以爲真覺，而阿衡事業由此出也，非僅僅曰予既知之，而實行不必符之謂也。斯固古之先正創建書院，而今之諸君子又從而恢復之意乎？會講其中者，亦當知所從事矣。

書院西向大門一間，二門三間，兩角門各一間，正堂三間，傍號舍各五間，後堂三間，傍厢舍各三間。門外有池數十畝，湍匯澄泓，可以種蓮，稱勝覽云。李君名曰宣，江西吉水人，進士。蘇君名州俊，山西曲沃人，舉人。吴君名霖，直隸蠡縣人，舉人。康君名姬鼎，進士。

重修志道書院置田供贍碑記

昔在壬辰，余筮仕淮之司理，尋攝府篆，建書院一所於郡學之東。時督漕爲褚愛所先生，允余之議，且捐百金。未幾工竣，余議二名以請，曰“志道”，曰“學孔”。先生命題“志道書院”，而顔其堂曰“學孔堂”。余乃共諸人士明學其中，距今三十餘載矣。先是，郡大夫劉彬予氏、詹見吾氏亦有增葺，而歲月既深，日就傾圮。頃年，山陽孫侯振生以東魯大方師牧兹地，於凡保障安戢、維風剔蠹靡不釐飭，而尤加意文事，處金四百餘，更新煥美。爰萃譽髦，課文講業。既著成績，剞有《課藝》、《約説》諸編。而仍慮膏火無資，恐致間輟，復處金百五十餘，置田五十頃零，召佃取租，歲得金百四十餘，給子衿之肄於斯者供會之需。區畫俱有條理，士類忻忻奮躍，余聞之亦逌然喜也。

余方得告在籍，賴讞巡李緝敬侍御建弘運書院於吾里，亦買田取租，供贍會事，余時時聯朋聚講，而山陽之舉一時符合，豪傑所見，果爾相同。余不敏，枌社之鄉，舊遊之處，學會并起，南北應求，詎不可愉快哉？夫道不離人，可離非道，離道非人，志道烏容緩？道會於孔子，士不學孔，何名"志道"？淮之多士，尚無負侯至念哉！侯山東莘縣人，壬戌進士，名肇興。

侍御緝敬李公生祠記

先是，侍御李緝敬氏奉命按讞，事且竣，循例疏請避其尊族少司馬，得代以去。紳士商民思之不置，釀金庀材，議建祠尸祝焉。謀已定，則告之余，余曰："是必勝地而後可。"恒念讞池之勝，海內稱奇，但以地隸公家，懸有屬禁，匪尋常可以遊衍。乃於城之南，池之北，卜亢爽之區，向離創祠，甃以崇樓，海、條一帶攬諸几席，以奉侍御。訂期對越，因而聚會，青林翠巘，環列爲屏，池光如鏡，一碧萬頃。春雲秋雨，朝旭晚霞，虞庭解皋之歌洋洋宛在，固無俟交參互答，而恍侍御在坐，暢千仞之高風，濯靈襟以絶滓，不亦愉快乎哉！

竊嘗謂世無善治，由士不學道。不學道則不愛人，不愛上乃負上，不愛下乃負下，滔滔波逝，何所底止？侍御纘承家學，師範名儒，日有孳孳，故其持斧而來也，内絶私營，外無貴態，不啻留人之蓄，而且捐己之有。藩籬剖而藹藹，肺腑輸之人人。席不暇暖，周爰蚤遍三藩；事至忘疲，前箸每勤五夜。蠱弗任其久習，不難一旦之滌疴；議不嫌於肇興，直欲百年之永振。用是商謳於閭閻，旅頌於津梁。王人息憑社之奸，暴客懾干城之武。其大者輶車所至，輒明學以作人，而茲地建書院以弘運，啓三聖之肩鑰，開士類之蔀蒙。廩養世世，科條章章。其風無窮，則其澤無窮；其澤無窮，則其思無窮。茲祠之建，固所以寓思也。地勝而祠與之俱勝，祠勝而地因之增勝，然畢竟以人勝也。撫今追往，仁賢所寄，遂成名迹，奕世不磨。亦有華棟猶新，鞠爲茂草，牧豎之所躑躅，行道之所揶揄。如茲之洵可祠也，祠將永而弗替也，不亦鮮其埒哉？乃爲之記，以券之異日。

祠計大門三間，二門三間，正樓三間，捲棚三間，厢廚六間。外房二間，以居灑掃者。侍御名曰宣，江西人，進士。維時同運鄧公全悌，廣西人，鄉進士；判運史公名躬盛，浙江人，進士；趙公名九真，直隸人，鄉進士：共襄盛舉。而史公以署篆董事，樂趨盡士民，而喬縣尹國棟肩理克成，俱應載之石。

萬泉侯懷洙范公去思碑記

於！都哉！此萬泉士旽思其侯范公而樹之碑也。何以碑？寄其思也。碑存侯存，思亦存也。碑可磨，思不可磨也。去思碑，寰中不乏，鮮此比。此真思，亦真可思也。思侯者萬人，碑侯者萬口，奚取數尺之碑爲？無碑亦思，有碑勝無碑，是以碑之樹也。父老垂白者謂：「從髫到今所聞睹福我邑者，罕此侯。」涉歷他疆域者，亦謂罕埒其侯也。余之所耳而目者亦如是。憶曩時閱薦牘，或偶無公姓名，咨嗟爲不平。夫傍觀之咨嗟，較當局之許可孰遽？茲擢郡丞，而大司馬王新城公薦侯監大軍東征，又孰與此？足鵠仕籍矣。昔公初下車時，值旱蝗爲祟，憂色可掬。單騎行村塢，誰饒於種，勸假無種者種。種而稔，衆不至餒。貧而仕者給以俸，曰：「可鬻炭，爲俯仰資。」婦女亦給俸，俾織紝自給。其衙舍則蕭然，訟者例輸紙穀，盡蠲之。愛養爲例，是若何例也？徵賦如數，輒止耗羨，若將浼焉。審編徭役，酌虛盈，汰除絕戶丁錢，故二百七十減百五，省厥繁累，不優於罔劑量而第額云額云者乎？嘉惠衿士，興起文學，賢書祥開相映。刮寇屯聚，練兵，搶攘藉以寧牧。遼事告棘，受令募兵若馬，他地里甲繹騷，獨帖然而事集。馬首之東，知可了兵事無難也。蓋其潛心大道，行誼自凜，尚慈緩刑，入人肌膚，人烏能已於思？

余素慕侯，未獲識荊。瀕行，顧我衡宇，言動邕爽。授所著《史纂》二帙，僅其一斑，然經世有譜矣。侯名文源，直隸定興人，選貢士。余既從士虻之請爲之記，以闡衆思，仍系以詩，俾大衆時歌焉："介山峨峨兮不爲高，匪山不高，侯不可望兮，我心實勞！檻流浩浩兮不爲深，匪流不深，維侯有澤兮，實沁我心！"

説

睦族善俗説

昨張生以"睦族善俗"爲問，俱切問也。夫鄉黨與我日相親近，家人尤爲骨肉至戚也，此何難於睦且善者？今之不睦於族、不善於俗者，特以見人不是，不見己不是耳。己有小善則德色，而人之厚恩或撝於小眚；人有小失則切齒，而己之大過則飾以偏見：此之謂不平。我不平而人豈能平之？所以家鄉之間多成嗔恨，職此故也。昔有仕者，其兄落魄，日喧競，周之數十金仍不悛。彼乃咎其兄，里人亦咎其兄而直其弟。然予以爲非其兄之尤也，胡不以其富與兄共，而朝夕敬事之？如其兄猶不悛，乃始可直其弟耳。又有厚價以拓其產者，其鄰欲售之者，輒再倍其直。

於是售之者若不及，而彼猶恐非其人之願也，則詳慰而後成易。然其鄰猶有與之爭鬥者，人皆咎其鄰而直其人。然予以爲非其鄰之尤也，胡不以其富周其鄰人，相聚相愛？如其鄰猶相忤，乃始可咎其鄰耳。由斯以推，施人者雖厚必忘，施於人者雖薄勿忘也；忤於人者雖大勿校，忤人者雖小必咎也。故主人勿咎盜，咎我之致盜，況其他乎？故曰天下國家無皆非之理，聖賢不怨不尤，惟反己自修而已。故“在邦無怨，在家無怨”，和氣在宇宙間，無嗔恨也。不見不是，在人也。

共學説

童子張三光，能爲文，家貧不能延師，余爲備贄，求熊子師之。無以爲居，給之官房，命事其父。其父應聘，亦諸生也，來致謝曰：“幸有所棲止，兼得聚訓生徒。”求示之言，余遜辭。夫余官於淮，淮之人有教之之責，若子不知學，與余躬不學同。推之淮人，莫不皆然。吾自畢其責之不遑，豈知爲若子而厚之耶？夫余與若子有間者形耳，乃其氣無間。推之天下人，莫不皆然，人自不睹耳。故士不知學，賊其身者也；學不知共，亦賊其身者也。故不仁爲痿痺，張生以爲然乎？其聚訓生徒，亦必有道矣。

質學説

釋心體者曰“虛靈”。虛故靈也，虛〔三〕則無惡也，亦無善也，有一焉則塞矣；無外也，亦無内也，寄於一焉則滯矣。譚子同節曰：“數年以前，日記其善，而善未真；繼復日記其過，而過未寡。”即斯語也，若以爲未得者。夫記之者，有之也，不塞焉足矣。同節又曰：“邇年以來，一念未起，斂神丹元；一念初起，每懷濟物。過處稍細，善處稍真。”即斯語也，殆有得焉者。

蓋校之規規善惡，業有操柄，抑亦忘其内、忘其外，忘其丹元、忘其斂，致其虛而極焉乎？夫物之濟也，如飢之食，胃虛則能食，心虛則能濟物，第求虛而已矣。同節又曰："名利之根未斬也，以奔苦京塵，博廣文之官，侘傺踟躕。卜之曹月川，以學職爲理學之冠，曾不再睹，今之廣文，率爲虛位，上之人亦率以虛位視之，胡以自見？僅以升斗牽耳。"繹斯語也，又若不得于衷者。夫學不在赴選，亦不在逃選。月川之學，不以爲教職而顯，亦不以不爲教職而不顯；不係於上人之知不知，亦不係於志之行不行；而自見與否、食禄與否不與焉。此皆其外迹耳。攝行相事，魯國大治，而後爲孔子，非孔子矣。聖孔子者曰："攝相事，魯國治。"非知孔子矣。君百里而王天下，世以此證聖耳，非聖所在也。遁世不見知，不悔，世亦以此證聖耳，亦非聖所在也。夫譚子虛其衷以遊世，選而喜不可，選而怒不可；不選而怒不可，不選而喜不可。間關千里，猶逾閾也。選不選，知不知，見不見，食禄不食禄，舉箸落箸也，而要之必爲月川，選亦有濟，不選亦有濟，知則以不負爲濟，不知則以不悔爲濟。三十輻圓轉遞前，何與我也？安所睹名利而校之？何也？無所有故無所不有，虛故靈，靈故無往不通也，故無所有之謂聖。然譚子之學歲有進益，不以自局而問於我，所謂虛矣。而余費辭如此，將無涉於有也乎哉？聊識之，更俟他日共相考也。

貧富説

鮑子君傑曩有厚貲，性喜施予，逢人之乏輒周之。諸可修建堤路、橋亭之類，以便利人，以捍衛人，以資益人，傾囊無靳，數十年如一日也。

有客至京，曹子詢其起居，客曰："鮑子貧矣，然上下欽其德義，聲動遐邇，邑里有不平，咸請就質，無不心輸者。"曹子嘆曰：“夫君傑今方富哉！”世有蓄財遠地者，有蓄財内府者，孰爲富？曰内府者富，近於我而有濟也。然鏹貸盈屋，田園連陌，猶在此身之外，惟積德充義，則貫串身心之内，是真我之有也。千人交口而誦，未易罄也，顧不富歟！庫藏之中，千箱萬橐，吏胥主之，而不敢言富，以其未得用耳。世之富人，盈腹罩體之外，雖有贏財，何所用之？及其限窮氣散，粒米寸帛、毫金顆珠亦不能用。夫惟德義，則百年之内用之以不忝，千載之後用之以不朽，是真我之有也。嗟乎！齊景千駟，秋草同萎；夷齊飢死，萬古不磨。誰富誰貧哉？鮑子昔饒於財，今饒於德。夫德，鬼神所敬，聖哲所宗，財烏能等之？散財而成德，可謂識所重矣。彼孔方者，吾奴耳，善用之乃成吾德，不善用之而奴爲政，乃俾我縮項齷齪，喪心詭昧，校牙籌而忘疲，夢糞穢而色喜，自少至老，無一善狀，達人君子視而憐憫焉。夫夫也，乞丐之子乎？乃無一長也，是則真貧也已。余殊念君傑而隔於遠，乃爲《貧富説》以寄之，如面談云。

矢神説

淮孝廉李子霖雨，於丁未之孟夏朔日寓都門，齋心發願，誓告於神，其略曰：“血誠悔罪，籲天鑒照。一順親心，凡母意念所加，或默相拂，母教訓所及，或明相違者，神罰之；一報君寵，凡異日徇己便，不軫民艱，飾虛文不務實政者，神罰之；一酬師恩，凡心、言、行不以君子自處，負師玉成至意者，神罰之；一體人情，凡家庭之間，妻子無心相左，一意苛求，置以冷落者，神罰之；一宏雅量，凡涉世偶受不平，不能含容，時露躁心浮氣者，神罰之。”

曹子聞而斂袵曰：善哉！進修懇切，一至此乎？昔修德之君子，或曰可與人言，或曰可與天知，世兩高之。而儒者曰：“可與天知，其至矣乎！"天則無可掩也，無可眩也，無可阿也，故曰天眼極明，天耳極聰，天算極周，天網極密。人有機變，天有乘除；天有誅罰，人無躲閃。故古之聖人惟天之畏也，故曰："上帝臨女，勿貳爾心。"夫世人溺情恣習，罔知畏天，神怒而不知，鬼笑而不悟，彼固忘天，天未嘗忘彼也，則亦時鑒之而行罰焉。孰與矢罰於天？蹈正戒邪，其於罰也免矣。夫隆師取友，以嚴憚我，以夾持我，然師有時而不在其上，友有時而不在其側，天則無刻無地無內無外不與我俱，其嚴憚夾持，顧不密哉？時時對越，惕若凜若，非僻之念何自而萌？邪穢之行何自而作？真性湛然，無往不宜，茲上聖之至德也。

於是李子問德之所由入，曹子曰："夫是足矣，奚言哉？雖然，仲尼論獲上治民，信友悅親，歸之誠身，歸之明善。明者常覺，誠者常一，斯爲合天矣。"遂筆以示勿忘，而併以告淮之同志云爾。

校勘記

〔一〕"遜"，四庫本作"損"。

〔二〕"肋"，四庫本作"筋"，據文意似當爲"筋"字。

〔三〕"虚"，四庫本作"靈"。

墓誌銘

顯考累贈徵仕郎刑科右給事中雲津曹府君顯前妣贈孺人喬氏顯妣封太孺人張氏合葬墓誌銘

　　余祖之家安邑，厥初不可考。西郊有塚纍纍，約歷代甚遠，莫詳諱位。自勝國時，七世祖諱天祥，方有可稽。六世祖諱本道，高祖諱端，曾祖諱玘。祖諱司民，配祖妣孺人賀氏，外曾祖諱袖女，生三子一女。考居長，諱希舜，字伯孝，別號雲津，初配前妣孺人喬氏，外祖諱莘女，蚤卒。繼配妣太孺人張氏，外祖諱健甫女。考卒於萬曆之六年，敬庵張先生誌生歿行實於墓，慕岡馮先生記神道之碑。迨四十有二年十月六日戌時妣卒，距生嘉靖十有四年八月十日午時，壽八十歲。卜以次年十有一月十有二日啓考之壙，合二妣祔葬焉。謹再礱石，併藏諸幽。考之孝友瑰節、文章邃詣，有二先生臚列在，不敢復贅。

　　惟是憶不肖幼時，見余考爲諸門下士講授，案無帙冊，亹亹如注。聞昔受學於祖考，每夜滅燭背誦，盡一冊以爲常，所遺閱過經書，點竄之迹甚恭，評注纚纚，率出人意表。未冠，爲博士弟子，輒不爲干有司之事。或慫惠祖考，俾強之，祖考亦不強也。常見當路折節過廬舍，考野服出迓，清茗共談，浩如也。或托之文字，當路誤以爲訛，令更之，亦竟不更。然與人極冲藹，少年輩至，迂道以避，憚其謙敬內惡也。而至今紳珮中軫世懷昔之感，蓋又種種云。彼時不肖駭，未能窺測秘奧，然瀕屬纊時，爲不肖論生死之故，若論他人然。既不能語，猶迴首有所示，豈以死生搖念者？況貨賄豐嗇、勢位崇卑，何足掛吾考齒頰哉？

余妣出望族，相余考，矻矻壺內政，事上撫下，不毫毛自暇逸。不肖及見其事我祖妣，未嘗不適厥意，而外祖妣萬終九十七齡之壽，其安享何異于出丈夫子？考逝後，不肖輩孱然莫能自樹，四女俱在室，季子、季女且僅數歲而稚。妣殫力茹苦，門户體貌賴之不隕。喜施予，贍親戚，傾篋洗囊不靳。外祖妣性毅，諸女饋食，若以巾帕包裹，則不納。從母有適李者，外祖家憐其扃閟，乘墻餉之，輒擲還。妣凝重真有此風，固有所鍾孕，亦男子所難也。比不肖通仕籍，迎至淮陰者一，至京都者再，所教以愍飭內外，言言金石。蚤歲處妯娌，以貧見睥睨，既貴，則報之極厚，每食與共，周旋其存歿曲盡。嗚呼！考妣之德若此，乃致不肖叨抵今日，天固借此豎子以博主榮耳。

初以不肖理官之滿徼恩，敕命贈考文林郎、直隸淮安府推官，封妣太孺人。繼以不肖給事吏垣，值册立東朝，贈考徵仕郎、吏科給事中，贈前妣孺人，仍封妣太孺人。繼又以不肖右給事刑垣，值上聖母徽號，贈考徵仕郎、刑科右給事中，前妣仍贈孺人，妣仍封太孺人。嗚呼！不肖最庸暗，何能以寸長尺伐得之君、加之親？蒼蒼之意固不欲余考以績學砥行、余妣以秉淑勵貞僅終於黌舍夫婦，故曰借此豎子以博主榮而已。顧不肖子職多乖，慈恩罔報，覷眉宇於寰中，抱怨尤而莫遣。余考當年既未供一菽一水，余妣處媥闥幾四十載，亦未能代憂代瘁，及當暮景，復多曠違。前歲補牘數十，乞謝吏科而歸，過蒙聖主晉少常卿，予歸省觀，實稱異遇。方圖侍聚，遽罹永捐。眷茲黃壤，掩我親形。噫！不肖之肉，寧堪充俎也耶？

前妣無出，妣生子三：長即于汴，娶封孺人侯氏。次于淮，邑庠生，繼叔考諱希禹之嗣，娶路氏。次于渭，儒士冠帶，娶馬氏。女四：長適周安止，次適庠生楊可畏，次適舉人劉定民，次適董正學。孫男三：汴出者曰良，聘楊氏。淮出者曰吉，運庠生，初娶喬氏，繼娶梁氏；曰泰，儒士，娶薛氏。孫女七：汴出者，長適庠生景永徽，次聘于李必元。淮出者，長適庠生張仕祿，次適庠生姚懿德。渭出者，長適張覲辰，次適庠生馬爾循，次尚幼。曾孫男三：吉出者惺，泰出者呐、慎。渭及長女及渭出適張之孫女、劉倩、景孫倩俱先母而卒。銘曰：

修林環互，余考姒之墓。皇命昭宣，地靈呵護。維靜以幽，既安且固。竣封兮還步，裂心兮還顧。步復顧兮可奈何，淚流不到重泉路！

處士知一先生張公墓誌銘

知一先生姓張氏，諱九霞，字凌漢，知一其號，又號雲巔山人。世籍平陽之蒲坂，居首陽之東譚郭里。五世祖諱敬，以洪武初遷居大澗，乃號澗張氏，而籍仍譚郭。高祖諱寬，曾祖諱鄰，祖諱輅。父太公諱尚質，兩娶皆嚴氏，前嚴爲潮之女，生公，是爲太孺人。

公之長嗣煇，余與同辛卯鄉書。雅慕公高致，屢欲登見，未果而聞訃，矍然傷悼。既而年友梁用修以其所爲狀致長君之囑，俾余爲銘，置諸幽。因相與道公之素：初年好丹鼎鉛汞之術，比覽《太極圖》，讀其說，及讀《西銘》《正蒙》、二程、紫陽、文清各語錄，憬然動于中，遂破竈，焚方書，散諸言黃白之士，日夜孳孳，潛心孔孟之學，有得則拈筆錄焉，概見於《理言什一・山居雜記》。其句云“至有看他未有時”，又云“了塵須是要同塵”。嗟乎！大道之晦，不著不察久矣。或亦據席高談，意見紛起，崇有與耽無角立，同塵與遺世分馳。有者拘攣，無者枯滅；

同者淄染，遺者捐棄。孰能合"已發"於"未發"，即"經世"爲出世？實孔門之正印、巨儒所艱窺。而公以兩言道盡，可不謂邁人之學識哉？

蓋公少負穎質，沉重寡言笑，澹於世味。十三解聲詩，十五不爲末俗之談。是後值太公遭家難，拮据左右，遂停誦習，而太公竟弗寧宇，去適於蜀。公以煢煢孱弱，外捍里人之凌轢者，俾不得逞，内操作水薪，奉母以養祖母劉，至傭書里册以襄祖母葬事。諸艱備經，始能受室生子，不圮其門。然如太公無耗何？一日，太孺人泫然曰："汝父客蜀十有五載，冉冉桑榆之景矣，不則已枯之骨委於異土乎？扶掖而來，幸已！不則輿櫬歸丘隴，惟汝圖之。"公伏泣，不能仰視，曰："痛父良苦，矗不敢奔呼遠覓者，非不念之，第以母之膝下僅此隻子之軀耳。今婦能事母，又延一綫之續，此身可置于長途。上問皇天，下窮后土，不得吾父，兒弗歸矣。"泣拜，徒步以西。挈貲不盈百錢，而往甚毅。道遇一士宋姓者，感其孝，贈之金，授之治生術。公乃陟秦嶺，穿子午道，直抵于瀘，不可得。越滇南，歷撒蒙、中慶、澂江、大理諸路，三易寒暑，跋涉五萬里，又不可得。遑急籲天，願瀕死一見，貿貿反瀘，復遇宋於道，爲占曰："會即見太公。"因就旅。次日將晡，一叟從外入，雪鬢丹顔，向客語生平，似蒲中人，熟聽，則太公也。持之而號，觀者嘆訝，遂迎以歸。夫形容變易，跬步誰何？茫茫大地，安所訊詰？而相繼入次，父吐生平，兒得聆之，何奇也！兩遇宋士，又何奇也！其懷親之念，直徹蒼旻，神鬼冥冥，驅排合凑；而父子一體，若逆若赴。譬之血奔而肝動，氣激而肺舉，理有固然，無足怪者。

公既聚太公、太孺人於一堂，乃令長君就外傅，以竟未就之業。日稽其所課，或月夕躬爲抄經，作其勤勵。太孺人及見其孫列學宫，而太公享《鹿鳴》之賀。公之振家而養志也，太公還里之後垂四十載，壽躋九旬，公以七十餘齡之人榮養哀葬，十八年睽違之日，父之所厄，兒之所愛，似有假之以酬焉者。而前是喪母成疾，喪繼母如母，孝不匱也。

公締交不遺貧賤富顯，所在恥爲磬折，即被徵請，亦罕往焉，而聲名益重。兢兢畏法，非矩矱不敢蹈，人或有微瑕，亦不敢令公知。一日遇解某，橫加詬詈，則笑而受之，不與計直曲，曰："若喪心將自斃，吾方彼憐也。"明日解死。其量其明復如是。嘗面數一少年之非甚厲，迨暮而私爲慮衣食，輒至淚下，方其面折時，亦以用愛耳。其贖人已鬻之癡女，及聞鬻啞女者，覓市三日，多其直買而畜焉，恐他人苦之，不遂其生也。釋兔舍魚，犬馬之死，葬以藁焉，往而不愛。買啞女，俾仲嗣養之，勿厭薄，亦所以寓教也。

晚歲怡情山水，吟弄翩翩。無事閉户焚香，正襟危坐，冥心古典。客至，摘蔬供具，共話桑麻。或散步青野，優游自適。忽搆劇疾，無兒女身家之語，整衣冠，且逝，猶爲長君辯"理先氣後"之説爲非是。嗚呼！是守正而終矣。夫目觸鼻吸皆氣也，無臭者安往？一點胎凝，形性併至，胡先胡後，固可察也。學舍相望，縫衣如雲，而校勘宗旨，乃當年束書之人，亦足明學之鵠矣。想其親親日久，精專神一，而又履囂用靜，涉邇探遐，大慎細矜，鍊情見性。秋宇澄而月鑑皎，臘沍極而春風迴，所謂自得之也，非人之所能爲也。借令汩没于利欲之中，血氣憒憒，方在痿木，且不能通之親，安能通之道？通于道者，通于天矣。

公生嘉靖己丑冬十有一月二十有二日，卒萬曆癸卯秋九月七日，年七十有五。以壽膺官，非其所願者。潛處而行修，可謂曰士，故以處士題也。配孺人范氏，鄉耆景山女，生男二：長即輝，娶史氏，壽官燵女；繼韓氏，庠士廷佐女。次燇，娶王氏，處士楠女。女一，適洪業，先公卒。孫男四：昶初，聘孟進士希孔女。暹初，聘孟庠士一願女。旭初、晟初，俱幼。孫女六：一適王，鄉進士三欽子濬元；一適馬，儒士曉子騰驤；一字楊時薦子庠士昇；三幼。煇率諸子孫葬公于澗之東南太公墓之昭，其期爲萬曆三十三年夏四月十一日。銘曰：

人生原諸親也，生生道爲根也。不遺不畔，根原敦也。寧於茲丘而可焉者君也。

湖廣按察司僉事慕岡馮公墓誌銘

蓋余之得交于慕岡馮公也，在壬辰同第之後云。公端凝沉靜，言若擬，動若議，窺其意向，必爲聖人而後已。聞有闡揚聖學及志行端良者，竭蹶師友之。終歲講究如不及，然絕不爲口耳炫露之習。曾會學淮浦累月，其同事謂余曰：“吾未嘗聞慕岡之有言也。”又會學京師累年，其同事謂余曰：“吾未嘗聞慕岡之有言也。”余以間質公所學，公曰：“吾日日有領略焉。”蓋心研躬體，期之乎自得，以故月異而歲不同。己亥年，謂余曰：“吾其正月之冰乎？”固自覺將泮而大進。乃在幽獄時，曲暢旁通，未嘗有所窒礙。比出獄，將遊歷四方，盡交天下士，參驗取益，忽以病終，悲哉！其門下士戴子任跋涉來都下，以誌銘屬余。嗟乎！即無戴子至，余自不容已于言。

公諱應京，字可大，慕岡其號。先世自開封遷廣州，有永祥者，洪武間從戎南都，隸籍泗州衛，定居盱眙。凡三傳，曰方寶。寶生暠，暠生贈承德郎、兵部主事昆岡公世登，是爲公父，官順德訓導，祀名宦祠，盱眙以鄉賢祀者也。配贈安人陳氏，生公京邸。甫八歲而贈公卒於官，伶仃還里，逾年始就小學。路拾遺錢，持以告母曰：“當詢其主還諸。”年十四，讀宋儒《程子遺書》，忻然有會，志聖道自此始。十五，充博士弟子。十八，升增廣生，繼乃廩于公。督學直指至，必旌其行。眾口食貧，竭力旨甘以娱母。嘗居泗，一夕，忽心動，曰："母必有疾。"亟歸，果然，藥之，愈。六試省闈。辛卯，登賢書。壬辰，成二甲進士。觀吏部政，輒辭坊金，不以煩里閈。時哱寇方熾，守臣多求去，公上疏請降資爲邊方尹尉，練兵戡亂，未許。是秋，以老母假歸。次年，安人卒，哀毀幾絕，苫塊蔬食，不入内舍者三年。丙申，除户部主事，督餉薊邊。窮險隘，究興替，諳方略，創《户部職掌》及《經武考》諸編。丁酉，東倭不靖，轉兵部主事，虞患殫謀，倒囊延士，以資當事。大都公食衣不厭蔬菲，而日夜皇皇，爲天下慮，非以接款豪傑，則考訂典籍。每自外歸，必呼筆，識其所得之人與所聞善言行以爲常。己亥秋，滿奉，敕授階，褒贈二尊人，馳書祭告。乃分田二區，業陳、劉二甥，贍其兩姊。夫世之貴人自貴耳，誰復念先人遺血如公者？且父事其師，而周其師之子與父執之子，俾皆有室有業焉。是年擢副職方，即庚子。擢僉憲湖廣，備兵武漢黃。既下車，亟行部，延見吏士，問利弊，一以厚民生、興教化爲務，首舉鄉約、保甲、社倉三事。其崇賢獎節，息訟弭盜，懲淫斥異，繕城葺祠，除道疏川，利農通商，諸德政概見于《蓄艾編》中。

先是，楚苦税監陳奉之荼毒者二年，公入境，其焰頗戢，已復狂逞。辛丑春，公乃上疏劾其不法九大罪，而税監誣衊之疏亦至。詔降公官，尋削籍，尋逮繫。公初聞降報，即解組登舟，士民哄然，哭聲震原野，葦舸攀追、夾岸號呼者信宿不絕，爭繪像尸祝之，建生祠若干所。及在途聞逮繫報，遣妻子東還，而單騎赴中都龍興寺候逮，沖襟愉色，談道不輟。黎明即起，誦高皇帝御製文集。或詢楚事，曰："盡臣職耳，非有意爲之也。"械入金吾署中，税監亦見撤，于是楚民不啻更生，而公且罹刑，鞫禁詔獄。薄海之内，咸謂公以一身易全楚之命，烈日爭光，而全楚世世感之刺骨。顧公于楚事偶然耳。儒者以無事爲本體，以有事爲應迹，而世人能觀人于有事，不能觀人于無事。假令以楚事概公，則謂公爲楚事掄亦可也。公在圄室，倡諸同繫儒紳，紬繹孔聖心宗，討論皇朝典故。或閉關靜存者幾三月餘，時有契悟，忘憂躍喜，而《經世實用》編成。大抵尊崇聖祖，備體用之全；歸信紫陽，析儒禪之異。平生精力，多見于此。

甲辰，奉詔釋還，杜門簡出，足不涉公府，率族眾舉祖先之祀田。夫舉鄉社之約，而祖祠義田創焉，邑之倉學壇壝興焉。蕭然蓬戶之中，纂述不輟。暇則課少年歌詩，習禮習射。一日，忽謂門人曰："吾夜夢，聞二語云：'其流行者光輝，而其所以流行者散也。'我將去矣。"越旬日，腹疾作，謂親友曰："百年，頃刻耳，宇宙即吾家，萬物吾同氣，所謂我身是私身也，生死公于天，吾何得私宰之？"病三日，劇，密存，不發一語。丙夜恭坐，漏下五更而逝，面色如生。天地晦冥者十許日，遠近悲悼。是爲萬曆三十四年丙午正月二十日，距生嘉靖三十四年乙卯五月二十一日，年僅五十有二。楚以名宦祀，而盱眙祀鄉賢祠。

夫世之仕者，非無可紀之績，然于道無窺，不隘則雜，其或從事學問，馳心曠遠，遺落世事，亦焉用此？若公者其學有用，其政有根，操履粹白，精神流盍，學當如是也已。

配張氏，封安人，備有令德，人以此觀公之家政。子二：長霆，公以兄之子爲子者，娶陳氏，繼楊氏。次霂，側室李氏出，娶霍丘選貢周允升女。霂之生也，公曰："吾有嗣，可致身于國矣。"及能讀書，公曰："令讀五經，俟年十五，觀其志，果端人也，則授以舉子業，爲國用，不則否。"嗟乎！此之爲心事，豈尋常可埒哉？孫男四：堯徵、堯□、堯□，皆霆出；堯會，霂出。孫女一，霆出。堯徵娶庠生亢時雨女，餘皆幼。墓在邑西之靈山，葬以癸丑年十月廿有□日。銘曰：

眾視聖若驚，而思與之頏，思與之頏。眾談學若艷，而如饑之哺，如渴之啜。厥學有成，是謂正學，可宗爲轍。嗚呼！公固自信，吾亦信公，以傳信于來哲。

劉介達先生墓誌銘

余嘗誦電仲劉公《山房集·聽鶴十二偈》，知其深於道者，爲之序。其歾也，厥嗣余弟子塙偕其弟述公行實，告於京邸，余爲誌而銘之。

劉氏，漢長沙定王後，代有顯人。宋咸淳進士諱漢臣，子諱廷玉，以明經辟揚州別駕。孫諱文質，以才幹辟山陰幕，樂其山水，乃占籍。文質孫諱子華，徵爲大興同知。孫諱諤，登洪武丁丑進士第三人。三傳，諱某某，生龍泾公，諱根，醇厚，好濟人急難，數千金產盡傾焉。初配姚氏，太守諱世儒女。繼配韓氏，方伯諱陽女孫、諱某女，生公，諱焓，字電仲，別號玉笥。夤慧，勤習于學，文成驚四座，顧無錄入鄉校者。時以蕭索，故客遊四方，韓母勉之詩云：“家貧無奈子分行，獨倚柴門計返程。勿戀洛陽些個富，越王橋畔暮雲生。”世有如是母，其子不雋偉乎？既而龍泾公累于族之戶役，幾罹遣，則刺股攻苦，至嘔血，謂匪是無以免其父，竟首錄于當路，而出龍泾公于阨。然不以貧故履當路之庭，況囁嚅富人前？竭力養二親，且贍二弟，教之婚之，寧令其子後。余聞古人云：“兄弟，親之子也，孝弟一而已，二乎哉？”

癸酉秋闈，業爲分試鑒拔首薦之，與主者左，乃曰：“留解下科，母小就。”遂七試不售，命也。左者留者，造物爲政。公從是畢精課子，題聯云：“今古乾坤皆是友，父兄子弟自相師。”世有如是父，家學不光大乎？橋梓聚一竹屋，耳提口授，延朋論文，不問宵晝。王孺人典鏡典絮以佐之。著《視舌編》，集最三千餘篇，及《兒訓》上下卷，考天體、星曆、輿地之紀十，議郊廟、宗藩、史諫、兵律之條亦十，策河運、禦虜三，論禍福同異倫誼十二，辯《國風》刺惡、《春秋》書法七，題太極、皇極、律呂、《洪範》、十三經衍義、諸子、傳史二十二。又著《野史》十二卷，《理路縱橫》八卷，持忍、說貞、女戒，事核當世之務，理抉千古之祕，淵乎宏矣。

伯子入國學，次舉于鄉，季廩于庠，未央也。然涉世得一"忍"字，衛生得一"節"字，齊家得一"儉"字。由博反約，數字不啻足矣。故取予必謹，然諾不負，與人無纖芥之隙，而不隨俗左右，委婉果勇胥合焉。世有胸貯千卷，不得一字之用，奚益？其教子，以名節爲藩，以噉名隕實爲戒。季幼稍抗禮先達，輒督責荊請，匪僅僅誨以帖括云爾。晚年絕意仕進，督學使者優之冠帶，不受。遨遊諸名勝，登峻臨流，訪交吊古，栽花種樹，稱觴酬節。多出世之咏、出世之行，動云"假合"，蓋亦志于真也。方嘉尚有用道學，而謂無用者爲假爲偽，豈以"假合"遺落者乎？又欲創義塚，別賢愚，立義學，分親疏，甃里衢，置祭田。厥志未竟，然欲立欲達，欲仁得仁，念起足褒矣。其捐田葬姊之適王者，併葬其舅姑。而遺稿有《大宗譜》《母族韓譜》《祖母族徐譜》及《祭儀奠章》，亦證其志願非虛。歿日之晨，猶手書《宗約》，致之族長。既而款賓方罷，坐中堂，呼諸孫輩妝燈爲樂，目上視，遂逝。族戚友人私諡"介達"，督釐直指扁以"理學精傳"。生前海內交知贈言讚頌，集《視與編》存笥。

公稟賦爽敏，有入道之基，而進機有二：閱歷艱苦，動忍備至，譬金百鍊，精光斯發，一也。好規不好頌，自題云："年過知非，乞言自勵。必期洗瘢摘瑕，直刺吾骨而後快。"人以片語相及，終夜詰責，不能帖席。曰："何因有是？"學人未入真空地，未必杖擊虛空。自恕者日墜，自責者日崇。二也。文成祠諸儒聚講，時赴探討奧趣，其會道亦有二：嘗謂"樷山遺世士，吾師其能用""海門用世士，吾師其能暗"。是知道無偏也，李、周二先生無偏也，而公之學亦無偏也。所以超超塵俗之表，卓然爲高士也。

生嘉靖乙巳四月二十一日午時，歿萬曆庚戌正月十九日巳時，年六十有六。配王氏某女，子三：長國子生壙，更名在庭，娶庠生吳一麟女。次舉人垺，更名永基，丙辰進士，娶禮部儒士胡世傑女。次廩生垸，己酉貢士，娶散官何鎮女。孫男五：錫恩，垸出，聘樂安余尹倫女孫。錫齡、錫蕃，垺出，錫蕃嗣壙。錫朋、錫履，俱壙出。孫女四：錫順，壙出，字余尹倫孫某。錫淑，垺出，字王龍溪先生曾孫庠生僑。錫懿，字庠生王彰之子某；錫惠：俱垸出。葬之期爲某年月日，墓在某處，銘曰：

芰衣爲窮，彩衣爲通，世眼何朦？吾自有人，人自有真，至大至尊。碩儒襟期，妙道淵窺，得數不奇。勒石幽宮，敬藉芳蹤，百世以風。

張文學見義公墓誌銘

夫天不可以人移，而可以理度。以理度天，是以理度理，其機爲順。以人移天，其機逆而數不敵也，故天不受移焉。天心賦爲人心，人心所凝，天心所凝也。人心所運，天心所運也。天心不受欺，人心亦不受欺，不受欺故不可欺。以人欺人，隔以形體，且云不可，其神通也。況吾之神明朗朗內燭，詎能欺諸？蓋進士張子翼明以若翁見義公行狀觀余，俾爲誌，余誦之感焉。

公績學博雅，蜚聲藝苑，累試於鄉，不偶。分校者奇其卷，爲圖決售，於《中庸墨義》中增潤數句，力薦之直指。直指輒于增處塗之曰："殊覺多此。"僅畀乙榜。茲非天不可以人移耶？方其增句時，有揶揄于傍者耶？若曰：之人也數不應爾，何爲者乎？直指之塗有佐之者耶？若相弄，抑相醒耶？公嘗以次子啓明嗣其叔某之子大原，遵父命，爲叔仁義著其鄉族，不可令無後。
既而或齮齕之，乃曰：“爲有仁義者而天斬其祀乎？”聞大原妾
有娠，必產子，遂召啓明還。無何，大原歿，而遺腹果舉子，視
所料不毫髮爽，非所謂天可理度者耶？公訓誨諸子，動云“心不
可欺”。夫心烏乎可欺哉？不欺心者，不欺天也。不欺天乃通於
天，而何不可度之？不欺心則萬事有本，亦烏乎不善？公固孝于
親，對賓客侍立，終日無倦色。每旦問寢，問畢方赴館治業。父
病，禱天祈代，因攻醫術而精之。居喪，哀毀骨立，竟以悲鬱，
甫釋服而卒。友于諸弟，父語以析產，輒潛然垂泣，不獲已則寡
取焉。睦于族于戚于鄉。叔珩產蕩盡，乃謀諸父，父曰：“與之
粟。”對曰：“男有負郭田三百畝，可使需足，且以贍其子孫。”
出券與之，父喜。訓族之子，賑族之饑，姻媾之貧老者養之，如
吳如華若而人。喪葬之窘乏者賙之，如曹如白若而人。婚娶之逾
期者助之，如西如秦若而人。囊篋蕭索，而有入隨以周人急。誰
謂貧窮濟人難？不啻易易耳。公偉貌美髯，磊磊流輩中。人有
過，每面折之，而中實無他腸。遊覽山川，稱觴賦嘯，寄興淵
遠，其視塵世榮華，浮漚流影之無異。鄉曲婦女亦知其人，可不
謂人傑也乎？

公諱易世，爲中都宿州人。祖諱某，治田泡澮間。父諱某，
稍加開廣，因籍永城，公遂爲永庠諸生。母某氏，以嘉靖辛亥六
月生公，距卒萬曆癸卯八月，壽僅五十有三歲。以河患，故艱於
得地。越七年庚戌，厥子成進士，卜地某處，以是年某月日移葬
焉。天所以報公，固當在是。曩者之圖一第也，蕃矣。配吳氏，
子男四：長即進士翼明，任湖廣麻城縣尹，娶指揮閆純女；次咨
明[一]，蕃卒，娶貢士成大器女；次箴明，娶庠生高等女；次際
明，亦蕃卒。女二：長適指揮呂某之子戴渭，次適鄉進士郭某之
子昌明。孫男四：京尹、京麟，翼明出；京封，啓明出；京元，

箴明出。銘曰：

我通我塞天爲政，不醜不榮人爲政，人以符天心爲政。修士達此備嫩行，余銘厥幽爲世鏡。

定陶縣尹大墅賈公墓誌銘

憶昔歲遇大墅賈公于都下，其人惇慤而夷剴。邇有膾炙公之詩者，爲余誦之，輒又想見其人，不可得。尋聞公搆病，其長嗣方理真定，棄官奔省，僅一面，遂成永訣，悲哉！無何，長君以狀來，俾余爲誌，藏諸墓。余弗忍讀其狀，況忍爲誌邪？然不可辭。

公諱贈，字士言，別號大墅。世爲陽城福民里人。高大父諱旺，曾大父諱璘。大父諱志儒，以行義載縣志中。父諱緩，亦節烈好義。母潘孺人，生五男子，公其季。幼穎慧，讀書目過不忘。十五爲邑庠士，慷慨負遠志，益肆宏覽，好古文、詩歌，嘗戲筆爲《淇山午夢》諸小傳。太宰王公閱而驚異，俾其移精舉子藝，則博大深奧，奇氣溢出。每試，爲諸生冠。當路闢西席，髦士藉講授者不遑也。在古艷稱“三鳳”，更艷“白眉”，時則以當公伯仲，且以當公云。七舉不偶，迨辛卯貢士之期，首貢丁制，公以次貢應貢，然不能爲懷，欲以貢讓，不獲，則賻以貢金之半。督學者修吾李先生不輕許可天下士，顧抗手褒稱厚德，卜其嗣之昌茂，蓋時長君登鄉書矣。後果成進士，今進秩司空部，人謂公之食報，先生之言若左券。然公曩聞南宮之捷，則盈滿自敕，遇物益遜。及筮仕司理，手書政訓千餘言，迪以平恕清勤之道，或隔屏聽問，斷刑勿得稍苟。比聞擢部，復移書，戒勿過望，第恐人負官。則公固有佑啓後人，袞其福者乎！先是，丙申謁選，訓太原，徵文之檄踵至，一夕草十三啓，寅僚推其精敏。夫士操觚能爲麗語，鮮不沾沾氣得，瑣飾聲容，而公以真素洽士，士親之如父兄。先後邑令無不飲醇欽義，時就談咏。兩臺交薦於朝，遷鄅縣宰。歸里，爲太翁壽，窺其稍衰，乃戀戀躊躇不忍行。居三月，太翁果長逝。假令聽從勸駕者，違親而往，此恨曷其有極哉？然猶三年悲慟，遇高年輒動于中，悽其推食，若弗獲復食其父然。吁，孝矣！

癸卯，服闋，補定陶，單車之任。陶故瘠邑，更水災爲沴，衆方艱食。防亂莫如弭盜，則重緝捕；止盜莫如緩征，則停催科。贖鍰關何急事，矧斯際耶，則令息訟；畚鍤繁興，勞費焉支，則議鬭河夫至二千。然匪賑而餒者終弗可蘇，則吁請之上。得請，則置里老諸人於異處，命各報貧而覆核無漏，仍匹馬躬飯之，全活萬有餘人。若是可以興教矣，則鄉有約，孝弟力田有諭，摛辭諄布，俗用丕變。任甫浹季，而厪施乃至此！竟以督賑時勞瘁衝寒，荏苒不起。等死耳，死于民事，不愈于死婦子之側者哉？

公澹約自奉，長君于治所爲製一羊裘而紬其緣，則怒，大寒在途，終不加諸體。顧纜有贏羨，即以助戚友婚喪不給者，弗靳也。與人交，藹藹披肺腑，或有邪動，復面嫉無隱。鄉閭有競，咸就質，輒據直爲之平解，長幼僉服而愛焉。堂室之壁揭所得格語、嘉事，固以示諸子，而寓其嚴訓，抑可覘其崇尚，匪徒頡華掇腴藻其筆者也。著《子史摘抄》《舜澤叢談》等書及文稿百餘首。

生嘉靖二十有一年十有一月二十有九日，卒萬曆三十有二年五月七日，年僅六十有三。初配樂氏，生女一，適楊元。繼張氏，以長嗣貴，封孺人。生男三：之鳳，即長嗣，工部主事，娶張氏儀賓鵠女；之龍，生員，娶徐氏省祭官朝寵女。之鵬，儒士，聘張贇女。女一，適生員陳炯。孫男二：益默、益廉，俱龍出。墓在祖塋北陽高泉之原，葬之期爲卒之年十有一月八日。

聞公赴定陶時，長君謂公坦懷不逆，而難末俗之多欺，踧而陳世態反覆狀，公曰："逆詐是先自詐也，吾惟率吾素以誠結之而已。"究且士氓吏隸，靡不信其衷者。夫世之簪紳，或稱明智，大都以能逆爲覺耳。人之徑寸，如人之眸，毫芒入焉則暗，安所容逆機乎？機心一萌，色澤已異，彼且從而崎嶇我，我何說之辭？又安所平其情哉？公平生士行，五載人師，三月良尹，固本于此，非偶而已也。銘曰：

洞厥中，直厥躬。言何蔚，德何豐！奄以去，峨以封。百千祀，仰高風。

王龍田先生墓誌銘

先生穎異，磊落不可羈束。事有不當意，輒侃侃以大義裁之；或遇一可矜，又眷眷不勝情，殊不類其激昂。善詩辭，第要于洩其胸臆，不規規格律。雖事舉子業，顧亦未之求工，蓋寧瑟毋竽也。性不能較贏縮，而喜施好賚，用是家計日蕭索，至饘粥弗繼。然偶儻不減于初，猶時時延知友傾罍相款，蘄一日之噱笑也。或者曰："負其俊才而不以博青紫，耗其積而貧是甘，抑何謀之拙也！"余竊謂人生榮悴，造物者潛握其機，縱先生回其真性，而齷齪渳涊以逐時，尚亦未必遽享豐美。且方其負朝暄，飽藜藿，景物佳，天地闊，獲句而自賞，大叫而狂歌，即處甚豐美，亦烏能加此樂哉？今已矣，將與膏粱紈綺含珠玉而殂者同化爲飄風，而朽爲土壤，迺其旅寄之日，能翩翩自適，而不令此形骸心志縛縶蕩漾于名利之場，中夜而彷徨，晨興而四顧也，獨爲得勝算矣？噫嘻！此先生之高世，而余所以深痛其亡也。銘曰：

有行有歸，四野纍纍兮。月咏風哦，所獲既多兮。華表崇崇，作我群蒙兮。

孝義張仲子北溪暨配李氏合葬墓誌銘

仲子者，余之内弟張光射也，惟思其字，別號北溪。孝義若斯人，乃無忝于男子之稱，故謚以孝義而子之。

張氏爲安邑望族。國初，諱仲榮者，自猗氏移籍于此。再傳諱從。三傳諱斌，錦衣衛千户。四傳諱佑，贈南京太常寺卿。五傳諱璡，進士，御史。六傳諱莨，解元，二府。七傳諱健甫，是爲余外祖。初配王孺人，生子二，次子壽官，諱極，是爲余舅。繼配萬孺人，生子一、女五，先封母爲次女。舅配傅孺人，生子三、女一，次子爲光射。蓋余不惟戚之，而實賢之，時時與之遊。其殁也，殊傷慟，不啻連城璧碎，不可再得云。仲子孝于二親，余舅遊歷之處，預授金于主人，曰："吾父到則具食飲。"舅挈友以至，如家焉。稍稍遠行，必具饍以從，慮所市弗潔。愛敬于昆弟，歡洽顧瞻，不私其有。值二親之喪，獨力董葬事。余外祖母之喪亦然。其伯母與其嫂之喪，代其兄及從兄棺殮禮窀，尤人所難也。鄉族戚友有所需，輒給之，亦或相負，終不校。偷兒攫其金，所司將窮治，恐波及無辜，止勿究。未嘗研博士家業，而挾策稽古，涣然有解。其謹飭恬雅，無競無忤之度，儒生且遜。家之人曰："吾族一北溪。"邦之人曰："吾鄉一北溪。"邑侯吳公旌其門，曰"孝友可風"。督學周公旌以"敦倫尚義"，直指劉公旌以"孝友端良"。或欲請給冠帶，則力謝辭。仲子良貴乃爾，奚賴峨冠爲？余方爲圖表揚，將覬自輦轂下檄以風世，而仲子已矣。悲哉！生無間言，殁有同悼，此亦傑然殊絶之人矣。

初配李氏，耆士璡女，先仲子卒。余曾述仲子之行，有曰："其内子化之，每食與妯娌共。"蓋實録焉。李氏得翁姑之悦，而雍和于壼内，仲子之成厥德，亦其克相之力也。繼配王氏，庠生廷寵女。仲子生嘉靖戊午九月五日酉時，卒萬曆壬子十有一月二十有九日亥時，年五十有五。李氏生嘉靖辛酉三月二十有四日未時，卒萬曆己酉六月六日亥時，年五十。子三：長君聘，蚤卒；次君選，娶郭氏；次君愛，娶馬氏。女二：長聘于馬爾從，次聘于王嗣真，俱李出。以乙卯十有一月十有八日，合葬于北郊之祖塋。余方襄先封母，大事草土，憒憒非搦筆時，而誼不能自已，輒爲叙其梗概。昔人謂誌銘爲諛墓中人，若仲子者，乃字字無愧，而余亦竊比于撰郭有道之碑之不愧矣。銘曰：

吁嗟仲子，洵孝洵義。聽輿人言，稱情而謚。比屋如鱗，鮮窺其二。泣勒兹銘，以告萬世。

劉孺人曹氏墓誌銘

孺人曹氏者，河南僉憲劉公諱得寬子、孝廉諱定民之配，余之三妹也。孝廉先卒，既葬，壙有誌矣。今歲天啓壬戌正月二十一日子時，孺人亦卒，孤子際皞將以是冬　月　日奉孺人柩併孝廉之初配李氏、繼配馬氏合祔于壙，而余爲之誌。

先贈君諱希舜，配先封母張，生男三、女四，二弟俱亡，妹之亡者二。余以長兄灑泣揮毫，誌弟誌妹，斯不亦乾坤慘怛事哉？憶贈君見背，余與諸弟妹煢煢孤苦，三妹方在稚弱。比余交于劉，共筆研之席，時劉猶爲茂才，來委禽焉，余遂主令歸之。劉君治家嚴明，妹年甫十四，蓋初猶易之，繼乃稱，終乃極隆重。妹于壼政有調度，扃鑰毖飭，罔所滲漏，絲頭韋屑必儲，校劉前時歲費減三之二。然饌飲精絕，餽遺豐腆。劉君好嘉客，坐上時時談咏，猝有賓至，未嘗無珍具，亦不知其如何撙節，所用器具恒若新，視之則數十年前物也。劉君諸弟之母之子，孝愛無斁，罔不忻洽以爲賢。既而劉君感恙，痀瘻不能屈伸，承事搊扶，漏初下，抵二鼓方得一轉身，如是者頻歲，未嘗有倦色。劉君閨閫間無不慊其意，藉之以頤養，更不關心家務，得不廢其學。迨稍稍能下榻移步，遂登庚子鄉書，計偕入都門，泣謂余曰：「君妹于我有再造之恩。」累科不第，奄然長往，往時遺句云：「相報再生圖。」重可知也。惜其未通仕籍，徵一尺之綸以報孺人耳。此後孺人居孀寡，課子撫孫，不墜其門閥。其體健厚無恙，忽報病腹滿，竟至不起。悲哉！

孺人聰慧識大體，孝于封母，左右維護，一菓必供，推及六親，無不周至，可謂女中丈夫矣。余因是知婦德之關于家者大也。無制之家一日之費，有制之家足供累日；有制之家一日之腆，無制之家累日未睹。費約而常若有餘，費奢而常若不足，則主內政者不同耳。若孺人者，可以式矣。世衰俗漓，女子不聞訓語，比爲人婦，驕侈惰敖，烏識理家？僅能安靜無華，膏沐整潔，輒嘖嘖稱良矣，敢望其他乎？吁嗟！此非細事也。

距生隆慶己巳十一月二日亥時，年僅五十有四。子男一，即際皞，運庠生，娶路氏二尹君常女。女一，適郡幕郭君民衛子庠生世墉，先卒。孫男一，重光，聘孝廉路君行義女。孫女四：一適司訓路君康孫、庠生應元子庠生連步。一聘于庠生喬國標子。某二尚幼。婚嫁俱名門云。銘曰：

歊歉妹氏，從爾夫子安女止。令聞不已。百千億禩，其永寧只。

茂才張子叔艮墓誌銘

嗚呼！此叔艮張子之墓，余年友郡丞煇、世稱淥汀先生者之子，從學于余而夭，且夭于奇禍，余安忍把筆爲之誌也乎？余竊嗜學道有年，每慨士人沾沾于帖括藻繢以徼名利，世風之滔滔也，思得志道之士，相與闡述先聖之統，苦難獲其人。幸而有叔艮及稷山陳子國賢，皆可維正學，而皆死。張子之年尤少，而死最慘，安能已於慟！憶昔歲遊蒲，訪余年友，則以叔艮見，時甫四歲耳。舉止若老成，應對如流，聞其告人曰：“聖人不難學。”余心奇之。年十二，充博士弟子，有聲庠序中。嫺文辭，工書翰，孝二尊人。值嫂誕辰，衣冠趨拜，有命免入，猶拱蕭門外，他可推也。隨郡丞抵都下，乃師事余。比余還里，則時侍余于別墅。嘗問爲學之要，余語以四字，一曰任，二曰奮，三曰恒，四曰成，若有當于其心也者而甚喜。余曾因事斥呵之，次日拜謝曰：“感吾師之斥呵我也。”既別去，以書來曰：“無以報師，惟從事‘任’字。”余深慰，自忖曰：“吾今可以死。”嗚呼！豈期叔艮先死，且死于盜乎？距其舍數里許，偕同儕會文，暮歸遇盜，叔艮死于刃，郡丞驚怛成病。雖罪人有獲，然至今不知的因，不得大舒其憤，奚望病之蚤瘳？嗚呼，可恨哉！不但爲其死恨，爲學恨也，然亦無如之何也已！

叔艮諱旭初，生某年某月某日，卒之日爲某年某月某日，年僅若干。初聘楊氏，未婚而卒，今從葬。繼娶郭氏，以兄子某爲子，郭之節可終，叔艮亦可目瞑矣。葬之期某年某月某日。銘曰：

亘古才難，千里一士。士不長年，道將誰恃？昔在聖門，且慟未止。今日何日，晨星爾爾。吁嗟生乎！何遽罹此？漠漠荒丘，寒流泚泚。吁嗟生乎！何遽瘞此？

李母贈孺人羅氏累贈孺人曹氏合葬墓誌銘

蓋曠戎部聲和氏爲李侍御羅、曹二母狀，自述執筆時淚潛心裂，作而復輟。比侍御屬余以誌，而畀是狀，余一讀亦輒隕泣不可爲懷。置狀於案，越日取閱，復隕泣不能已，仍置狀。狀中載慈孝綣懇態，自是動盡人之子，而最愴人者，則舍女存前孤之事也。羅孺人遺二孤，次曰日新。曹母初舉一女，女與新同患疹，俱厲，醫者謂是不能兩全，僅可存一。問所欲，孺人云："烏能爲己出捐前人之孤？"乃移女別簀，手抱新不置，盡解簪珥救免，得不死，而女竟殤。中夜相顧，懸淚在睫，不敢失聲，恐驚抱中兒。噫嘻！遐想此時，何啻萬刃攢心，而爲前孤割所痛，此古人所鮮，何論今人？丈夫所難，何論婦人？余所以悲之深也。

按：唐西平忠武王之裔爲江右吉水李氏，世有顯人。迨博士、贈君祀四學敬吾先生諱□，初配羅孺人諱□，里之泉溪人，文恭公族女。父諱溢，娶母劉氏而生。貞靜寡言笑，習姆訓，父鍾愛甚。聞敬吾先生秀穎，閑[二]文事，乃許字。及笄，歸焉。翁東皋公持家嚴重，然以得孺人，喜其子之得內助。病且革，以善事其子囑孺人，賞鑒乃爾。而孺人果於壼政靡不飭，居恒無疾言遽色，既慈且介，宜於長少，賢之者交口。佐先生事其尊人，養生喪死無憾。當羅喪初，或揶揄先生之牖，若謂將不振，先生與孺人對泣而矢，期於勵學，孺人操作隨之。屆督學試，遂首諸生，有"有道"之品題，遠近師迎自此始。羅翁客楚，劉媼遘篤疾，屬纊時，以橐中金付孺人，乃偕先生曰："外族封貯俟翁，翁歸還之。"女不染母之有，宇內豈有兩也？顧不永於年。

曹孺人繼之爲政，諱□出廬陵唐東望族，武惠王五十二世孫。父東湖公諱本，母郭氏亦汾陽王裔也。孺人蚤慧，莊毅不埒常女。稍長，勤女紅。東湖公每惜其不爲男，男則亢宗矣，期遇快壻，甫許配，會先生失羅孺人，有富室褻以厚貲相啖，冀得侍巾櫛，先生據義不可。東湖公聞之曰："是真吾女匹也。"遂允伉儷。驟自溫燠爲貧儒，婦不懟也。躬操饋紡，有提甕出汲風，先生得不輟其學，遠遊設絳帳，而孺人肩數口之家，撙什伍之入，弗致乏絕，不牽先生內盼，難矣！即異時先生屢厄於棘院，謝館穀，閴處岑寂有加，其子且束贄從師，結社締友，皆孺人拮据支撐，以機杼對吾伊，又難矣！堂有繼姑，有病叔，事養無間。迨繼姑捐世，值先生旅寓都門，而典衣襄大事，更難矣！死事羅孺人，每飯必炷香，供之曰："我爲其後，何敢忘？"亦難矣！遺孤有室，遺女有家，内之食指衆，外之應用繁。曾遇歉歲，糧秕粟野芝，婉飼諸孤，艱辛備嘗。然雖甚窘，不言貸，而人有急，則忘其□而周之，尤難矣！其嫁遺女之日，乃生侍御之三日，從草坐起，治奩不就枕，先生相勞苦，不歠也，曰："慮人以無母女易吾女也。"竟以頭岑、嗽喀終其齒儡焉，不愈難哉！先生以明經謁選，訓臨汝，繼諭上高，蕭然蓿盤。孺人督僮僕藝蔬，茹淡如常時。先生故廉，稱之爲德友。士或具瓜果，輒云："我爲秀才婦，未嘗杯水薦官師，今得無愧？"蓋猶若泰焉者。世之食厚禄，忘其初，較是何如？侍御舉於鄉，則勸先生致政偕歸焉。歸而子婦森立，能於其家，蓋至此似甫肩息顔解云。素不喜榜笞人，亦不忍聞其聲，壹以内和藹可知也。既而强侍御再赴南宮，及歸，舟阻小孤，怔怔心動，彷徨望禱，有"乞一帆風，願捐數歲"語。薄暮，風果作，二日抵章門，則有病報，跟蹡奔險。又三日抵舍，猶得母子抱首。强起啜粥，曰："兒積念所致。"越一日而暝。悲哉！

蓋嘗反覆考論二母懿行，後先券合，雖以閱世久近，不無詳簡，而足耀千秋無二。其曹母之與先生，則又多同符者。先生深於道，訓子以忠孝寡欲，以畏天認己，而母訓子六字，曰正、直、忠、厚、勤、儉。初之臨汝，手紡軸授諸婦，戒以勿忘。侍御登第，先生聞捷，高卧曰："莫卜所成。"而先是母聞鄉書之報，亦不色喜。先生之庭偶有踞虎，先生行吟而入，虎突逸而出，不爲害。土屋雨圮，傅於枕，不傷。而孺人中夜隨月獨紡，人謂其地多崇而無怖。室一梁蠹，似有呼而起者，而梁折適當坐處。其爲鬼神呵護亦同，斯亦奇矣。侍御滿中舍考，貤恩考妣，後遇覃恩，兩母俱贈，食報於天又同也。日者謂曹母不宜子，而先生於其舍女存前孤之日決其有子，果不爽，則天固有可必耳。

羅孺人生嘉靖某年月日，卒隆慶某年月日，年僅若干。曹孺人生嘉靖某年月日，卒萬曆某年月日，壽若干。子三：長曰升，娶周氏，繼娶亦周；次曰新，娶周氏。俱冠帶儒士，羅孺人出。次曰宣，即侍御，曹孺人出，娶周氏，封孺人，副龔氏、曹氏。女一，適郭生文華，羅孺人出。孫男五：長垓，次埏，俱某出；次坤，某出，次某，次某，曰宣出。孫女一，曰升出。兩母合葬之吉爲某年月日，兆居某處某山某向。銘曰：

浩浩長江，淑氣龐厚。賢喆如林，纘前開後。西平武惠，文恭之家。厥男厥女，茂實芳華。或乾之健，或坤之貞。宜爾閨闈，蕭蕭雍雍。或先篝燈，志學成始。或繼鳴鷄，克終登仕。瞯然義利，豈睨囊金？沾沾阿堵，愧彼怵心。慈愛所鍾，何分人我？屬毛可捐，天應淚墮。慶深且逖，大澤龍生。既承家學，亦贊國成。遡流知源，敬銘母氏。誰銘先生？俟子鄒子。我辭不斐，好德則同。億萬斯載，仰止高風。

湖廣鄖陽府同知淥汀張公墓誌銘

淥汀張公爲諸生時，與余同硯席，復同登辛卯鄉書，曾同官於都下，即有暌違，亦互訪於廬，互問以郵筒，莫逆之交，至于沒齒。公以天啓三年十二月二十七日卒，其壻楊生手爲狀，請誌銘于余。余豈忍搦筆耶？蓋久而勉成之。

公之先世爲蒲州潭郭里人，國初諱敬者徙居大澗里，遂爲澗張氏。曾祖諱某，祖九十翁諱某。父知一先生諱某，配母某氏，生子二，公其長。體貌偉厚而莊，窺覽宏博，嫺於文事。甫入郡庠，輒執牛耳。著《四書臆見》《讀書日記》《聞見隨錄》，衿子從之如雲。師道嚴重，視世之向弟子稱名、稱生及字號，弟子所絕無者，遝遝紳珮求詩文、書翰者踵相接。比登科，令聞益懋，然孳孳檢躬，有“改過”“章〔三〕善”二語，實允蹈之。其教人以“居敬”“窮理”爲要。性至孝，昕夕侍大父及父之室，歡笑雍雍，漏下二三鼓方就寢。大父捐館舍，號踊慟甚，大母亟諭慰，猶屏伏飲泣，州人稱張氏有孫。事大母如大父。父過其牖，拱立以俟，度父就坐，方就坐。父病，焚香籲天，有“增父壽十年，願減一紀”之禱。丁父艱，余赴吊時，且小祥，見其猶寢苫枢次，蓋茹素不入內者終三年。其事母，承顏聚順，不命之退不敢退，冬寒立侍不移，至於瘃。愛弟如手足，撫二侄如己子。父存日，曾以食指衆令析爨，垂涕不忍。從弟被誣於長安，星馳而往，必出獄而始慰。蒲俗侈，則著《四禮約》，約從儉，躬自倡之。有烈婦邵孝女熙亥，力爲揄揚，建祠樹坊，著《烈孝集》以風世。而劉氏敦子道婦道，亦爲闡之。或遊廟宇，非其鬼不拜，同行者拜之，挺不爲動。或值當拜，衆拜於上，獨趨而拜於下。家固無厚蓄，遇貧人求濟者，必曲周之。不居間當路，而里人薛羅大辟之枉，竟爲暴白。鄉人尋隙訴諜，不與較，且加禮焉。其人化而易行。

六上春官不售，念母年高，乃謁選華陰諭，板輿迎養，子侄從行，一時孝感，致學使存問饋遺。督通省士於正學書院，仍議建太華書院，著《四知會約》及《士戒》。與馮司空少墟先生講明聖學，著《語錄》。秦之士民尸祝頂禮。晋擢成均，升郇陽貳守，尋署府篆。署竹山縣篆，蘇慸剔宄，興學明約，而行戶、官價等項俱革。有款十二，有辯十，如招撫流移、修舉廢墜、釐正風俗、緝獲叛亡、驅逐衙奸、革除常例、奉行保甲、辯理冤枉及貪肆之辯、酷暴之辯、狡僞之辯、惰慢之辯、耗蠹之辯、昏庸之辯、木瘠之辯，要皆鑿鑿經世訏謨也。以故還竹山日，軍民攀號之聲徹滿山谷。獨署府則有異焉，王百戶以軍餉百金寄府庫，當事者以爲未寄，百戶惶迫無之，將自裁，公代之補完。然竟不悦於當事，坐以老疾致政歸，蕭然懸罄，不能具饘粥。三院延主河中書院教事，而公亦病矣。貧與病合，其病且苦，不無揶揄者，而肖子茂才死於盜，愈病愈貧，諸艱備經，荏苒數載，終不起。竊嘗謂人情多岐，天道有定。公之在官在田，不諧於世，固宜其爾，顧福善如天，何爲畀以苦病，復畀以奇禍？考其生平，無一足以致此，胡爲乎來哉？天之有定安在？抑天本不可測，亦付之不可測而已矣。悲夫！

距生嘉靖三十六年十一月三日，壽六十有七。娶史氏某女，繼韓氏某女。子三：昶初，史出，娶孟氏，繼楊氏；旭初，州庠生，聘楊氏；電初，未聘。俱韓出。女五：一適儒士王濬元，一適儒士馬騰驤，一適州庠生楊昇，俱史出；一適儒士賈允醇，一未字，俱韓出。孫男二：魯幟、鄒幟，俱某出，而某繼某嗣。葬之期天啟五年某月某日，其窀穸居大澗祖塋之次。銘曰：

銘公之學，既博且藻。初工文秋，繼研聖道。銘公之行，洵厚且醇。厥履無咎，厥衷綦真。銘公之政，所至成烈。造士士興，牧民民悅。嗚呼！素襟千古，黃壤一封。滔滔斯世，賴有流風。

明高密侯明軒甯公配孺人王氏合葬墓誌銘

明軒甯公，卒於萬曆三十有五年閏六月二十有三日，葬矣。迨四十有一年七月二十有三日，而配王孺人亦卒，厥嗣獻可輩以次年三月十有八日啟公之壙，而奉孺人合窆焉。先是，公之葬也，直指史公爲之誌，貳府張公表其墓，業纚纚詳之，顧孺人之淑行，何可不聞於後？厥嗣手狀觀余，幾於一字一淚，余至不忍讀，何得辭以不文？

蓋昔宋莊敏公直指吾晉時，奇公之才，爲之選婚，邑士大夫以王應，遂得孺人爲配，至今閭里艷稱之。公下帷治舉子藝，家徒四壁立，孺人匪第無怨言，能節縮自將，斡旋補綴，諸可代其拮据，佐其勤苦，靡不竭殫，不煩公內顧，且當公指。公得以肆力於學，什九外遊，聯朋講貫。友至，有緇衣剪髮風，人人得歡。而公亦業日精，聲日茂，家計藉之漸饒，創起屋宇。而又能周人之急，不以無爲解；報人之施，不以久而遺忘。公領鄉書之秋，孺人先嘗出粟如干石助耕，捷音至而鄉人喜可知也。公筮仕宰百里，風以子民言，每問所平反。公歿，而右目以泣喪明，其敦婦誼乃爾。

孺人慧穎而方，言色無疾遽。蚤有女德於嬰童時，比爲新婦，壼內政立辦。事太夫人孝，雞鳴起盥沐，治具以養，病則不離於側，不假手左右。其養祖夫人亦然，無不能之賢之，以女若孫女歡視之。其母遘恙，晨興步候，忘其女之痘也。處姒娣，獨肩其勞，無齟齬語，能以遜忍待誶言者，得其和。割所有以周王氏之兄弟，生養死葬，且恤其子。遇婢僕以恩，戒家人勿得虐，無不感而力於役，亦無敢欺者。其自奉則縞衣蔬食爲常，敦朴而服勤，不置私橐，即公間有所授，仍儲而還之，不則以給甥壻輩。遇子女摰慈，而教則嚴，口授以《詩》《書》。居恒曰天理，曰陰隲，曰平等，曰忠厚誠實，不絕於口。噫嘻！茲孺人提躬之本也，亦所以佐夫子及訓子有成之本也。世無論男女，第於數言中得一二，誦而維之，足以無忝於生。而孺人通達若此，顧不可風哉！

甯之家世，詳於公誌。孺人之父諱孟達，鄉人推爲長者。母高氏，以嘉靖三十年九月十有八日生孺人，壽僅六十有二。卒之日，族黨戚識無不揮泣也。子二，俱庠士，獻可娶杜，獻誠娶薛。女四，適高寯、張之翰、薛士最、聶蘭馨。孫男綿祚、維祚、紹祚，諸亦詳於公誌。惟是絃祚，誠出者，二孫女可、誠各出者，前誌未及，茲當併載云。銘曰：

有刑於家，有相於室，維德之儷兮。宜於而鄉，顯於而國，昌而之裔兮。生也齊芬，歿也聯玉，敬銘以鍥兮。

明義官小川吕公墓誌銘

吕氏世居安邑運城里仁坊，國初，因亂有徙蒲坂者，有徙臨晉者。萬曆間，臨晉族來認宗，以家乘未詳，尋寢，蒲竟未相聞。城之南郊有二大塋，一爲孝子塋，即邑誌所載孝子諱完者。迤西一塋，最上爲公曾祖，諱失傳。次右爲公祖諱德，配許氏，生子四。長即公父，諱萬里，配張氏，生子二：長諱國禎；次公，諱國祚，字云永，號小川，以捐助邊餉，兩臺給以義官。

生而質直無飾，言貌如其心。九歲被塾師醉夏楚傷股，遂廢讀。既壯，勤力南畝，厚糞其田，不以旱澇有間。商遊唐、鄧，群商多以貲托，曰："某善守而有信。"居家每有所寄。曾有人寄金，聞其人病，持金至，則不能言，但目座傍一親，公度其意在此親，隨以金予。每有舉動，輒證以《大明律》。念母蚤亡，年七旬，言及猶流涕。痛兄之卒，幾於自隕。訓兒讀書，夜闌及晨起必坐以督之，尤諄諄告以立身揚名爲孝。遣兒師事余，每歸，必令述所聞，改容静聽，謬謙以私淑徵志向矣。因長女守節，常誡以古道，躬劬勞以適其意。生平苦胥吏追呼，示兒曰："儻獲半職，其慎念此。"晚年絶迹商賈，甘意清儉，日遊娱田園，人羨其高致，其天真自得處，人猶罕能窺之。屬纊時，令婦女遠，執兒手言訣。蓋嘗迹公之素履，其足術[四]者有二：其一，脱去闤闠，怡志園林；其一，遣子學道，期之繼往。夫世人役役，鶩於名利，即號爲冠紳之士，未嘗不薄其見處之位，望望前途，有如不及。揚歷所至，每云苦海，致位公卿，猶謂荼[五]苦。曾有身居揆府，自謂"窮民無歸"，他可知也。嗜進貪榮，至於老死。雖有臺池，僅窺圖畫，不辱不殆，一丘一壑，脱然無累，亦良鮮焉。而況經商之侣，晝夜執牙籌，矻矻不足，安有捐去刀錐，徜徉泉石？豈非豪傑之見歟？

俗之教子，取科第而已。博得華臕，厚其囊橐，大我門庭，侈我車馬，雄於里閈，詎不大快？其有從事道學，不以爲冷寂，則以爲忤時，訕誚且加，誰肯從臾？然浮榮有盡，轉盼成虛，慷慨繫之，腐草埒之，此何異以掌上之珠置諸塗炭？孰與教以好修之流光遠哉？昔余爲淮吏，春秋仲月，循其舊典，致祭于孝子徐仲車先生，其父之墓相距數十武，相禮者導余至其前，致恭而後去，茲亦教子之報已，而況不但爲仲車者乎？呂子勉旃！

公生於嘉靖三十八年七月二十日酉時，卒於崇禎三年六月十九日午時，壽七十二歲。以五年十一月初二日葬於祖塋之右，元配郭氏，從禮配節婦周氏女。子男一，即崇烈，恩選天啓元年貢士，娶馬氏運庠生之傑女。女三，長適朱廷試，即守節者，直指有旌；次適廣文李英才，先卒；三係側室賀氏出，適李中明賀，後公一年卒，葬於祖塋之西。孫女六，長字湖廣岳州府同知南公拱極之孫、邑學生之彥子大亨，次字陝西鞏昌府同知李公圭之孫、舉人貞倓子翱，三未字，四蚤逝，五字巡撫延綏都察院右僉都御史胡公志夔之孫、舉人承裕子遂封，六字兩浙運使蘇公養蒙之孫、廣西慶遠府推官希轍子九埏。銘曰：

公之存，翩翩然適也。公之去，當亦翩翩然適也。而子學道，余度其有成，九原可慰，是以知其適也。

校勘記

〔一〕"咨明"，前後文皆云"啓明"，此當誤。

〔二〕"閑"，四庫本作"嫻"。

〔三〕"章"，四庫本作"彰"。

〔四〕"衍"，四庫本作"述"。

〔五〕"茶"，當爲"茶"字之誤。

仰節堂集卷六

祭　文

祭王心齋先生文

於惟先生，崛起海濱。剛果真切，必爲聖人。竟纘斯文，卓哉先覺。不揣愚蒙，謬懷聖學。風靡習積，乍開乍昏。趨蹌祠下，仰止芳芬。虔具牲醴，再拜陳辭。於惟先生，牖之翼之。

祭慕岡年兄文

萬曆三十四年五月五日，慕岡先生馮兄既病故百餘日矣。安邑年弟曹于汴銜哀瀝臆，自京寄奠曰：

嗚呼！往歲余里居，猶相聞問，譚我出處。今春自家入都，私念當有詢請，每條畫于衷云。三月初，忽聞凶耗，其言詫異，至謂被戕。嘻！豈其妄耶？亟思訪其的，然囁嚅不欲啓口，業不可以奈何，遲一日入余之耳，余猶一日可遣也。間于坐次聞客談，則云謂戕者妄，其物故真。嘻！妄則俱可妄耳，亦置不聽。既而談者多，且其人自泗來，余心覺其真，然竟是傳語，庶幾其猶妄乎？無何，西太至，曰：“朱一鳳以書來訃。”嘻！豈不果真也哉！五內如搗，懸其像，伏而欷歔，尋且時坐其傍，以爲未死。

嗚呼！兄與余同年同門，余宦兄之鄰郡，間過兄之草廬，未嘗不質疑炙範，至移暑不能去。近離遠別，亦未嘗不緘言開我，其奧妙余未能臻，然砭余病痛，則沒齒不諼焉。兄之向道極篤，求道極切，研道極沉，見道極真，體道極實。志躋聖域，慮周天下，月有得而歲有進。其仕于楚，以一身博萬人之命。恬處图圄，殫思著述，精闡聖祖，晰剖儒禪，乃更大進。滿其造詣，何古之哲人不可雁行者？余得浴化承誨，或亦寡過而毫芒自效，何捐我而去乎？誰與搣我之靡，呼我之矒，濯我之垢乎？此余所以哭也。嗚呼！生也衛道，豈死而遺？明也憂世，豈幽而忘？不遺不忘，猶有牖余之衷者矣。

明晦北來，相與咨嗟追悼。于其旋也，附以瓣香，哽咽陳辭，告諸柩下。兄其鑒饗！

祭劉朴庵兄文

惟表裏之河山，何崚嶒而澄澈！獨于公乎鍾粹，凜終身之介節。甫弱冠，已躋賢科，校繩樞之貧士而無別。迨五旬，登第于南宮，仍跨蹇西還，而終養高堂之華髮。繼典錢穀，皭不受涅。再入天曹，筐篚謝絕。不矯矯以自彰，而寒冰美玉，俱讓其潔。又喜施與，故恒匱竭。辭主爵之榮如脫遺，蕭然迴故里而秋毫無纎。布袍步隴畝之間，蔬爲餔而水爲啜。野老不識其爲貴人，天下望之如泰山巀嶭。忽罹脾疾，荏苒期月。乃自製數金之棺，床頭陳列。及屬纊，猶莞爾微笑，遂成永訣。篋內惟敝衣數事，囊底無金銀之屑。且遺命勿焚楮鏹，蓋不惟清于人間，而亦將清于九天之闕。嗚呼！立懦廉頑之師既遠，誰踵其轍？若公者，豈非超然振世之豪傑？至孝天植，至友軼倫。包羅今古，揮灑辭林。兼精武事，可蕩夷氛。義有可往，奮不顧身。倘竟其用，當有赫奕建樹，而胡遽沉淪？余悲鄉邦之失良友，慨廟堂之殞賢臣，相與聚嘆，雪涕繽紛。若乃門戶荒涼，二孤在抱，室幼女媌，而甑且生塵，則又念公之私，而不能不咨嗟愴神。

祭知一張先生年伯文

嗟大道之久暗，紛曲徑之多岐。或真性之不泯，亦日用而罔知。聖不講以爲憂，衆居之而不疑。于齊民乎焉異？愧抱策而吾伊。既成名而拋卷，程與朱其爲誰？文清之居伊邇，草封法座而疇依？惟先生之崛起，仰前修以爲師。或授余以格語，聞空谷之音而歟歟。匪若人之徒與，世道毁而誰持？矧有子以述繼，文炯炯而在茲。挹高風以一奠，神洋洋乎鑒斯。

祭宋正吾公祖文

維萬曆四十三年歲次乙卯，夏六月之十日，安邑曹于汴方伏苫塊，聞參藩正吾先生宋老公祖之訃，爲位而奠，揮泣陳辭曰：

昔歲公起自田間，憲我晉陽，余聞而深用慶焉。非謂金紫之榮足以榮公也，非謂世好之誼足依日月之光也。惟是以世乏真儒，乃無善治，學道一脉，關繫匪淺，而俗鮮志學，恬不爲念；則日覬問學君子易士人之耳目心志，挽之濂洛泗洙，其庶幾化行俗美，天地之心、生民之命可立，三五盛時可復睹也。昔宦淮陰，奉公謦欬，其嗜道甚篤，一別幾二十年，而公之孜孜不厭，有如一日。都門再晤，凝然端定，淵然沉毅，洵足以鵠士人而翼聖真，是以爲吾晉得公賀也。公巾車抵署，輒與同志、當路以興起斯文爲任，將一世利藉，豈直吾晉之一方爲幸哉？公廉于律躬，精于修政。瘰然抱恙，則時以將休致示余，而余每殷殷請留。往歲以賫捧行，僉謂公將不來，而猶竊望其來也。邇時詢北來音耗，或謂行當還任，則甚慰。忽報使者及門，意公必有書到，匆匆啓函，則公子弟訃書也。嗚呼，悲哉！

夫闡揚聖學，作新人士，蒼蒼者天，豈有不願，而何爲奪公之速？殆不可解。常謂人之大不幸在不知學，而貧賤饑寒不與焉。公去而不復呼瞶，不復發蒙，不幸者何衆，豈直余一人之不幸哉？居憂抱病，荏苒委頓，僅存喘息，慘慘乾坤，能復堪聞此變耶？公生平無愧，去亦何憾？遺孤雖幼，能世其學，天必有以報公矣。河山遙阻，憑棺未能。無次之辭，聊以寫哀，公其鑒之。

祭鮑中素先生文

嗚呼！弟之得交于公也二十餘年所，每窺公峻潔之操、勁挺之力、高明之識、淹博之學、温藹之衷，竊依依歸向，暌違旬月，輒慮鄙吝之萌也。或寓邸促膝，或勝地話心，從無一字計官爵升沉、榮禄得失。及互有私囑，惟以維國是、培善類、修職業之兢兢相勖而已矣。

迨壬子冬，弟以無當于世而求去，公亦以人之不容之也而求去，猶于蕭寺送弟行，尋亦南矣。此後天各一方，鱗羽且稀，況望一對顔色乎？當是時，世網甚固，林園亦甚適，蓋皆若將終焉。公曾寄弟字云：“相思之極。”安知無相見時？比庚申，時局復更，弟叨備起數。次年，公亦起，私念固可如約，不則亦可通問。蓋弟猶次且里中，未果于行，乃移書洪桂渚先生，托致意于公，趣公之出。久而乏迴音，則桂渚長去矣。既聞公入朝，乃致書于公，述托洪轉致之意，亦久而乏迴音，則公亦長去矣。嗚呼，痛哉！相繼云亡，如我邦國何？如弟愚昧何？今歲四月十日，弟方入都門，聞公靈柩尚在旅舍，出于望表。自念十二日見朝畢，當赴几筵一哭。及朝罷，僕夫告余云：“靈柩于十一日行矣。”驚怛無措，豈死後隔棺一拜亦不可幾倖耶？嗚呼，痛哉！

公造詣精深，勛猷宏鉅，聲聞流播，恤贈優隆，所謂可死者耶？公昔與陳赤石先生同遺弟書，公去後不三月，赤石亦去，弟竟未獲一面，總令人悽楚。九原相聚，想如平生。眷今外虜内寇，景象如斯，豈以已成別世，遂漠然乎？抑亦念我不世出之聖主亦一慨乎？抑豈無所以啓弟之愚者乎？嗚呼，痛哉！弟從諸冠紳後致束芻矣，悲哀如縷，不能自遏。聊陳不文之誄，再效漬鷄之奠。若謂此遂足以寫哀，則猶未也，公其鑒焉。

祭鄒南皐先生文

天啓壬戌，晤總憲南皐先生於帝城。是年，余忝佐憲，未到任而先生奉旨歸。次年，余亦得告還里，問訊不絕。尋聞先生之訃，愴然驚惻，乃瀝誠爲誄，寄大江之西而奠之曰：

惟去聖之遼邈，嗟正學之荒蕪。不學者固甘厭廢，其學者或意見之斤斤。辟畫地以自隘，遂神妙而逡巡。誤天下亦每出於君子，誰知學術係理亂之根？如有會聖學者，斯萬類之洪鈞。以愚窺於先生，洵度越於等倫。秉聰明之夐絕，艱難歷而體驗真。直徹於未發之秘，日用悉德性之循。安排絀而任天以動，藩籬剖而肫肫其仁。愚曩僅誦其書，頃年乃幸炙之親。辱先生不我棄，若謂可與深論。顧酬應之鞅掌，尚有蓄而未遑盡詢。倏南北之分袂，猶賴郵筒而問聞。俄長去之訃至，頓悽切而愴神。嗚呼，悲哉！先生之著述滿世，而高足者能繼其芬。文在兹而未喪，知浩然以還蒼旻。遙寄誄而一奠，擬微悃之藉申。安能揄揚乎高美？聊以見吾學之有遵。

祭張生旭初文

維年月日，師曹某致祭于賢年姪旭初茂才之靈曰：

痛哉，爾之去也！苦哉，余聞爾之去也！前月廿一日，聞爾大變，驚惻不知攸措，然猶不敢信。走使詢訪，瞪目而望其爲訛也。頃之，有的耗。痛哉！苦哉！爾生善人之家，何乃夭死？況死于盜乎？爾恂謹無可招怨，貧乏無可誨盜，何爲死于盜之刃乎？余不自揣，每懷得友，以明此學，蒿目而求者若而年。明穎沉靜如爾者，指不多屈。近者爾以書寄余，欲從事"任"之一字，私心慰藉，不可言喻。今已矣！夫是余之德薄福薄，匪特爾一身之厄也。夫求任道之人，于今世極難耳。未任誰任？既任而復畔者有之。昔余求友而或未得，曾有句云："天意未終厭，會當愜所思。"或既得之，則云："吾今可以死。"今日之禍，天厭余也，夫吾豈可以死乎哉？痛哉，爾之去也！苦哉，余遭爾之去也！豈氣運衰薄，不克毓賢俊，辟彼土力之瘠，不能成嘉穀也乎？爾父年高，爾祖母年又高，爾常切切在膺者，將如之何？吁嗟！此爾一家之厄，而厄豈止此乎？余哀爾而不知當何以哀也，余恨戕爾者而不知當何以恨也，余瀝余衷而不知當何以瀝也。痛哉苦哉！復何言哉！

仰節堂集卷七

議

防倭議

爲東封報竣，倭撤無期，乞嚴飭海防，以戒不虞事。

近蒙憲牌會議防倭事宜，職素淺暗，非其人也。雖然，沿海道里之險，夷兵卒船馬之多寡，業嘗畫圖貼說；各營將領之才品，投揭具呈矣。其將之可恃者冀任之，不然者調停之。將得其人，則扼險練兵，造船製器，戰守機宜，俱當聽之，豈不愈於操觚而空談哉？惟是兵寡當增，而增兵又艱於餉，則有司者宜有所處。然江北民力竭矣，增之閭閻，勢不可支；增之商稅，商慝已極。近查得廟灣稅銀，歲可得五七千，可養兵五百。及議留贓罰，歲可得萬金，可養兵一千。此外無有也。夫增兵千五，所增幾何？況倭訌境土，商旅絕，黎庶困，二項之銀，可隨取隨足乎？則選鄉兵，練壯勇，留班軍，清屯衛，誠計之得者也。而說者猶慮其擾民，未必可用矣，然則增兵亦誠難哉。且淮城之衆，計日而糴，無半月之積，城守不通，潰將自內，所憂乏餉，豈獨披堅荷戈者乎？今日之計，誠無完策矣。

職書生也，幼讀孔孟之書，謂聖賢之道必可行，古人之事必可法。七年蓄艾，未爲遲也；亡羊補牢，不爲晚也。夫古者兵民不分，有事隸伍，無事歸農，即此人也。後世民苦于征役，不能仍爲兵，則兵與民爲二，竭民財以養兵，故民困財盡，不勝其供，故兵亦困。乃今日又有異者。兵之中又分爲二，則衛所之軍與招募之兵是已，何今之爲民者三也？倭醜狂謀，邊陲告警，皇皇無可爲備，逮戎馬逼臨，勢必調客兵以禦之。倭一敵也，客兵又一敵也。幸而成功，死亡過半矣。幅員千里，比屋百萬，似不患無兵，而竟無兵；似不患無餉，而竟無餉。其失有三：官失其職也，民失其所也，政失其實也。

何謂官失其職？國家設官，亦甚備矣，姑不枚舉。辟如官以治農者，所當行阡陌，治溝洫，課耕穫，議牛種，墾荒蕪，教積貯，此外非其職也。官以巡捕者，所當日練兵壯，夜走通衢，重關擊柝，譏察奸宄，緝防盜賊，此外非其職也。尹縣者以縣爲家者也，守郡者以郡爲家者也。佐貳之職，皆其職。職之内盡與不盡，賞罰行焉，職之外則否。今則農官不知農，捕官不知捕。或賢而賞之，不以其能農能捕也；或不肖而罰之，不以其不農不捕也。推之各職，莫不皆然。彼但役役于奔走簿書，溺其職矣。夫官不必同，無不職在安民者。官失其職，民將焉賴？奈之何不窮且困也？

何謂民失其所？夫今之民，亦大苦矣。積敝相沿，不但苦之者以爲當然，而被苦者亦以爲固然。有苦而知其苦者，有苦而不知其苦者。追徵敲扑，明顯易知者，不暇殫述。樵漁之微，無不隸名于上；糞穢之賤，無不抽税于官。有知一筆一墨之有倚墻以伺者乎？有知一紙一薪之有杜門以窺者乎？有知寸許箸籤之累及畫工乎？有知指許楮花之苦及花匠乎？環向而執役者，誠知其勞，而此人之衣若履若器具，亦知其累及數家乎？一署之内，一日之間，廢生業而愁苦者，不知其幾。況乎四境之遠、蔀屋之衆，亦有臨食而思其饑，舉衣而念其寒者乎？嗟乎！此其間難言矣。天下多急于獲上，而緩于恤下。天下清有司常多而窮鄉官不多，奈之何不窮且困也？

何謂政失其實？夫冉求之志止于足民，實能足民者也；季路之志在于足兵，實能足兵者也。今則不然，上之責有司與有司之自許，似乎無所不能，而究則由、求之賢不多見焉，則政務鋪張，而鮮實效也。辟如保民一册，豈非循良首務哉？今日曰開荒若干，明日曰招撫若干，今日曰修社學幾處，明日曰講鄉約幾次。果開耶招耶？修與講耶？則田野何以不闢？而教化何以不興？無乃飾目前之文具，費一番之公移耳。上以督責行，下以依准應。下不以虛飾爲愧，上不以相欺爲尤。推之年終，諸册大抵類是。上下相蒙，澤不下究，奈之何不窮且困也？夫民方救生不遑，疾視長上，安所徵餉？而又安得藉之爲兵？兵食不足，職是之故。

夫古者天子巡狩，亦于土地田野之間省耕省斂耳。台臺代天巡行，謂宜風勵各官，存恤億姓，斬削繁苛，一意休養。一事而益于民則舉，勿以善小而不爲；一事而損于民則革，勿以惡小而爲之。大約以孟子之田里樹畜，庠序孝弟爲主，而參以時宜，因乎土俗，修政以實，辨官以職，必令家給人足，上下相悅。乃以見行保甲寓以選兵，略倣四時講武，教之戎事，未有不勇且知方者，何慮兵不足哉？

夫居今而言古，涉于迂矣。惟以胞與之風微，故官民秦越；功名之習熾，故真意不流也。請乞台臺闡明聖人之學，以倡有位之士。道在人心，原自未泯，在有所鼓之耳。夫急則治標，緩則治本。今當事急之秋，而卑職爲此緩辭，惟以諸所條議，業皆臚列而陳，故敢以本之說進，否則因仍敝陋，日深一日，會睹此生靈之塗炭矣。

結民心薦奇才議

爲感時激衷，懇乞申飭有司，固結民心以防不虞，併薦奇才以備折衝事。

職方患瘧困臥，閱邸報，見朝殿火災。爲臣子者，只得以天心仁愛爲言。顧一火再火，宮闕爲墟，若以不必然之兆揆之，良可深慮。雖甚不忍言，而亦安得晏然已乎？邇者礦役大興，名山深谷，發掘殆遍。占以《洪範》，主有旱乾之災。旱則盜起，其禍固不但倭患而已。

夫淮陰，南北之咽喉；運道，京師之命脉。無論江南江北，有弄兵潢池者，必不能忘情茲土。且也穎、壽之積盜，通、泰之海賊，睥睨而思逞，豈不可危哉？夫于無事之時爲有事之備，則事舉；及其有事而後圖之，亦已晚矣。夫有司受君之榮，食民之奉，脫一旦有變，此身焉往？又豈容束手待斃，誤天下事，貽萬世笑乎？其途有二：提兵剿賊，反亂爲治，上也。堅城死守，張許争烈，次也。二者非民何賴焉？乃今之有司之于民何如也？只如近行鄉兵一節，豈不甚善？乃多廢閣不行，非不可行也，所以奉行不實耳。夫善變法者，法變而民不知；善得民者，令出而民不違。儻其捐損威重，躬歷閭閻，曉以禍福，約日刻期以示信，舍輿就馬以示勞，挈糗飲水以示不擾，民有不忻然從者乎？此其一端耳。治民者感化在平時，撫養在積久，投醪可以得士，挾纊可以動衆，問疾吊死可以興越滅吳，理勢固然有不爽者。今之有司，以文移簿書爲急務，以催徵搏擊爲風裁。秦越其民，民亦秦越之。家無蓋藏，饑勞不息，風教不行，情意乖忤，非旦夕矣。脫有緩急，此必不濟之數也。

伏願台臺特行申飭，俾其大破積習，加意撫字，解其繁苛，課其農桑，勸以蓄貯，作其忠義，倡以勇敢，練其武藝。四境之內，孰饑孰寒，何害何利，夜而思之，晝而圖之。若養赤子，若治家業。不必聲聞，惟求實益。夫父母愛子，豈諄諄然告之耶？而子未有不知者，其精通也。有司愛民如子，民焉有不附者？由是比屋皆兵，民財皆餉。守則有不拔之威，戰則有直前之勇。所謂常勝在我，計無出于此者。蓋百姓之轉移視有司，而有司之轉移又視台臺也。

然此責守令耳。用師之要，先于擇將，得一良將，愈于十萬師，顧非常之賢不可以資格拘。古有築壇拜將而驚三軍者，誠知其人可任重也。今有潁州武生李呈芬者，力能舉重，射能決拾，智能審機。然此猶武弁所易能者，乃其忠信節義，非禮不行，雅慕聖賢，竭赤軍國。聞江西有道學，裹糧求之，得李榗山而師之，篤行不怠，此亦今時所僅見者也。夫使貪使詐，不獲已耳。若其不貪不詐而且勇，可不謂豪傑之士哉？伏願台臺召而試之，若其可用，委以一面，必當有所樹立，地方幸甚。

開荒議

前蒙委查州縣開荒事宜，繼閱邸報，則業蒙具題，設專官，增鹽引，以墾荒蕪，行見赤地盡成膏腴，灾黎盡成殷富，誠地方無窮之福也。惟當拱候經理，樂觀厥成。然職奉委行州縣，查報荒田，良久無報者。近有一二來報，殊無多田。問之，則上之人原欲查無主之田，招人開種，而收其穫以充公家之急，本處荒田皆有主，不便報也。此蓋有司不達本指，故此疑慮，然亦不可不申明也。

夫江北荒田爲款不同，有人户見在而荒者，有人户逃移而荒者。其內又各不同。其見在之户，或欲耕而不能，則貧農也；或能耕而不爲，則惰農也。其逃移之户，或久無蹤迹，或猶在近處。或里遞族鄰種其田而佃其糧銀，或佃其糧銀而未耕田，或無人可佃而其糧銀全遣。又或有昔沉于水而今出，今沉于水而可望復露；或與河灘湖岸相連而莫辨，或鞠爲茂草而鬻薪以爲營，或匯爲池塘而取魚以自活。且不但民田有荒，而屯田、竈田亦然。諸如此類，其綿亘誠甚廣者。若夫無主之田，官可自耕而自穫者，則海濱所淤、湖波所退、高岡沙鹵等處，固當清丈，募開而收其入。然亦有數，不可拘于此也。

今既奏請皇恩，大行開闢，必當一概經畫，興起農事，賑助之，鼓舞之，招徠之，稽察之。掌印、治農等官，減去騶從，挈帶餱糧，巡行于阡陌之間，群其父老，相其地宜，給牛給種，爲塘爲堰，稻麥隨宜，糧差緩科，務令有利無害。使無業者有業，不耕者勤耕，居者豐足，逃者樂歸，歸者得所。因而建樹社倉，即倉以爲社學，即學以明鄉約，即約而寓講武。且其溝洫經界之中，不特可藉禦侮，而亦可兼治河一事，而數善備焉，豈非根本之上計乎？

若但求無主之田官耕官穫而已，則官與民隔矣。行之而善，倉廩可得豐盈，豈云無補？行之不善，則官戶侵陵，小民失業，皆基于此。宋之公田，豈非明鑑？夫足食以足兵，從古言之。然所謂足食者，豈僅僅令荷戈之士飽食而已乎？伏惟台臺爲久遠之計，造生民之命，必有成畫。伏乞于頒布章程之時，明示群寮以足民之意，將見閭閻樂業，親止[一]急君，皇圖鞏固矣。

撫虜議

議得撫虜一節，當此羸弱之時，夷患方棘，無論我得虜以爲捍衛，即虜與奴不合，奴有所制而不越虜人犯我，亦爲得算矣，何不可也？第可慮則在撫後耳。誠乘此機會，亟飭內備，于凡選將、練兵、修險、製械、儲粟等項竭蹶圖之，不以虜之款爲倚，而以金繒之供爲恚，汲汲孜孜，曉夜綢繆，務令可以守，可以戰，可以進而規取。能戰守，則非全仗虜力；能進取，則關外之地不終憑虜。我以繩約繫虜，虜不得以揚去嚇我，以增賞尋釁挾我。奴虜交畏，豈不得哉？不然，狃旦夕之安，忽永久之計，戎狄異心，安知不陽在我而陰在奴？安知不擇利之厚者而轉面？抑且久客成主，居然勍敵，西虜、東虜何擇焉？一旦決裂，則今日之撫是自誤也。然窺今日之人情，觀今日之法紀，則撫事一成，其振作之分數少而玩愒之分數多。蓋陷没之後，且恬若安瀾，況有虜足恃，寧不快然逸豫？是必掃除習套，激發忠義，選用真才，嚴加考成。關塞之間，有枕戈洒泣之思；廟堂之上，有嘗膽腐心之意。安内攘外，終必藉之。不則弗見山西之虜款乎？當年王襄毅之議，原謂款後修備，後竟何如？此則後人不遵先議也。顧東事真安危所繫，非山西比，詎可忽諸？

校勘記

〔一〕"止"，四庫本作"上"，據文意，似當從。

尺　牘

與鄒南皋先生

今之學人何多岐也！分析門戶，迴避字樣。昔辯朱、陸，業既無謂；今別薛、王，亦似不必。提起"空""無"等字，不論是非，輒云"此禪此禪"。禪者曰："我不儒，安用禪爲？"儒者曰："我不禪，儒若斯已乎！"邇言至善，何必吹疵妙論？市童吾師，安可彈駁先賢？見門戶，見知解，亦必見我而不覺也。遂令同世同生有許多不欲見之人、不欲見之事、不欲見之書、不欲窮之理。未免狹而不廣，偏而不全，滯而不透，支而不根。是以畛域多，情懷淡，戈矛起。同室且爾，況能狄人吾人、禽命吾命、草生吾生乎哉？然不能狄人吾人、禽命吾命、草生吾生，必不能同室相愛。非不愛也，不能滿也。我塞乎中，其餘能幾？于今不攘夷狄乎？狄人吾人，而愛吾人者，無所不用其極矣。攘之安之，亦無所不用其極矣。辟彼流水，原頭之浚，支派之防必有分，四海之放必有由也。可僅曰"彼猖狂自恣，決去藩籬，吾但固我藩籬而已，安問藩籬外事"？然吾儒藩籬不與天同大哉？何可懲噎而廢食也？某於道無窺，私心竊疑，敢質之老先生，乞明顯開示，仍示進學入道之方。可勝冒昧引望之至。

答李贊宇

楊止庵之疏，厭士人之宗羅近溪，而深闢佛老以維吾儒，甚嘉意也。近溪之學亦有所得，而不無壙洋，其徒宗其所得足矣，而并譽其所失以爲是則誤矣。止庵摘其失而不錄其得，則其徒將不服。大抵理一而已矣，而異者異之。老異於佛，佛異於老，佛老異于儒，而儒之中有蒼素、雲泥不同者。惟善學，則視市井小兒之言與孔子合符，何論二氏？第有詫異其行，泥滯其辭，談無相而反有其相，甚至削髮面壁合掌者，謂色即空，而又欲離一切色，甚至絕棄名教，離父母、親戚者，其流多弊，則彼固自異矣，亦安得不異之？夫反之心而然，推之千萬人之心而同然，不問其出於何氏，無不可爲訓者。反之心而不然，推之千萬人之心而不然，亦不問其出于何氏，無可爲訓者。若絕棄名教，無禮樂綱常，此則吾之心不然，人之心亦不然。空于渣滓邪穢，而不空于綱常倫理，此必人己之心皆然者，學者可知所從事矣。疏內"尚行""尚言"之分，及謂不當任情執見、賄賂干請、黨同伐異，則確然之論，世教所賴不淺。使者催報，卒卒答附以復。惟年兄高見邃詣，自有定論，幸乞指教。

又答李贊宇

夫道無之，非是無人弗足講學以明道也。士農工賈皆學道之人，漁牧耕讀皆學道之事。隆古無講學之名，其人皆學，故無名也。國家以文學取士，天下學校無慮千百，章縫之士無慮萬億，蓋令其日講所謂"時習"，所謂"孝弟"，所謂"性命""仁義"，而以淑其身，待天下之用也。乃人心不古，遂有口耳活套，掇拾粉飾，以爲出身之媒。師以是教，上以是取，恬不爲異，非其質矣，而于立身行政毫無干涉。于是君子厭薄其所爲，而聚徒講道，人遂以道學目之。若以爲另是一種，豈不惑哉？

然講學之中亦或有言然而行不然，而藉是以干貴人、捷仕徑者，而其名爲道學也，是有口耳活套之實而更美其名，人誰能甘之？則群起而相攻，而講者益寡，道益晦矣。大抵所學出於實，則必暗然自修，不論大節細行，一一不肯放過，雖力量不同，未必盡無疵，而不自文以誤人也。所學出於名，則有張大其門面，而于其生平未純處亦曲爲言説，而謂其爲道。夫夷之“隘”不害其清，惠之“不恭”不害其和，然亦何必曰“此隘”、“此不恭”，正道之所在，而陋孔子于下風乎？羅近溪逢人問道，透徹心體，豈不可尚？而闊略處亦誠其病，乃學者得其闊略以爲可便其私也。而或多不羈，誠有如止庵疏所謂“賄賂干請”“任情執見”等説，是其坐女子于懷而亂之，而猶侈然薄魯男子不爲也而可乎？但今因止庵之疏而遂禁其講，是因噎廢食。夫此學乃乾坤所由不毁，何可一日廢也？似更當推廣，而俾千百學校、億萬章縫無不講，以及農工商賈無不講才是。而其機則自上鼓之，若得復辟召之典，羅致四方道學，倣程子學校之議，布之天下，以主道教於一切鄉學、社學之衆，漸次開發，而申飭有位之士，以興學明道爲先圖，其學則以躬行實踐爲主，隨其人之根基，引之入道，或直與天通，或以人合天，或直臻悟境，或以修求悟。夫天人合一，修悟非二。舍天而言人，舍悟而言修，則淺矣。近時學者知皆及此，然言天矣，而人尚未盡；言悟矣，而修且未能。世豈有能致中而不能致和，能正心而不能修身者哉？則不可不戒也。大抵果能合天，則必益盡其人事；果能真悟，則必益盡其真修。堯、舜、文王、孔子何人也？而兢兢業業，望道未見，徙義改過，蓋没齒以之也。

弟淺陋，不能窺道毫毛，其於所謂人，所謂修，百孔千瘡，故謬陳如此，蓋就弟根基云爾，非所論大識見、大造詣者也。惟年兄辱教之，萬幸萬幸！

答盧生守恭

遠承手教，深感相念不忘也。細讀佳詩，更窺研究之力，恨不得會聚商之。生慮淺昧，無以相發明，乃以原札致諸馮慕岡年兄，蒙其往復訂正，今俱錄奉閱，幸與同志裁思，仍牖我之愚也。祝祝！

慕岡第一書并詩云："讀盧生三教詩，有感而賦：'曾向三家遍問津，一源分派若燕秦。到頭誰復論同異，發軔先須識主賓。好爲商王嗟故國，何妨周室數頑民。千花共樹憑君賞，李放桃枝豈是真？'盧生諸什具見雅志，但三家宗同教異，學者自孔門入則經世有用，自仙、釋入恐未得其精，先得其脱略，故當辨之。佛書云：'桃樹上不開李花。'安有混爲一之理？然誦帖括，學干祿，孔氏之異端也，又不若二氏近理矣。學孔惟'明明德於天下'，自有終身不能盡者。今俗學未見孔面，無惑乎雜二氏也。二氏好處，乃孔家明德半面耳。但識主賓，不妨博采。惟老公祖教之。"不類答書云："細玩'主賓'之説，足爲指南，不致眩他岐矣。但此當遠寄盧生，尚有可剖析者。桃樹不開李花，是矣。然由老之虛，由佛之無，不可經世乎？夫惟其爲桃，故不能李。吾不爲桃爲李，何花不開？孔子者，非桃非李者也。楊子'爲我'，故不'兼愛'；墨子'兼愛'，故不'爲我'。豈知能愛者方爲'爲我'，能'爲我'方爲真愛？彼其有所舉，有所廢耳。俗學未見孔面，信然信然！顧崇梵修以徼福利，藉清空以排俗情，侈高遠以便疏縱，此豈見佛面、老面者耶？破鏡非鏡，明德有半面乎？文成公曰：'三教所差，毫髮耳。'毫髮則千里也。其差安在？惟年兄指示。弟與盧生共賴發蒙不盡。"

慕岡第二書云："辱教甚深，殊用惕然。思省昨詩及啓，殊草草不暢，謹述近日意見，台臺細斧正之。或問：'老、佛虛無，與吾儒同異？'王龍溪曰：'文成公有言，老氏説到"虛"，聖人豈得於虛上加得一毫"實"？佛氏説到"無"，聖人豈能於無上加得一毫"有"？老氏從養生上來，佛氏從出離生死上來，却在本體上加了些子意思，便不是他"虛""無"的本色。吾人今日未用屑屑在二氏身分上辨別同異，先須理會吾儒本宗，明白二氏毫釐，始可得而辨耳。'京思從養生來者，乃老氏恐人不向道，始借長生引人即道。《家規》中《指南序》亦曰：示人迴光返照，一法耳。出離輪迴，亦佛引人向道之意。至虛、無本色，老、佛却得之深，原未嘗加了些子意思。此與孔子原自無別，即陽明此段議論，猶是救學者，非出本心秘語。語因人變化，各有當也。陽明所得，全自六祖來。彼看到源頭處，原無毫釐之差。然如此説者，爲學佛、老而念頭少差者言，非正指厥教主而言也。如此則京可無説於盧生矣。京所爭者，不在三家之心宗，而在三家之教門。呂東萊曰：'吾儒未嘗言空，而空行乎其中。'空行乎其中，乃心宗之同也；未嘗言空，乃教門之異也。孔子曰：'中人以上可以語上，以下則不可。'佛、老專語上者也，孔子不爲也。天下惟中人最多，中人之學，每每不得其精微，先得其形似。且就中人所得之形似較之，學佛、老者先謝事遠塵矣，學孔子者先謹九容、明五倫矣。謝事遠塵之人，君親不得其奔走之力；而九容謹，五倫明，即次賢拘格式。下士假名義，猶有勞於君親，有利於民物也。惟上智之士，或由一而貫萬，或自博而趨約，千溪萬徑皆可適國，不見孔教之爲獨優，二氏之爲獨偏。然上智世不一二，即王龍溪在陽明弟子中最稱利根，受圓通之教之益而不無圓通之害。向使束於孔教，致謹乎禮，所成就當不止此。而後學觀化，當不至侈高遠以便疏縱，如今日諸士所爲也。自佛入中國，有竹林諸賢以蕩晋室，有梁武、宋徽諸君以蕩列朝，五帝三王制禮作樂以範圍天下之法一切解脱，至於今禮壞樂崩，古禮不復，古樂不作，其害不可勝嘆。佛氏有三千威儀，八萬細行，豈其不才如此？惟彼西番原無中國文物，學者一入其教，不覺變而爲夷。假有童子於此，教之曰手容恭，足容重，目容端，頭容直，彼立乎吾前，儼然正人矣。教之曰冬溫夏清，昏定晨省，彼承事親側，藹然孝子矣。孔子之教，豈不萬萬賢於佛、老哉？京所爭者，入門之塗而已。且如今乾坤何等時哉？其下者瘠百姓以肥己，是三教之罪人矣。其賢者或拘孔子格式，則夙夜在公，履繩蹈矩，省察克治，此禪家不以爲上乘，而實社稷之柱石也。或入佛、老窠臼，則通晝夜而惺惺，齊人我而平等，非不光明廣大，然問之以朝廷之典章，多所未諳；問之以將吏之臧否，多所未究。隨波逐流，認爲無碍。愛國勤民，認爲有著。即千歲不化，於國何益哉？此皆從末流受敝之輕重，以較最初立教之優劣，寧爲孔不爲二氏也。莊子笑孔子，取'已陳芻狗'教天下，此正孔子苦心立教處，故曰'民可使由之，不可使知之'。不可者，非不能也，早使之知，恐彼猖狂自恣矣。子夏教人灑掃應對，正下學上達法門。種桃而桃，種李而李，不爲桃不爲李而無所不可爲，所謂有始有卒者，其惟聖人乎？聖人則忘言，匪直不言同異矣。望老公祖批駁數次，開京恍惚之見，示之至當之論，幸甚！"不類答書云："承教詳論三氏宗同教異，并二氏流弊及儒教之益，自是確論。但教生於宗者也，宗同矣，而教何以異？文成謂'毫髮之差'，固爲學者。然既謂之'差'，亦豈無説？夫孔子根枝全樹，而二氏據其根者也；孔子出世以經世，而二氏出世者也。枝不在根之外，經世不在出世之外，安得謂之'差'？然根也而無枝，出世也而無經世，安得無'差'？三教之説，不知起自何人。夫道語其異，不啻千萬，故孔子之門，自分四科，何止於三？語其同，亦一而已矣，故途人之言無異孔子，何得有'三'？教而至於三也，吾儒之罪也。譬彼文武，原非兩途。兩途之分也，文官之罪也。又譬之漢高御宇，一統中華；昭烈偏安，乃成鼎足。夫《論語》二十篇，言言仁、命，而記者曰'罕言'，此言出而根與枝、出世與經世始分矣。

夫道家長生，而吾儒豈愛速死？佛家出生死，而吾儒豈宜沾滯？避禪者，如主翁私財，自棄各房之物，不敢道一'空'字。溺禪者，又若蕩子出逃，仇視故土，不肯道一'實'字：俱執一之害也。子夏教門人'灑掃應對'，本自不差，但'下學上達'，孔子一口全道，而小子、聖人商費分別，子游能不疑乎？竊謂真老、真佛生於今日，果行其教，自當不外於吾儒。彼不可以'可道''可名'自偏，以'空'而'不色'自偏也。真孔子生於今日，必謹容明倫，亦必一切解脱，所謂大莫載，小莫破，庸德庸行，無聲無臭，一以貫之也。以此爲宗，以此爲教，何如？夫宗二氏者，其心何心也？合三教者，其心亦何心也？不可不察也。夷之合墨、儒，而孟子亦不許，則三教可易言合哉？此尚望年兄細教，以裨益生與盧生也。"

慕岡第三書云："來教云，真老、真佛生於今日，果行其教，自當不外於吾儒。真孔子生於今日，必謹容明倫，亦必一切解脱。教而至於三也，吾儒之罪也。斯至言矣，無容復贅。敬謝教，惟日體認之而已。"不類答書云："昨侈口而談，覬年兄砭正之也，承諭甚愧。夫論上見上，容易墮落，人故實體之爲難。'體認'二字，敬佩謝，并望督誨。不一。"

與譚生大禮等兩會

惟天下治亂，係之風俗；風俗美惡，係之教化。風俗不教不善，教化不講不行，故不佞每懷教士民而不能也。幸多賢之識明足以明此教，志定足以永此教，心仁足以廣此教，乃得興起雅會，一講先聖之學，而就中啓發不佞者實多且巨，能不感乎？仍望終相匡扶，俾不隕墜，則厚幸矣。

前時承同節手翰，謂致書梁盛陽，辯《共發編》語。呵呵！陽明之良知，甘泉之體認，大君子之言，世之辨[一]者尚未息喙。

我輩區區，曾不出先賢之唾棄，乃至相辯耶？令大方聞之，當絶倒矣。再勿乃爾。又致疑於"看喜怒哀樂未發氣象"，謂"看未發之氣象於已發"，此以事證心之意，所見亦是。然所謂"看未發"者，原非分爲兩截事，第令人考其原頭耳。得其原頭，豈與支流爲二乎？即如未發，本無喜，本無怒，而有所喜怒也何爲？故有所非和，即非中也。無心爲中，乃爲和也。心不可以有無言，則未發、已發自非兩氣象，但求之已發，不如求之於未發爲得其要領也。且其語氣原自明顯，曰"未發之謂中"，看未發作何氣象，欲人識得中而已矣。

近不佞對李松廳座師論靜書語頗類此，今録商之。李座師來書云："學問落脚工夫，自止靜中得之。先儒所謂'看未發時氣象'與'靜中養出端倪'者，似落第二義。"不佞報書云："夫靜者萬化之根也。終日視而目常靜，終日言而口常靜，乾行不息而天常靜，酬酢萬變而心常靜，是即《中庸》所謂'中'。孔子所以無'意、必、固、我'，孟子所以'不動心'，率是物也。周子得之，故曰'聖人主靜'。'靜'之一語，豈啻落脚工夫？究竟當不越此。延平、白沙所謂'靜中則以時言'，非靜根之靜也。然所謂'觀未發氣象'者，亦謂中之體。靜本無喜怒，本無哀樂，故雖終日喜怒哀樂，而不以我。是謂'動不離靜，和不離中'，則未發、已發，豈二氣象哉？所謂'養出端倪'者，亦謂收攝精神，靜根萌見，乃可以披露全體，復還大始。顧端倪全體，自非兩截也。二儒之説，似因擾擾塵喧者心常紛亂，故令其靜中體認本真耳云云。"同節尚與諸賢裁思，當有以教我。會中近時人數及有無進益，俱寄字以慰懸望。諸友一一道意，并致秦州王子。不盡。

復賈泰巖

前承老年丈大教，俱近裏着己之談，年來僅聞此耳，謹拜謝。弟竊睹講學者研注脚之纖毫，辯門户之同異，高入無際，深入無極，語竟日不了，及對景實行，又大謬不然者，竊惑之，嘿不敢發聲。承老年丈教言，乃知道學自有在也。弟亦竊謂學不在高遠，即若《論語》中自頭一句起，但行得一句，生平之事畢矣。又不然，但任心以行，心所羞恥者不爲，生平之事畢矣。老年丈以爲然否？弟爲有司，日貿貿風塵中，尚有可羞可恥之事，或忍心爲之。假若查盤處，或據人虛文以了前件，又或奉上司命令，那移月日，實憧憧不寧。不知老年丈當此作何如處。將徑情直行，毫不假借耶？抑委曲遷就，以爲此小節不足拘泥耶？夫"枉尺直尋"，亦委曲之流弊耳。一字不實，將不謂之枉其心乎？幸惟老年丈賜教。顧年兄過淮，命弟致書老年丈，附言請教，惟垂示。不一。

復馮慕岡

湖廣用武之地，西連蜀番，多土司；北連河陝，多游民；東並江西，有陳友諒之遺孽，有鄱陽湖之群盜。中原有事，此亦喫緊處也。年兄分巡，則當逐地巡行，考察官吏，上城操練，與按臺一體。江北惟帶溪曲公。如此，弟以爲得體。然必獎率府州縣，實心爲民，事事修舉，僅巡行以考其成而已，則學校、倉庾、阡陌、孤貧、鄉約，無不在所巡之中。然跟隨官吏，人食二雞子，百姓亦將椎骨，故省事之爲急也。嘗謂古人省事，今人多事，古天子巡狩，今按臺不能徧巡，則亦民之苦繁苛也。弟愚不能裨益，遵原札登答於後，外具《興革録》二册奉覽。此有司事與風憲不同，然有司一切收放買辦、掛搭濫稅，殘害之弊，略載一二，亦所當知而類推也。諸容面悉。

事上。有依阿者，有徑情者。依阿者固不足論，其徑情亦無以濟事。必也正而和，直而敬，其庶乎。

接下。有崖岸者，情意不通；有扶同者，法紀不肅。有辭怨辭難而俾下官任之者，有炎涼其態而俾鄉貢奪氣者，有囁嚅含糊而俾人揣摩者：俱積習之害也。則正大光明，方嚴真懇而已矣。其吏快各役，則最難以息其奸。聞其良，則亦不假以權，不憑其言。文書經目，事干陵人賣法者，必罪己耳。

練兵。兵無實數，士無實藝，操無實益，非旦夕矣。必以漸整刷之，設法點查，間取比試。弟曾於操畢收營之際，人給一帖，遂查出空名數百。又嘗於過堂之時忽試數人，遂得其不能之實。又嘗欲令衆兵出城百十里，演埋伏及丘陵、水澤之陣。若常如此，庶可一變。然激勵將官，則其本也。隆其體貌，不折辱之；嚴其法令，不姑息之。

製器修城。製器價多則委官剋落，少則器不精。然雖少亦剋，修城亦然，俱委官大利益也。嘗見費銀萬千，毫不足藉，則亦不躬不親，不如其家事，可恨之甚。儻貶其威重，親臨省試，當不至此。至於收藏弓矢，堆積濕地；刀銃鐵蝕，不加揩磨；累沙泥以增濠，沙墜而濠復平；城垣小壞不修，久乃大估；十金買馬，忽稱老瘦，變價不及一二金。有實政者，自不如是。

弭盜。民饑寒乃爲盜，此不俟論。然使縣捕官巡其一縣，府捕官總巡之，盜何從生？今則捕官不出庭戶，兵壯高臥其家，盜之縱橫，何怪其然？江北河下，弟曾具哨船，設兵巡邏，鼓炮相聞，惜乎其無實行也。保甲之法甚善，然非良有司行之，有機[二]增一番擾耳。至於囹圄，近亦弛玩，不可不謹也。

息訟。刁民之誣告也，明知其不能直，特欲牽害耳。若被告不至於害，彼何利而爲之？其被告之害，則追呼之擾也，婦女之出也，歲月之延也，貪污之取也。其良有司自不至此。弟常不問人罪，人亦少告狀。久則狀辭不文，問之，其訟師行矣。誣告必反坐，此正條也。然准狀既多，則不勝其反，故少准之爲優也。

大抵教行則訟夫愧，爲人上之責也。

賢否。賢否最不易知，勢必假於人，此人非賢者不肯言，其言亦不實，則識拔賢者，開誠以問之可也。大抵有司之才能一露於言動，再露於辭詳。吾再或背審告狀等人以探之，詢於有行之鄉紳，参諸各官之評揭，亦自有難揜者。然知之不若教之，其教之法，則善言勉諭，設法查考，使之不肯爲惡，不敢爲惡可也。褚愛老以辭詳觀有司，劉晉老雖小官必與言，俱可法也。

復蘇弼垣

承命開赴任太守事宜，謹據見聞，謬列上呈，惟年丈裁奪。

一、同僚差人下書迎接，發迴書，有禮則收之。

一、州縣差人迎接送禮，其禮發迴不收。或發一迴帖，加副啓；或以無大封筒，但發批。若有順人，發一票，免接免送禮，更便。其舊規應用夫馬，不在此論。

一、接到人夫，酌量留者留，先發者先發，命吏房開一切見上、接下、待士夫各儀注，仍須審問，慮其或不確也。

一、入境，即係屬縣亦不行香、講書，以未到任也。其縣官既見過，免其赴府參謁。

一、凡將見境內一切院道部將領等衙門，俱細問舊規。

一、到任畢，即命遠來州縣迴，免其伺候行香，仍分付勵精相成、省約相諒之意。或仍令候行香，亦可。

一、開示門牌，查取舊案，参以意見。及曉諭屬官吏書及下民等告示，斟酌行之，其馬票另刻。

一、一切賀禮不收，其同僚公下程收之，其贄禮酌換答之。

一、初政寧緩勿急，寧細勿疏。

一、遇左右以嚴肅爲主。

一、清查未完，以後時時留意，總置一簿。

一、投上司公文必過目，雖下程等項亦間一視。

一、待同僚屬吏，不論科貢，俱一律。

一、革弊以漸。

一、清免一切繁事，勿以事小而忽之，辟如投結狀之類，何益？

一、衙門令嚴靜，其倉庫、牢獄、養濟院等有關係者，俱一閱。

一、士夫投書囑托，勿曲徇，勿峻絕。

一、非甚緊急，不差人下州縣。

一、優禮過客。

一、一切以便民爲主，初到必多勸化，懇惻言語，亦間行威嚴。

一、一切以速爲貴，其匆忙旁午之中，留心防欺。

一、屬官，於言動得其近似，公移得其大概，密訪民情，當無逃者。

一、屬官賀節預免。

一、各縣政事不必一律，在合時宜。

一、上下之間，情法兼盡。

一、天平、法馬等秤、各門鎖鑰，間一看驗。

一、鄉里可見者方見，不則辭之。

一、但遇士夫有識者，及民間父老，即問民疾苦，求所以蘇之。

上劉晉川先生

前承台臺大教，歸而體究，惛憒無進，祇覺多過耳。今開款請教，惟乞垂示，可勝傾仰之至！

一、研究道理，費一番思索，或稍露端緒，而此夜夢寐反不安，果思索非乎？亦所露僅成見解，終非知體耳。如何而可？

　　一、是非毀譽到前，每凝定以處之，以冀不動。然兩腋傍、兩耳根津津氣上，則氣自動矣。此時欲收攝，已成强制矣。如何而可？

　　一、行取報到，不作張皇喜態，然思之非也。賢才向用，何分人己？因取我而作漠然之狀，是有我也。何不以人視我？則其態出於做作，非中節之情矣。如何而可？

　　一、嘗見途次搢紳以夾板運書籍，示人以非貨也。斯不流於好名乎？若徑以箱籠運之，連綿多扛，憑人謂是金是玉，恐隱微之間，亦不能勝也。如何而可？

簡劉朴庵

　　馬少軒兄天分夐絶，生平無誑言，無愁色，無機心，其五内坦坦外露。少有志伊傅、周召之業，復欲窮濂洛、關閩之學，其下者亦欲追韓、范、富、歐，藉令得聖人爲之依歸，所就當不可量。乃弟先其一科登榜，君易衣同其弟入宴，觀盛事，忘其我矣。既與諸弟析[三]爨，少所取，則筮仕廣文，爲禄仕計。弟子員遇汴於京邸，嘖嘖嘆服不容口，教化可知矣。既成進士，偶以假寐，候其座主獨遲，同事者教以托辭，則笑而謝之，竟[四]直述假寐狀，座主異之。居常慨然，思有所建樹於世。天不假年，何哉？至今縉紳有問汴之良友，必屈指少軒，不能以既死而忘之，誠重之也。憶數年前，談海内高士者，晋中少軒、朴庵，山東李惟青。今少軒、惟青乃俱去，傷哉！然則銘少軒之墓者，非朴庵，其誰焉？

復瞿慕川

　　于汴最庸陋，然聞海内高賢，則精神歸往，不能遏止。或不蒙棄斥，立之宇下，得承一二聲欬，則喜躍以爲不世之遭也。向者江右之役，李樏山先生顧我於棘院，繼謁張斗津先生、朱守約先生於其廬。已而陟匡廬，讀陽明先生遺咏；遊白鹿洞，想朱、陸二先生之高致。既過大江，肅謁先生，而閽者不我拒，而道駕復枉顧於寓邸，纚纚深談，細入無垠，博極無際。于汴數年傾仰，一旦躬逢，顧不快哉！別後，拜闕里廟墓，登泰岱，萬山撮土耳。觀日之出，奇狀難喻。昔人云死生猶晝夜，世人未知深信，儻於日觀峰頭指點，便自親切。以上俱茲役所獲，奉告以自慶云。

尊諭當大興教化，誠然誠然！世道非教化，何所不至哉？張方伯鳳聞其人，陳令尹幸一晤接，史直指雅重先生，固當爾爾。敬義堂扁，向者鄒茂才相約渠至南都，徑求善書者書之，即列敝銜寄上，何渠猶未就也？《禮樂考序》，當托周郇野寄奉請教。尊體既違和，馮兄之弔可緩，勞困跋涉，亦非馮兄意也。陳君迴任，正值計客紛集，匆冗之際，草率報候，伏望垂鑒。

校勘記

〔一〕"辨"，四庫本作"辯"。

〔二〕"有機"，四庫本作"亦祇"，據文意，當從。

〔三〕"析"，原作"柝"，據四庫本改。

〔四〕"竟"，原作"竞"，據四庫本改。

尺 牘

復馮慕岡

　　承手教，示以知人之方及州縣賢者，敬謝指示。河淮大工，人力已用什七八，淮口清[一]黃頓分，壽伍之間無水，亦明效也。乃貴鄉猶有遺議，至畫《積水圖》以動觀者，謂祖陵之水未消，高堰猶然爲梗也。此其見稍偏。淮揚之人折之曰：“彼援祖陵爲辭耳。”此其見亦偏。泗人不以祖陵爲言，誰問泗者？淮、揚之言不信於盱、泗，疑其偏也。盱、泗之言不信于淮、揚，亦疑其偏也。故君子大公無我，泗人、淮人何異焉？然則高堰可拆乎？曰拆則不利於淮、揚，亦不利於盱、泗；不拆則遺害於盱、泗，亦遺害於淮、揚。何也？巨浸茫茫，一旦決之，淮、揚且爲壑，淮水南行，失其故道，清口將爲陵，運道中隔，入海入江無途，則壅緩如故，豈有加於清口之宣洩哉？此所謂拆之兩不利也。堰障而水聚，泗、盱實受其禍；川壅而潰，淮禍更慘。此所謂不拆兩遺害也。爲今之計，則有料理黃壩新河，加堤防決，俾不壅淤，永成順流；歲闢清口，盡此積沙而後已。去年闢七十丈矣，多多益善，他日淮水將不及高堰之下，焉能爲有亡哉？大抵淮黃至此，俱稱尾閭，而顧此顧彼，關係重大，誠難爲力。當事者當無忘今之大工，不則無以勵人心而集群力。諸有司當不以爲勞，而益用勗勤，若治其家積水，然則事濟矣。其相機相地營度事宜，在主者爲之。又新河下流有數決口，聞所決籍家河，深闊可以成渠下海，不妨因而順之。但期於水之有歸，在此猶在彼耳。他如蕭豐之上，黃水出黃堌者十之六七，徐、呂之間淺且膠舟，儻一旦全徙，運道不通，且逼近祖陵肘腋，不可不慮，此亦一喫緊事也。弟今寓徐，老年丈何日可至？容一晤請益也。

復馮憲卿

泰州爲心齋先生之里，遺風未央。唐先生闡其教，王生繩其武，以門下之英穎遊其地，與諸賢相切劘，千古事業，端在此矣。近得同節書，舉門下所謂"無天無人自在"之說相質正。夫此實太虛本體，顧實際何如耳。得今翰，乃知有爲而發。門下固求實際者，非茫茫空蕩者比矣。"根心"之說亦是此意，誠得學問頭腦。孟子曰："根於心，施於四體。"四體不喻，心於何有？故曰："一正百正，百正一正。"一亦心也，百亦心也。門下與同節探討精進，其謂之何？承教。高、趙、葉、丁、梁、潘、王等及令弟諸友力學，可喜可羡，世教當終賴之。惟一一致意，并致意唐先生及王生。不佞孤陋荒廢，幸相扶持。不盡。

簡晋柏陽

春闈後，讀老年丈佳卷，謂當九萬圖南也。不意仍遲一科，天所以厚其詣、大其發也。然在兄在弟，亦何殊異哉？朝廷用士，將以勞之。辟如一大擔，長兄先荷之，弟且就逸，然終有一勞耳。聞年丈發憤益力，更卜遠到，但不知所學者博一進士而已耶？士爲秀才，則忘其爲童生，不知秀才之榮也。爲春元，則忘其爲秀才，不知春元之榮也。爲進士亦然，科名到手，便成見在，種種責任，方費料理。君王如天，兆民如嬰，國事如毛，小人如鬼，衆口如酷吏，青史如地獄，豐勣宏聲，言何容易！不爲之，奚取爾也？弟爲窮秀才，食粗醉濁殊無苦。一行作吏，卑卑無樹，居常點檢，汗顔欲淚，髮髭爲白，則不學無術，不預之過也。年丈燈窗多暇，早備爲妙。弟辱知愛，乃瑣談若是，然亦知年丈他日不至如弟之不預也。諸惟鑒炤。二兄、四兄致意，不一。

復潘生以忠

韓侯解入刻，足慰千古，乃不佞荒言亦附不朽，幸甚，愧甚！門下主張會事，條理精詳，更用羨藉。士君子達則行道濟時，處則明學善俗，莫非政也。《書》曰：“敬敷五教，在寬。”寬則涵之以養，需之以漸，造之以器。無大無小，使其樂爲之，日遷善而不自知。然有身教，有言教。身教者，樹之以表，先之以勞，使其觀感而自化；言教者，呼其瞶，發其矇，警其怠，鼓其奮。彼方鋭於善，不妨以直；彼若苦於教，不妨以婉。諱其過，使其可改；揚其善，使其更進。大要於事親、從兄、親戚、朋友、飲食、衣服、耕讀、交易、行坐、言笑之間，不背天理而止矣。語云“教亦多術”，又曰“成物以智”，孟子“好貨”“好色”之對，最善成物者也。孔子以“無違”告樊遲，以“鳴鼓而攻”命小子，成物不倦者也。諸惟類推，不佞拭目以觀化成之美矣。會中不暇一一，惟遍致意爲望。

簡譚同節

元友到，得手札，欲卜諸夢寐。夢而不夢，及欲念念通人，以驗息息在道，俱高邃之思也。然不佞竊謂夢可卜也，可俟也，不可爲也，工夫自在夢前耳。念念通人，亦可卜也，可俟也，不可爲也。修道如決淤，淤盡而萬川匯一。不淤之決而欲通衆流，此海若之所笑也。故曰：“剖破藩籬即大家。”工夫在爲大家之前耳。才覺通人，便屬爾我，此豈可措手哉？冒謬之談，無足采録，但不可虛遠問乃爾。不佞不學作詩，然或自病自呻，遂成小語，無足觀也。《洙泗考略》轉致一儒者，其言亦有異同，然人各有見，亦未爲碍，候全刻再與之議。惟鑒。

復鮑君傑

賢友以上乘相問，甚嘉意也。一向布施濟人，而上乘即在此中，不在此外。但自思量，其一切布施有望報之心否？要人知而稱譽之否？其或人不知，人不感，亦懊悔否？行此善事，亦頗自負否？及見人，有德色否？有一於此，雖罄産濟人，亦落最下。若無此等心，便是最上乘也。又施財亦須分辨，有厚薄，有緩急。其中當施不當施，當多當寡，俱有天然之則。若合於此，雖不施亦爲上乘；若不合於此，雖罄産與人亦落最下。惟君傑講求體認之"新堤建閘"，極妙。得會簿，見會會有人，不佞喜不自勝，此諸賢維持之力也。不盡。

復譚同節

遠辱佳詩，又相質疑，幸感幸感！不佞慮紕謬之見無以相發也，乃以來翰求馮年兄慕岡答之，今具於後。馮兄之意，大抵謂近時學問，非以舉業規名利，則習禪圖自在，二者俱非也。學者惟從事五經六藝，實體實用，乃爲聖學。惟同節共諸友留心體貼可也。《共發語》向承梁子晋及李明晦俱有批竄，待從容商量削正，前囑勿傳布者，正謂此耳。貴鄉少雨可慮，會中不皇一一，惟致意。

來問云："葉中興言：'性體常定，不因怒遷，不因過貳。'梁兆明言：'怒即是性，過即是性。'云云。"慕岡曰："怒能觀理，故不遷；過能復善，故不貳過。即性謬矣，不因過貳，亦無必復於無過之意。習禪説，談本體，與好學不相應。"

　　來問云：“大禮兩會梁兆明於祠下，明日：‘昨會子似色喜，今似色愠，何也？’禮曰：‘窺及當下即了，不覺喜；恐終身不了，不覺愠。’云云。”慕岡曰：“終身無日無當下了，當下盡之矣。或喜或愠，乃所值不同。當下順應，應之得宜，乃謂之了。空蕩非了手。”

　　來問云：“馮世明自泰回，謂予：‘近月以來，只覺自在，無天無人。無有爲而爲，無無爲而爲。’大禮曰：‘名利心不可有，爲國爲民心不可無。不可有，要做聖人之心，須做此不要聖人之心。’云云。”慕岡曰：“喜自在便是禪病，常戒慎方是聖學。一日十二時中，宜動則動，宜止則止，宜語則語，宜默則默，皆出乎自然。如賊至則剿除之，賊不至相安無事。‘有’‘無’兩字皆下不得，‘要’、‘不要’皆説不得。”

　　來問云：“江準言：‘性無生死，能生死一切。’大禮曰：‘性何生何死？何是非成敗？而世有以此對待者，人爲之也。識神所蘊，而性體初無之也。’云云。”慕岡曰：“性渾然自有條理，對待非人爲也。識神即性，不可看體、用爲兩。”

　　來問云：“趙有年謂：‘人之學，晝觀妻子，夜卜夢寐。’大禮曰：‘夢乃識神，非性真也。本性真體，無夢也。禮每悚惕於此，旦必告天，冀上天之天開聰明之天。’云云。”慕岡曰：“動靜云爲，只循天理，則妻子自化，夢寐自靈。必欲分別識與性，却是痴人説夢。扇搖則有風，扇大則風大，風非扇有乎？知扇則知性，何必苦苦求上天？要了生死，即是妄想。妄想，陋識也。”

　　來問云：“鮑越謂：‘我一生作功德事，聞此外有上乘工夫。’”大禮曰：“‘根在性命，則爲上乘。世人剽古人塵言，寶而含之，空有大言，反不如實布。’云云。”慕岡曰：“有餘則推之，無人德我之望，此即上乘。惡古人塵言，恐爲餓夫，須因言得意，推以布施。”

来問云："先生翰示曰：'更得如張三光輩童生十數人，教以《五經正義》，以延道脉。'云云。"慕岡曰："五經之學，破今世之弊習。本生前面爲禪説牽纏，縱説得天花亂墜，止做得一和尚。後條宗五經之教，厭科舉之習，乃透乎道矣。五經體認得透，則禪説不攻自破。"

馮兄諸説，俱係實地工夫，非空蕩者比。大抵古人近思，今人遠思；古人勉不足，今人盡有餘。中庸不可能所由忽跬步而鶩千里也。孔、顔傳心在'四勿'，惟諸友熟思之。

復趙乾所

承教以"一念不起爲安身立命"，自是至言，亦自是究竟。弟向爲鼓譟諸生而發，亦第謂其不知於道理着脚耳，但於名利營營耳，危其身、棄其命而已矣。然淺言之，則"多行不義"，固非安身立命；深言之，則"行一不義而得天下"，"遁世不見知而悔"，亦非安身立命也。身爲何物也？"七尺"云乎哉？命爲何物？"三寸氣在"云乎哉？知身則能安身，知命則能安命，故進學在致知。人何嘗無知？蔽之者暗；鏡何嘗不明？垢之者昏。致知者，復其知而已矣。有競十間門面者，夜不能寐，晝不能食，忽而知有廣居天樣大也，粲然一笑，遺其所争如糠秕。今世士子錮於習染，了不知有至大者在，而謂功名富貴可以置身其間，至榮至艶，豈非置夜光之珠於塵穢哉？何啻鏡之蒙垢，何得不昏？諸醜不覺，至於鼓譟，視若極得意事矣，可怪也。一念不起者，止也。常止則常知，常知則常止。止者默乎？知者識乎？默者直向內而已。謬談如斯，惟老年丈高明裁正焉，幸甚。

復婺源趙大尹青石

恭承翰教，叠叠[二]真切，仰窺深造。來諭："真心不鑿，智故不設，便自反無愧。"誠哉是言！古聖人亦奚加此？但士人或以非心爲心，以不真爲真，故或以負心爲不負耳。夫果真心不鑿，以迹而晦何妨？亦不云以仁得過矣。非不得過，不見其以仁得過，而惟見我之未仁也。故視世路常坦，不見夫有羊腸也者，又安見有嶮巇之甚者乎？是以君子戒慎恐懼，俾真心之不鑿。真心在我，如安輿，如巨艦，渡山浮海，如履平地，奚嶮焉？夫不見世之嶮也，庶其仁乎？不佞與門下無半面之晤，輒敢喋喋如此，惟是莊誦教言，非尋常竿牘之語，不覺傾吐其愚。冀獲砭正，開我蓬塞。

復李肖溪

札談諄亶，良慰私懷；齒及荒序，更令人愧。雖然，所云"月異歲不同"，道無盡也。孔子十五固已頓異，豈俟十年一異哉？其曰"一日克復"，又甚直截如此。不佞迂暗之質，當此衰暮之年，於世無當，自忖未能有爲，謬叨起數，已走力資疏，叩閽告休，尚未得報。辱獎借逾涯，非所能荷。又來翰謂："因論水之清濁，而或者謂水性不同，且謂人性不同。"竊謂水之性一而已，人之性亦一而已。水經鹵而鹹，經硫而温。鹵、硫不同，水未嘗不同也。頗似人身，衣錦則暖，衣蘆則寒，豈原有寒暖之身乎？性非氣質不載，人人有氣質，人人有性，氣質雜揉於五行，不可勝算，而性無有異。以氣質之性、義理之性雙提並論，似有不必。執氣質而疑性，尤屬不可。如金在礦砂，砂有重輕，金有隱現，而金奚殊焉？又頗如夜光之珠函於紗縠之中，則氣質清者類是；函於布楮之中，則氣質濁者類是。而珠何不同之有？孔子曰："性相近。""相近"二字對"相遠"而言，亦聖人口氣之婉也，非謂有不同也。今只論有無而已。向行道之人語之曰："聖人有性，衆人無性。"定不以爲然。既已有矣，一粒即全丹也，一隙即全明也，一息即千古也，烏能以爲有不同乎？吁！性之不明，盡性者寡也。儻不之求盡乎，即喋喋於同異，吾輩亦漫談耳。鄙見未知是否。

讚

孔子手書讚

道洩先天，羲皇一畫。累牘連篇，靡軼於閼。尼山六籍，萬載章程。矧遺手筆，不寶如璜？士也操觚，欽其手法。士也希聖，遵其心法。心法伊何？罔越於正。昔賢有言，心正筆正。

孔子手植檜讚

尼聖植教，萬古常存。尼聖植檜，亦萬古常存。教之興替，世運攸繫。檜之榮枯，亦世運攸繫。教繫於世，是或可知也。檜繫於世，是不可知也。聖不可知之謂神，惟不可知，斯爲聖神。

陳楚英先生像讚

壁立修容，電翕雙瞳，寒鐵生風，望之心折，對之僂躬。是忠烈孫公乎？忠節許公乎？抑忠愍楊公乎？或告我曰：“貌未必同。”貌不同而浩氣同，不畏強禦同，不怖死同，不死同，扶持國法如山同，憲百世而起萎薾同。嗚呼！三公其公，公其三公。古人云：“死生大矣。”然則得失升沉，其小者也。先生執法忤權，之死不怵。不搖於大，何論其小？世人且勿搖於小耳。浮名細利輒憧憧，而曰“我可以死”，其然乎？余既讚先生，因三嘆附此。

慕岡先生像讚

形魄有往，丹青寫神。眾皆曰兹殊未肖，而余視之若真。憂時之色可掬，凝道之思猶存。倏栗栗以如秋，倏藹藹以如春。豈先生之精隨余之目以聚？余將見於羹墻，況其峩冠而垂紳。謂先生爲既歿，余之失此友也，則亦淺之乎其論斯人。

自題小像

畫成自顧，爲之莞爾。吾不期汝髯龐亦爾，將草木同腐耶？不當其爾？

四句七又題小像

兹其爲爾也乎？其非爾也乎？爾若斯已乎？其不若斯已乎？爾不既皓然乎？爾不睹乎？

銘

素帳銘 長至前題

采帳過華，余厭其靡。青帳近暗，簡帙艱窺。乃素其帳，芸窗是宜。旭日相盪，洞若玻璃。端居草榻，黃卷任披。搜羅彙品，冥契軒羲。暗則爲陰，明爲陽相。陽德光明，君子所尚。表裏瑩然，無人我障。纖私匪匿，八荒同曠。似啓重門，千目憑望。有坦然心，無厭然狀。適兹在兹，余省余衷。儻有微翳，蕩以勁風。晶晶朗朗，如彼太空。乾元用九，是欽是崇。惟乾之九，肇於潛龍。浮情憍氣，敢不磨礱？乾乾惕若，明示要功。聖言如蔡，萬古開蒙。履長期屆，一陽遄通。復兮防剝，維陽是洪。乃敬銘此，用借檢躬。

校勘記

〔一〕“清”，四庫本作“青”。

〔二〕“叠叠”，四庫本作“疊疊”，是。

表　策

擬史臣欽承上命重錄太祖高皇帝御製文集

進呈表 _{萬曆三十四年江西程}

　　嘉靖二十四年某月日，具官臣某等欽奉上命，重錄太祖高皇帝《御製文集》恭進者。

　　伏以貽謀鳳藻，揭道統於穹霄；繩武鴻編，印真傳於正脉。幸寓管中之目，竊窺言外之心。丕顯其文，大成之集。臣等誠歡誠忭，稽首頓首。竊惟道之大原出於天，聖以斯文立之極。天則涵於渾沌而耀之玄黃，聖則卦肇羲圖而中傳堯命。或道在而位亦在，四代揚其芬；或言行而道亦行，六經振其響。自絕續罕聞於宸宸，而微言僅守於儒紳。雖江河之逝如斯，然蹊逕之紛亦眩。大晦之後必有大明，聖統之垂自歸聖祖。方規恢於機務，輒揮灑之淋漓。頃刻烟雲片語，群工誰贊？縱橫球璧十行，萬里皆驚。不知者謂講藝投戈，猶嫻文墨；其知者謂乘時御錄，合奉章程。孰識其包乾元坤始於胸中，運月窟天根於筆下？三五代以前之作者，二千年未有之聖人。七曜森羅，固難於殫述；一毛絢彩，請舉其大都。如云以神役心，以心役神，而辨繭絲者非細；如云軀以神修，神以軀使，而戒狼疾者遜精。如云非心不道，道本無心，而世猥判之爲兩；如云以學爲本，以操爲輔，而眾胡漫爾無分？如云體之無上，守之無爲，而求道求覺，近在眉睫；如云相之非相，體之非體，而執有執無，遠隔丘山。彼叔季之君，豈乏耽文，鮮登津筏；故辭章之富，雖堪折軸，不類分毫。真萬派之崑崙，爲群言之溟渤。當年學士以周鼎喻古，喬嶽喻高，頌天者殆不可名；惟我文皇謂天地之心，帝王之度，知父者果莫如子。

恭惟皇帝陛下離照重華，賁文成化。聖作物睹，決諸河瀆之清；業繼統承，揆以庭幃之孝。敬與一挈其綱領，直擬商盤；箴有五剖厥精微，洞開孔室。曩者訓録告成籠禁，而絲綸復下鸞坡。由列廟之典章，迄昔人之經史。鉛槧仍分乎秦穎，牙籤再貯之奎垣。蓋取鑑於前徽，亦式昭乎家法。臣等首誦高皇之製，足徵大道之彰；恍瞻初日之光，乍醒半生之夢。千年緑字，爛爛於今；萬古玄珠，的的在是。因思廟廊之上，奚羡西巖汲塚，成憲遵而有餘；簪珮之中，何須堅白異同，聖學由來自炳。法其德則道凝，師其人乃政舉。如履冰以饗帝，則百神用歆；戴星而臨朝，則庶事靡胜。賞功官德，則尸素之風銷；赤子蒼生，則陳紅之積裕。三條興教，不殊雨化之育英；五事從戎，安用雲飛而思猛？仁以執法，則貫宿斂芒；制罔飾華，則夏宮並儉。信乎大事小事，由之而美存；不愆不忘，率之而過寡。謹用辨其魚豕，一宵頓映藜輝；襲以縹緗，五位儼陳蓍卜。詎但藏之中秘，周室永念儀刑？抑將見諸躬行，漢家自有制度。

伏願懋始終之典學，謹陟降以紹庭。旂廈經筵，爲韋爲弦，命朝朝進講；章縫學子，歸極會極，令在在闡揚。道坦坦而周行，寧誼祖德；統綿綿而世衍，永奠皇圖。臣等云云以聞。

薦舉策丙午江西程

夫創業之主，閱歷久而至理瑩，操慮深而廣智出，其意不可湮也，其制不可闕也。然或存其制，失其意，制存若外塗，意去若中蠹，天下乃病其制而其意晦。又或制有所偏存，有所偏廢，存者遜于衆志而未必可獨因，廢者逆於衆志而未必可獨革，天下乃不識其制而意更晦。願治者思其初意，還其初制，轉衰而盛之善物也。

繄我皇朝，制度宏備，學宮屋比，衿韋之士不可勝計。若曰三代之學以明倫也，君子之學以致道也，初意如是；官聯棊布，簪笏之臣亦不可勝計，若曰君之立官以爲民也，君子之仕以行義也，初意如是。第今之從學、從政者可惑焉。總角之子甫入鄉塾，授以《孝經》，似當講唯諾疾徐之節矣。然其家謂此子業儒，門户攸資，其父負戴於路，子可不問。其師誘之勤習，動稱華膴，蒙泉不亦濁乎？是入小學之日，即亂小學之日也。既進膠庠，對越尼父，所宜辨明新之工夫，别義利之輕重。躬學躬習，躬悦躬樂，試則敷其所得於文，仕則達其所文於政耳。顧廣求帖括，日工雕繪，袒裼而玩"齊明"之句，離親而誦"遠遊"之章，書自書，人自人，曾不思國家何賴於我，而窮年作養且薪樞之録也。是入大學之日，即亂大學之日也。及其致身科名，邑里交慶，而或乃謂棟楹宜拓，食奉宜華，址併鄉鄰，利吞都市，猙獰僕從，囁嚅公庭。賀者在間，詛者盈衢，渠方誇詡，謂兀兀積學，竟抵於成。夫學之成也，謂道明德立，豈以温飽豪侈謂之成乎？是學成之日，即學敗之日也。昔人學古，將以入官，學如敝帚，仕將焉藉乎？自非抱明穎之資，保渾樸之稟，操刀而輒善割，居今而思企古，用能巍樹匡時之勛，光映名臣之録。稍不檢飭，風靡波蕩，蓋亦不鮮矣。

每見初通仕籍，問土地之肥瘠，訪彌縫之世套，罕有感主恩之難報，懼民隱之難瘳者。而又吏胥逢以故習，家人憎其獨潔，則謂汶汶之榮享也，桓桓之逞臆也，容容之固位也，炫炫之博稱也，閃閃之趁時也。詎以四境爲家，而不廣其百年難保之家，以萬姓爲子，而不私其滿籯不守之子？醜莫醜於厚獲，悔莫悔於負時，其乖謬遠矣。有良牧焉，聽斷明，訟讞息，催科善，逋負充，酬應周，遠邇悦，賢聲勃起，何於家給人足、禮備樂和、仁漸義摩遂之爲未遑，闕焉若異任？豈簿書期會，遽爲盡職？是似近而猶遠也。其或阨於下僚，沈於冷署，長日咄咄，罔可事事。第抱關亦有常業，乘田要在茁長。果可僅擁虛器，鎖局養時，則居卑而暗其體也。卑者以一身爲廉，而尊者以衆廉爲廉；卑者以一署爲理，而尊者以衆理爲理。若不問其職細職巨，職綱職紀，職近職遠，自廉自理而已，則居尊而暗其體也。諸如此類，治胡以興？豈皇祖之初意哉？

蓋建學者制也，而意不在春華之飾；任官者制也，而意不在虛文之蒙。然采春華者掇科，而責秋實於素日，必不得之數也。拔虛文以登雋，而試實政於他年，亦必不得之數也。我皇祖立法創制，殫竭睿思，豈其慮不及此？嗟乎！皇祖籌之審矣。誠知制科掄文，非可專恃，而薦舉辟召，章章可鏡也。龍興草昧之初，宏張羅網；豹隱蒿萊之彦，俱荷玄黄。則有孝弟力田、賢良方正、聰明正直、才識兼人諸科，其所重者，薦而徵之，不欲其試而媒之也。旁求之使四出，勸駕之章日至。禮賢之館，濟濟髦儒；金馬之門，彬彬耆碩。繼雖制科頒式，而乍行乍輟；雖三途並進，而薦舉居先。由癸丑以及癸酉，猶綸音之屢播焉。大抵鄭重端良之英，菲薄辭章之士。故大儒接踵，名世比肩，淳龎熙皞之治，盛於洪武之間。

迨後科舉漸重，既明示以右文，科獨重甲，更右文之大過，薦舉乃止，衆乃不尚德。而深計之臣不忘建白，或曠時一舉，則海内以爲美談，士林以爲芳韵。四方無論，試論江右；遠歲無論，試論近年。則薦徵之典，吳臨川而後猶及於新城之鄧、安福之劉、南昌之章。四君子者，學足明先王之道，才可裕應世之猷。或詣深爲粹品，或調高多偉行。雖雌黄之口善善不長，不免厚責副於盛名，窮索瘢於洗垢，獨計其志存於道乎，亦庶幾得學之所在，而不僅以獵榮爲學矣。向使顯用其身，展抒其抱，隨其根器，不必於建樹之皆同，宜將有所自效，裨補於天下，非聊且於充位，徒以逐世而已矣。但世方笮之好，誰復瑟之問？故令其鴻冥之遠，飄然鷺序之外耳。儻申明典制，俾内外當事之人博詢推薦，或馳使徵聘，或有司敦遣，與制科之士相兼並任，有數善焉。上之所好，靡不象指。上好以文，乃極風雲之變態；上好以行，寧無澡滌之深功？響應必捷，善良必衆。其善一。鏨帨之工，原不益成敗之數，故朝登仕版，暮可弁髦，業以行收，烏容捐棄？棄則立露其短。其善二。與其糊名易書，以下求上，孰若懷瑾握瑜，以上求下？既無枉己之風，可致正人之效。其善三。先資在藻麗，則拾人之瀋，燦於筆楮間足矣。月旦在真修，而可竊人之行爲己之行乎？縱令其行，然而心不然，猶愈於無其行者。其善四。父母無不愛子者，操觚足以梯榮，故驅之攻苦，以冀通顯。修身可以儋爵，誰肯不教之孝義於家，甘令惰窳？尤足基化也。其善五。吾伊業舉者方組其言，道德㨗躬者則繕其性，一實一浮，如蓬在麻，孰無本心，不趨於實？其善六。文士逢時，多恣睢之狀；端人在列，必矩矱之遵。準則植焉，清議明焉，黜陟行焉，可以丕變。其善七。其藝校之司衡，其政計之銓吏，不相蒙也。雖有不肖主者借口薦其行，而行不副，何説之辭？嚴行連坐之條，誰敢不慎其舉？其善八。士非科目不進，而樸茂不華者，終成淪落。薦舉既行，杞梓、皮革之良，廣搜並畜，野無遺賢。其善九。行之既久，人有君子之行，户有可封之俗，可以一復成周“三物”之舊。其善十。

　　此非肇爲之説也，祖制所垂也，祖意所重也。百年之錮習一新，四海之人心俱挽。居學校則明經修行，何但文爲？服官僚則濟世安民，原有實詣。一舉而三舉，一嬂而三嬂者也。不然，望士學之正，日考校焉，祇精其技耳；求吏治之興，日督過焉，祇理其末耳。雖家置一鐸，歲一大計，胡可得哉？

仁體策_{丙午江西程}

仁人之用仁，舉諸我以加諸彼乎？曰非然也。有彼我則有封域，有封域則有急緩，有急緩則有校量。其卑者易入於納交聲譽之僞，其高者亦回而不直，澤而不粹，暫而不恒，虧而不滿。夫湛然而仁具，油然而仁興，奚暇校量哉？昔先哲之談仁也，曰："仁，心之德也。"而泥之者乃於心之內更求德焉。非德不足以見仁也者，不知心矣。不知心，焉知仁？故曰："仁，人心也。"言心而不言德，而泥之者乃於人之內更求心焉。非心不足以見仁也者，不知人矣。不知人，焉知仁？故曰"仁者，人也"，言人而不言心，嘻！至矣。

若理若氣，若形若性，若身若心，貫通矣，渾合矣。吾以七尺之軀，四體五官，成其爲人。而仁固即此而在，烏能使不仁加之？顧所謂人者，七尺而已耶？四體而已耶？五官而已耶？一膜之外，何與我哉？非孔子之所謂人也。故曰中國一人，率土而居，皆人也，皆一人也。辟如毛髮繽繽紛紛，聯爲一身，然則圓首象天者，方趾象地者，同七尺者，同四體者，同五官者，固一人也。莫高莫深，有知無知，奇形異狀，曾可謂一人哉？亦非孔子之所謂人也。故曰仁者以天地萬物爲一體，嘻！詳矣。

天若彼其穹窿不可極也，吾之體亦穹窿不可極；地若彼其遼杳不可竟也，吾之體亦遼杳不可竟；萬物若彼其纖巨不可紀也，吾之體亦纖巨不可紀。天不二於地，地不二於天，天地不二於萬物，天地萬物不二於我。試喻之：惟兄與弟，共胞而生，誰不謂一體乎？天之生亦有自，地之生亦有自，萬物之生亦有自。生天者誰？生地者誰？生萬物者誰？豈其有生天者，有生地者，有生萬有不齊之物者？若是乎尸之者之衆，必不然矣。天也，地也，萬有不齊之物也，我也，其生之所自一也。鴻濛未闢之始，有合而無分；形象既判之後，似分而實合。不睹夫一氣氤氳亙於六宇？天運於是，地處於是，物生於是。萬相呼也，萬相吸也，萬相屈也，萬相伸也，萬相卷也，萬相舒也。有其吸也，必有來也，來於何所？有其呼也，必有往也，往於何所？謂我之一呼一吸不與天地萬物之氣相來往，而與穹窿遼杳纖巨、不可紀之處有毫芒之間，可乎哉？故靈明各具，天不獨豐，人不獨嗇，人不獨得，物不獨闕，其中通也。一陰乍動，一陽來復，倏忽彌漫，周於天地，貫於萬物，亦其中通也。疾痾痛癢，相連相關，不但父母兄弟，推之一切，莫不皆然，亦以其中通也。而或者乃曰母嚙子痛，則常聞之，焉有物痛而亦痛？嗟乎！母嚙子痛，世未必皆其人也。然則父母非一體耶？此其體之木也，木則無不木也，不木則無所木也。入其室，父母兄弟環向而處，不知其曘也；出而遊闤闠之中，遇其父母兄弟則曘之；之郡城焉，遇其邑之人則曘之；之會城焉，遇其郡之人則曘之；之都城焉，遇其省之人則曘之；之海外異邦焉，遇中國之人則曘之；之壙洋之野，木石鹿豕之爲叢，遇似人者而曘之矣。方其未曘也，木也；及其既曘也，不木也。且光風霽月，何與於我而忻？狂飆陰霾，何與於我而慘？水光山色，何與於我而喜？荒原頹壁，何與於我而悽？花芳卉榮，何與於我而賞？紅瘁綠凋，何與於我而惜？鳥鳴魚泳，何與於我而樂？鴻斷鵑啼，何與於我而嘆？則風月水石，花卉禽魚，固有通於我者，我乃忻之慘之、喜之悽之、賞之惜之、樂之嘆之耳，奈何日日周遊，時時茂對，人忻亦忻，人慘亦慘，以目爲賞，以目爲惜？

語云："我乃行之，不得我心。"不自察耳。察則不木，不察則木。故窺以道眼，則他山之圮可通於鐘，烏得遠視之？無情之草，可飛爲螢，烏得頑視之？而何況同類，欲不灑罪人之泣而潛然不寧，欲不耻溝中之納而恫然悼念，欲不憫一民之饑溺而愴然剝膚？障以塵情，則父子可異庚藏，兄弟可分甘苦，而何況疏逖號呼之聲、鼓吹之供也，血髓之竭、囊篋之充也，水陸之搜、朵頤之快也？顧華夷之界限，人物之差等，仁人未嘗無別，此以別之者，體之也。華得其所，夷亦得其所也；盡人之理，亦盡物之理也。分殊者，脉絡之分；理一者，公溥之量。故蛇龍歸菹，聖王之愛物，而庸衆不解，但謂袪民之害；仕元明學，魯齋之大用，而世儒過貶，則以疾夷之甚。然征伐可廢乎？刑誅可弛乎？仁人未嘗不嚴此以嚴之者，體之也。仁與不仁，辨之以心，不辨之以迹。除莠剔蠹，以殺機爲生；繡花鏃鶴，以生機爲殺。故砭灼不廢於肌膚，夏楚不靳於愛子。虞庭四罪，魯國肆眚；周王一怒，宋公不陁。孰一體，孰非一體？必有分矣。

夫以天地萬物爲體，則體大；以四體爲體，則體小。以天地萬物之體爲人則人大，以四體之體爲人則人小。大體者能卷爲放，流衍於衆小體之中，而衆小體不能隔也。四體之木，則知療之，天地萬物之體之木，則不知療，弗思故也。夫千萬世之上，此天地也，有萬物焉；千萬世之下，此天地也，有萬物焉。天道無窮，地道無窮，物生無窮，吾心亦無窮。往聖之絕學未輟於念，而萬世之太平輒營於中。仲尼之生，千古不夜，堯舜之心，至今猶存，即其體存也。故曰會人物於一身，通古今於一息，區區補葺於百年之間，君子以爲猶木也。顧所謂天地萬物者，蒼然已乎？隤然已乎？磧然已乎？精與之注也，神與之浹也，可見者、不可見者，可聞者、不可聞者，瑩徹無礙，六通四闢，契於至微，合於無朕。握造化之機緘，達鬼神之情狀，體物之至仁也。故曰："建諸天地而不悖，質諸鬼神而不疑。"區區補葺於耳目之及，君子以爲猶木也。

天地之參，猶三之也；萬物之靈，猶二之也。合之爲一，大何以加焉？天地未位，萬物未育，吾體之木未療耳。自木自療，自位自育。我爲誰？彼爲誰？胡可遏哉？有所委焉，而仁之弗居，自棄其身者也；有所損焉，而自私以利，割左股而益右股者也；有所隘焉，而愛之未廣，養其一肢，而忘其衆肢者也。盍法諸天地？無遺覆也，無遺載也。不以天地爲一體者，必不以萬物爲一體；不以萬物爲一體者，必不以一物爲一體。故不憐窗草，便可興戎；生理隔髮，乾坤可毀。何也？體一而已，人一而已。故仁以爲己任，古之成仁者如此。

仰節堂集卷十一

約　言

明學會約

　　世之不治，道之不明也。道之不明，學之不明也。謂學止于誦讀者非，謂學外于誦讀者非，謂峨冠博袖便是學人非，學何可不明哉？學明則道明，人之所以爲人，世之所以爲世也。曾之于德，思之于善，俱先于明，可繹也。余不敏，藉諸友興會明學，冀匡不逮而爲之儀注。每月初四、十九辰刻，赴會所候齊，至先師像前，四拜一躬，分班對揖，端坐澄心，隨意質論。或道域若何登進，或習疚若何懲艾；或聖賢某語，覺體驗未能符合；或日用某事，覺處置未能停當。諸如此類，互問互剖，總不越于自身。若所講未投，氣平意藹，且待熟思，需以異日。或沉默半晌，或雅歌鳴琴，涵養靈明，漸收長益。會畢，仍向先師一揖一躬，揖讓而別。爰列數條，用期共守。

　　一、尚實。天道人道，不逾一誠。徒侈講學之名，不務躬行之實，欺人乎？欺己乎？欺天乎？焉用群居，枉勞唇吻？其必實踐暗修，徙義改過，期言行之相顧，勿假僞之遺羞。

　　一、立本。士君子有弗學，學則直透根宗，了徹心性。若水之由源而沛流，若木之由本而達枝。不爲補湊之計，而爲樞軸之運。悠然順適，詎不輕快？唐虞執中，孔致中，當是斯意，其亟圖之。

　　一、廣量。爲天所生，便當肖天；爲聖之徒，便當法聖。小成小就，大人弗爲。故孟氏不由夷惠，直承洙泗。辟之于射，必有正鵠，射不望鵠，藝何由精？是在立志何如耳。然聖實非高，勿同俗眼，學久自知。

一、謹庸。道不在遠，家常茶飯皆是也。依庸爲聖，盡倫爲至，胡可忽諸？尚于子臣弟友、冠婚喪祭、取予約樂、語默進退，範之規矩。若尋常倫物漫不愨飭，而談高説妙，如腹無盂餐，口誦珍錯，何關饑飽？

一、虛受。虛爲本體，一物不着，奚所不茹？文望未見，孔云何有。何況承學，成心成見，掃盪勿留，衆善因而外來，天光亦且内啓。若堅持邊辭，分別門户，躲避字樣，總之障蔽，是謂自封，非進機也。

一、主靜。靜非靜地靜時之謂，靜地靜時易于求，靜固所須也。然必應時習存，動中習定，終日紛紜酬接，而凝然者不動，則我常御物，物不撓我，焉往不宜？

一、適用。孔門弟子頻頻問政，故論士則不辱君命，而不達于政者無取誦《詩》。近世名賢亦曰："做秀才時，以天下爲己任。"今時制科亦有策論。經世之具，胡可不講？稽古籌今，豫圖于知爾之前，斯體用合一之學也。

一、有成。農夫耕作，覬于收穫，耕而無穫，何取胼胝？業既有初，猛力精進，綿密不斷，期學之成。倘或進鋭退速，或間作間輟，遷于異物，廢于半塗，校諸未學之人，更是可惜。彼原未有所獲，此則幾獲重寶而失之也，其慎旃哉！

志道書院約言

不佞司理淮陰，叨署府篆，請于督撫褚公愛所先生，建書院一所于府學之東，以居諸士而肄之業。公批允，且發百金爲工助。比成，擬二名以請，曰"學孔"，曰"志道"。公命用"志道"，遂題以"志道書院"，而顏其堂曰"學孔堂"，後堂曰"慎獨"。號舍十區，爲"明"、"新"、"格"、"致"、"誠"、"正"、"修"、"齊"、"治"、"平"。右有方池，池中有亭，曰"日新"。左爲射圃，右坊曰"興文"，由亭以達者；左坊曰"觀德"，以達射圃者。夫志道者，志大學之道也。大學之道，明德、新民、格致、誠正、修齊、治平之道也。斯道也，孔子之道也。士何可無此志？志斯學矣，其要只在"慎獨"。夫志道、據德、依仁、游藝，一時俱在。道、藝匪二，何況德、仁？當下即是，沒齒無容斁。孔子十五志學，七十不厭，故曰發憤不知老，故君子持其志，終身焉弗畔于道。乃述命名之意以爲記，即以與諸士約，科條具是矣。

叙安定祠會約

不佞既爲祠祀安定胡先生，因商諸譚生大禮、馮生世明，集諸生於其中，歸依大儒，以講聖人之學。命大禮爲《會約》，而不佞申言於首。夫諸生講學之會，立自今日。然則未會之先，諸生果不在聖學中，而不佞反黑爲白，變石爲玉，前後頓異乎？曰：非然也。諸生日日行聖學，日日習聖學，會之有講，特欲其著且察耳。諸生當清明之時，無心應事，其和平公正，與孔子分量不減分毫；第其暫吐萌芽，隨被摧折，遂不能參天合抱矣。然謂參天合抱爲木而萌芽非木，則非也。今日之會，所以養萌芽而參天，完其爲木而已矣。顧培壅灌溉，種木者可以用力，乃其中盎然生意，雖甚工巧者，安能益之？故學問之道，唯諸生深造以自得之，非人之所能爲也。嗟乎！風流波蕩，人懷我心，貪名嗜利之習膠固而不可解，有能割難舍之欲，任聖道之大，使民命永存，乾坤不毀，非天下之大勇，將誰望焉？諸生勉之。

節孝祠會約序

徐仲車先生以孝子顯於宋，迨今數百餘年，其風不泯，淮之人士多以孝子稱者。不佞建先生祠於其里，諸孝子徘徊祠下，益蒸蒸思奮焉。惟其有之，是以親切若此也。乃命盧生守恭、鮑生越輦立會定約，聚諸人士講孝，而爲之序曰：

人子之身生於父母，如草木之枝葉生於根本。愛其枝葉，而傷其根本，則枝葉枯矣，尚得爲愛乎？故人苟愛其身，則必愛其親矣。然自頂至踵，皆父母精血所遺也。故子身即親身，而愛其親者，則必愛其身矣。昔之言孝者曰：“身體髮膚受之父母，不敢毀傷。”曾子有疾，啓手啓足，以免於毀傷爲幸。然所謂毀傷者，非止於殘壞之謂。一舉手而悖於理，傷其所受之手矣；一舉足而悖於理，傷其所受之足矣。由斯以推，目視非禮之色，傷所受之目矣；耳聽非禮之聲，傷所受之耳矣；口出非禮之言，傷所受之口矣；心懷非禮之念，傷所受之心矣。故曰：“戰戰兢兢，如臨深淵，如履薄冰。”言守身若斯之難也。故曰：“不失其身而能事其親者有矣，未有失其身而能事其親者也。”故曰：“舜其大孝也與？德爲聖人。”然則無聖人之德者，其爲孝也小矣。故三皇以孝皇，五帝以孝帝，三王以孝王，伊尹、周公以孝相，孔子以孝師，中國以孝別於夷狄，人類以孝別於禽獸，可漫視乎哉？

或曰：“論孝及於聖人，孝之至矣。會中多市廛之民，豈易能乎？”是不然，聖人之孝特赤子之孝耳。赤子孕於母腹，母呼亦呼，母吸亦吸，愛之始也。出胎未有不啼者，其愛違也。得母未有不安者，其愛得也。是故匪愛以言，匪愛以知，精所注也，氣所貫也，神所凝也，不可得而名也，是造化之靈機。沖融而無參雜，圓滿而無滲漏，故曰仁也。仁者，草木之子種也。子種有仁，則千花萬葉，千荄萬株，生生不窮。人心有仁，則盡人盡物，盡天盡地，亦生生不窮。故曰：「大人者，不失其赤子之心者也。」大舜五十而慕，不失其赤子之慕而已矣。爾諸士民會講之時，潛心默思，誰不嘗爲赤子？誰不原有愛父母之真心？昔何以愛，今何以不愛？昔何以愛之真，今何以不真？無乃知識開，血氣動，應接繁，視聽亂，妻情子念膠其中，流俗滔朋薰其外，遂至失其故態耳？由是憬然悟，躍然興，銷其邪心，還其真心，守其身以愛其親，如赤子之初而止，斯爲至孝矣，斯善學聖人者矣。

文昌閣會約序

舉業之制，初場試以經書義，二場、三場試以論策等篇，令士子研究經書，體驗於身心。誦「明德」則自明，誦「時習」則自習，誦仁義則自仁自義，誦《易》則「乾乾」，誦《詩》則「無邪」，誦《書》則「執中」，誦《春秋》則「正心」，誦《禮記》則「毋不敬」。由是發之於文，以聖賢之肺肝效聖賢之口吻，必親切而有味。而又觀其後場，論事論理，條答判斷，可以窺學識之優深、世務之練習。即如策守令，則必如何清、如何慎、如何勤、如何生養、如何教化，考古證今，確有成算，授之以政，舉而措之耳。一切款項，莫不皆然，茲顧不可得士哉？無奈假舉業之多也，口堯而心跖，記套以干時；科名滿世界，善治不多睹。而理學之士遂厭舉業，則以假者之取厭，非舉業之尤也。嗟乎！鄉學、太學，尚非理學之所乎？講孔講孟，尚非講學之事乎？業舉而不知理學，是秉末眂歈，而謂農家別有一流也，惑之甚矣！夫野逸不知學，僅遺議於鄉里；衿士不知學，將流禍於邦家。何也？典制既不可廢，薦徵又難常得，他日析圭從政，終在渠輩，若不迴心嚮道，世事何所底止？生靈何所依賴？故君子於此尤殷殷屬望焉。

董生偕其諸友會文於文昌閣，有約有序，大概明舉業、理學之一貫，余爲申之若此。語不云乎："以文會友，以友輔仁。"仁者仁其身以仁天下也。誠知輔仁，會文何碍？不知輔仁，會文何用？文與仁有二乎哉？

講書約言

余不佞，佔畢垂老，于道罔窺。諸賢不以爲暗昧，而相與闡孔孟諸聖賢之旨，若將代諸聖賢洩其胸臆者，心口擬議之間，或庶一睹其藩。藉書藉講，自開自印，眷三益之在列，覬大業之堪臻。古人"久要不忘"，今可覿面無語？聊著數條于左，卑之無甚高論，亦不多及，貴在實行耳。一遇會日，各宜早赴，揖讓序長幼而坐，或討論前次所講，或隨便商確德誼。肅候人齊開講，相剖相長，以求至當。講完，仍揖讓序長幼而散。莊敬雍藹，即此是學校之聽講，更爲得力。

一、記誦剿襲，非不燃燈午夜，汲汲窮年，然身心無所享用，精力徒成耗憊，何如實研理趣，直探本根？開我靈明，劃然透悟，發爲文藝，真切痛快，自是出人頭地。至于時務、邊防、河道、農桑、學校之類，或稽簡籍，或詢前輩，確有成算，可裨寔用。異日經世，舉而措之，力省益宏，豈不得哉？舉業初制，原是如此。乃或謂舉業與理學爲二，其説悞矣。但舉業自有真耳。真者逸，假者勞；真者樂，假者苦；真者大，假者小；真者樹立偉，假者樹立卑。真者百發百中，縱不得中，亦不湮没；假者有中有不中，若不中，便將泯泯。

一、燕居獨處，斂氣歸寂，凝神學止，務令寧一，不致浮游。此存養入門第一義。上下古今，步趨賢聖。摹古人之氣象，以範我之氣象；想古人之心事，以檢我心事。聖性人人具足，雲開天遠；妙道不離目前，至淺至奧。志堅氣鼓，一日千秋，塵世榮枯不足當其一瞬，奈之何終此身而可不一嘗味也？

一、聖賢垂訓，如路之有程，率而行之，方能遠到。束身入道，大端有四：一曰孝。孝爲百行之首，愛木者誰不培根？愛身者豈可忘本？劬勞恩重，捐軀難酬。急圖順事，勿貽後悔。二曰義。義爲提躬之矩，取與行止，節操凛然，勿逐營營，致有點污。三曰儉。服食用度，寧朴勿華。華則童心，朴則高雅。保德保福，胥由之是。四曰讓。人世百年，電光石火。小忿小利，讓彼何妨？君子不爭，所就者大。

以上數款，倘不佞有所違悖，願諸賢不吝直言，俾得省改。仍望互相規勸，一道同風。良會難逢，惟無辜負。

鷹揚會約

竊睹倭警漸棘，戎事方殷，必將得其人而後兵可精，而將品寥寥，識者憂之。淮城指揮、千百户、武舉武生應襲不下百人，其中多矯健而有力者，聰穎而有才智者，端良而有行者，特以積習相沿，或役於奔走，或甘于紈袴，其不讀韜略，不諳弓馬者蓋亦多矣。乃請于督撫褚公，興起武會，備幣張筵，請在籍都閫周君尺爲會主，以見任坐營都司及内中軍等爲會賓。仍設會紀、會贊、會掌，群官生于韓淮陰祠爲會所，訂期習武，量行資給，稽核獎薦，冀人人賈勇，干城有賴。爰議科條如左：

一、定志。語云：“心堅石亦穿。”故志之所至，氣必至焉。古之名將豈有種乎？亦爲之而已矣。方今邊海多事，廟堂之上拊髀思賢，機不可失。願諸官生立定志向，有始有終，勿爲虛應，勿事委靡。但稍稍自謂不能，是自棄也。

一、虛心。語云：“謙受益。”故海納百川，斯成其大。凡一人有一人智識，若合十百人之智識于一己，豈不大智乎？願諸官生恭以事師，和以處友，勿諱己短，勿忌人長。凡所論議，默存勿忘，智慧自生，臨事無窒矣。

一、砥行。夫文武二途，原自不遠，而今將權似落，事多掣肘，或亦有所致之也。願諸官生敦尚端廉，愛惜名節，勿泥積習，勿貪小利，務令青天白日，上下相信。夫上信我，則可以展布無牽制矣；下信我，則號令行無違抗矣。功業不成者，未之有也。

一、勤業。夫業精于勤，故曰：“惟勤有功。”夫博奕可度時光，而騎射亦可度時光。閒談亦談，而談兵亦談。究其成就，不啻天淵。願諸官生鼓動精神，從事本業。不但功成名立，爲奇男子，且匡輔國家，是忠也；光及祖宗，是孝也。何憚而不爲乎？

一、省心。嘗觀南塘論將，先于心術，蓋凡人之邪謬敗度，由于情欲溺之，習俗染之，失其本心也。若于清夜之際常加點檢，必有悚然不自安者。乘是一念，因而奮發，便知此身爲頂天履地之身，必不甘于荒淫頹廢。事事合于道義，乃爲豪傑之士矣。

一、相成。夫兩澤相依，其水不涸。故良友相資，不至于敗。今大衆同集，此豈偶然？所賴規勸切磋，共致遠大，良非眇小。願諸官生同心同德，若有怠玩不法，婉辭以導之；有負氣不協，盡心以解之；有小嫌則容之：庶此會其永永乎！夫大將者，聯千萬人爲一人，方可以制勝。若一會之中而不相成就，何取于會乎？

五言古詩

題徐翼所年伯《素履圖說》十二首

人以官拓産，伊産以官落。何能卑小官，而不清獻若。世情難與偕，所貴在空橐。貽謀亦有良，一經不爲薄。

右《庭闈受業》

曩未采芹日，芸窗現鬼魑。移居免覆壓，人謀詎及斯？毋乃人四傍，有鬼相依隨。慎旃滌厥衷，誰云可射思？

右《泮宮發軔》

昔人羨一鶚，況乃雙桂芳。賀者交於閭，若爲共榮光。或亦怙其貴，鄰里轉彷徨。徐翁仍往役，吾以酬吾鄉。

右《兄弟聯登》

天遠不咫尺，宮闕高嶙峋。徘徊聳瞻視，茲地致吾身。致身未爲報，丁寧啓後人。而勿忘此日，應更念吾君。

右《率子瞻天》

曾聞談蠻夷，情與北虜異。吾不虐其人，渠亦不爲祟。貪將故生釁，鹹殺自網利。一札平番書，千里免兵燹。

右《持節平番》

千章出萬壑，躬先不畏苦。神爲畫良籌，夢裏頻開剖。人恐遺之累，輸金不啻土。神人不可格，何不於斯睹。

右《奉詔掄材》

從昔論事主，以人爲上臣。一人曾無幾，安得百千人？若得人千百，便是百千身。守蜀蜀人化，兹意良獨真。

右《持衡校士》

余聞古聖人，出入劍爲珮。奈何懸蓬矢，憒志黄雲塞。揮毫睨武夫，武夫殲巨憝。揚戈滄海中，不比齷齪態。

右《靖海揚戈》

從昔有事使，從昔有君臣。不聞君負臣，惟聞臣負君。試睹龍章錫，皇恩被兩親。負曝還自暄，何以報王春？

右《奕世承恩》

余誦聞臚説，林泉見一人。有子朝通籍，若翁暮乞身。不緣寄寸赤，豈釋負千鈞？侃侃囑報國，吾亦怵吾神。

右《待漏聞臚》

昆弟俱白首，蘭桂何翩翩。讀罷七訓語，霞觴欣流傳。親親共長長，風世以家先。莫道賦歸去，經綸更燦然。

右《歸田課孫》

輿人皆曰賢，躋諸鹿鳴席。先生曰予眊，檢身轉惕惕。惟其檢厥身，兹筵得上客。知非不爲非，伯玉映今昔。

右《賓筵介壽》

和馮慕岡年兄五詩

臣工壅主澤，萬姓苦如焚。怨氣干天怒，重罰奪良臣。譬如家有譴，賢子應遭迍。有士頸如雪，一朝繫黑組。一組活萬人，巨璫亦去楚。木械更不惡，木械真有靈。能令三湘衆，滂沱涕泗橫。能令夏畦子，忸怩顏可憎。能令忠烈士，芳名齊岱恒。亦或唁其忠，亦或賀其禍。烈士意如何，脉脉不可揣。引袂時撣飾，吾君那械我？

右《械繫吟》

昔聞頭象天，無乃非骨肉。我生髮未燥，鄭重忻修沐。鄭重固鄭重，小帽如冠玉。烏紗貴且榮，乃至忘初服。我首生於天，可黝亦可華。我冠制於君，可帽可烏紗。皇恩自浩闊，髡鉗不漢家。易冠以小帽，不殊純易麻。帽下頭顱直，一舉戴旻蒼。上士薄斯語，不冠憂惶惶。中士契斯語，不冠樂洋洋。下士嗤斯語，不冠胡涼涼。相契不相薄，毋寧幸相嗤。賢人解其冠，天下無寧時。

右《易帽吟》

縲絏南來若有得，語音充朗貌顏和。蕭寺候逮四十日，御製披觀三兩過。方窺大道萃皇祖，果覺殷憂增慧多。百步衡門亦可入，爲彰法紀答恩波。

右《龍興寺候逮》

十椽草屋破生塵，戶外時聞索債人。有妾抱子俱稚齒，阿兄賴嫂絕微顰。千里緘衣不墮淚，九秋披葛已忘身。珍重針縷莫輕視，病妻憑我且懸鶉。

右《寄衣》

昔聞堯堦指佞草，想是今時珥筆人。慢道草多佞全歇，當應佞夥草不神。果如讞獄繫皋士，何獨悲囚痛夏君？安得無佞亦無草，堯皇皋佐樂長春。

右《祭皋陶》

題首善書院

維皇建有極，日月麗霄漢。借問極云何，至善誰容畔。此善來自天，大寶逾瓊瓘。主之爲師模，闡之爲性案。爲之聖者徒，積之慶可斷。帝京天下首，千方支體貫。坦坦王路遵，蒸蒸登于岸。明善善以明，洵其樂且衍。先覺覺斯民，構館敦學半。將期實行修，寧啻綷文烜。登其門崔嵬，升其堂輪奂。入其室深幽，敬止何敢玩？不學善乃湮，不善世乃亂。誰兮匪天民，勿作如是觀。

感　懷

喜夷怒則蹠，人蹠我則夷。肉麋吾胡飽？羹藜爾豈飢？甘可使爲苦，妍可使爲媸。味不主於口，色非目所司。有物盤其間，强橫逾窮奇。變化若牛鬼，播弄如兒嬉。突起千尋障，何論目如離。能幻舌如馬，食蜜胡甘之。吾生患此物，敬奏主君知。明燈照奧窔，峭壁捍邊陲。剛刃晃似雪，誅剪靡孑遺。口目賀且泣，從前何太癡。夷蹠自有真，飢飽莫相岐。

雜詩二十二首

周道榛莽交，憑誰詢濟渡。勞勞古人心，蔬水澹啜餔。赤日揭中霄，六宇撤其錮。我行不可求，殷勤悲日暮。二豎勿相凌，會當振其步。

其 二

昊天制厥命，萬類共相俟。命之貴縉組，命之賤秉耜。命之
厭膏粱，命之乏糠秕。命之健超乘，命之憊牀第。命之爲彭聃，
命之爲殤子。命之彝鼎垂，命之秋草萎。智人達其竅，素位坦如
砥。愚蒙罔有窺，營營良苦耳。

其 三

柏幹何挺挺，藤枝一何柔。傲霜秋賞菊，傾陽夏譽榴。有賞
應有咎，毀譽總堪休。誰能代之喜？誰能代之愁？曠懷觀物理，
觸景聊優游。

其 四

桃花殊綽約，舉俗艷其芳。彌空連錦幄，落地紛紅妝。譽口
若市沸，戀賞奔如狂。孤竹生澗畔，掉臂一何涼。爲語澗畔竹，
韶麗堪相將。飛霜千仞壁，聊此共嵐光。

其 五

好鳥鳴高枝，聲如管弦流。池水尺有咫，魚躍何悠悠。人生
欲無涯，忽忽起蜃樓。不見青春子，兩鬢倏成秋。呼酒酬今日，
勿爲明朝憂。

其 六

少年種多疢，中歲相侵尋。病久更惜日，觀時感慨深。感慨
千里外，杳杳懷同心。奮袂欲策蹇，乘風凌高岑。望望不可即，
潸然涕霑襟。

其 七

　　草根共木皮，藉以延歲年。疢疾應由我，修短固在天。便欲御風去，其如至情牽。留往總不易，寒風淒枕邊。韋編苦難讀，平生愧衆愆。且乘尚健日，問膳高堂前。

其 八

　　缾罍罕儲粟，謬懷揮千金。蓬門有貧客，原田乏澍霖。帶鈎固無幾，解以酬知音。秋氣正蕭瑟，勿厭杯中斟。

其 九

　　秋日猶溽暑，秋風亦已涼。披襟南軒下，無語嘆流光。暑餘豈遽謝，涼至時則當。時乎天弗違，人生胡徬徨？蟪蟬當此日，深樹噪夕陽。

其 十

　　中宵忘在病，披衣睇月輝。錚錚匣中鐵，寒光交青幃。鯨鯢百丈强，盍往奮一揮？否否且寧臥，意廣百年微。

其十一

　　昨晨一齒落，今晨目茫茫。兩體似共期，衰歲行相將。胡不當壯盛，勉學如不遑？此君否大嚼，落齒應未妨。目茫阻誦讀，何以睹虞唐？世態多變幻，崎嶇繁眦眶。便可昏昏然，且免窺雌黄。

其十二

　　有斐誰氏子，楚楚青春姿。藐藐予云聖，施施我既知。日入坐嘆息，支言良自嗤。世季匪旦暮，皇皇乎何爲？三秋月中桂，一芥塵上枝。生民天未厭，會當愜所思。

其十三

追日斃於渴，説難亦已淪。事有不可爲，三閭悴江濱。善哉陶靖節，漉酒以葛巾。茅檐坐捫虱，澄懷賴昔人。達士臨川上，流坎良循循。

其十四

黄金辭暮夜，關西畏四知。清節勵嚴霜，芳名千古垂。家人共冰蘗，歡訶今莫知。亦聞薛夫子，出都杖其兒。二家秉峻德，遒風念在兹。

其十五

蘇卿處漠北，胡虜爲比鄰。腥膻恣食飲，攫殺無人倫。晨起整衣冠，仁禮向具陳。初陳嬉以訝，再陳怒以嗔。侏儸生相習，華言袞不聞。吁爾焉用道，物生固難均。

其十六

骨骸植丘山，對面燕楚異。赤心赤逾日，誰剖誰以視？縱令枯其舌，如簧應不翅。所以抱心人，幽懷付掬淚。吾師固有言，當是誠未至。

其十七

孔方何醜類，昔人譽爲兄。或亦名之奴，差似稱厥情。仍爲奴中賊，殘狡恣縱横。渠能離至戚，因之失良朋。渠去凋人顔，渠來躁人膺。内險藏巖谷，外獰聳刀兵。幻忽安可詰，舉世墮其坑。便移絕交檄，勿致擾吾庭。

其十八

平生不了事，憑此數行書。抱病逾一載，方寸成荒墟。檠短未能親，藥餌時則茹。解組歸田里，所懷寧此如。厥慮匪朝暮，那不惜居諸？

其十九

大事如小事，有事如無事。神閒氣自融，華嶽土垤峙。萬類穹窿間，太空只如是。因物付以物，天下本無事。

其二十

向若官爲家，生計了不植。歸來無所棲，南鄰聊以即。半間晝延賓，半間夜燕息。祖先無祠宇，言念傷胸臆。置主室之隅，一過一惻惻。幾欲謀構樹，踟躕烏能亟？謀身拙似鳩，勿謂將謀國。

其二十一

烏用嘆寂寂，呼童訪所思。跨蹇擬行邁，河柳綠烟絲。且盡此日歡，勿問食無糜。女嬰真大癡，奚事呫呫爲？宮袍況可典，詎至餓爾肌？

其二十二

浩歌復浩歌，人世奈心何。心心山海隔，心心籌算多。相隔生暝怨，多算少安和。我生靈萬類，寸心更靡它。胡爲翻自苦，憧憧起干戈？吾將驅此心，委諸東流波。不分秦與楚，不知唯與阿。可使眉無促，可使鬢無皤。百年能幾日，浩歌復浩歌。

有感二首

有口翕如箕，同室戈矛起。痛哉髮星星，失人亦失己。日日
顧金人，吁嗟胡爲矣？刺舌聞古人，刻骨戒相擬。訟言伊何時，
除夕歲庚子。

古人重知幾，知乃微之謹。或罷發諸聲，胡不窺諸隱？下石
伊何尤，落井良自隕。世方崇背憎，何爲相沓噂？來者如可追，
刻膚時自扴。

上李大蘭先生四首

夫子起南國，開蒙厘轍環。翩翩西山陸，鳴珮雙玉珊。一爲
仁道言，插架徒矜繁。攫靈自銀漢，大河無飛瀾。相看誰可擬，
朱鳳矯翩翩。

蝸蠻逐白日，世味塵懷鎖。世氛非故吾，吾生自有我。么麽
小厥躬，吾道得無墮。勛華躅匪遥，媲芳詎云叵？問予何爾知，
摳衣趨皋坐。

疇昔珍燕石，秋螢詡相映。法堂啓秘藤，靈珠驚照乘。人道
匪遠人，千蹊總幻徑。賢人人之賢，聖人人之聖。三嘆嘉斯言，
泠然破初瞢。

鬱鬱壇中杏，依依河畔柳。柳絲千萬條，不縮杏壇綬。悠悠
感中懷，心蓬將無茂。何以寫我思，訓言當共守。吾道誠在邇，
象罔祇豐蔀。

感事一首萬曆辛丑四月八日

外吏五十三，內吏二十一。一朝下徵書，趨蹌依紅日。朝紳爲結綬，勗哉勉爲臣。年餘綜核審，試罷官僚分。浹歲忽喧動，部曹奉俞綸。皇恩自浩蕩，忘久祇成忻。余猶在寥廓，應非終沉淪。羈棲二三載，胡不事明君？胡不環膝下，以奉暮年親？親年日以邁，臣力日以迤。力爲君王惜，年爲老親珍。年力如可駐，疾徐何足論？

春　日

春日上簾欞，芳樹禽聲暖。南簷餘皓雪，北阰露苔蘚。晨興獨徘徊，鄉思愁繾綣。離親動數年，途路阻且遠。振羽乘天風，迴翔悲在羂。控告聲爲枯，誰能開其鍵。鄉語空谷音，家書金璧羨。夢魂何憒憒，撫枕惟輾轉。室人訝不吐，將占舌復捲。道傍車轔轔，有來亦有遣。睇瞻可若何，吟罷淚欲泫。

得家音

馬上逢來使，急問庭幃事。先聽報平安，纔看平安字。四體欿然舒，歡極仍涕泗。淮安送母迴，經今歲五易。雖知豐碩顔，其如年若駛。思歸爲阿母，不然忍遺世。不歸爲阿母，不然胡所嗜？虛名誤徽纆，浪迹成泥濘。年年春明外，距家千里二。天門更萬里，曉日光易被。去留幾躊躇，究將跨蹇逝。

買　竹

搜囊忽莞爾，猶存買竹錢。是日雪似掌，交映疏窗前。一睹嘆強項，崛峭籠寒烟。再睹殊瀟灑，勁氣鬱軒軒。戞擊流清響，動中自靜專。洌泉度幽壑，喬峰倚遠天。坐對肩爲聳，晨夕相留

連。骨亦爲之挺，腸亦爲之湔。趙繭漢長孺，前身何疑焉？感此
延新益，漫賦高軒篇。

謝任竹東詩扇

望望稷王山，熠熠嵐光紫。中有好修人，九十武公似。褆躬
絶氛埃，羅胸富經史。世德紹先徽，尚友薛夫子。我欲從之遊，
室邇人則邈。雙鯉愧木桃，瑤篇突而視。下以軫時艱，上而憂國
是。予爲貧生干，不以我爲訾。從茲懷袖間，馥郁逾蘭芷。清風
時披拂，泠然盪予滓。高誼啻云銘，壽公式多士。

輓趙公子并何烈婦有引

余同年趙乾所丈之子邑學生任賢，蚤負美質，學道於少
墟馮先生。其爲制藝，每冠多士，未第而夭，副室何氏自經
以殉。嗟乎！烈婦乃得從夫去，公子乃得烈婦同去，復何
憾？顧余不能無悼爾。

皓雪曉山寒，稜稜趙氏子。抱琴入長安，一鼓清塵耳。馮門
稱高足，擬暢六經指[一]。剛腸有父風，萎薾不啻恥。以是範厥
躬，刑室亦以是。忽忽去修文，何媛繼而死。覓死再且三，竟死
芳逾芷。死此百年身，不死者萬祀。我讀烈婦傳，涕淚不能止。
世態頹波流，賴茲爲柱砥。

挽董烈婦

何烈婦，三水人。三水又有董氏，適趙公之孫諸生一
鳳，一鳳卒，董氏投千尺澗以死。死在六月，而何烈婦之死
以七月。一時雙烈，奇哉！併輓之。

世人畏世險，談險而指咋。死生貴得所，豈在坦與阨。烈婦
覷深澗，不異處華簀。肌骸願如粉，真成屑瓊璧。瓦全居繡幃，

何殊叢刃鏑。想當飛身時，天帝爲之格。天帝爲之格，人誰不痛盡？

贈別絳庠蘇小泉廣文還秦

天下無眞儒，因之無善治。昔人軫此憂，興學以爲亟。聖遠言既微，士風亦歲異。終身學校中，不問學校字。泰運轉河汾，小泉振鐸至。衛道如保躬，造士如呼寐。一朝西其轅，皇皇起衆喟。西方有美人，法堂樹赤幟。行矣共闡揚，斯文應日熾。遺訓芹泮間，有士揭而示。大道終在茲，誰兮甘自棄。

遊祥宇李公園

勝地堪遊覽，素心況主人。崇臺祛障礙，清澗滌氛塵。面面長林簇，葉葉窺吾眞。本爲耽幽寂，轉與人世親。不知各意適，但見飛觥頻。

歸德沈孝女

孝女堅孀節，蓋棺骨似銀。未聞再醮婦，能爲不死人。淡濃盼轉合，燕越趾移分。或共嚴霜烈，或隨腐草湮。男兒負剛氣，莫愧女郎身。

贈曠聲和

悠悠嘆世路，崎嶇日侵尋。官常有墜舉，民情無古今。不見循良尹，雲陽愛戴深。猶憶分符日，漢吏畜盟心。三年報上最，楓陛貤綸音。誰云有盤錯，良堪證士林。

都下見西山

忽忽見西山，千峰螺黛簇。宛若對中條，當年景可掬。臨眺重徘徊，屏營撼衷曲。不見故山雲，何況雲下屋。寸腸折大刀，擬上陳情牘。

贈別胡生敬明守戎

世非道不世，人非道不人。武非道不武，文非道不文。斯道入無間，斯道廣無垠。誰能甘蝸縮，但飽七尺身。殷勤囑明眼，認取此身真。到得眼明日，萬彙備於君。主人不自主，大患在逡巡。真形誰信取，磅礴貫乾坤。

送別戴肩吾

七月涼風來，雨罷蔬苗廣。戴子訪吾廬，隴畔談今曩。不道生計微，但詢學問長。手持李翁言，作聖示吾往。珠玉揮四壁，坐玩襟期爽。送子遠行遊，歸視吾禾穰。子行懷自佳，天宇秋正敞。

癸丑村居雜詩六首

秋雨送新涼，一朝遍四隩。既入貴人堂，亦來寒士谷。亦滋荒陬草，亦實良疇穀。世眼過分析，造物笑拘攣。雲霞布長空，山川羅禹服。錦繡滿乾坤，不禁萬人目。隔籬羨他人，枉自隘其腹。如愛袖中藏，不容珍在櫝。達人自大觀，恢恢剖邊幅。我生從何來，請君且三復。

其　二

浩浩復浩浩，天地有至寶。此寶人人具，人何不自保。先賢閔世愚，持鉢效丐討。堪嘆悠悠子，愒日甘就稿。枕璞以爲石，長饑羨一飽。一朝悟其真，應悔悟不早。誰云藐七尺，巍峨陵蒼昊。舜年真未央，顏淵同壽考。黃金北斗齊，校如一芥草。此寶匪難尋，昭昭在大道。

其　三

林扃静無事，萱幃壽且康。阿男得師表，薰陶望善良。秋序且將半，黍穀漸登場。鄰人挈酒至，共邀明月光。醉眠不掩户，花影紛藜牀。撫此欲一笑，野子何徜徉。試問道傍人，孰與聲利場？

其　四

山居何所有，林泉款長日。籬圃雜蔬香，梨棗垂垂實。笑言對古人，案頭聯卷帙。比壤有清士，過從把其芯。舍此欲何之，世口過於蜜。

其　五

好雨連朝足，堦前寸寸青。禽魚若忭躍，草樹亦崢嶸。向來憂旱者，亦已動歌聲。相將坐桑下，杯酒話生平。縱無穀盈廩，菜根固可烹。天公不棄物，安用煩胸膺？

其　六

土臺峻若丘，伐木構爲榭。俯窺千樹杪，颼颼風在下。縈迴觀四山，蒼翠毳如畫。吾道足至樂，景光不需價。蘭亭别彭殤，右軍久已化。何事電光中，區區爭讁罵？吾欲洗吾耳，紅塵已盡謝。

送别劉年兄豫吾

陌上楊柳枝，烟氛淒且楚。何能折贈君，贈君行以語。不願相游揚，但願相期許。迅鶚方徘徊，未可戢其羽。一鶚終逾百，暫折未爲沮。隱顯總君恩，事業無來去。古人亦有言，當爲豈此舉？大鵬息滇池，一奮排天宇。若過少墟氏，停驂試問取。

有　懷

美人在何處，乃在恒山峰。盪胸羅曉日，釣海垂長虹。蒼松十萬丈，萬里搖天風。我欲從之遊，藤蘿礙行踪。晝望月爲白，夜望日爲紅。殷殷不成寐，珍重夢魂通。

張無翼茂才索詩

南山有薇蕨，北山有薜蘿。胡不餐且衣，念兹寒餒多。衣冠紛嘆悗，關市聯網羅。是以賢達士，孳孳如拯痌。元方施未竟，季方更礱磨。研精羲氏畫，夢寐尼山阿。所志潤埏埃，澄源洪其波。

葦棚詩

癸卯得告還里，賃住室淺，苦暑，乃買箔數卷，縛棚以廣屋檐。甫及半，已覺灑然。既成，則密不蔽風，疏不漏日，鬱同邃厦，燦若花陰，度夏無慮。即使歲一新之，不過歲用百餘錢，終吾之世，費不數千，微禄足辦，無難也，不亦快乎！

結葦爲高棚，清幽障暑酷。袒背臥藜牀，稚子供脫粟。有時爇檀蘭，古編可朗讀。托身六合中，風光到處足。還期招所知，兹樂誰能獨。

青　苔

堦除經積雨，匝地鋪莓苔。隱隱青痕薄，茸茸黛色堆。舉足忍相踏？移榻爲頻來。化工裁製巧，藻繢漫追陪。相對境幽寂，悠爾好懷開。

懷公周廷諸友

美人隔滄海，何當駕葦舸？所隔在山嶽，吾將攀藤蘿。高居雲冥冥，瞻望可奈何？夢接以爲期，庶幾滌煩疴。

擬卜居樸庵諸君附近寓懷二首

晨興跨款段，徘徊欲何之。所之綠樹外，納履話幽思。涼風生懷袖，麥飯甘如飴。暮還約復往，將子當吾傒。

其　二

野曠襟期爽，入望惟青林。時伴耘瓜侶，踞地談昔今。情投言俱質，禮簡坦吾心。悠爾酌村釀，醺然互清吟。城市勿見招，於斯膠漆深。

吊趙烈婦

言遡河之滸，聊以鑑清漪。有美趙氏婦，殉義委郊圻。赴死亦良難，厥志恥中移。銖視千金體，華膴寧啻媸。初心豈弗瞰，一飽成脫遺。孤墳何鬱鬱，逝波亦瀰瀰。徘徊正秋暮，悵望涕漣洏。

陶村送別友人

相逢何造次，一夕成分歧。但念相逢喜，不念行當離。河梁携手處，別恨摧肝脾。悵余卧孤館，寒風襲人肌。雞鳴天未曉，君馬已南馳。古道木葉脫，不似送來時。嘉言永不忘，于以沃吾思。

贈梁思軒年丈

在昔稱賢母，賓至剪其髮。孰與携其兒，迢遞山河越。迢遞伊何爲，維以交賢哲。蒲坂萃俊髦，張孟聲華勃。朝鼓虞弦風，夕采雷山蕨。不聞三遷者，笈囊出里閭。梁郎感此意，天池會迅發。

招子榮

春氣正和煦，徑草綠參差。暖日融懷抱，相對何熙熙。天心固如是，達人觀化時。觀化憑誰語，子榮共襟期。不賴[二]良士言，大道懼多岐。

關　王

心如天上日，此義罕人知。共誦將軍語，更鮮窺其陲。能心將軍心，八極蕩藩籬。王心炯萬世，心心映不移。赫赫中天日，光被永如茲。

與胡上舍

佩蘭亦良馥，何必青雲枝。大鵬幾千里，網罟安所施。圓方中天地，赤手援四維。尊爵一仁備，良貴千載垂。乘田職不卑，匹夫百世師。請看徵賢詔，西下錦江陲。

示　戒

我愛孟子書，論孝萬年鵠。鬥狠父母危，縱欲父母僇。所以處鄉黨，勉效恂恂蠋。出入氣常下，惟恐與人觸。博奕歌舞地，不以入我矚。獨有士人行，難成而易蠹。我願諸子孫，尊生如執玉。吾能秉謙恭，誰不愛敬篤。罵人人亦罵，辱人取人辱。娼門譬火坑，陷人逾鴆毒。妖態屬殺鋒，癡蠅逐臭肉。保身須養心，珍惜凌霄足。百行孝爲原，芳名千古蠱。

沈頤貞年伯祀鄉賢

傑士垂榮名，身後紛尸祝。或拜九原人，或拜三尺木。懿哉沈太翁，孝義生死篤。急難匪求知，千金不入矚。道高祀乃崇，聲徹起人肅。伊其未祀時，固與諸賢族。

輓張年伯母

張郎壽其父，念不忘其母。壽父既承歡，念母轉悽苦。宮袍豈不華，不及北堂舞。空有紫泥章，灰飛一抔土。人生值親存，晨昏可莽鹵。

曲江李年伯

先賢維大道，群蒙賴以啓。白沙宗自然，甘泉認天理。李翁闡其學，傳心在克己。克己乃無外，吾身豈稊米？誰云仕不達，懦夫色欲起。丹綍下天衢，皇言爛於綺。吾方處塵網，茫茫目有眯。斯人如可作，從之若脫屣。

懷思庸先生

思翁秉先覺，逢人指大道。教者何殷殷，聽者亦草草。茲道匪易窺，塵情錮難掃。吁嗟年復年，不殊秋卉槁。先生悲群蒙，憂心應如擣。誰能究斯業，九天慰此老。

讀斛山遺稿

忠臣瀕百死，貞心不少移。幽室絕曙色，斷食甘長飢。逢辰曝囚板，暢懷哦新詩。真成骨似鐵，寧愁命如絲。聖恩今浩蕩，掖垣何委蛇。雖然靳圜轉，霆威固重施。愧無感格術，停閣亦焉悲？

咏喬丹山先生

丹翁敦信義，恤孤矢不負。三品歸來日，弗忍私其有。歷揚二十年，共道畜豐厚。甫及垂老時，脆甘嗇於口。身去肉未寒，莫能贍厥後。清風拂鄉閭，謗言真枉咎。寄語月旦人，評隲胡可苟？

送劉友南還

名實分先後，窮通若白皂。或簪纓於朝，或以巖穴老。巖穴厭紛埃，簪纓薄枯稿。達人自大觀，時行匪二道。時行何寥廓，劉子眼相青。公卿虛左席，皎皎玉壺冰。揮塵闡秘奧，心胸羅繁星。一朝辭燕市，南去渡滄江。劍光寒夜月，烟雨迷瀟湘。乾行如走丸，氤氳何南北。把臂竟無言，勿忘相開迪。

遊北園

爲耽遠寂地，留連十日此。高臺屬望遙，幽禽清人耳。雨過千林青，日落萬山紫。草生堪悟仁，木秩可窺禮。傳觴抒裏言，策蹇訪高士。野老罕機心，群兒無侈靡。田頭禾黍稠，縞綦足妻子。陰晴趁民時，天行允在是。何當鼓此風，淳朴移城市。相將還太古，于于胡不美？

吊丁文堂先生

余誦文園集，獨嗜菉茵辭。幽居抱至趣，情深自華滋。譬之天成卉，盤礴空良師。因知貴得我，得我發乃奇。玩言思若人，徘徊爲悽其。若人有孝子，已矣勿復悲。

徐鳴卿得告南還賦贈

古道冰猶合，出門色轉舒。誰種棘爲林，畏此刺人裾。倚鞍令繾綣，中夜幾躊躇。有懷不可吐，願言愛居諸。

題史武麟年兄怡怡堂

史氏今名閥，祥光何炎炎。伯子友于弟，相將樂以恬。友于極百愛，拊畜顧復兼。仲子亦珪玉，克恭如所嚴。怡怡闔堂構，飛白高朱檐。惟以爲箴銘，出入相顧瞻。百年期繾綣，誰能中道嫌。豈其躬町畦，内子靡私盒。緊予亦有弟，予弟亦有兄。感此史氏義，請陳兄弟情。十指聯於手，兩手聯胸膺。烏得強分別，而云若炭冰。世人重意氣，斗酒呼同盟。一同不復忘，世講逾蘭蘅。孰與産同腹，親切亦焉增。急難懷兄弟，胡不讀鶺鴒。父母遺杯棬，睍睆肺肝折。那知兄弟身，父精母之血。父愛愛何疑，父敬敢弗敬。犬馬猶且然，矧其所毓孕。弟愚嗓厥兄，父耳慘堪聽。兄怒目其弟，母懷痛欲涕。兄飽弟腹餓，八珍成淚墮。弟暖兄身寒，披錦心如剗。吁嗟世人懵，利重親乃輕。利不殊糞穢，焉將骨肉衡？伊其癖金貲，矻矻後人遺。胡厚我之子，獨薄親之兒。或以小怨始，惢惢竟没齒。何如怒不藏，予喜象亦喜？大都夫之心，灰於婦之口。朱陳秦晉人，渠於我何有。我思古風醇，壎箎擬季昆。讓産不自殖，讓金不自珍。或尊爲天子，樓閣美芳芬。或貴躋台鼎，參問勤朝昏。矢衆良難折，健兒解崇倫。鬥兄慉不武，形迷性自真。盜亦欽友愛，弗忍相遭迕。草木折何知，紫荆條枯存。於戲後視今，誠猶今視昔。千年萬年後，史氏輝簡籍。

熊念塘年丈終養畢謁選任婺源

君親恩則同，忠孝固一理。吾君之臣萬，吾親之子幾？所以一日養，三公不可擬。人子處襁褓，父母步一顧。兒有一宵別，親應終夜寤。漸長漸相離，如葉之辭樹。大離乃爲仕，長年動以數。熊子天下賢，孝愛切肝脾。成名年不少，尺組莫相縻。歸去環膝下，菽水亦依隨。雖然五載歡，百年無憾遺。孝道有終始，事君當在茲。作令文公里，瞻對無忸怩。其友爲曹生，三年離其母。匪以捐七尺，匪以干五斗。親年一何速！客夜一何久！褰裳盼修途，徘徊未能剖。重感熊子義，涕淚交於胸。雲中亦有鶴，陌上亦有蓬。人生懷其親，爲熊勿爲儂。

晉松陽乃翁年伯中丞公七帙

予友晉伯氏，叔子予同科。共季對春闈，伯也先鳴珂。時予栖燕市，朝暮相劘切。伯翁寄書來，倖予亦窺閱。首舉婁公戒，唾面宜自乾。無心與有心，侵我只歡然。定當勿侵人，有往必有還。衣寧用其故，屋寧居其小。馬寧跨其弱，趨事寧凌曉。吾當坎軻日，國事必殫心。吾當隆盛時，罔敢驕於人。好友須締結，締結勿以財。時事戒輕議，囑事口莫開。權門不可慢，權門不可近。遊士亦屏絕，一刺良重慎。爲吾具壽言，須入不仕語。爾第吾起官，似爾爲瞀取。守靜聽自然，遠到卜於汝。一讀一三嘆，黃髮之言芳。喜不倦於教，是宜閥閱昌。伯翁懋勛業，天署達龍荒。贈言遍京國，不乏錦雲章。組之用爲壽，維以發潛光。抑將告仕籍，式遵永靡忘。

寄別張警庵

平生不解泣，今日淚頻揮。一泣趙郎去，二泣吳郎歸。三泣張倅罷，顏色遠相違。張倅才激昂，彎弓兩石強。清操不纖翳，直性無迴腸。爾行自慷慨，我懷自皇皇。徘徊乏雙翼，隨爾共飛翔。

汪中臺年伯祀名宦鄉賢

從昔辨仕學，朝野迥然分。朝野亦寄迹，根宰一天君。汪公祀上谷，還祀汝水濱。縮綏何燁燁，入里何恂恂。抑或雄於鄉，何談樹功勛？吾將質夫子，聊取鑑人倫。

贈王金暘計部回南壽其兄復姓孔氏

仲尼躬大道，天下一家也。豈不有同宗，一家之親者。天下闡其學，譬如共塾冶。同宗繩厥武，親若在膝下。伯魚何異聞，詩禮之言雅。金暘出孔氏，傳神異土苴。贈翁垂令德，昆弟如韶夏。食指紛同鼎，末俗睇兹寡。季也念伯氏，萬里壽玉斝。復姓追本支，先聖自歆嘏。緊予欽其芬，翰墨爲之灑。謂疏非所親，胡爲思如瀉？大道在金暘，吾言當不假。

懷昔吟八首

《懷昔吟》，懷同里之先賢也。賢不盡於吟，吟未盡其美，聊據所知以竊仰止云爾。甲辰四月廿有一日夜。

李尚文先生諱素，通政使

李公建婑猷，披垣振遐軌。彌天知瑣郎，到今黃髮李。千載有餘芬，煌煌徵國史。愚忝踵故署，三嘆不能已。

張九雲先生諱岫，都御史

清白信清白，日遠揚輝光。片札世人珍，乞米帖同芳。堂堂八座尊，候俸製母裳。鄰翁售以宅，昕夕爲徬徨。流傳聊彷彿，峙嶽懸春暘。所嘆文昭後，高丘柏已戕。天道不可問，人生惟允臧。孤鳳搴雲漢，誰與之頡頏。

張訥庵先生_{諱芮，大學士}

張翁秉操古，朴懷而直躬。逆瑠熾虐焰，勁柯迴靡風。學士一長揖，拜跪羞群公。左去豈不得，龍禁留高踪。史官謂未識，他人何弗懵。升沉俱往迹，忻瞻芳譽叢。

胡東渠先生_{諱諧，參議}

胡公凝粹德，趙璧楚白珩。守道抗宰輔，宦貧感同升。拂袖耕北野，高標映日晶。等閒欽令聞，盜亦爲心傾。杳杳青天闊，何緣請執經。

謝朝制先生_{諱誥，員外郎}

謝公當孝廉，驄馬憲臺扣。五日百雉興，寇退萬家救。筮仕秉清法，供億省帝狩。歸來遺世氛，貴宦罕能覯。村墟契胡公，城居翟叟厚。訪胡芒履趨，訪翟坐圭竇。寥寥將百年，此風不可又。

劉思庸先生_{諱弼寬，府同知}

言念思庸翁，未老遽焉之。執謙魯恭士，邃語匡衡詩。當年聆一二，服膺猶在茲。懊予匪善問，未窮珠藪奇。頗解理痿木，墓楊空瀟澌。悽切向誰語，殘燈照淚垂。

杜勿塢兄_{諱可久，舉人}

予昔在髫齡，及窺勿塢子。蚤歲步青雲，磊磊終貧士。六月被大布，放歌悲世否。奮毫落瓊珠，孤鶴雞群恥。狂飲不懼疾，厭病輒祈死。齷齪市上兒，豈直上下第。英風不可追，心熱爲背沚。

馬少軒兄諱邦瑞，行人

人亦誰無心，心各隔胸膚。少軒心外露，坦坦渾邊隅。忘機漢陰叟，歡笑步春雩。孔門肇毋欺，若人之徒歟？忍見璠璵質，委置蓁莽區。

贈別戴生

秋日長安來，春日江淮去。爾身有去來，爾心無行住。識得爾心時，八荒寸地具。識得爾心時，萬行一模鑄。識得爾心時，乃見違心處。吾心那可違，談心淚如注。

感懷六首

夜光紛滄海，網罟亦良難。夜光無擇照，海底如人間。人間自多夜，夜乃光之求。含光數問夜，抑足用爲羞。太公無耋壽，渭濱一老漁。披裘翁爲誰，悵然嘆區區。

其 二

或居昆山麓，觸目盡珍奇。炊玉以爲食，紉貝以爲衣。或居荒裔區，觸目盡魍魎。供面叫以嘯，陰風凄以悲。所居乃不同，相憎徒成癡。由〔三〕鬼亦趨跳，聊以解我頤。

其 三

伯奇父不憐，顏路子不壽。牛也憂兄弟，顗兮空良友。買臣未終賤，室人謝絲蘿。版築不入夢，高宗如説何？相遇良偶然，不爾偶不遇。天且莫之爲，委心復奚慮？

其　四

晋史寇諸葛，賓王武瞾賊。漢高不滅楚，耳餘爲比翼。漢高
自萬乘，勿勞幸不耳。孔明胡所尤，天命如斯矣。臨危悲黃狗，
拜相感微時。豈知死與貴，石光忽滅澌。

其　五

天亦有晝夜，天亦有生死。有開必有闔，有成必有圮。東海
有時涸，西嶽有時平。日有時不暄，月有時不明。榮名鐫金石，
彼時阿誰知？相逢且相樂，勿爲空嗟咨。

其　六

貧家斗有餘，而常齧於升。富貴千不足，萬億何時盈？馳驅
百歲間，憧憧撼心膺。臨去猶長嘆，亦或目不瞑。愁魔一何強，
以此竟死生。誰能殄此魔，浩氣排青雲？吾道自至富，吾道自不
貧。不緣知足樂，不足復何論。榮公樂三事，假物以自歆。至樂
無所假，至樂無可尋。

會友有談歸賦寄

弧矢懷四方，安能事一室？萬厦庇士寒，凍死亦不恤。有弟
貧且耕，予咎弟何失？有妻病且憊，月老繫之匹。我憂年逾強，
大道猶暗室。我憂民未蘇，烽烟方急疾。吁嗟憂何爲，采菊酬秋
日。不見鬢邊絲，那能再如漆。

寄壽徐封君

徐翁玉南先生長嗣戎部君鳴卿自北南行，奉寄以詩
爲壽。

淮水之南北，時與鳴卿晤。一晤一傾懷，瓊樹凝清露。世艷揚州鶴，而乃類寒素。云是嚴若翁，積金當見怒。翁才大崒嵂，六籍蚤能富。迴首謝青雲，惟以盟鷗鷺。名理佩前哲，孝道永孺慕。昆弟樂且耽，千年愧尺布。九族惇以睦，不殊奏大護。瑋行嗜如炙，鴻名亦若赴。鄰里薰之良，種德已成圃。誼高戒吉甫，中歲不再婦。課子爲通儒，探搜破訓詁。理郡露奇穎，芳猷罕能步。寰宇珍明珠，靈淵應可遡。爛爛紫泥書，曰以報是父。家慶流德光，國威藉戎務。當是趨庭日，干櫓燦武庫。皇華飛絳節，五月長江渡。過里拜慈闈，和氣生門户。久予棲京邸，寸腸感烏哺。夜誦春暉吟，朝上乞身疏。辛楚歸未得，供張慚道祖。去去乎鳴卿，華堂裊香霧。爲翁舉霞觴，爲予歌此賦。黑髮擁諸孫，如川綿壽祚。

寄報沈湛源博士

虎丘山上月，碣嶺亦輝光。人生能不別，所懷遙相望。未拜寄來書，先拜賓鴻翔。容顏不盈尺，一語一琳瑯。丈夫重掀揭，枕流亦已涼。長劍爛星斗，誰忍匣中藏？把劍相憐惜，無言但涕滂。

寄報何霽懷京兆

客從吳江來，遺我尺素書。長跽讀君書，問君何爲歟。韜輝官若棄，食貧田無餘。門前環碧水，座上集瓊琚。顏倡孟閔諾，《易》始書之初。鳴琴對樽酒，一笑意淵如。何當置其間，孰與夢華胥。

送曾公祖南巡廣西

送君河之浦，不折垂楊枝。楊枝幾尺強，千丈繫離思。別離復何道，光輝日在茲。顧慚漆室伏，喜君驄馬馳。春明萬里隔，況乃南溟陲。六飛匪代狩，誰與聽民咨？

讀朝制先生詩語

新凉整冠服，簡編事校讐。端誦謝公語，言言在清修。潛心窺顏孔，普樂爲民謀。誰與膏其橐，擊鮮雜歌謳。九原可以作，執杖相邀遊。何如饜藥石，吾病行將瘳。

咏耿敬亭年伯

昔行大河涯，徘徊砥柱下。砥柱高百尋，黃流任奔瀉。崚嶒不嫵媚，不乏嫵媚者。群籟亦交發，如奏鄭與雅。衆喙匪可緘，嗟咨誰能舍。巍巍寒嵯峨，而今安在也？

王紳字朝用千户

王紳跨嬴馬，揮鞭驅萬人。萬人豈不武，伏竄喪其神。亦聞高軒者，咋舌爲逡巡。人豪何矯矯，可以擁三軍。怪哉抱誰語，滴酒詎能申？

世界吟

世界多缺陷，斯言未爲確。家家日月明，處處川原擴。崇高貴者榮，清閒賤之樂。多財多受享，少貨少計較。《周易》憑羑里，蘇節賴沙漠。長壽賀歷年，化去如解縛。坦途誇砥平，峭石賞巖壑。譖毁聲焉住，誰短長凫鶴。見在總充盈，一榻亦廓落。豈不聞芥子，不異須彌博。

莫相憎吟

鳳麟天之産，蛇蝎亦天生。誰不秉至情，雜紛緣五行。世衰鮮教化，遂致終懵懵。抑以天道遠，難測者冥冥。不有不肖子，積慝家無傾。怙惡儻知悛，奚至貫滿盈？利名或濫被，只因乾澤宏。辟彼甘澍降，荊棘亦敷榮。一瞬總歸盡，忽忽電光明。相逢幸相憐，切願莫相憎。

咏寓邸四槐

所居燕市裏，茂樹綠陰濃。當年曾手植，重到已凌空。鬱鬱幕夏日，颼颼撼天風。好鳥來棲止，交語如商宮。公餘時一憩，不異故山中。故山共農叟，木榻坐林叢。愛茲若彷彿，亦可盪吾胸。都城多華屋，歡情偏爾鍾。歡樂詎敢極，側耳長樂鐘。

癸亥冬得告西還途次漫賦

昨歲長安來，今歲西山去。道傍相睥睨，來往一何遽！修途旅枕寒，暴客郊原聚。豈不感君恩，綣綣不可住。君臣誼自高，行藏別有據。憑將遲遲行，聊以答吾遇。

又

憶得一紀前，新年寓井陘。今日逢元日，依然舊館亭。君恩頻予告，授餐煩居停。山川似有緣，一笑酌春觥。健兒挾弧矢，飛騎堪怡情。却懷漢猛士，赤幟拔堅城。誰當靖遼海，泰運轉邊庭。

又

壽陽暫稅駕，昌黎詩在墙。讀罷行十里，狂風塵沙揚。咫尺不可辨，僕夫凍且僵。踉蹡投旅舍，草榻臥殘缸。兼之我疾作，中夜起徬徨。行路昔稱難，況乃鬢如霜。方知倦飛鳥，原來各忖量。

又

林皋餘十載，鷗鷺久締盟。晝營與夜夢，不離讀與耕。天子思遺履，起我貳常卿。俾之贊風紀，俾之佐銓衡。有懷埒芻蕘，擬將披腹呈。忽忽仍歸去，秋毫報未曾。官忝真成竊，慚深欲涕零。所願二三子，聖學共闡明。貨利不可嗜，寵榮勿去爭。樹人將在此，慎莫藐予聽。

贈別李本晦侍御

吾身若虛空，氣形疑未聚。浮榮與浮名，奚所憑而住。所以達觀人，不以縈其慮。虛空何邊涯，茫無析別處。所以大心人，似千花共樹。離亭我送君，杯酒莫躊躇。君固河東留，我已江西去。搥碎匡廬山，面面兩相覷。但會虛空身，肯令沾飛絮。

又

我昔弱冠時，不揆慕往聖。誰其示我學，吾與渠共命。浮沉數十年，簡帙窺先正。元公及純公，金溪有子靜。江門果自然，姚江揭大柄。泰州簡而要，二溪之言瑩。垂老逢吉水，一睹真率性。率性匪等閒，須理融欲净。豈乏爲義人，戕性滋世病。不思勉而始，不思勉以竟。歸去告先生，當不我爲佞。

平房成

窄屋苦炎熱，新構屋四楹。屋頭不用瓦，甃磚坦以平。直西丈有五，向南三丈橫。前時宅基狹，於今不啻弘。夏喜新凉入，冬應暖日融。屋裏常居處，屋頭時一登。吟餘抱膝坐，飯後遶欄行。采雲疑相邇，皓月若增明。吾此堪頤老，欲擬菟裘營。

歸田園

田園二載別，重到理蒿萊。雖然吾年老，尚堪歷隴崖。比舍舊農侶，斗酒來追陪。及時播嘉穀，引水灌新栽。乘涼就茂樹，踞地席青苔。晝永眠深洞，朗吟盪胸懷。童子爲治食，搴蔬向籬隈。兩盂腹已果，千鍾安用哉？最喜延三益，妙道相取裁。善言逾瓊璧，良士杞梓才。不藉好修士，誰與奠埏垓？

七言古詩

久旱禱雨有應

利璫鑿地脉，名山不能雲。關市紛豺虎，戾氣徹蒼旻。去年六月書不雨，迄今河漢飛紅塵。昔聞土養人，今見人食土。饑來去何之，凄涼空敗堵。父子忍仳離，白骨暴如莽。餓夫十八萬，枵然聚畿輔。路逢權利人，不言而敢怒。我皇惻惻躬禱桑，以實不以文煌煌。鼇弊無異除新法，剔奸何啻烹弘羊。頌聲成轟雷，喜氣成靈澍。雖然草始青，鼓腹若大餔。家家機杼鳴，處處禾黍布。公家固不貧，萬里盡外庫。君不見從來大亂興，每自荒年起。民饑則流流則聚，一夫揭竿大事圮。邇來景象亦如此，不有甘霖胡恃矣？

漫歌行

白浪如山海若怒，萬石之舟一粟淪。幾人方競渡，幾人方問津。亦聞炎荒成白骨，徘徊銅柱顏爲忻。白骨枯不靈，辛苦誰爲陳？中心有所驅，四體不相仁。周道有華堂，桂棟柏爲梁。瓊玖爲茵席，椒蘭何芬芳。苦樂一以殊，歸去躊踟躕。爲謝行役子，勿勞相招呼。

從征行

十載從征戰，白刃如飴面銜鏃。天寒日暮沙場宿，飲血枕髑髏，雲黑陰鬼哭。百殆適不危，千慮繁心目。跫然喜客至，踉蹡相徵逐。首問功高官爵榮，次問黃金富千斛。吁嗟乎，利錮人，乃若此，今人重利重於死。

賈玉行

賈人賈玉交琳琅，栖栖客楚何彷徨。祇知三獻終當售，誰知兩足刖堪傷。蘇秦賈舌以舌死，丈夫未遇盡括囊。蘇秦死，齊不存，懷璧爲罪胡璧珍？尼父遊遨七十二，價不可求但可俟。

濯德歌

一緯錯，一疋惡。纖塵能障玉壺冰，尺霧猶堪翳太清。宣尼濯德精彌精，盪以江漢之砰磅。滌髓瀝腸中外瑩，毛可以吹疵何生？疇爲濯之時，衾影我獨知，急遽共流離。疇爲濯之具，上帝時汝顧，翼翼恐以懼。

慎防歌

寸心有刀鋒，刀鋒森如麻。亦有水與火，焚溺復無涯。抑亦工變幻，朝人暮爲蛇。忽以陰，忽以晴。忽以鳳舞，忽以鴞鳴。忽以虎嘯，忽以鼠驚。當其未變時，羊腸望路岐。及其變已成，千尋瀉建瓴。本來面貌果如何，憑君認取莫蹉跎。刀鋒水火原無有，慎防勿令微成多！

近觀歌

近以觀遠，人以觀天。我以觀物，後以觀前。小以觀巨，偏以觀全，麄以觀細，顯以觀玄。枝頭一珠露，萬古包鴻濛。鴻濛不緣腐草隔，仍向秋螢見化工。一呼天地始，一吸天地終。所以聖王不下榻，康民阜物成豐功。

大同歌

農人農，賈人賈。文人文，武人武。左賈右農，誰與通功？軒文輕武，誰與禦侮？瞽師典樂，刖夫司閽，智愚迭役，孰去孰存？乾坤何磅礴，爲蠡爲蚩蚩。周主昌君義，殷士揭臣忠。山青雲靉白，草綠花舒紅。東家聖，老於行；西家愚，沒於市。無用費平章，亦各畢其事。

哀丁生賓

茂才丁公子卒，余往弔，或曰：“是年少者，可長揖。”夫丁子，孝悌人也。余雖老，敢不拜乎？謹再拜，詩以哀之。

丁郎皎皎玉爲姿，靈輀忍睹赴郊圻。斯人厭世一何番，斯世可無寧馨兒。克孝兩親悌厥長，肯忘根本傷同枝。若兄先去悲無歇，鎔金爲主相奉持。錦襲真容時左右，千里間關不暫遺。嗟余平生罕窺此，何不住世挽風靡？誰不孝悌本至性？誰將此道不陵夷？爾可贖兮我身百，傷懷爲爾泣漣洏。

良良歌

吾族老僕曹寧，其子良良，垂髫時，以搖箕爲生，每得毫釐，則爲父母具美味。稍長，傭工，其父母不乏酒肉。嗟乎！茲非孝子乎哉？未可忽也。

曹寧夫婦病且老，有子良良行孝道。苦筋竭力得毫釐，奉養雙親常温飽。我雖峨冠爲朝臣，睹此美行感懷抱。世上豈乏峨冠人，上天下地能論討。妻羅子綺愁不足，不爲父母添布襖。嗟爾良良是我師，願爾多壽多財寶。

壽何年伯有引

年兄何旭如氏，叙年伯父母行實，命爲詩，慶上壽。謂年伯洞經世、出世二通，玩《易》睦族，種樹灌園。伯母禮奉觀音，宜於尊卑，教子三事，一米一菜不忘君親，各善不可殫述。聊就諸語，稍加錯綜，以寓請質之意，冀得畫一之歸。

世人出世誰爲可，經世以世不以我。九族既惇百畝耕，以斯出世以斯經。三語課兒清慎勤，一米一蔬君父恩。里閈旄倪生忻心，何妨俯首誦觀音。封君孺人德何閡，仲子言之感我膺。仲子鳴珂朝珥筆，世胡以經胡以出？亦有欽崇大士者，一米何有空天下。大道難窺請以扣，抑以扣言爲之壽。

沈孟威年兄乃堂伯母節壽歌

孟威索句壽其母，子孝母貞兩俱睹。孝將寸草報三春，貞如勁柏凌千古。孝道從來重顯親，不虧厥體顯爲真。體分大小誰與辨，不虧其大幾何人。貞母德壽天與齊，筆匪如椽將焉題。孟威孟威以忠孝，南極北堂絢紫泥。

輓熊太孺人

人羨孺人誕貴子，扶搖九萬紆青紫。我羨孺人誕子賢，玉峰千丈倚中天。有子不肯置王家，百年不訣亦焉嗟。賢郎幾上思親書，正是萱幃無恙初。腸枯舌爛歸不去，西風灑淚可何如？奚童反命慟欲死，東村母子方治粔。長號奔去天冥冥，相看誰不泣横膺？噫噫乎，翟冠鼎養今已矣，永終慈譽惟賢耳。

揭曉前一日有友索歌歌此

春風曉入曲江曲，西山客子但呼醹。座上有高士，相看驚側玉。爲君發長歌，有口不食彈鋏粟。御鑪携馥度玉堂，故園烟柳競新黄。誰能軒輊此，乾坤萬里足徜徉。渭濱一絲繫九鼎，當年未遇垂孤艇。手持鹽梅上丹轂，夢懷不入岩前築。生不願扣角嗚嗚嗚，懸車前弩亦區區。人生容膝俱長物，勿用擾擾逐隙駒。爲君歌，君浮白。君才崒崔追謀者，仰視長天流浩碧。

咏知一張年伯似緑汀年丈

知一先生胸如日，直從造化窺靈根。加纊不憂身且去，方憂吾道蓁其門。校勘理氣授冢嗣，雙瞑浩浩歸九原。兹念固已達渾沌，下通萬億剖籬藩。匪修匪證匪克悟，紛紛離析愧支言。冢嗣孝廉真大孝，號天踊地晝爲昏。先生有神應注矚，綿綿道脉繩繩孫。張君孝親孝以道，理氣不裂孔顔存。我學憒憒賴發覺，他年寸地夜可暾。

贈別劉冲倩

劉生索賦詩，欲賦無可賦。吾喜劉生來，悟言如祛霧。聊於歲月間，迴頭試一顧。不行何用言，不行不爲悟。忽忽將百年，抑以將求副。歲月不副猶可圖，百年不副真堪怖。眼前自有相副時，轉盼休成千里路。

校勘記

〔一〕"指"，四庫本作"旨"。

〔二〕"賴"，四庫本作"負"。

〔三〕"由"，四庫本作"山"，當從。

五言律詩

會胡慕東掌科於泓芝驛

匹馬綿山道，相逢似夢柯。光儀昔若此，世事今如何。不盡班荆意，聊占補袞歌。郵亭倘予憶，今夜宿烟坡。

清　明

歲歲清明日，家家哭壟頭。昔人一旦去，存者千年憂。野暗浮雲色，田分潤水流。九原如可作，應更爲予謀。

與北溪表弟

十載還鄉曲，青山竹樹饒。旦評新得客，花老舊分條。未許嗔濃麗，剛成慣寂寥。珪璋張仲弟，酬對肯連宵。

壽陳丈五十

今是知天日，天心果若何。麒麟雲裏下，貔虎座中多。珮解青萍諾，杯殘白雪歌。燈前窺俠骨，好去靖戎倭。

訪劉友不遇和其除夕韵

歲歲除將去，乃成千萬年。渾淪不藏改，機窾幾人研。世謂迎春後，情殊守夜前。子寅丑異建，況味豈應遷？

和米山人除夕詩

最是陰陽巧，更翻作歲華。癡心剛被弄，皺面爲相加。旅旅
思鄉夢，城城檢曆家。林園猶濯濯，誰看此中花。

夢遊河津遇蘇石水醒識其狀 甲辰四月十七

夢裏逢知友，憐予髭白生。草茵相枕藉，村釀若生平。惜去
馬鞍解，傷時襟淚橫。龍門岡阜上，乍醒使人驚。

乙巳七月再遊西園二首

四野青猶昨，重來病若加。報君空諫草，爲母惜年華。皓月
邀臨榻，紅塵懶過家。休休還自適，到處足烟霞。

其 二

遭逢亦已足，胡不笑顏酡。傑士時連袂，逸情入放歌。三生
由命鑄，四壁奈吾何。强起加餐飯，萱堂雙髩皤。

劉定余先生園亭植杏以肖杏壇招飲花前
貺詩扇賦謝四首

何處園無杏？何園杏不花？一時成聖迹，千古艷奇葩。爛漫
尼山宅，芬芳制府家。行行來西郭，如涉泗洙涯。

其 二

八九東蒙士，傳燈祇一仁。有懷窺孔室，著意認王春。生趣
年年盛，天心的的真。此時無一酹，那不負東君？

其　三

誰把春容鑄，紅妝向曉開。爾憐寧待語，吾與勿須猜。解佐犧樽興，知經羯鼓催。朱欄廑愛護，不遣雨風摧。

其　四

宴罷七人起，籃輿徧插枝。頓令鰲海塢，恍步上林時。一色色無間，衆香香更奇。願憑風九萬，布散滿天涯。

七言律詩

和馮少墟先生勉學詩

尋春莫待賞春時，春色何緣過綠枝。世路由來曾未險，人情祇是自生癡。合天爲我方成我，順帝不知乃是知。大道見前憑認取，相將良友叩明師。

平藩太宇宗侯遺詩步韵以謝二首

百丈鯨鯢未戢鱗，家家鼾睡大河濱。關心獨有天潢客，借箸能迴沙磧春。四野燐交遼海卒，千年淚落楚江臣。孝陵王氣忻如昨，且向月明理釣綸。

風動雲流鎮日閒，非非寄向蠧魚間。從無奇字煩揮麈，覓得玄珠欲破顏。臘盡便知水是冰，巖居莫愛畫中山。汾陰高士多精語，何日青牛曉度關？

懷淮陰士民二首

士庶雍雍佐郡時，七年一調不嫌遲。瘵官難補惟心折，落日相催盡淚垂。萬萬千千遮道左，三三兩兩別京師。於今赤子天涯外，目斷長淮無限思。

兩考一官疾似梭，成功爲問竟如何。從教去後心猶赤，臢枉今番鬢已皤。未報主知顏汗赧，難瞞我處淚滂沱。攝行大治何人也，到此令人感慨多。

步韵報盧茂才橋梓併致諸友二首

斷梗飄飄倚日邊，每逢貂使夜爲年。空勞青眼窺親舍，幾向紅塵覓性天。到底袖藏辭綬草，也知囊乏買山錢。丹心一片從來熱，忍過西山酌泠[一]泉。

濟濟冠紳集講堂，言成鏗韵步成芳。主張潘氏教無類，孝義盧家斐有章。歲若虛浮空髮短，學無實地祇心長。譚馮諸子吾知否，夜夜心旌自北翔。

謁韓侯廟

辟穀仙人蹤迹杳，就烹國士血痕斑。翔同孤鳳真奇絕，淚灑千秋豈等閒。誰向浮生能繫日，未隨腐草便開顏。徘徊相羨爾能死，不死淮陰市井間。

志　感有引

海雲曰："不求人知而求天知，不求天知而求自知，不求自知而求無知。"一峰曰："保身所以盡忠也，保身所以盡孝也。"善哉二君之言！服之於膺，詩以感之。

良朋終日鎮相隨，何幸蓬心獲善辭。纔道君親雙淚隕，難將冷暖倩人知。塵藩霧鎖單身出，月窟春融一笑窺。到得個中全掃却，這番認取太初時。

村　居

薄薄村醪常滿鋼，采來野菜亦盈筐。因耽月色眠高嶺，爲逐花陰移小牀。每以避寒扃户牖，未曾觸暑汗衣裳。嵐光竟日相留戀，不識人間有短長。

贈馮少墟先生西還得扉字 壬戌仲冬

名賢旬日再言歸，我貴由來知自希。楓陛黄麻需後召，函關紫氣繞初衣。斯文終古無加損，國史千年有是非。計到家山春咫尺，繽紛囊笈滿程扉。

步韻謝別太宇賢藩二首

三月河汾膞物華，行行行到獻王家。清江雲護龍眠穩，碧漢風高雁陣斜。崎路忘勞因旰食，塵襟乍净有春茶。光儀未許溪橋隔，柳颭青枝梅放花。

牛耳詞壇孰與京，留連端爲遲行程。幾年相憶雙魚赤，一日躬逢四眼明。錯落奚囊剛喜極，咨嗟蒙緯却愁生。全憑一醉澆離緒，到向東人呼酒舠。

龍逢塚

下馬高墳淚欲零，忍聞忠藎被嚴刑。秋風慘慘天爲老，夏曆茫茫骨尚馨。一死猶期成主悟，九州豈意共身傾。英魂彷彿來相囑，莫道吾王不聖明。

魏豹城

野老溪邊說魏侯，荒原曾此樹瓊樓。秦王殿上珠光照，薄后宮中貴氣收。故壘惟聞殘鏃出，遺溝猶自淡烟浮。興亡千古堪憑弔，何事蜂衙喧未休？

贈別徐明衡天部以請贈薛西原先生得謫

南州高士出皇都，陰雨三旬匯若湖。一旦銓郎辭墨綬，滿朝臺諫伏青蒲。爾懷聖主恩猶渥，衆羨西原德不孤。再弼盛明他日事，眼前吾道在匡廬。

和呂豫石天部儆學詩十首

睿思講罷講何思，請更參詳率性時。膝下瞻依寧俟慮，井邊怵惕那容遲。也知研究堪窮髓，絕勝疏浮但撩皮。祇是不思原聖脉，入門爭可讓些兒。

等閒莫把意爲心，纔說尋心無可尋。固在一腔難問際，雖然萬備不容針。匪憑軸在空輪飾，覓得丹來徧地金。千古齋心顏氏子，聰明黜盡只潛沉。

古德相傳只此明，十分明是十分行。憒昏決事終成暝，想像爲知僅是名。明照應須莫浪指，躬行切忌不完成。醒來幻夢一齊歇，若個爲明若個誠。

身外遊絲總贅疣，營營何事不如休。可憐暇日翻成擾，却把直腸硬作鈎。甘飲自捐着屐血，錦衣人笑頂冠猴。原來至足屬吾道，塵網牽人可盡勾。

勿用區區嘆德孤，茫茫寧匪盡人夫。試詢乾父皆男也，可道街氓不聖乎。有我一堂分肺腑，同人千聖點頭顱。陽和未到冰難解，願挈良朋共勉圖。

世上何人號最貧，裹裝七尺小爲人。旁聯六合斯真體，貫徹千秋是大身。纔割禽魚便是痿，不疼戎虜豈名仁。只休封閉如蝸縮，縱有高談未許真。

眼前突兀聳尼山，終日徘徊盍去攀？起念便分生死介，是誰能立獸人間？殷殷防錯常詢路，戰戰臨深爲過關。老我流光增鄭重，中宵耿耿未能閒。

吾性原從未有孩，五常百行甫成才。太初太始須參也，一欲一爲可漫哉？身濯江流纔是潔，眼迷跬步未云開。曾觀鄉黨十篇否，檢點衣裳飲饌來。

莫訝崇高聖與神，爲神爲聖甫爲人。希天即在希賢日，由義難於行義循。灑掃曾聞神所入，心精即是聖之真。果然此道一而已，子輿當年既示津。

每詫儒紳見有邊，得詩深喜已窺全。明幽合貫方成世，費隱都融可論天。進學還須獨有得，殢人每以故相傳。元公試向詢無極，不語只消抹去圈。

校勘記
〔一〕"泠"，四庫本作"冷"。

五言絕句

省躬詩一百三十首

燕子語梁間，天籟各自發。家童勿垂簾，出入任飛越。

又

風從水上過，文成風不知。水亦不自文，觀者乃文之。

又

人信勿自信，人疑還自疑。不疑不成信，暗然爲襟期。

又

人不幸不及，相看成自驚。莫訝醉人醉，未飲不爲醒。

又

蒿萊誰不厭，鋤盡又還生。田不茂黍稷，未許不青青。

又

聖人時而言，一發千鈞弩。終朝審其機，含章緘不吐。

又

小鑑鑑以面，巨鑑鑑以身。不比明月光，豈識乾與坤？

又

或計在一時，或計在一世。或計在萬年，經營應自異。

又

我全而人毁，毁者當自怒。而我乃怒之，芸人忘其故。

又

利根千萬丈，漆堅細若絲。誰知絶利日，剛是利生時？

又

鑑空水之止，纖塵不揜光。人心塵無許，頓爾成昏茫。

又

血氣相驅役，真成傀儡身。不知伏火處，那知已成焚。

又

宿愛不能斷，宿嗔不能斷。譻譻堦序間，何時登彼岸？

又

請益居其虚，受益居其愚。請益而益至，真能不怒無？

又

畫史先盤礴，一擇敵化工。萬事未當前，胡不虚其中？

又

孟子善養氣，此氣即此理。禀氣人人知，理則遠言取。

又

萬人各一生，萬生各一遂。聖人遂萬生，於己取不匱。

又

遇蘭馥我衣，遇棘刺我裳。人生隨所遇，何必苦相傷。

又

御人與御事，難易迥然分。人心不我洽，吾事亦遭迍。

又

世變人崇鬬，几筵列戰鋒。雞肋誰我弱，箝口莫相衝。

又

昨夕塵情濁，淰淰結不舒。夢中馮伯子，命我勿區區。

又

良賈以虛殖，殖多更邃藏。祇緣寸銖兩，囊篋日周章。

又

不百鍊不勁，大任阿誰舉？大道大如許，衆生衆如許。

又

舉世俱予聖，千年顏孟無。向明争似暗，明便輟功夫。

又

何不學幼子，笑罷忘其喜。不風猶作波，人稱爲禍水。

又

天大不漏細，羅三垣列宿。不難大如天，抑恐多疏漏。

又

喋喋以益人，疑於炫所有。人方陳其益，雖逆且順受。

又

過不可不悔，一悔便消釋。藥過病還生，撼搖苦此鬲。

又

恩過翻成怨，非關怨者尤。陽和陰不節，炎夏竟何流？

又

休因得意處，忘却懊懷時。自吐寧堪食，剛腸莫再移。

又

偶睹醜人醜，歸來淚暗彈。醜予無處着，爲爾何成寬？

又

行不離堦前，言乃萬里去。負擔果幾何，千鈞勿浪語。

又

困來寧退休，倦容勿對客。勿易吐肝膽，而令辭氣迫。

又

德義早安排，十三年前語。今日初度日，慚愧汗如雨。

又

過喜氣多揚，過憂貌亦齧。理情如調羹，味過詎堪食？

又

尋常躪徑草，容易撲流螢。怙强終不覺，爾弱乃相陵。

又

長呼據竿頭，他人焉置足。環瞻匪爾榮，將以爾爲鵠。

又

陽過常畏人，陰過不畏己。人目當其麗，吾目當其鄙。

又

小怒不能懲，大怒且相襲。大怒旬日連，小怒時刻戢。

又

羊腸鮮覆轍，密語多興戎。風波翻齒頰，冰炭羅心胸。

又

勿恃沾沾恩，恩爲怨之府。勿恃煦煦親，親爲疏之藪。

又

貞士不易悦，曲士不易結。胡爲乎營營，空爾成勞拙。

又

逢比榮萬年，桀辛辱千古。吊罷莫談忠，慟淚方如雨。

又

治世非一手，亂世非一足。南渡主多冤，群工俱食肉。

又

磯流嚮滂湃，風樹影參差。神氣清寧日，聲容和順時。

又

參芎自不惡，藜蘆亦何尤？丈夫同氣味，白首願同遊。

又

螢火未成日，不信草能飛。望夫軀化石，石軀有無知。

又

家有軒轅鏡，鏡貌紛於此。去者影常留，來者胡以俟？

又

漏語亂之階，轉喉若發機。機動靡不走，促膝成噬臍。

又

謂我不如斯，人其誰我諒？是何人之殉，不憐我之喪？

又

蟻鬭如雷震，病耳亦時聞。人誰同此耳，相述徒殷勤。

又

周行松桂羅，狹徑多蓁莽。遇莽方迴足，何如詢路口。

又

燕居如對客，客至不更容。倉皇多掩飾，藉是以自攻。

又

怒毀成愎諫，喜譽若爭憐。借將頷下氣，增取面前妍。

又

乍面成乍煦，易諾旋易悔。孰與少踟蹰，猶令直道在？

又

誰將一粒珠，棄之於中野。誰將一寸長，人前誇詡者。

又

吾將益人善，因之攻人瑕。區區亦疏耳，如煮水灌花。

又

陽剛散之始，物生肇自坤。石冷能藏火，火烈祇成焚。

又

折旋不足處，百拜盡成虛。減寸不爲丈，凛凛貫終初。

又

人情誕固誕，評章密似毛。評人如評鬼，雙淚落青袍。

又

大濟肇於忍，大懟肇於忍。一忍不復辨，剛道是愚蠢。

又

先朝肇大禮，群議競紛然。文成問不答，聊爾咏青天。

又

千里難一師，百拜難一語。訑言感如飴，相成出相齬。

又

口虛而内實，欲入閉之門。空洞絶伎倆，是爲百益原。

又

天雨之潤禾，傾盆不如細。侈口相開陳，知應匪求濟。

又

知人真不易，諮詢失亦頻。勿謂憑高客，勿謂聽密人。

又

人亦何容辱？人亦何容欺？我不而人可，貌諾而中携。

又

叉手成經濟，揖授何森然。欹側談條理，沉醉説醒言。

又

眼净微成巨，三年貫虱心。羊羹與雞距，戈甲起繽紛。

又

制念如縛鹿，一排而一觚。無念乃無縛，正襟墮支體。

又

雄辯如求勝，直窮亦似爭。纔勝負者遠，纔爭大道崩。

又

劉戒釋文義，潘不議論予。無乃談聖學，勿越各身軀。

又

何事須明心，神通無更有。一朝心其心，宇宙在吾手。

又

何事賞巴曲？何事唱陽春？既成立語式，更得聽言人。

又

時或率天性，分明大道行。無端翻自悔，苦媚世間情。

又

意左莫投足，言違急斂唇。訾人如齒劍，揚己如投焚。

又

諸有不能無，諸無不能有。靈性一何靈，無無仍有有。

又

些個失人意，愁腸百疊縈。却詫元城子，梅州鼾睡聲。

又

談忠多負主，論孝未酬親。呴濡才似髮，相負便生嗔。

又

不作井中泥，輒鳴牀上琴。匡人何予有，況爲廢謳吟。

又

惟敬能生樂，恣睢成悶懷。尋常莫造次，戎好笑中來。

又

支言亦有根，根深不在口。任爾三百緘，根動口自剖。

又

爾窺事遲遲，喜怒勿遽發。爾處事疏疏，經理須密切。

又

卒然輒舛錯，簡點已千里。改是胡以預，造次必於此。

又

大木充棟梁，全帛美裳衣。石〔一〕不中繩墨，環觀嘆奇稀。

又

飛雲流遠浦，旭光盪風林。去住儵不滯，可擬達者心。

又

一字歉於中，四座俱回首。惕兮敬靡忘，勿以爲細咎。

又

無謂楚可疑，趙孟自坦坦。無謂漢可信，留侯戈已返。

又

知幾者不辱，況令辱相續。黴色不自喻，是之謂走肉。

又

一水滿不容，一水滿欲施。海若乃汪汪，二水小如卮。

又

何故多遺忘，知因心不存。水澄物自照，垢遠鑒靡昏。

又

心胸藏覊都，譽之以爲譏。岐路相違左，合之乃成離。

又

戚休掣電來，得喪迅雷起。心澄目不搖，憑言了生死。

又

養氣如養虎，虎哮制則難。養心如養龍，龍變以能蟠。

又

天下極難事，取土益高陵。千秋華嶽巔，帝座幾人登。

又

保心如保印，印去能吏拙。事心如事親，常令安且悦。

又

事不問巨小，身在思有濟。庸庸偶其間，何殊匏之繫？

又

以言教者讐，以言教者訕。几席笑談間，好師成大患。

又

常定亦常覺，常覺亦常定。泗濱獲要言，吾以止吾性。

又

吾亦完其我，夭壽我何關？人毀與人奪，似隔幾重山。

又

有物彌天地，至密至恢恢。放非由近去，卷不遠方歸。

又

宗聖終無愆，遵王道如砥。人心真聖君，從心何不理？

又

不識嚴僮僕，能無畏影衾。心開雙目朗，匝地鬼神森。

又

心意由來別，心性亦分明。不窺真性面，終是氣縱橫。

又

傑人千仞壁，卓見亦橫中。方識不聞睹，穆然洵聖功。

又

事因忙處錯，中道在從容。擬議爲言動，免令愆戾叢。

又

止止還止止，休休休坐馳。兀兀固在此，浪浪將何之？

又

魄我魂仍我，夢胡不我由？夜夢原從晝，云何不静修。

又

聞雞頻問夜，非是愛辛勤。老至光陰少，那能不惜陰？

又

匪擬人相重，不嫌人我輕。察言知不足，從此日兢兢。

又

古人惜寸陰，寸寸必有事。古不專誦書，所事果何事？

又

名利真成祟，英雄奈爾何。清江平似席，倏忽起風波。

又

問路非行路，年年在户庭。果然行路客，問罷即登程。

又

不欺人功淺，功深絶自欺。自欺寧易絶，還在欺人時。

又

何處窺剛德，應於衆聒時。初心原不惡，底事爲人移？

又

不慴於巨禍，不怵於殊榮。不眩於久暱，白首鮮能行。

又

飲毒十年前，毒發十年後。智人慎舉匕，懵人悼成疚。

又

日照不擇地，雨潤無遺草。吾心藏仁機，嫉惡亦能槁。

又

飽食臥北窗，多少恩難補。征人捍邊陲，農夫勞畎畝。

又

利榮無冀想，推挽絕偏私。杳杳高風在，執鞭我願之。

又

請看鼓楫人，江海如平地。由來此世途，各自分難易。

又

莫視聖者高，自高更局促。暑葛寒以綿，人人贊化育。

又

天心最憎機，人心能照機。試觀海上客，何事不忘機？

又

積風風乃厚，强信終成疑。相逢纔半面，便道遇鍾期。

又

鄉願萬尋坑，白頭跳不出。圖個世人稱，年年囚鬼窟。

又

點檢從前事，感應如桴鼓。勿云方寸幽，天公於此睹。

又

常憑未發天，好令直如弦。忽忽初念轉，照照却惺然。

又

朝暮相煎急，誰人會個休？通來一寸血，點點逐浮漚。

又

着力因求得，得後何庸力？無力却有力，綿綿自消息。

和鄒南皋先生寄示三詩

土坼田分畛，冰消水共池。怪來關切甚，原未隔毫絲。

右共一家

耳目若可鎔，見聞何所住？春色滿乾坤，畫樹非真樹。

右文字障

不道西山高，却道日將晏。誰知夾日鳥，陽光猶自爛。

右四大假

劉冲倩誕初子錫朋

劉子今方赤，相看不爾如。他年年似我，憶取爾之初。

劉冲倩定嗣長子錫蕃

主器遵而祖，荊花好振先。彝倫天叙就，而祖即而天。

劉冲倩誕次子錫履

多孫若祖忻，雙郎忻若父。有弟忻若兄，異日三無負。

七言絶句

獨　坐

蓬萊弱水是何處，悠然獨坐小齋中。分明天地共浩浩，豈必烟海逐空濛。

和友講道

道無堂奥亦無門，何處入來何處存。舉足求門足便是，眼前淪渾更無痕。

賞牡丹

花前逸興欲傾杯，爲問此心何處來。物理若還不我與，等閒那得笑顏開。

坐　思

萬軍接刃鬥紛紜，旗鼓惟聞將帥尊。若道此心更有主，又令將帥主何人？

吳安節先生貽詩步韵以謝

茫茫今古道常存，眼底拋除誰是尊？一座堂皇天樣大，無端又向小分門。夏庭鑽斧亦遭逢，俎豆關祠代代同。却道頭顱剛直甚，悔將主過博臣忠。

新　月

訪客登臨百尺樓，纖痕遥共薄雲流。如輪皓魄分明在，舉世爭言月似鈎？

癸丑村居雜詩

東鄰西舍總淳龐，後圃前廳盡植桑。莫道農家成寂寞，茂林好鳥奏笙簧。坐卧高樓萬户低，山屏闌楯兩相齊。眼前塵障開除盡，暮雨朝烟入品題。澍雨昨宵漲小池，曉來庭院綠參差。兒童報道蔬堪摘，便好邀賓賞歲時。得請歸來恩許閒，細窺書卷飽看山。四郊却道無禾黍，又爲饑人不解顔。五旬無雨壟苗枯，少女誰家挽轆轤。也愛深閨幽静好，半因饑餒半田租。才愁溽暑忽秋凉，人世誰同天運長。好展襟期酬令序，四山雲物曉蒼蒼。高臺四望野連天，風月於兹豈有邊。三尺筐[二]牀紛計算，還知世界幾千千。田叟邀來爲解蓑，飲君濁酒爲君歌。芜然一笑還相問，昨夜月明詩幾多？村小不盈數十家，迥迥相見問桑麻。稚兒未任犁鋤力，也向溪頭解種瓜。

聞報書懷四首_{丁巳}

鈍質生來故不奇，科名官位總逾涯。若人剛好投閒地，猶費夕郎夜草辭。

鄭重多賢輔聖君，不才自合老烟雲。兒童課罷書堂寂，種竹栽花日又曛。

利鎖名韁久若遺，無端猶爾浪猜疑。而今想在相拋却，正是茅檐穩睡時。

塵世繁勞不上肩，山中長夏日如年。千秋未了遺編在，且喜蠅頭也會看。

初任司理到任日吏用印報云升授吏科給事中虛套取喜何必乃爾走筆題其上

休飾虛章報吏科，縱成真取便如何。眼前羞作瞞心事，莫把津華覬望多。

梁燕重來二首_{行取候命}

萬里都門春復春，雕梁燕壘又更新。呢喃相向如相訝，不是燕人是晉人。

年年作客客華堂，歸燕殷勤話暖凉。飛過回廊還對語，主人何事鬢成霜？

藤

嫩枝柔幹倩相扶，未信終成矮地鋪。當是老龍離玉闕，昂藏頭角隱平蕪。

竹

偶因月上橫疏影，不爲霜來發勁枝。休把貞操漫相擬，還須些個自然時。

迎春花

輕黃不似首春時，果是青青但此枝。欲識花無與花有，且言春去竟何之。

葵 花

自白自黃還自紅，賞不加喜折不恫。若教着意才傾日，花若能言應笑儂。

榴

共道榴花結子多，百花堦下共森羅。滔滔萬派歸滄海，胡不中原絶水波。

落 花

凭欄遊冶惜芳菲，陣陣風來片片飛。多惱多情總向外，本來纔着便忘機。

咏垂楊似座中友

爲甚枝枝向下垂，不剛不勁耐風吹。相逢爲爾頻傾酒，記得十年贈別時。

題北園十五首

　　楚弱劉强東逝波，銅山金谷總銷磨。啼鶯莫向窗前枕，無限榮華正夢柯。

　　七尺身軀一粒沙，年來病豎苦相加。吾將一笑攀明月，白玉京中別有家。

　　昨夜狂風萬水號，如從三峽聽江濤。垂雲翻在應憑取，飛入天門興轉豪。

　　風高猶自怯衣單，華嶽峰頭四望寬。萬國洪鑪悲正熾，銀潢瀉却與清寒。

　　采藥時從陌上還，牀頭欹枕看青山。一腔熱火風吹去，欲向忙人賣個閒。

　　夢裏分明玉帝傍，騎龍駕虎任翺翔。迴頭世界些兒大，不是爭蝸是怒螳。

　　萬里黃河一綫流，茫茫大地水中漚。非非是是莫相聒，一夜西風欲白頭。

　　石橋橋畔濯滄浪，高柳陰濃足午凉。野老班荆情共適，無人識是瑣垣郎。

纍纍高塚傍河涯，古碣苔封半欲欹。惟是銀璫曾不拜，百年處處口爲碑。時遊張氏墳。

十里郊原信步遊，每逢嘉樹且休休。旌旗却憶長安道，瀟灑終應此日優。

隴頭小坐說當年，逐牧隨農過綠阡。人是舊人窮亦得，烏沙難道漆同堅。

半生炊黍未全醒，羸體相看便不寧。非是貪官非愛壽，個中不了爲惺惺。

春老園花秋近枝，黃昏相對淚交寧。如天事大關情切，惟有清風明月知。

盂水昨宵夢化金，靈臺帝主室吾心。楊家夜却尋常事，蟻穴能令江漢深。

岸裂瀾狂漲若湖，且沉且起賴殘壺。中流力盡波仍急，尼父空中笑欲扶。

避暑姚館漫題乙巳

邸報傳來莫嘆呀，長安從昔此紛拿。飛霜墮雪皆天意，到得東風自放花。草有千般花萬叢，形形色色也難同。負心唾面都由彼，不向人間競楚弓。千年華表草中埋，八百籛翁亦去來。拋却金環總一律，儘他二豎莫徘徊。

南遊八首

廬山面目何爲真，我來問取山頭人。山人住慣等平地，脉脉無言鋤白雲。

爲觀瀑布登高閣，懸流百仞空中落。山僧不見雪花飛，指點巖頭説旱潦。時瀑布無水。

文殊臺上惟月明，水中有石聲鏗鍧。這番公案憑誰剖，還是石聲是水聲。

白鹿無踪古洞幽，仍登絶嶺豁雙眸。紫陽笑指絛山曲，一樣淙淙涌碧流。

千丈神妖繫鐵柱，年來逃向靈臺住。憑遣千兵擒不來，不持寸刃驅將去。

一溪綠水一林松，五柳先生宅此中。天遣生成晉處士，非將飢餓博高蹤。

佛子金身三丈五，袒肩垂手觀下土。莫怪當年着眼高，等閒豈識群生苦。

訪仙臺上石崔嵬，人道餐霞去不回。果向深山更深處，温良何故進丹來。

會堂和楊晉庵先生勉學詩七首

此道何時不大明，青霄無奈片雲生。幾迴欲掃掃不得，不掃憑誰代若行？

爲是爲非我自明，每從暗裏淚痕生。會堂度度得良藥，欲策駑綿勉强行。

同此天真同此明，宛如一鏡羅群生。煩君提我迷途裏，沂水河邊好共行。

還得原來恁地明，無邊真趣自生生。何須着力相防檢，水自流兮雲自行。

眉宇薰人乍欲明，須防鄙吝別來生。利名根蒂縛人急，口説難憑且去行。

頤解蓬開未是明，譬如擊石火光生。可憐擊罷依然石，到此令人猛欲行。

果然明盡却無明，到得真明萬照生。千古良知孩提子，孩提剛是任天行。

鳶飛魚躍

鳶魚吟罷此心開，色色如斯莫更猜。窗草驢鳴同意思，古人纔是誦詩來。

和張霽春談棊詩

茫茫今古大棊枰，興敗輸贏局局爭。畢竟有時雙歇手，迴頭一笑枉生情。

校勘記

〔一〕“石”，四庫本作“若”，似當從。

〔二〕“筐”，四庫本作“匡”。

《仰節堂集》後語

　　《仰節堂集》者，真予曹夫子會道微言、涉歷政績、匡時卓議暨交知柬書、登覽吟咏所存之草及門士纂集而成者也。初曰"存稿"，存之者，所逸幾信也。夫子不欲立言，觸事寫情，稿不多存，茲集特其什一耳。任自萬曆甲午、乙未以暨戊戌、己亥，頻年過淮。時夫子理刑淮上，崇祠會學，治水籌兵，勸農訓俗，寬徵省役，簡訟持廉，種種成效，豐碑載頌無窮也。已而丁未、戊申，任北上，訊夫子于瑣垣外舍，見其批鱗讜議不啻盈車，然多秘篋中，不以示人。更越五年餘，任從并州負笈而西，起居夫子之山園，見其定省太夫人於高堂，殫心畢力。課農趾畞，優游阡陌間，澹然也，而簡翰吟咏，自此益富。任東還，見淮陰太守，欲裒鍥全集行世，馳書夫子，艴然力阻，謂勿貽誚於世。復逾十載，龍飛癸亥，都城再謁夫子，閱睹新編及關陝、河津諸刻，續增半倍，而原草遺者亦半，淮刻概未收入。任竊錄所睹者，斷章以采其要，約旨以萃其凡，綜核一家法言，信石經之秘傳，詎《論衡》之猥瑣？夫子諄諄誨人，汲汲援俗，凡從游者，稍稟道根，必罄植培之力，嘉惠勤劬，蓋隻字片言，無非闡道。大都無物無我，廓取無中之有；有天有人，約取有中之無。則任于夫子之莫可抽寫者，略爲描寫焉而已矣。昧僭數語，敢云智足以知夫子哉？聊以鳴千古一時之良遇也。

　　癸亥盛春望，休寧門人戴任拜書

附：重刻《仰節堂文集》序

余師真予曹先生《仰節堂文集》行世已久，余曾得一部，朝夕諷誦，不能釋手。且當時家藏户珍者不鮮，甲申之後，十失八九。己丑兵燹，運城極厄，無論片墨不存，並其原板不可問矣，奈何！一日，先生之外孫景君字望蘧者忽遇此集於安邑市上，蓋幾與敗絮殘楮相爲没滅耳。景君急購之，若驚若喜，見余而道其繇來，余乃仰天謝曰："先生之靈不泯，天地鬼神爲之呵護也歟！"於是聚而謀諸弘運書院之友，諸友曰："碩果之存，危哉！"相與鳩金而爲重刻，以圖不朽。刻成，諸友屬余序。余曰："比鄰夏有《司馬温公集》，河津有《薛文清公集》，合《仰節堂集》，可謂三大文章矣。自此汾、涑重清，條、霍更翠，其關風化、人心，詎淺微哉？然而重刻之友亦與咸休。太史公謂"蒼蠅附驥而行千里"，余於斯亦云。

門人吕崇烈頓首題於弘運書院中，時康熙二年，歲在癸卯六月吉

奏疏 刑科

天事當欽時事可虞疏

爲天象當欽，時事可虞，披瀝愚忠，懇聖鑒察理亂之機，圖更新之治，以固鴻業事。

臣惟明主惟欽若昊天，乃臻盛美；諫官匪敷陳時政，可效涓埃？邇者星象著異，形狀逾常，紛紜衆夥。據其占候，良可寒心。皇皇上帝，睹兹世事之非，故示不常之警，至怒也，亦至愛也。皇上爲天之子，一氣潛通，遇此星變，烏容不察？夫自宵人流禍，椎剥成風，行者驚憂，居者悽楚。性命如蟻之輕，枯體不安於土，而人心於是乎失盡。守令不保其生，司道不存其體，撫按不行其權，宗藩不免其辱，而紀綱於是乎蕩盡。夫民心既渙，賴紀綱以維之；紀綱亦墮，大業焉憑？識者謂須慷慨節義之臣，以銷禍亂於未然，以蹈鼎鑊於臨事，庶幾忘身決策以報皇朝。然今之用舍者則可訝矣，大抵右從容而左奮發，喜衆同而惡獨異。夫從容者固足養和平之福，而奮發者實足收明作之功；衆同者固多謹厚，而獨異者亦多揮霍。何可不加之意也？即如巡撫任事者既不安其職，而巡按任事者復以資格擬外轉，何以風焉？誰復挺挺直前而不好好延譽乎？夫中外僚寀有如晨星，推而未下者，動以百數。既血脉壅閼而未通，更機務廢弛之可駭。方祈布列多賢，奈何不盡其用？故士氣之靡，於今已極，而言官爲甚。朝廷設立言官，原以爲皇上之耳目，非欲其與諸僚相容隱。乃近者剥牀切膚之事既習爲尋常，而救焚拯溺之譚亦目爲迂闊。言者有糾劾之疏，則辨者有自美之章；言者屢格，而辨者愈彈愈起。不惟不能動大臣，且不能動小臣；又不惟不能動之而已，建言者屛息郊關，被論者揚眉堂署，不相率而雷同阿附、私交遠禍乎？昔聞仗馬斥鳴，權臣所以鉗口；寒蟬抱葉，懦臣所以自全。國家亦何利焉？凡此人心之失，紀綱之蕩，均爲釀亂之階；士氣之靡，言路之塞，究非彌亂之策。

伏乞皇上沛下明詔，令當事之臣登崇真品而蚤俞黜用，諫諍之官勿懷畏忌而仍賜優容。斯以之振肅紀綱，收拾人心，杜銷亂釁，當必有石畫者。抑或宸居萬里，情態未能盡達，儻臨朝洞察，則天鑒必徹幽隱。祖宗時有早朝，又有午朝，又有召對輪直之典，即不敢盡望舉行，然亦豈容終廢？或數日，或旬月，獨不可間一舉之？又或不臨前朝而召閣部九卿於其便殿之中，咨詢民瘼，鑒別官聯，則時事乖違之狀，必將盡呈於上前，而所以更化葺理者，聖心自不容已。宋景一言，且致螢惑之退，聖明德政，足知天眷之隆。轉異爲祥，撥亂返治，萬萬年無替矣。臣不勝激切仰籲戰慄之至。

嚴禁貪墨疏

爲催徵方急，民隱可虞，仰乞聖斷，申嚴貪墨之禁，以保宗社乂安事。

臣近閱邸報，見太倉老庫止存八萬餘金，九邊年例缺至百萬，處處告急，而各省直通欠錢糧亦且二三百萬。臣不勝杞憂隱慮，萬一外變內釁猝然發動，將何措手？此危急之秋也。幸蒙皇上允從戶部之請，特遣部臣分投守催限完解，燃眉可濟，誠爲得策。

顧臣更有私憂焉。今天下民窮財盡，邑里蕭條，其困乏之由固匪一途，而貪吏椎剝實居其首。平常無事，尚不當瘠民自肥，況今催徵正項，時刻難緩，儻吏治不清，腠削如故，上欲府庫之充，下欲溪壑之溝〔一〕，煢煢赤子既急公賦，又急私斂，骨髓幾何能不立盡？非逃則死，非死則亂耳，可不嚴爲之禁哉？蓋自士風不古，熙熙爲利，雖清操介節自不乏人，而橫征濫取實有其徒。最下者通暮夜之金錢，創無名之供給，罰罪外之銀穀，賣法巧索，傾人之家，蕩人之産。亦有號稱賢吏，猶以紙贖、火耗爲固有，空票取物爲常事。夫紙贖儲穀，以備荒也，出納要在公平，稍羨亦入官帑，大抵本土之財充本土之用耳。有司業有常俸，猶恐素餐，此項與彼何干，而實之囊中乎？下民貿易，其價有常，乃立官價名色，甚且併官價不給，白取白用，或至罷市。既禁佐貳不許濫受民詞，而印篆在手，乃多取之，不以爲虐，何以服佐貳之心？故佐貳者亦橫行掊剋，不罰罪而罰紙價，反多不明收而暗收，暗收更醜。又有黠猾之人於上司批狀羅織多罪，或自行問贖，故呈爲媚，是以不肖之心窺人也。諸如此類，民安得不困？而惟正之供何所出焉？間有指稱拖欠，反肆侵漁，拖者十三，謬稱十六。又或指稱抵補，亦肆侵漁，問三十四年之錢糧，曰抵三十三年矣；問三十三年之錢糧，曰抵三十二年矣。紊亂文卷，展轉支吾，稍不研窮，鮮不中計。亦有赤歷與由票數目不同，正額與見徵多寡互異，昔經查盤，曾睹此弊。其催徵無法，利歸爪牙，委官有寬限錢，胥吏有常例錢，種種奸竇，又不可勝數。窮民方飲恨群詛，豈樂輸納？錢糧不完，多此之故。

目今若不痛釐舊習，但心急催徵，彼輩惟有敲朴搜括，摧殘民命，離析民心，及至他虞，且以催徵借口。匪重法繩之，何望省改乎？查得官吏犯贓，應盡數追併，依律問斷，原有成議，累奉申飭。而邇乃多務寬假。往穢盈楮，竟從輕議；囊篋已滿，猶冒虛聲。彼復何所憚哉？夫士人縉紳服官，誼當報主。報主在愛民，愛民在潔己。而貪吏負民以負國，貧民以貧國。至今計臣蒿目，聖主慨衷，安用姑息，徒以釀患也？

伏乞皇上敕下部院，行文各該撫按，嚴諭有司，當此錢糧緊急之時，閭閻積苦之日，各革頹風，務從廉潔。如有仍肆貪墨，重加參拿，盡數追贓，依律問發。明春計典亦照此施行。蓋議及催科，不獲已也；議及刑罰，亦不獲已也。然雖曰嚴之，實以成之，彼果易貪而介，自應以癉爲彰。官常既肅，民困自蘇；傍孔既塞，正賦自足。不但軍實有賴，而本固邦寧，宗社靈長之慶，恒必由此矣。伏候聖明裁察。臣不勝激切悚息待命之至。

乞結滯獄疏

爲滯獄本宜早結，況逢霪雨爲災，懇乞聖明亟允省發，以普皇仁事。

臣溴〔二〕閱邸報，見刑部及錦衣衛相繼具疏，各爲大雨連綿，監房傾塌，囚犯累累淹浸，莫必其命。官校悚悚，關防無所措手。慘悽之狀，殊可憫傷。淋漓不已，荼苦未歇。夫此囚圄之中，其係奉有明旨應當拘禁候決重犯，猶可言也，顧亦有問勘已明，未奉俞音，不敢省發者，實繁其人。如該部近日類請批發幽滯犯人，并熱審矜疑犯人，及勘奏山陵犯人王大義等，則填委者種種，而待盡者奄奄。該衙亦有久囚犴獄未蒙歸結之衆，而原任參將梁心則一十二載而遙，尚未天日之睹。大抵諸犯之內有註誤者，有牽連者，有罪止笞杖者，有賠贓已完者，日復一日，歲復一歲，將爲獄中之泥耳。部衛屢請，夫豈無據？儻聖旨早下一日，則各犯早脫昏墊，早得寧家，其庶幾萬有一焉，可延殘喘，是拔之鬼錄而渡之慈航也。夫居常無事，猶須求生於死，期於刑措，以昭好生之德。當此灾沴之秋，忍令其披枷帶鎖於水澤，枵腹呻病而沉冤也？法不當死，情不當死，理不當死，而死於水，豈不足以干和氣哉？夫釋一人則造一人之命，省一人則省一人之關防，策無得於此者。職伏誦聖諭，有“霖雨爲灾，深切憂念”之語，豈有煢煢囚繫最苦最楚之人，而聖念所不及乎？昔聞燕臣呼枉，六月飛霜；孝女冤申，旱灾立輟。皇上欲挽回天意，亦烏得不於斯加意也？職職掌所關，不容緘默。伏懇皇上敕下各該衙門，查照原疏，立行汰豁。應發落者發落，應釋放者釋放。被宥者銜感皇恩，而凡此含生之衆，亦莫不忻頌聖慈而祝聖壽於齊天矣。臣不勝懇切待命之至。

乞勘冤獄疏

題爲内宦單辭誣陷，冤獄沉埋未結，懇乞聖明亟敕查勘，以平刑典事。

臣猥廁刑垣，凡刑罰失中，例當糾正。邇日最可詫異不平者，則馬鞍山官廠内臣田聘所奏煤窑一起犯人是也。先是，田聘奏稱，武安侯鄭惟孝聽信家人齊桓等侵奪官山，阻截煤炸。欽奉聖旨，將齊桓等拿發鎮撫司揵問。該司揵問後，覆奏未下，惠安伯張元善及鄭惟孝先後奏辯，畫圖帖説進呈，亦俱未下。齊桓等奄奄在獄，未經發落。夫果如田聘一面之辭，則齊桓等何足憐憫？但據張元善等辯疏，則棍徒王順、陳暹、侯麻子、劉仲舉等擅開煤窑，在於景皇陵後、過街塔及新莊等處，原與馬鞍山官廠相隔遼邈，絶不相蒙，而田聘受人投獻，遂行誑奏。其奏内鄭惟孝家人十名，則有張元善家人張夏等六名裝陷於内。夫景皇陵後、過街塔、新莊可謂之馬鞍山乎？張元善家人可謂鄭惟孝家人乎？指東爲西，指張爲鄭，此與指鹿爲馬何以異哉？夫地理各有分界，人户各有籍貫，顯明可按，非曖昧難明之事也。皇上何不敕下法司，速行查勘，要見王順等所開煤窑果否在景皇陵後，果否在過街塔，果否在新莊，委與馬鞍山官廠相隔若干里，果否相干，其張夏等六名果否係鄭惟孝家人，仍恭查欽製紅牌、《大明會典》，其景皇陵後、過街塔等處果否係陵寢禁地，應否煤窑，則田聘之控辭聳奏不逾俄頃而可定矣。

嗟乎！皇皇列聖，創業垂統，遺萬里之山河，而山陵禁地不獲保一段乾净之土，小人綱利，膽大包天，又何有於無辜之衆哉？此亦神人之所共憤矣。伏乞皇上亟敕法司施行。臣無任激切懇禱待命之至。

生徒毆辱提調乞正法疏

爲生徒毆辱提調，法紀陵夷，乞重懲正法，併乞興正學以維世道事。

頃接南直隸提學御史史學遷揭帖，內稱廬州府合肥縣生員金文華等，因該縣知縣曹光彦朴責之忿，糾衆撻入衙署，知縣避匿，家衆傷殘，器物搶毁。此尚知有王法乎？我皇上以一人之尊控御天下，但以半通之綸授一介之士，楊[三]歷四海，誰敢抗衡？此無他，尊朝廷也。狂生陵侮縣官，恃其衆耳。如以衆而已矣，天下民萬億，居上者幾何？其亦何所不至哉？數年之間，生儒之横見於蘇，見於楚，見於蜀，見留都，今又見於廬。窮年作養，望其敬上，不虞其犯上也。法度不行，匪一朝夕之故。姑息因循，既無能懾之平時；綱弛紀廢，又無以示之型範：有自來矣。目今宜嚴處狂生，盡法究譴。其各處學憲等官公嚴持正者，輒造飛語以相摇撼，亦宜一併禁鈐，屏邪説而正人心，俾執法者不撓於衆口。至於一切法紀，着實整頓，如奸胥把持衙門，刁軍挾制主帥，仕宦搆陷於鄉紳，上官藐抗於屬吏，諸如此類，有犯不赦。上既守法如山，下乃信法如蔡，聳四方觀聽，遏猖獗於未萌，其誰敢輕犯三尺，自取誅譴哉？

然此猶非其本也。自辭章之習興，天下不知學，而至於今極矣。士人稍能記誦，搦管爲文章，輒號於人曰"吾學矣"，世之人亦稱之曰"彼學矣"，豈不可怪哉？夫學者，遷善改過，盡性踐形，以成其爲人者也。讀書者求明此學耳。今則父兄之教子弟，師長之訓生徒，但云"飭羔雁取顯榮"而已。既無修身制行之工夫，安得無干名犯義之橫逆？此時人衆，可陵官長則陵官長；他日登第，可虐小民則虐小民，可背君父則背君父。流毒邦家，遺羞簪組，非其人之本不善，則以教之失其方也。

聖祖稽古建學，豈僅欲如是而已乎？夫楊、墨爲我、兼愛，行仁義而偏焉耳，孟子且憂其流，至於率獸食人，人將相食。由今之俗滔滔不反，將何底止？撫世者可不亟圖其變哉？竊意若求上策，則復聖祖之辟舉，倣程氏之學議，博選名賢，羅列中外，明示以所重在行，此第一義。或以習俗日久，猝難更制，則卧碑內有"薰陶德性，以成賢人"之語，《提學敕諭》內有"躬行實踐，孝弟廉讓"之語，獨不可申明而實行乎？此又不俟改法可以成化者也。第令禮部以章教明倫爲實職，以治隆俗美爲實效，仍令銓部訪得群僚，申有經明行修、徹於大道者，如顧憲成、鄒元標、劉元卿、馮從吾等，分布直省，授以應得職銜，俾其倡明正學，示人以安身立命之所在，必令督學者不但掄文，先須正行；提調者不徒簿書是役，而教化是急；司教者不第塞毡齟齚，而躬率操修；撫按又加意提撕，植之風尚。浸漬累年，轉相則效，士風世態，或可一變。不然，舉世貿貿，不知天之生我謂何，不知君之用我謂何，不知我之爲人謂何。波蕩風靡，逐勢競利，本心固蔽，諸惡敢爲，大亂將興，生靈塗炭，奚止合肥狂生蔑棄法理而已耶？臣一隙款款之愚，伏望聖明敕下各該衙門議覆施行。法無違梗，學究本原，不惟披猖之夫有所檢繩，而端良之彥亦將肩比，其於世道必有裨益。臣不勝激切待命之至。

吏科都察典屆期申明約列疏

爲察典屆期，申明約列，以飭吏治事。

竊照國家之理亂係民生，民生之休戚視吏治，吏治之淑慝係考核。考核而不肖倖免，不惟此一人流虐，而衆不肖鼓志矣；考核而賢者誤黜，不惟此一人抱枉，而群賢者解體矣。期以三年之久，詳以中外之評，奈何可艸艸也？在前諸禁約條例載在令甲，不爲不備，兹計期將屆，而臣等竊慨吏治之頹，稽查往牒，參以臆見，謬附於三令五申，期之於"實行"兩字，恭陳數款：

一曰旌廉懲貪。夫居官賢否，款項固多，而廉貪實其大竅。士風不古，朘民自潤，實多其人，閭里蕭條，率由於此。不旌廉何以示風？不懲貪何以示戒？伏睹《大明會典》，來朝官員有廉能超衆者，引至御前，面加獎賞，仍賜宴於禮部。其貪酷異常者，着錦衣衛拿送法司問罪。不應者，着各巡按御史問罪。鼓舞警惕，國憲昭然。相應申飭今次朝覲官員，廉能、貪酷者，撫按蚤期查報，部院核實上聞，廉能者獎賞賜宴，貪酷者拿問追贓，盡法究遣。夫仕者祿俸原自有限，縱官至黃堂，一歲俸薪不過二百，火耗、贓罰，律禁私用，此外則暮夜金，不可言矣。乃或寒素通籍，未久大富，何處得來？連綿箱扛，露面而走長途；充牣金錢，厚顏而誇親友。此齊人之妻妾所羞，豈清明之盛世可恕？宜憑嚴法，以遏狂瀾。

二曰訪單宜核。夫臣等在事衙門分行諮訪，其相評駁嚴且密矣，然非能盡歷其地，盡睹其人，不過據人士之口及采獲之單耳。單可盡憑否？一人肇之，十人轉相抄之。單至於十，可不謂公論乎？肇止於一，可謂公論乎？私揭固有明禁，揭亦須詳察，恐其任耳之未的，執見之稍偏，及間有愛憎耳。果有真見，一單不爲寡；果係浮言，十單不爲衆。勿以衝繁之地與僻靜程才能，勿以營幹之人與悃愊校聲譽，勿以經薦經參之後有成心，勿以閨門陰曖之事傷人意。天理人心，王法清議，願諸臣加之意焉。

三曰外奏當詳。夫撫按、司道與各該有司日相共事，年力一見而知，才幹數委而見，心術操守，亦可詳窺細訪，莫能逃者。內之諮訪，不過濟其不及，防其未確而已，使其果及且確，何必以為猶未而仍紛紛也？但須其精知人之鑑，奮鋤奸之力，竭一片精神，稱量停當。臣等藉以持循，須其稍遺，則以諮訪所得，相兼酌處，期在相成。儻顛倒之甚，責有所歸。曩曾以誤參、漏參，而巡撫等被指摘矣。

四曰干囑宜處。夫計吏大典，亦公典也，天威咫尺，照臨在上，誰敢以私干者？乃每有以師生而相庇護，以親以故而相庇護，弱者及居散地者柔浣之，強者及居要地者硬持之，遂致黑白倒置，留汰混淆。當事者有掣肘之嗟，被處者有寡援之誚，成何法紀？合行禁諭，但有為人囑托，明庇不肖，祈免幽黜者，不論事前事後，參論究處。

五曰勿拘資格。往見考察時，甲科官每難下筆，往往縱舍；舉貢出身則易易視之，不加憐惜，佐領卑官或注以貪以酷矣。夫馬夫弓兵，一月供給，豈足當正官一票？舉貢豈無美才，豈無遠志？祇緣世情軒輊，遂致策勵不前。今次宜破風習，固不有心以抑甲科，貴官勿有心縱之；固不有心以縱舉貢，卑官勿有心抑之。各得其平，以服眾之而已。

六曰勿拘數目。歷來察處官員，每泥定數，而各省直之官與官于各省直者，亦每拘數。竊意一時吏治有興有替，一方風尚有美有惡。不肖者眾，何妨多處？不肖者少，何妨少處？儻不肖寡而助盈，將反無辜；肖多而限數^{〔四〕}，不免漏網。均之非法也，何必拘泥？期在肖^{〔五〕}盡處、所處盡不肖而已。

七曰賄鑽^{〔六〕}當禁。朝覲饋遺，節經禁約，竟未遏止，故有徇交際之故習者，亦有藉阿堵爲鑽營者。交際者苦浩費而免完時套，原非一帕之初，畏禁諭而藏掩入門，亦是士林之浼。鑽營者伏茲臭穢，白日乞哀，若謂當路可侔造物，提身可無勁骨，私意窺人，謂堪貨取，殊爲可鄙。何如遵禁從省，既以自潔，亦以潔人之爲愈也？合預行各官，不許指稱科歛。抵京之日不許奔馳授受。違者聽巡察緝事衙門及臣等參究。

八曰實職宜明。今天下張官置吏密如櫛比，而世事日隳，則以官不盡職也。孟子論王道不越農桑、鷄豕、庠序、孝悌。後儒談治，一何玄也？俗吏當官，又何疏也！無論庸冗悖戾爲溺職，即號稱賢者，亦罕所講究。夫立官爲民，此其大指要在興民之利，不但不取其財而已；仍在正民之德，不但能厚其生而已。"父母"之稱，所當體貼，鉅畢細舉，真心流貫，如子如家，斯爲不忝。僅于聽訟催徵、完銷簿書間稱能吏，猶非其至。況乎上以虛文行，下以虛文應。粉飾蒙掩，聊播偽聲，何足道焉？至於官府以各州縣之盡職，司道以各府之盡職，等而上之，職居總要者，莫不皆然，非但區區自潔其身而已。儻不能彈壓化誨，則亦一庶官耳，奚取于尊稱師帥、一南面衆北面也？守官者當各盡其職，察吏者當各因其職，一切學、屯、兵、糧、農、捕類俱以此推。職內有虧，即有他長可略也；職內無虧，即有他不足亦可略也。斯不失設官初意，而國事無不興矣。

以上多出成談，臣等何能高論？但念因循日久，舊章每束高閣，一番振刷，是在我皇上敕部議覆，設誠致行，其於吏治未必無補，民生庶有攸賴，而邦家永奠于泰矣。臣等無任惶悚待命之至。

乞通章奏疏

爲忻逢聖誕，昌明萬國，拭目德政，懇祈通章奏決用舍，以暢群情事。

恭惟皇上統御八方，包羅萬象，以天下之精神爲精神者也。衆喜成春，衆呼成雷；萬祝萬禱，通於天帝；氣和形和，萬壽無疆。茲當聖節屆期之日，尤不可有人情結塞之處。臣等在吏言吏，亦願就章疏用舍間暢群情耳。自推用之奏不下，而抱長者厄抑不售；自糾劾之奏不下，而掛議者滯泥不行。人情鬱陶，莫此爲甚。

夫銓部推升，非盡以富貴畀人，將集群力以效之國；諸臣之被推，亦非盡圖富貴，將展所蘊以致之主上；用人亦非僅僅富貴之，將令其拮据劻勷以修庶政也。奈何推官爵若靳之，視臣工若疑之，謂可以用、可以無用，可以速、可以遲？古英君誼辟，重於待士，急於用賢，或不類此。然皇上轉遲留而臣等轉催請者，畢竟爲皇上社稷計，非爲見推之人身家計也。總憲不補，誰爲皇上彈壓風紀？戎政不補，誰爲皇上振詰兵威？卿貳不補，誰爲皇上分理於內？督撫不補，誰爲皇上宣猷於外？庶事叢脞而國家受其敝，其被推不下之人，雖未簡任，亦省擔荷，無甚損也。故臣等催請者，總爲皇上，不爲諸臣。皇上宜慨然速用，而遲疑何爲乎？以至往年臺省命下，糾彈之疏，疊疊相繼，雖其中言人人殊，然大概思得一當以酬知遇耳。儻皇上欲疏進言之路，宜朝上而夕可；欲核被議之人，宜敕部以品評。奈何概寢諸疏，竟付空談，杳無下落？被言者終歲杜門，紛疏求去，叩閽不應。在政體則溷悶而政壞，在士體則萎薾而士亦壞。據空銜者廢實政，鎖閒署者阻賢關。轉相猜忌，飛語繁興，究亦流禍於國耳，何難一處分而久從停閣也？夫果當用者用，當去者去，不惟見用而得用、求去而得去者適愜其情，而諸內外臣工仰日月之明，慶風雷之迅，靡不洒然稱大快事。寰宇偕暢，協氣流通，祥臻福至，聖壽齊天，豈俟嵩高三呼之祝哉？伏望聖明鑒允施行。臣等無任懇願待命之至。

乞亟允枚卜疏

為懇乞聖明亟允枚卜，以定人心，以杜隱禍，以銷灾異事。

竊見邇年以來天災地震，物怪人妖，餓莩載道，風霾蔽空，而正陽樓之火尤是異常之變。皇居之壯門而隳頹，此而不圖修者，是與天抗而禍亂立至也。修省多端，其贊襄俱賴輔臣，則枚卜一事乃今之第一義。從昔閣臣常至四五人，固以廣謀斷之益，亦以絕覬覦之萌。自李廷機當去未去，王錫爵當止未止，獨葉向高一人辦事，累請爱立未允，大小臣工亦累請未允，伊以人言之侵不入閣者，已多日矣。人以責相為辭，伊以去就自審。然邪正消長之關，耽耽之徒欲梯富貴之日，若向高遂至不安，閣中更無一人。彼一時也，雖言路之臣嘔心瀝血，能使閣中無票本之人乎？能使別衙門代庖乎？則廷機可出，而錫爵亦可來。蓋臣束手，邪人得算，援引阿附之人，排逐異己之士，乖戾之念橫心，平章之業何有？天下事尚可為哉？儻得枚卜蕆行，衆賢在列，政本有屬，邪謀自寢。縱令朝上一疏焉曰責相，暮上一疏焉曰責相，誰彼尤者？而為輔臣者，朝以去就爭，暮亦去就爭，亦何碍焉？夫不附李、王，士人類皆言之，然而隻子之睽地被搖撼焉，此衰彼勝，固勢也。即伊側目之言官遭齮齕焉，此去彼安，亦勢也。到得彼時，國事決裂，而機實預萌也。追思臺省命下，以下交章奮擊，恐成畫餅，誰能甘心相從而違初議？抑亦清流罹禍而疹邦家，尚何救哉？惟有爱立一舉而衆志定、禍端息矣。故在今日，向高固當力請枚卜，而不必久杜門以中邪計，為社稷，非為一身也。皇上當亟允枚卜之請，多羅賢哲，廣收輔導之益，亦非為向高一人，為社稷也。猶豫日久，枝節橫生。下觀人情，上卜天意，無乃凜凜阽危之在眉睫，皇上神明豈不燭照？而歧路各分，議論角立。如其捧主人之玉爵，此喧彼競，玉爵且破，不知憐惜，非皇上自爲計稷[七]計而誰計乎？伏願聖明鑒察，政本幸甚，宗社幸甚！

乞允儲講以重國本事

爲儲講久停，舉朝佇望，懇乞聖明亟賜允行，以重國本事。

臣等竊睹東宮輟講七年于兹，九卿等衙門交章頻請，目穿舌敝。可啓我皇上至聖，則以繼聖望之；我皇上至明，則以繼明望之。欲以繼聖而繼明，胡可曠年歲而荒學業哉？粵考三王，未嘗不教世子，三代之治者所以悠長。

洪惟我太祖高皇帝有《儲君昭鑒錄》，成祖文皇帝有"務本"之謂，無非殷勤，尚無俞旨。恭惟皇太子，皇愛之所鐘也，四海臣民之所戴也。主器凝圖，前承列聖之鴻業，後衍萬年之盛治者也。然承鴻業、衍盛治亦必有道矣。道非學胡以凝？學非講胡以明？古昔英君哲后，舉其心法、治法乘之典籍，一考鏡而鑒戒了然。

皇朝典制，設有侍從講官，列于左右，一敷陳而睿聰誨諭，俾成令德耳。列聖相承，俱重儲宮之教，卜世無窮，端由於此。欲遠紹古轍乎？近守家法乎？無之而非教皇太子爲第一義也。且昔皇上沖年，亦有孜孜學問，時御經筵，固將乘憲於萬載，何不指授於膝下，而令壯齡聖子目不睹《詩》《書》，耳不聞講誦，躬不近儒臣乎？臣等區區一念，效愛戴於皇上，乃愛戴吾君之子；愛戴吾君之子，乃願其時敏於學，爲皇上之鴻業計、盛治計，總之爲皇上也。

皇上試發俞旨，克期開講，青宮學業日新，聖心必當大暢。屬毛離裏，何等關親！作述重光，無雙樂事，中外臣民，莫罄忻頌。伏願皇上鑒允，國本幸甚，天下幸甚。

亟舉枚卜以贊聖治疏

爲枚卜關繫最大，聖明俞旨猶稽，懇祈亟命舉行，以贊聖治事。

竊照累年以來，滿朝陳請者，枚卜、考選、大僚數大事，謂天下治忽所繫，非可一朝緩者。荷蒙聖意轉圜，大僚漸次點用，而考選之命一旦發下，言路蒸蒸，朝端生色，普天之下，莫不歡騰。惟是枚卜猶未舉行，密勿之地尚覺寥落。若此事亦舉，則盛美益彰矣。政本重地，萬機殷繁，烏可不廣羅名賢以充之？

從古公孤論道，不一而止。祖宗以來，閣臣亦須數人，歷歷可考，此實目前第一喫緊之務。伏乞皇上諭合該部，精加推擇，請旨簡用。仍依祖宗朝故事，翰林及別衙門兼收並任，但求其才德弘茂，足資贊襄者則用之耳。夫古之卜相於耕、於釣、於築，原自無方，今乃以寧輔重任爲翰林占定之物，此外雖有高賢大良，國家不得其效，是宰相僅爲詞臣設而非爲朝廷設也，奈之何可以成治乎？伏願皇上鑒察主斷，不但以廷推爲文具，而立賜點用，其于聖治裨補不淺。臣等無任懇切祈願之至。

管計有人恭候欽命疏

爲科臣充滿，管計有人，恭候欽命，以重大典事。

臣惟制不可越，例不可逾。若冒任、越制、逾例之事不明告于君上之前，此人臣之罪也，則來歲計典是已。然或無人可任，如前時各處按臣之類，只得且守職掌以俟代，有人可任，如近時銓臣、道臣之類，自當更換以從事。二百四十年來無三管計事之例，臣么麼庸菲，何敢創任此事？然向猶苦於科之乏[八]，今則各科濟濟矣，自有可管外計之人矣，惟皇上命耳，至順亦至便也。必如此而後計典爲妥，天下乃服。不然，上命一日未下，事體一日未定，諸臣候准管之命，微臣候准免之命，貿貿悠悠，曠時廢事，其如大典何？皇上神明，豈無洞察？懇乞即降綸音，准用管計科臣，庶計典無誤而臣亦可免於僭越矣。臣等何任籲禱候命之至。

都察院夷氛孔熾修防宜急疏

爲夷氛孔熾，修防宜急，懇乞聖明亟敕當事臣工，破延緩之習，奮明作之力，以杜危禍，以安宗社事。

臣以駑劣，十載山林，仰荷皇恩，謬叨起用，引分控辭，再疏未允。側聆廣寧隱没之報，竊有主憂臣辱之思。厯趨入都，則見衆正登庸，列署充滿，凡可以安内攘外，殆無遺算。但議論雖多，力行實寡，延捱日月，罕有擔任。假如任用大將，自是第一義。然而若何廣搜，若何重委，猶未真有閫外之托也。若何練士之藝，固士之心，鼓士之氣，猶未見貔虎如林也。昔之火器、兵甲既以授虜，今所議造猶云需料遠方也。榆關固當扼險，都城亦合嚴防，而議建敵臺、議立營、議築羊馬城者，鑿鑿石畫，可使虜不薄城，猶未見興工也。戰車業有造完，便當令軍士演習試用，而委置風日雨雪之中，或至半載，何無照管也？軍興繁費，匱竭須慮，而冒破虛糜，因循姑息，法紀猶未張也。固守於内，須應援於外，可以牽制虜，可以夾攻虜，則附近撫臣等事。近閱真定撫臣請兵之奏，猶有單弱之虞也。諸如此類，未可枚舉，何所恃而禦侮？徒覬奴酋不來耳，來則恐山海猶之乎廣寧。山海一破，都城自震，彼尚忍言乎？亦聞無義之人安排一逃，懷忠之士預計一死。逃者無論，死亦何益？何不奮起精神，着實修舉？宴會徵逐，宜自減停。繼日待旦，務求全勝。前此每邊事一敗，大家慌忙，纔過旬日，則不問矣。乏枕戈卧薪之意，有坐待胥溺之狀，不知賈生賭此，如何流涕！

伏乞皇上自計宗社，策勵臣工，行立限之法：凡遇喫緊章疏，限以某日覆奏；應行事務，限以某日舉行，仍限某日考成。儻有違限，該科查參。該科不參，責有所歸。其閣臣不時集諸大臣於朝房，於凡戰守等事商議推敲，求其至當，刻期速舉。各該堂上官，時至廠局、營伍、修建等處，省試鼓舞；閣臣亦不妨時一躬視，以激衆志，既當國軸，莫非其事。皇上時御便殿，召閣部等大臣問其兵事，或于臨朝之日召至墀前，問某事料理如何，果否完結，令其當面陳答，誰敢延緩不求實效？將見內備既修，賊謀自寢，縱有侵犯，剿盪無難，皇圖鞏固，端必由斯。向者全遼未失，猶爲畿甸藩籬，今則一關之外，便是虜穴，即令彼跧伏不動，亦有震鄰之恐，一日放心不下。況彼狡謀日深，兵力日厚，叛臣勾引，實繁有徒。而我以泄泄當之，猝然寇至，措手不及，噬臍何裨乎？夫救焚拯溺之時，非從容鎮靜之日，禍在燃眉，不得不大聲疾呼，用是不顧忌諱，冒昧上陳。伏乞聖明裁察施行。臣不勝悚慄待命之至。

奉聖旨："這本說的是。邊事壞於因循。即如近推總兵江應詔，准賜尚方劍，如何不催他速領敕劍，赴任遼東？失事李維翰、高出等併奸細杜茂、劉一爔等，久已拿到，尚未問奏，顯是各官稽悞，姑且不究。奏內限日稽查，原有各科注銷成規，着嚴行申飭，務在必行。該部知道。"

久鬱忠魂可憫疏

爲久鬱之忠魂可憫，奉職之銓屬堪原，懇乞聖明霽威需澤，以光聖德，以風庶官事。

臣頃見吏部尚書張爲原任該部考功司郎中薛蕙疏請恤贈，致觸宸嚴，責其年遠濫覆，該司官徐大相降三級調外任，家臣引罪，閣臣請宥，尚未轉圜。夫論歲月之迹而已，則蕙宦業在先朝，是誠違也，該部之覆奏似誠濫也，皇上之譴處誠是也，臣復何敢置喙？但蕙之忠讜節行匪尋常可埒，或未盡達於聖聰耳。儻一一洞悉，則皇上之最愛者忠，最憎者不忠，其於蕙之恤典將必翻然如雨露之渥矣。

蕙於正德間爲刑部主事，值寧濠不軌，武廟南巡，乃伏闕諫止，上干霆怒，廷杖三十，罰跪五日，幾斃，幸蘇。迨後，自里起官爲吏部功郎。復值世廟大禮之議，引經據傳，亹亹辯論，與王議者左，遂下詔獄逮訊。夫既罹捶楚於先，肌膚糜爛，不絶如髮，到此宜亦稍怯，而挺前無懾，直蹈危機，眞所謂如金百鍊益勁，似水萬折必東，知有國不知有身矣。蓋其忠烈性成，濟之學問，羽翼聖眞，開來繼往。所著有《約言》，有《六經淺説》，有《老子解》，有《遊嵩集》，冥會于耳目見聞之外，悟《中庸》喜怒哀樂未發之旨，恍然心得，躬行實踐，批麟折檻，固有本也。士林歸向，綽著聲稱。或謂其文學行誼，卓然名世，或謂其抗疏兩朝，大節侃侃，學宗伊洛，理學名臣。謂其行己峻潔，家世清白，庭難旋馬，室止容膝。或請旨祀社，或疏請易名。有臣如此，可無優恤乎？久未議贈，乃前人之延緩，可謂之遲，似與等閒年遠者不同科也。皇上神聖英明，無微不燭，正忠良闡顯之日，此時不恤，更待何時？該部司官不請恩於聖主當陽之日，更待何時？彼其仰宣上德，特請恤忠，原以奉職，似與等閒概覆者不同科也。累年以來，皇仁汪濊，其以一長片善徼恩光之末者不知幾臣，偏是蕙之精忠未蒙慈恤；其奏諸人之一長片善，博俞旨之允者，亦不知幾臣，偏是闡忠之大相未蒙聖鑒。竊謂論既歿之臣如蕙者不數數，旌之可以勵臣節，一級未加，洵爲缺典；論見任之臣如大相者亦不數數，留之可以神銓政，降謫未免，眞是堪惜。臣非爲二臣計也，恐諸在位之士謂蕙一諫再諫，坎壈終身，僅僅如是；謂大相孜孜奉公，修廢舉墜，亦僅僅如是。慮有化堅鋼爲繞指者，非國之利也。

我皇上量同天地，明并日月，臣乃敢瑣瀆天聰，伏乞允蕙之贈而寬宥大相，其於鼓舞群工，光昭聖德，關繫匪淺。若夫乞恩不當濫，覆奏不當濫，天語煌煌，該部自是凜凜，微臣敢不欽奉？惟是異忠特典，終難一轍拘耳。伏懇聖明鑒察。臣不勝悚慄戰懼待命之至。

乞用正推以收賢良之效疏

爲舊臣品望素崇，微臣誤蒙點用，懇乞聖明准用正推，以收賢良之效，以贊休明之治事。

頃吏部缺左侍郎，該部會同九卿科道，推舉得原任都察院左副都御史馮從吾，而以臣爲陪。奉聖旨：「鄭仍以太子賓客升吏部左侍郎，兼翰林院侍讀學士。曹于汴升右侍郎。」欽此。臣悚然稽叩，不勝感激，不勝惶汗。夫從吾與臣一正一陪之間，固經家〔九〕部衡量，多官推敲，真見從吾之德遠過於臣，從吾之才遠過於臣，若騏驥之前行，駑駘之隨後，匪漫然而爲序也。既推之後，通國帖服，皆謂從吾委堪首舉，足副皇上任使，可以修明銓政而光聖治也。臣忽以淺陋越其前而叨聖眷，此心不能自欺，豈能自安哉？按從吾筮仕翰林，執法柱史，以忠直謫居林下者三十餘載，汲汲進修，不慚衾影。迨皇上龍飛御曆，甫赴環召，每抒策以匡時，期尊主而維世，僅僅年餘，請告而去。其去也，人莫不惜之而且高之；既去也，人莫不思之而且薦之。是以今之推舉，莫不忻忻嘖嘖，冀承帝簡，以爲景星再見而麒麟重來也，奈之何可以弗用乎？夫皇上用臣於吏部，固將令鑒別流品，推用賢能也。從吾及臣，其等自有辯矣，臣一旦逾之而據非其分，是流品之混自臣始也。臣向叨風憲之末，不能推轂從吾，業已懷愧。今且冒銓貳之缺，而致其仍潛於洲野，是臣進銓部之日，即蔽賢之日也。臣罪滋大，臣懼滋深。爲此披瀝血誠，懇乞聖鑒，仍准起用從吾，俾貳銓部，必有俊偉之建樹以報聖恩。容臣照舊協理院事，臣勉竭綿力，期效犬馬。臣不勝悚慄戰懼待命之至。

回籍賢臣根因自別疏

爲回籍賢臣根因自別，用賢圖治，要在乘時，謹再述舊臣之良，竊附於以人事君之義，仰乞聖鑒，亟賜轉圜簡用事。

邇者該吏部等衙門以該部缺侍郎，公推得原任都察院左副都御使馮從吾，未蒙簡用，而臣以菲劣陪推，猥叨欽點。臣惶悚無地，瀝誠具奏，懇乞聖明仍用從吾，以收賢良之效。奉聖旨："曹于汴品望素著，特簡佐銓，着遵新命到任，不准辭。該部知道。"欽此。臣益增踟躕[一○]，莫知攸措，求所以未用從吾之故，不能窺測。及誦皇上批示閣臣之揭，有云"從吾回籍未久"，方知聖意所在，原不薄其才品，第爲其未久耳。但從吾回籍，與別臣不同，臣敢再述其詳，仰瀆天聽。

大凡人臣去國者，除因病、因年外，有躬負罪愆而去者，有職業無效而去者，有人言指摘而去者。若此之類，須俟日久論定，方可起用。從吾有一於是乎？愆過未曾聞也，職業未嘗不修也，人言未嘗有訾議也，祇以抱"難進易退"之節，爲飄然鴻冥之舉，此正不貪富貴可用之臣，早用一日，早得一日之效，何爲待其久也？當此內外多警之時、上下憂危之日，既有忠良，便當委以重任，朝不待夕，豈以未久而遺之？竊恐日復一日，歲復一歲，致入暮境，精神衰退，又安得用之？是天生賢傑，原以供國家之用，而國家未盡其用也，豈不可惜也哉？蓋臣與從吾居址密邇，漸劘多年，真知其賢，匪特一方之士，實天下之士。不惟用之吏部，可致清通簡要之猷；抑且漸擢公孤，當有啓沃贊襄之益。是以望皇上早用之殷殷也，原不以人己起見，亦不盡以正陪起見也。臣一介草茅，荷蒙聖恩，不啻覆載，然頂踵髮膚皆皇上之賜，何所持而報主？惟是薦用賢良，裨補聖治，庶或少效涓埃，以答聖慈之萬一耳。古昔帝王刻印銷印，千古以爲美談，第求至當，原自流轉。懇乞聖明鑒察更正，准用從吾，實清朝盛事。臣不任戰慄懇禱待命之至。

名賢難得起用當先疏

爲名賢難得，起用當先，三瀝血誠，懇乞聖鑒，允用舊臣，以裨聖治，以昭聖德事。

臣聞古昔忠臣薦賢爲國，至再三補牘不休，其君不以爲忤，而卒用之，總之亦爲國計也。臣爲原任都察院左副都御使馮從吾未蒙佐銓之簡，再疏懇用。奉聖旨：“近來躁競成風，讓官亦可嘉尚。但朝廷自有大體，成命豈可更移？曹于汴着即遵旨到任，不必煩陳。該部知道。”欽此。

臣感悚交膺，莫克負戴，不知當如何捐糜以答聖眷，豈敢饒舌，自干咎戾？第爲聖恩隆重，臣誼難欺，儻見賢不舉，欺孰大焉？臣自知甚審，知從吾亦甚審。若嗜榮躐進，恐夜氣清明，汗流沾背。蓋從吾實踐躬修，不比空談之士，匡時濟世，綽爲有用之才，是國之寶也。臣見任目之官，儻知而不舉，非所以仰承聖主，明目達聰也。當從吾副院之日，臣猶爲大理寺少卿。即從吾去冬出都，旋即抵里，耕稼畎畝，亦將近歲，臣偃然越之爲銓貳，明旨所謂“躁競”，臣實蹈之，此心能安乎？皇上褒臣以讓，臣何敢當？但既有讓之名，須有謙之實。從吾猶草莽之臣，臣忝擢銓曹之列，是虛爲讓而巧爲躁，臣不敢置身若此，皇上亦安用此等臣爲也？夫臣之事君，如子事親。子有所蓄其旨，必進於親；親若拒而不用，子將食不下咽。臣有所識忠良，必進於君；君若咈而不用，臣將居無寧宇。是以不避煩瑣，必以上告也。皇上，天也；皇上之心，大虛也。原自空洞，無所執着。前因其回籍，何妨未點；今鑒其賢良，仍賜簡用。日月光明，直照山林之彦；乾坤回轉，旋加不測之恩。普天頌聖，聲施無窮，臣之拜舞，過於自售。善先其身而後賢，臣道之所不載也。知其人而善任，哲后之急也。懇乞聖明鑒臣一點血誠，原非矯情過遜，亦惟是求補於國，效忠於主耳。臣不勝戰懼籲望待命之至。

校勘記

〔一〕"溝"，疑當作"滿"。

〔二〕"湏"，據文意似當作"頃"。

〔三〕"楊"，當作"揚"。

〔四〕"肖多而限數"，依前文例，疑當作"不肖多而限數"。

〔五〕"肖"字前疑脱一"不"字。

〔六〕"鑽"，原文作"鐠"，爲"鑽"之訛字，徑改。下文重出者徑改，不再出校。

〔七〕"計稷"，據文意疑當作"社稷"。

〔八〕"乏"後疑脱"人"字。

〔九〕"家"，據文意疑當作"冢"。

〔一〇〕"踏"，原作"蹯"，據文意改。

跋　語

　　曩我真笪先生自勾吴來守晋都，倡明理學，叩之，則曹老師之舊遊也。兹焉父母駕箄箑而涖此邦，即眺龍門、探禹穴，叩之，又笪先生之從游也。嘻！晋都何幸，屢環君子之轍！吾輩何緣，屢奉楷模，均出有遺之門也。師門《學則》一編，傑輩學之而不厭，復元誠一欲刻而未能焉。父母囊投而鋟梓之，是舉法寶信衣，真欲夜半負之而走矣。昔文定謁上蔡於德安之應城，入門見吏雜植立庭中，如土木偶人，肅然起敬，遂禀學焉。傑於焉父母，亦願至大庚嶺而拜禮也。

　　絳門人李瀛傑薰沐謹跋

跋《曹門學則》

木有本，水有源；學問通，須本源。乃言行作止，悉得神明用事，文章性道，一以貫之。吾師之學，即以透徹本源爲宗，故作事事事透徹，立言言言透徹，敷教人人透徹。小子久坐春風，莫能名其所謂，竊窺無邊際、無滲漏、無間斷，性體如是，吾師適還其如是也。允讀《學則》者作如是觀，方不爲師門門外漢。

靈丘門人朱鼐鐏百拜謹跋

共發編

重刻《共發編》序

　　《共發編》者，吾師曹真予先生司理淮陰時，講學安定祠內，淮士彙而鋟梓者也。先生置之，插架三十年未嘗示人。當日淮刻數種，日久不無散佚，如《節孝祠會約》竟成烏有，而此編僅存一帙，安知異時不與《節孝約》等？於是諸弟子請於先生，重付剞劂，稍又亦有訂入其邇年仰節堂、傳是堂會講之語，冀請合刻，而先生復不許。曾憶先生語弟子曰：“淮士多負氣，每睥睨武弁，弁輩亦踽踽遜之。一日大會安定祠，有胡生平者躬捧大盤，徧供茶於諸弁及齊民，容色甚和，而弁輩亦怡然接受。”余因嘆學問之果能化人氣質也。節孝祠會原以徐節孝爲風，而淮之齊民若孔金父子等以孝著稱者，幾二〔一〕十餘人。講學足以興民行，不可睹哉？柱竊謂淮人聆先生之講，僅於從政餘暇耳，成效已如是。吾儕歲又侍左右，日承誘誨，不啻呼寐而振蒙，儻不能變化氣質，興行合道，視淮之士民不其有深愧乎？其烏得不奮勵於茲編也？

　　時天啓五年春三月望日，門人楊柱謹序

共發編卷一

不佞資質惛鈍，牽纏於習染，其於大道無窺也，貿貿無之。然嘗聞先正有云："道義由師友開。"乃率諸生會講。講則疑生，疑生則相與思之，相與辨之，我發諸生，諸生發我，稍稍亦露端緒焉。既而諸生編所問答爲帙，請附於會約後，曰："常目之以求發也。"請且固，予乃許之，命曰《共發編》，當就有道者請正，或其我發也已。

安邑曹于汴書於淮之學孔堂

譚生大禮問云："先生教人，説人生只是一個孝，孝則藹藹若春，故爲仁。仁於天屬春，凡不孝者其心慘如秋。又謂孔子大聖，猶未滿孝之分量。大禮竊謂'堯舜而上善無盡'，想亦是此意否？"

曰："此理甚明。即如親恩罔極，而人子之致於親者有極。雖聖如孔子，豈以孝道已盡而毫無所歉乎？再如文王爲君止仁，然商季之民多毒痛，其自視仁爲何如？爲臣止敬，然紂惡不悛，其自視敬爲何如？故文王望道未見。孔子動曰'未能'，曰'何有'，曰'未得'，正謂道無窮盡，乾乾不息，無歇手處也。'堯舜而上善無盡'，亦此意也。"

問："先生教人只於家常勾當開發，俾人意念忻從，精神常向於內。大禮竊疑家常勾當誰不行習？誰其著察？而近云著察，謂本體即是工夫。第習心難除，本體久受染矣，而謂即是工夫，恐流茫蕩，奈何？"

曰："本體者，天理也；工夫者，人事也。天理、人事一時俱在，外人事以求天理，或反流於茫蕩。謂本體即工夫，正所謂不茫蕩也。且子謂本體受染，不知因何受染。今欲去其染，於何處去之？則本體即工夫又可見矣。"

問："先生教人真實下手用功，謂'人不知而不愠'，非因人不知我益加學問。只是君子盡其在我，不見有所可知，故不求知，又何有愠？此不愠即悦樂之本體也，孔子尚矣。顏子不改其樂，程子曰：'顏子所樂何事？'先生曰；'顏子所樂無事。'大禮竊疑'無事'二字從前所未發矣，不知'無事'光景與'如愚'光景何别？"

曰："無事故虚，虚故能受，能受故不違，不違則無扞格，無扞格則無事，則亦非有二也。"

問："先生教人割舍名利念頭，方能擔當聖學。利，利也；名，亦利也。名利之念無大無小，始乎蟻穴，極乎滔天。居常毫毛自便，如遇五代六朝，則朝君暮仇無不爲之，皆此名利之萌乘時而發也。大禮竊謂爲聖爲賢，鴻名也；盡性至命，厚利也。日以此提撕用功，亦能勤人；但其心恐仍涉於名利，將或爲滔天之蟻穴否？"

曰："謂爲聖爲賢爲鴻名，盡性至命爲厚利，提醒用功亦是，但不知求此名利而依依乎？得此名利而沾沾乎？抑忘之乎？果忘之也，則亦無名利矣。其依依、沾沾也，則性命上加一層，終與聖賢有異，亦安知蟻穴之不滔天？"

問："先生教人爲學，以與人爲善爲第一大善。如我愛人、敬人而不能致人我愛、我敬，終是我之精神未能貫注於人，奚以完此一體分量？大禮竊疑顏子以能問不能，只見能之在人，問以自裨，與之共能也，與人爲善之意自在其中。若‘犯而不較’，其與人爲善之意何在？”

曰：“‘犯而不較’，正爲不能感人而反躬内省，遑知較人不至於感通無間不止也？非置之而不較也，豈非與人爲善乎？大抵人己無二，纔説成己，便有人在内，成盡天下萬世之人，纔完個成己。”

問：“先生教人以心應事，以事證心。每言果致中，在致和處見。果静亦静，在動亦静上見。此心應事、事證心之正印也。大禮竊疑人心轇轕轇轕，點染久矣，居嘗净几焚香，默坐澄心，并善念亦欲去之。”

曰：“静坐工夫，先儒所重。此學者收攝精神第一義，不可少者，但若專靠在此便流於厭動，一遇紛雜即便乖亂矣。夫以心應事，心常足以待事也；以事證心，事常不違於心也。則心事參合，動静無二，何往不宜乎？”

問：“先生教人識取幻體、真體，謂真體廣大，峻極於天，猶包於天之外而與天同悠久者。人人具此真體，則天、地、民、物原一一聯屬於我。大禮竊疑體本無幻，寄真始幻；體亦無真，對幻有真。第以天地萬物一一聯屬於我，而不能忘我之相，仍依幻爲真矣。欲極論其無我相之旨，儒與禪宗將無同？”

曰：“若天地萬物一一聯屬於我，斯無我相矣；然天地萬物亦無相也。以相觀天地，則如彼其大矣；以相觀萬物，則如彼其衆矣。安能聯屬於我？故幻相非真，真相亦非真，而無相者爲真。夫墮禪者非也，而避禪者亦非也。無真而未嘗無真，無幻而未嘗無幻，無天地萬物而未嘗無天地萬物。裁成輔相，種種見在，烏知其禪與不禪？”

問："先生教人即心即聖，如學王右軍字，即學到至像處，中猶有不相肖者。學聖人終與聖人隔，亦然。吾心自有個聖，以我學聖不如以我證心。大禮竊疑心亦難證矣，將何證之？"

曰："心誠不易證，然孟子最善證心者。有曰'乍見孺子入井，皆有怵惕惻隱之心'，有曰'嘑蹴之食，乞人不屑'，有曰'大人者不失其赤子之心'。由前二説忽然而來，不假安排；由後一説十分完足，不假增助。諸生欲證心乎？試於此證之。"

問："先生教人爲學，不必分別諸家同異得失，只要着實擔當去做，則説良知固可，説良能亦可；説格物爲窮物之理固可，説格物爲格不正以歸於正亦可。大禮竊疑學貴識主腦，如爲學問主腦而辨，則宜辨同異得失；如主腦已得，則隨處皆可用功。顏子於學脉主腦，徧身徹體皆已通透，而猶曰'欲從末由'，不知此'從'字當如何理會？"

曰："余意爲不務躬修者，較勘訓詁，評駁儒先；又或泥其師門，負其高見，紛紛争論，剛成好勝。辟如辨朱、陸者數百年矣，而爲朱、陸者反不多見，所謂舍其田而芸人之田也。果實心爲學，則理本一原，觸處皆是，豈矜門户？故謂不必分別者，此也。其實同異得失，豈得無辨？學問到處當自了然。若夫顏子'欲從'，'從'字謂道不可從也。從之者，二之也。一之，斯無從矣。夫我即道，以我從道，是以我從我，故曰'末由也已'。"

高生鹿鳴問："自科舉興而士心多陷溺矣。程子先爲世道憂之，而況今日請於科貢外復漢鄉舉、里選，勢能行否？"

曰："漢至今未遠，其鄉舉、里選何不可行？豈惟漢乎？雖古聖人之政亦可舉而措之。然古法之不行，無其德故也。有聖德斯有聖政矣，有聖學斯有聖德矣。漢治固善，而德不逮古，故雖有其制，其治終與古異。”

宋生士奇問：“先生曾云顏子簞瓢陋巷不改其樂，然未嘗不問爲邦。且孔子周流，顏子未嘗不從；而孔子又與諸弟子闡明經世之學，傳之萬世。可見聖賢不是自家用世，便教人用世。然又問諸生有個科第到手，肯不要否？果爾，則用世之略何塗以出？”

曰：“天下無忘世之聖賢，不可得而忘也。伯夷固隘，然亦曰‘待天下之清也’。若孔、顏在今日，亦必由科第爲用世之途。然必進以禮，退以義，以行道濟時爲事，斯爲聖賢之出處。若不以禮義、不能行道濟時，則雖以周官德行爲途，亦何取焉？”

韓生國保問：“每自家檢點，過舉甚多，在何處下手？”

曰：“人之過不一，然其原一而已。逐過而改之如止沸，清其原如撤薪。顏子不貳過，先正曰‘貳與一對’，常一則過寡矣。”

馮生世明問：“竊睹先生身任斯道，誠然大勇，而諸生欲近乎勇，只在知恥。人不知恥，爲學之不講耳。願聞講授之宗。”

曰：“恥何從生？生於心。恥何從知？心知之。講學者勿講口耳而講心，勿講人之心而自講其心，斯知恥矣。”

胡生平問：“皋、夔、稷、契有何書可讀？今之讀書者滿世界矣，乃客山東而擔聖學，僅見一韋布，何也？”

曰：“誦《詩》讀《書》，聖賢對面，準繩具在，勃乎進修，故開卷有益，書何可不讀？然善讀者以書證心，不善讀者以心從書。德之不蓄，口耳是資者又其下矣。心齋先生第善讀耳。”

熊生志美問心性天命。

曰：“心外無性，性外無命，命外無天，渾淪密匝，皆是物也。”

葉生中興問心體。

曰：“心體不可見，見之乎萬事萬化；萬事萬化可見，然已具於不可見之中，是謂體用一原。然則謂心爲有，謂心爲無，謂心在外，謂心在内，其爲滯均爾。夫學不可逐物，故反觀内照，以存心體。然滯而不化，則亦物焉而已。”

王生士騫，丁生維泰、維貞，蕭生允宜，王生天慶問生死。

曰：“以能言能動爲生，則生於胎孕，死於衰老；以所以言、所以動爲生，則未生已生，既死未死。夫人之生於天也，一塵不足喻其小也，生焉爲有？死焉爲無？得道者與天同運，不以朝生爲生，豈以夕死爲死？夫生理大矣，不能盡其性者，不能盡其生者也，則生爲忝生，死爲徒死。忝生謂之行屍，徒死擬諸腐草。夫惟盡其性則盡其生矣，以生生者爲生矣。生無虧欠故生順，死無毁壞故没寧。”

趙生有年、趙生世進謂：“吾人日用，但遏欲存理之爲兢兢。”馮生世明謂：“學在悟，悟則人欲皆天理，不悟則天理皆人欲。”譚生大禮謂：“悟自不容不修，乃龍溪先生又有‘悟而不修，修而不悟’之説，此又何樣悟、何樣修也？今不必在存理上用功，只十分放下，割去隱微名利根株，而天理自種種現前矣，何勞存理？願先生開示。”

曰：“存理遏欲之爲修，欲退理明之謂悟。學期於悟，修以求悟也。有修而不悟者，無悟而不修者。悟而不修，偶有所見耳，非悟也。修而不悟，亦不足言修。然修悟終當合觀。‘致知在格物'、'求悟在修'之説也，悟則其修無替，所謂不息也。譚子謂'不必存理'，夫理固無俟於存、不存，而存欲自退。兹云割名利根株，方割時亦理用事，大抵割欲即以存理也，存理即以割欲也。第但斤斤於割欲，恐欲根無斷時。十年見獵而喜，可思已。馮子之言自確論也，理、欲原非迹論也。"

高生登龍、梁生維毅問："曾聞先生曰，爲學須將此心放下，儻亦孟子所説求放心之旨否乎？"韓生國保又問："某嘗於其心放時，每用收攝，未知收攝工夫果是否？"

曰："前因某生言收放心，故余謂收放心不如放下心。蓋余嘗收放心矣，其狀苦；又嘗放下心矣，其狀甘。竊意心本甘，吾何爲苦之？子於心放時，每用收攝，不知甘苦如何。孟子'放心'之'放'與'放下心'自不相蒙。然孟子言'求放心'而不言'收放心'，更宜較勘，因何心放，於何處求之。且士或認意爲心，認定氣爲收心，不可不知也。"

丁生維貞、馮生世平問："終日茫昧，不知心在何處，何以識得自己真心？"

曰："子不安於茫昧而舉以相問，此即子之真心可以識得矣。此後有所不安者，勿欲勿爲，當有豁然時。"

天下事不必己爲之，亦不必人爲之；名不必己居之，亦不必己避之。有心於貧與有心於富同，有心於賤與有心於貴同，有心於死與有心於生同。金石，無知之物，然石能感金而致之，其氣通也。上之不能得民，其氣不相通也。夫氣，依乎志，志無機而鷗鳥狎，志有機而父子離。

惡惡不可動氣。百年之後，雖公卿之富貴成虛；元會之終，雖堯舜之聲名亦泯。此足以破塵迷。然君子脱落名利，初不爲是也。彼以性分在己，焉用聲名？所喻在義，利自不足動之。

伊尹相湯之業何等弘大？使非三聘，則亦終身有莘而已，略不怨悔。忠君孝親，安民卑物，辟如饑食渴飲，寒裘暑葛，隨時行之而已。飲食不求人知，而忠孝求人知，惑也。

以不好名爲名，辭利爲利，然則名利關何時打破？戒之哉！

孔子“食不語，寢不言”，“於鄉黨恂恂不能言”，“成事不説，遂事不諫”，“不可與言不言”，“怪力亂神不語”，“利、命與仁罕言”，“言未及之不言”，“未見顏色不言”，“非禮勿言”，然則一日之間，言時少，默時多。猶於訒言、慎言、耻言、謹言、不出言惓惓爲戒，曰：“予欲無言。”學者終日喋喋，支誕不羞，而欲幾於道，胡可得也？

心如水，水體本平，激之而後有波。顏子不改其樂，只是心平。

"人之有技，若己有之。"古人只要了得天下事，不見才可名，故不見。才名在人，又何必才名在己？晨而興，著衣納履，盥漱飲餔，應人立事，裁成萬物，參贊天地，嚮晦而息，擁衾就枕，事有大小，總謂之道。

空洞之竅何以能聽萬聲？半寸之睛何以能察萬色？片許之舌何以能知百味？故體有大小，理無間隔。

小心即大勇。

禮莫嚴於祀神、覲君，然必飲福、舞蹈，可見人之相與，貴情意浹洽。

秋深覺寒，可見與天地同體；人人俱寒，可見萬物同體。然合下即有萬物，便踏實作一體做。蓋既知萬物一體，便當有安排萬物之方略，乃為實學。

天載無聲無臭，然離却有聲臭者，何處安頓？講學愈精則愈粗，愈高則愈下，故聖學為庸，行如赤子而止。

用人之公者，不避仇，不避親，亦不避身。趙充國曰："無逾老臣。"

一介不苟方是廉，印證在臨財之際；一毫無私方是公，參驗在發念之時。

遭人之唾罵斥辱，皆我大得益處。

漫天漫地俱是氣，俱是理，俱是心，俱是性，俱是天，俱是我，所謂真我。

學問毫無可倚借，至虛則神，惟無欲乃得之。

人之性由天而生，然此性乃天所由生也。怒殺一蟻即可以坑長平之卒，貪取一粒即可以奪萬乘之國。

學問只要個真。匡天下如桓文，讓千乘如仲子，只一假便壞盡。寧爲真而有過，不爲假而無非無刺。

奸莫奸於善裏瞞，惡莫惡於竊仁義，苦莫苦於不知學。聖賢用惡處亦是一體。

幸而爲人，失其所以爲人；幸而爲官，失其所以爲官。惜哉！

心之在人。雖夢寐而未嘗斷息，常動故也；雖酬應而不可朕兆，常靜故也。

饜肥甘者，愛其口而忘其腹，愚也甚矣。瘠人以自肥，其愚亦猶是也。

田獵樂事，然古人以之練兵也。故行政者因其情，導其機，使民樂爲之。

飲食不入於口，終不知味；學問不體於身，終不悟。

問通於□□心，曰適於己之心。

夫人也，天地所生，然亦各生其生者也，第謂天地生人，是天地之前無我矣。

以聖賢之道爲口吻之資，罪之大者。故空言不譚，泛問不答，氣盛者勿與辨。

神氣常要凝定。

經世以世，不以我與，是謂出世。若杜門却慮，滅蕩禮法，曰："吾將出世。"僅棄世爾。

有與胥隸爲比鄰者，素相善也。一日有事於公，主司怒焉，命胥隸辱詈之，斥逐之。既竣事而遇胥隸，相善如故。或曰："夫非辱汝斥汝者？"曰："夫有所受之也，何異乎？行使止尼，亦有所受之。孟氏之不較臧倉也，孔子曰命也。命合如是，公伯寮不得不爾，奚以較爲？"

從人于井，君子嗤之。回腸阿人，與之同陷，輕言遭噬，愚亦類此。故事求可，功求成，非漫而已。陷身陷心，陷德陷業，入井之途多。

《易》稱"易簡"，聖惡隱怪，儒者曰"道在庸而已"，亦何爲矯矯激激自異也？誠然哉！然一介不取，與行一不義得天下不爲，不"易簡"也乎？晰我性命非隱也，守我藩籬非怪也。人汙我汙，人醉我醉，貨利可逐，聲色可溺，曰"我不立異也"，可乎哉？

畫遊雖樂，不聞遇夜而悲；春景足嬉，豈至逢冬而惡？何者？安於時也。時有順逆，何異畫夜春冬？而情逐境遷，乃致愁苦，亦惑矣。故智者順亦樂，逆亦樂。宵亦稱良，何擇乎畫？愚者逆亦憂，順亦憂。冬則淒凜，春豈無陰？

有人焉欹鼻眇目，眾稱二醜；惡其醜也而寢項，乃稱三醜。膚餓、肋勞者苦哉，而戚其心，是增一苦也。或告乙曰"十年且死"，則計日歡笑，迨期而終。告丙曰"十年且死"，則畫夜悲啼，迨期亦終。等終耳，歡笑不爲得哉？

獸不慕走，禽不慕飛，而禽翔空，獸奔壙，質具故也。禽慕走，獸慕飛，終必不獲，其奚慕焉？夫兩目之視不如四之明也，然誰則慕四目者？生既如是，慕之無裨耳。窮通夭壽，非定於有生之始乎？而役役外羨，不亦愚哉？

箠楚加人，瘡瘍起膚，莫不望其速竟，冀痛之歇也。箠既而猶痛，瘡愈而痛不止，誰其願之？貧賤患難，既往而追念嘆悼，是貧賤之常而患難無已時也，故甌破不顧，有旨哉！

既生爲人，須異禽獸；既生中國，須異胡虜；既爲男子，須異婦女；既爲士人，須異齊民。若曲腸毒手，厚顏卑志，又何異焉？鬚眉空戴，生死堪羞。智者以天下爲一體，愚者以一體爲路人；智者流百世之芳，愚者快一時之利；智者保其恥，愚者棄其良；智者觀愚，如醒眼觀醉，備嘆其醜；愚者觀智，如穢中觀麝，不悟其香。

戕多命以充口腹，我甘彼苦；疲衆力以恣盤樂，我逸彼勞；奪人財以厚家業，我肥彼瘦；凌人弱以逞剛強，我伸彼屈。彼則何辜？我則何忍？怨毒難解，惡業難銷。

夫道不可難視，不可易視。目前皆是，何難焉？終身不知，何易焉？難之者怯，易之者瞶，終成千里。

夫學隨事可盡，隨時可盡，隨地可盡，隨分可盡。外無待越，內無容減，當其見在，不乏毫釐。

性者，理宰氣而寂。心者，理乘氣而活。意與事，則氣運理而顯諸用。

以未發之中爲根本，以萬物一體爲規模，以改過遷善爲工課。

君實厚我，我勿薄；民實親我，我勿疏；天實大我，我勿小。

忠告之益，每及於虛懷之士。儻無此語，吾有溢志乎？

干進之謀，不商於守正之士。儻聞此語，吾有隱慝乎？

一日夢孟子答門人之問，余謂一友曰：“孟子此時胸中一無所有，與孔子空空一般，只因人問及，乃答出許多議論。”是夜余又夢，與二友各出所有，相抵爲戲。余視二友所無者，以余所有之物出之，將窮之也。然一友忽有此物焉，俄而一友亦有此物焉，出於余料之外，遂大笑。有無安可預定哉？人之智慧固旋生也。孟子本無也，因問而有；二友本無也，因余而有。或者鬼神之通余乎？教以致虛靜之體以應感乎？

鄒座師曰：“千古聖賢命脉，全在一‘仁’字。”又曰：“人須是見得此身爲天地立心，爲生民立命，卓立於雲霄之上，則物不能屈。”又曰：“心在人。用之小則小矣，用之大則大矣。”又曰：“天德、王道是一事，總一學問。”

聞耿淑臺先生常恐陷人於有過之地。

天下有孝子，則人稱之；有忠臣，則人稱之。然未聞以慈父稱人者，世人亦未有以人不知其慈爲病者，且人未有稱赤子以孝，而赤子亦未有以不知其孝爲嗔者。故不知不愠之君子，慈親孺孝之等閑。

李明晦曰：“爲人所妬，是不如人。”此言可味。幽明有間，仁之枯也。

今人乍見孺子將入於井，皆有怵惕惻隱之心，此心從何處來？

竊嘗疑，鄭衛之詩果爾奔者之口吻，孔夫子列之《國風》中，令經生學士朝吟暮誦，何也？其以爲戒乎？崔氏傳本豈不可戒？世之大儒胡不錄？

昏夜乞哀且可深恥，況白日乎？

進德存乎勇。

天分最不易得，故孔孟之門人無能埒孔孟，非其化誨不善，若有不可強然。然則質之近於道者，可自棄哉？

君之使臣，如主之使僕。僕役於主，不敢不聽役；臣用於君，不敢不聽用。非求之也，有重荷焉，受主命，荷之而已。營營求充役，志不在荷也。

有美青雲子，疑人以不肖。無乃信未孚，其可一念校？至誠能動物，聖賢垂至教。勿以忠見疑，而以不忠報。因人之見疑，而味。

敬於無意之先以待意，意起如是，意過如是。

世之所難，莫難於爲其事而不居其名，莫難於共事而無爭。

忘親之命可以爲子乎？忘君之命可以爲臣乎？忘天之命可以爲人乎？

明道無等待，行道無等待。時時道在，時時明在，時時行在。

孜孜方有人，悠悠終無成。念起而勃，念過而消，電光雖屢，安能成照？

聖學事四個字，一曰任，二曰奮，三曰恒，四曰成。

不思而得，不勉而中，從容中道，聖人與我同類者。

君子依乎聖道，遁世不見，知而不悔，庸人能之。種樹者培根，非僅剪修枝葉；爲學者盡性，豈僅補葺形迹？

無不是的天，何怨？無不是的人，何尤？

耳順，故邇言好察；眼順，故堯與人同。

邇言必察，庸行必謹，纔見日用皆學。必待眇論奇行方究心乎？是爲學之時無幾也，何云"時習"？

天眼極明，天耳極聰，天算極周，天網極密。君子知天畏天。

天恩難報，君恩難報，親恩難報，衆恩難報。君子知恩報恩。

古人之書不可不多讀，但靠書不得，靠讀不得，靠古人不得。

玩愒了一日，枉却此日；因循了一生，枉却此生。

方怒而觀理，不若謹於未怒。未怒何以用功？只存本體，哀喜皆然。未發何以觀氣象？曰："觀中。"曰："中不可捉摸，何以觀？"曰："觀不可捉摸者。"曰："不可捉摸何以觀？"曰："不捉摸便是觀。"

害治不但小人，不但不學者。學術不正，每爲世病，亂之生亦多坐此。終日譚孔孟，而合孔孟之脉者鮮矣，功利、辭章無俟論也。

世之仕者，未有不升堂之求而先求聽訟者，而辨學者乃反是。

問：“良知爲法門，今且成套，欲別更一語，何者嘉？”曰：“任拈皆可。”

妙解難憑，擔任難憑，願心難憑，熱腸難憑。

言多尤多，事多悔多。譽至毁至，利至害至。

心者，性之靈，非有二也；理者，氣之妙，亦非有二也。

問：“戒慎不睹，恐懼不聞，何無安逸時？”曰：“戒懼就是安逸，非有所戒懼也。”

問憤與樂，曰：“憤處就是樂處，是喜歡。發憤即是天行健。日昃不遑，文王之憤；繼日待旦，周公之憤。孔子夢楹以前當是如此，故曰：‘不知老至。’”

學者但從《論語》頭句起，行得一句，天下之事畢矣。又不然，但憑心以動，心所羞恥不爲，天下之事畢矣。

能言不能行，誕言耳；可言不可行，冥言耳。故君子之言，能行、可行者也。君子之行，己可行，人亦可行；人可行，己亦可行者也。

　　處膏潤，正可勵操，而不免點染，如入寶山空手歸。

　　士有三難：對境難，認不是難，任事難。

　　伊川折柳之諫，不如孟子好貨、好色之對。

　　潘雪松先生每謂“學者須有堯舜君民之志，又常令人求良朋相切磋”，“倡奢侈之風者不仁”。

共發編卷三

學問不由本體，不由仁義行，終不滿。入手即如是，辟之學射者，彎弓即望的。研究修持，固爲本體設，須知憑何物研究修持。

有爲生於不爲，有爲之之意則不能爲矣。

無善無惡，斯言自精。性善之旨，原不相左。鄒文莊曰："無善無惡，斯爲至善。"得之。

輕言出口，囑人勿洩，孰與於默？

虧體則辱親，人皆知之，然不知此體即萬物，一體之體即心性大體。

《詩》三百，蔽以"思無邪"。若但謂善感發、惡懲創，《春秋》豈不更切？蓋涵味諷誦，溫厚和平，性情得其正，故思無邪，《詩》理性情以此。

靜則六合俱靜，動則六合俱動。

求人知，無可知矣；求人喜，無可喜矣；求人敬，無可敬矣；求人用，無可用矣；求人交，無可交矣；求人譽，無可譽矣；求人信，無可信矣。

强食不甘，强笑不歡，强交不固，强言不入。

　　祖父之遺，子孫公用之；天地之遺，天下人亦當公用之。而貧富不均，或至餓死，可嘆也。均之者，人主事也。

　　三宿而後出畫〔二〕，是孟子學問得力處。一介不與人，是□〔三〕尹學問得力處。

　　孟子不受齊王兼金，此不足爲難，其難在受薛、宋之金，乃知區區諮廉抑小耳，顧匪可助長。

　　以事迹定善惡不得，顧源頭不同耳。故聖人不廢刑殺，而鄉原以忠信廉潔賊道。

　　物情室務，皆學之事；田農市賈，皆學之人；蘭芳蜂義，皆學之益；街譚巷語，皆可該道之全。

　　偶見几上橫硯，几下火盆，謂此皆心也。又據案講萬物皆備於我，謂此案亦備於我。

　　入圍求科第，科第成則暢然可迴，不則雖不得不迴，然而未可也；入京求官，官成則暢然可迴，不則雖不得不迴，然而未可也；出世爲人，人成則暢然可迴，不則雖不得不迴，然亦未可也。

　　以日之出没爲晝夜，世人見耳。試登日觀峰乎！業已杲杲，下界猶夜。未晝已晝，既夜不夜，日無有無，可擬生死。生理如日，人知日輪常在，故不憂夜，故可夜；不知生理常存，故怖死，故不可死。

人臣得罪於君，被誅殺，怡然受刑不動色者，衆多稱之，其實非也。思大杖則走之義，安得恝然不介意乎？

毀譽、得失、生死，乍來爲儻，轉盼成陳，焉用滯滯？

搜玄窮隱，譚天論聖，其思如毛，其口如河，若非實有諸身，一毫不濟於事。

天未欲平治天下，人故舍我。如欲平治天下，誰其舍我？不能違天也。孟子信天。

代人桔橰者，其人感而謝之。天雨霈足，奚以言謝？小惠得人亦似此。

有積粟者，人疑其得諸農，得諸商。以爲精，以爲惡，彼亦忘其所自及精、惡而問人。士之究性於典籍者頗類是。

君子齊人已，故利有時不辭，況辭害乎？不利人以無，況害人之有乎？

問學，曰：“《大學》首明德，《中庸》先明善，《孟子》始智，大都言覺。學者，覺也。”

惟知故止，惟止故知。然知則六合內外瑩瑩一片，止在何處？賢有止，聖無止。聖無知，故無止。孔子生知乃云無知，文王敬止是爲無止。

未學者患在狃於卑近，無志於高遠；既學者患在侈其高遠，不知其卑近。

横之臆見，不準以先民之程，奚其可？局之成説，不衡以自心之明，奚其可？

不言白而行墨，不外盈而内歉，不色明而衷暗，夫是之謂實勝。

一動意而審諸，一啓齒而審諸，一舉趾而審諸，夫是之謂謹微。

有一等人，有一等過。下等以爲善，中等或以爲過；中等以爲善，上等或以爲過。

有一等人，有一等見。衆人只見己是，不見人是；聖人只見己不是，不見人不是。

或問友，曰：“勢利之場無友，須道義之交乃有之。”

勿輕受德，勿輕作緣，勿苟邇，勿苟昵。

君子之爲善，不自知其然；小人之爲不善，亦不自知其然。利在前則趾舉，非有心舉之也；害在前則趾却，非有心却之也。蓋血氣爲政，往往觀驗皆然。不爲君子，而欲無小人之行，可得哉？天子以四海爲身，諸侯以一國爲身，士以一家爲身。身之血氣乖亂，則疾疢瘡痏，諸苦生焉。養生家調氣以心，故治天下國家者治之以心而已。

君子知微，故日休謹於微，天下無事矣。

宋儒曰：“一草一木皆有至理。”此言非過。草木之理與吾身之理無二，但不必逐草逐木求之，文成亦欲向內耳。

寡言則心靜。

衣冠高卑短長，時尚每變，迴視昔日所用，亦自訝之，然當時奚以用？習見移目也。故習成移，見成障，習見之累大，脫習掃見，可言學矣。

行取候命，遲延日久。爲道而留者，上也；爲道而去者，次也；無所爲而去者，三也；無所爲而留者，四也。

醫家不必藥奇，惟求病愈。又曾見醫家有病人，轉求別醫，惟期病痊，乃不自用。若醫世如其家，肯自用哉？

耕當問奴，織當問婢。問耕於婢，問織於奴，爲失問；以奴譚織，以婢譚耕，爲妄譚。

寒時望春，春來冬去；暑時望秋，秋來夏往。日中則昃，酒酣則散，官高鄰退，年高鄰衰，望高矜高，皇知藏不嫩乎？

渡大江而後知所儲木非枕才也，登峻阪而後嘆腐軸之致敗也，晚矣！柘柳出土而以爲松柏，暗矣。

甲漏言於乙，乙訐而誅之，乙之尤哉？甲之尤哉？

達人辭名，清人辭利。讓名者達，讓利者淸，何損不讓？讓言、讓氣莫若讓時，五十之齒，讓渠三十年，其亦休矣。

胡東渠先生貧無積粟，零糴以食。或請其乘賤多糴，笑曰：

"逢貴喫貴。"當時若云無錢，便似炫清，且人不之信，反費呶呶矣，前輩老成可法。

聖人能從心所欲，故不逾矩。世人大概違心耳，世人所從者意也。

言人之過，聽者亦厭之，何必如是？

莫非命也，順受其正，命無不正者，受命耶？受正也。非正即非命也，人自立巖墻，犯桎梏，天豈命之立？命之犯？

父母之慈自根達枝，故易；子孫之孝由枝反根，故難。是以治水浚源，爲學務本。

譚風水者謂祖父葬之安妥，可以福廕後人，然祖父生前或置之不得其所，枯骨且相流貫，盛衰繫焉，況生存之體乎？祖父向隅而悲，冀享興隆，必不得之數也。

講學之患有二：高曠者決防維而脫倫常之矩，謹飭者守局曲而遺聲臭之先。有本有末，方爲學之全。

士人之患有二：未志於學者，溺習染而甘心於凡陋；既志於學者，狃因循而隳功於半途。有初有終，方爲學之成。

在我者至大至剛，塞天塞地，失其大而不勝小，失其剛而不勝柔，天地不相關，此孟子之所嘆；在我者至富至貴，可愛可求，忘其富而自謂貧，忘其貴而自謂賤，愛且求於外，此周子之所憐。

人能言，鸚鵡亦能言。聖賢説道理，衆人亦説道理。差在何處？

士其服士乎，士其身士乎？士其身士乎[四]，士其心士乎？試爲一剖。

天作孽猶可違，自作孽不可活。若曰天作孽則猶可違，然天未嘗作孽也，人自作孽耳，何可活哉？自侮、自毀、自伐，皆自作孽也，天何嘗作以侮、毀、伐之禍哉？

衆人是聖人，虧情莫虧理，心同意不同，俱諺語，俱至言也。

木有本末，相連不斷，學之本末何以異此？

栽者培之，傾者覆之，自培也，自覆也。生意洋洋，受者受，不受者不受。天無心也，無爲也。物如地，天如水，流行坎止。

人大抵自滿，大抵好教人而不好人教。曾記鄒座師聽後學之譚，連連點首。渠講學半生，何取於後學？而亟許乃爾，此其虛也。

火不可見，道亦若此。世人日用火，鮮知火者。

生理無所不在，謂几案器具非生物，可乎？明眼人當有睹也。

今人睹鳶魚，則興飛躍活潑之思，雞犬當前，不免成厭，向稱活潑者，想像畫册而已。

遇瞽者，思夫子之矜之而矜焉，蓋胸中影子爲之耳。聾、跛相逢瞽，心徧是漠然無與，踐迹之不能充類也。

聖諭六言，徹上徹下，世所撰解多質，第爲齊民設耳。士人解此則當深究，如講孝徹孔、曾之訓，生理原性命之初，作爲充知非之盡，尚有餘道哉？

孔門所謂小人，非盡如世之所稱惡人，直不大耳，然已不齒於君子矣。

不見知而悔，由其自見好處，履之爲庸，不知其好，不知何悔？唐虞揖讓，尋常杯酒當無異視，然杯酒揖讓原無兩心。

中庸難能，人知中難，不知庸難，非刊落名利意識之盡者，未足語此。

與人爲善者，我與人共爲善，非但一身伎倆而已。喊呼者合衆人之聲則聲大，舉重者合衆人之力則力大，爲善者合衆人之善則善大。

心不在焉，是謂之放。不在天下，不在萬世，亦謂之放。纔覺即在，是謂之求。其求徹天，其覺徹天，其藏徹天，其密徹天。

六曹司屬俱冠以“清吏”，重可知也。府州縣牧民之長俱曰知民隱，不知，其職乃溺。

共發編卷四

"舟中人衆休争渡，海上風高且暫留。"因淮人渡海被溺，題此示戒，然處世可以類推。衆□〔五〕之地，禍釁藏焉。不察勾萌，蔓將無及。故大樹將軍不妨獨後，山梁色舉，見許以時。

曾曰"動容"，孟曰"生色"，容、色學之徵，可以證人，可以自證。

理義之於心，其木之於水乎？闕則稿；其砥之於刃乎？闕則鈍。

病不可與藥，危至；人不可與言，禍至。

承家之主與創家之主異，既非手營，難期周計，必藉忠僕爲之營護。守成君臣似焉，有其負之，烏逭其責？

農有農之術，賈有賈之術，仕有仕之術，不可同也。

莫之爲而爲者，天也。人生於天，則亦莫之爲而爲。莫之致而至者，命也。性原於命，則亦莫之致而至。夫人也，有所爲而爲，有所致而至，便是李放桃花，非其質矣。故率性爲道，莫之爲，莫之致也。《中庸》譚道，妙在"率性"二字，不學不慮，不思不勉之本然也。人人如此，聖人常如此。

"是丘也"，明指其身，俾二三子觀之，我固在此，何隱之有？衆人舍可見之聖，覓不可見之聖，安得不疑隱？

“天生德於予”，德不以順逆生死爲存亡。“桓魋其如予何？”彼能加害者不過我之身而已，庸足介乎？“匡人其如予何？”亦同。若曰文王雖既殁，文不在兹乎？除非天欲喪斯文，則後死者不得與於斯文，然天終不欲喪斯文，斯文終在我身，存亡何妨？此之謂“齊順逆，了生死”。

性也，有命焉。君子不謂性，看得有命謂性可也。命也，有性焉。君子不謂命，看得有性謂命可也。

賦税取民之財，必先足民之財；足民之財，必先節民之財；節民財必先自節。徒言取而已乎？驅之亂也。

問本來面目，曰：“此面目天同大，勿令小，若小即非本來；此面目明净若冰，光明宣朗，勿令暗，若暗即非本來；此面目無迹可指，何處爲耳，何處爲目，何處爲口鼻，勿執着，若執着即非本來。”

問道心、人心，曰：“性生心，心生意。性生之心，道心也；生意之心，人心也。”論其本體，則曰：“道心冲漠無朕，故曰微。以其在人，則曰人心可以聖可以不聖，可以不狂可以狂，故曰危。病人介存亡之間曰危，非必亡之謂也。辟之朝印，自是善物，付之於官曰官印，無所不可矣；然豈二印哉？”

天可知乎哉？知天者幾人哉？無得而知，故無得而名。法天者於何從事？汲汲於知，汲汲於名，何若汲汲於不可知、不可名，不其大乎？

盤銘“日新”，惡染也。醒人醉，寤人寐，生人死，染爲之，非有振拔之志，鮮能滌者。孟氏云"載胥及溺"，此之謂也。

容人者樂，寡欲者逸。

未明求明，既明保明。求明者目瞀，求醫不啻也。保明者病殆，保命不啻也。

昏我智者，利乎！喪我人者，利乎！我之毒也，而嗜之乎？

愛親者愛日，自愛者愛日。親衰，愛之日短；身衰，學之日短。其皇皇等也。

孔子"夕可"，曾子免夫汲汲，蚤圖哉？既不可鹵莽幸冀，亦不可甘心遺悔，烏得不惕？吁！念及此，諸不急事堪休矣。

諸不正皆險，險則禍，免於禍者幸。然未嘗免七尺之夫而居於幸，是禍矣。

夜卜之夢，寐奚其卜？夢裏遊魂如何知死去遊魂如何？令人有猛省處。

問睿思之功，曰："在正心。心得其官乃能思，乃何思何慮？"

千般瑕釁皆由於口，一寸遊絲莫挂於身。

休教人不過意，休教我不過意。

生事不如省事，一悔難容再悔。

身有存亡，性無生滅，然身亦無存亡。二五還之，二五何存何亡？

心彌六合，身僅七尺，然身亦不止七尺。天性如彼其大，形色何得獨小？衆聲連耳，衆色連目，衆器連身。聲連聲，色連色，器連器，直至天外。形且如此，而況心性？真是洋洋然。嘻！譚及此，瓦礫糞土，安得不爲之所？

當下就是只爭個覺，爭個任。覺且任，無餘事矣。

爲學須有不容已之意，方可望成，然在得趣。

太極圖教人轉看上去，見人以理而生，乃知罔生爲幸免，世僅以氣聚氣散爲生死而已。

人之生，仁義禮智信、金木水火土、心肝脾肺腎，一齊俱到。

必也，視此身亦若一人，宛從傍觀之，遇當喜而不寐，於彼人固然，於此人亦然。遇彼人侵犯此人，亦爲彼人不快意，其庶矣乎！

必也，視此身若非血肉，宛是一團氣，視人物亦然，直恁通透合併，其庶矣乎！

大凡落在言辭，便須字樣襯貼，要在善會。假如止仁，止敬，止善，只是仁而已，敬而已，善而已，非有一仁、敬、善，又去止之也。

保世莫要於足民，興化莫先於正樂。

問士何爲，必曰希賢；問希賢何事，必曰希其篤信聖人；問信聖何事，必曰信聖同天。然則希賢、希聖、希天乃一齊事，似有階級而實無階級，先正“直入”之説固可繹。

憑德性乃合天，則意氣易盈易涸，變化氣質極難。若知德性氣質不隔，則氣質可化，德性用事。

終日言政而不及化，文中子憂之。吁！言政者亦鮮矣。

蔬糲之食無慚於口，綿布之衣無慚於身，亦浩氣所由生也。

吾今知人行之始於孝，終於恥，所關大也。聰穎才藝，疏於本原，終至敗類。棄恥者棄身，不以恥風禍世也。

吾今知大節不奪者之果難也，利害未如毛，輒茅靡矣。喪元在塈，志不可奪，彼何人哉？

福莫福於聞道，禍莫禍於炫長，羞莫羞於非分。

排之使卑可免非分之位，奪之使貧可免非分之財，訕之使無名可免非分之譽。罪愆既消，襟懷亦適。

細民、讐人亦有益我處，戎夷、鳥獸亦有愧他處。

謹厚之士眾稱矣，孔門猶不與也；鄉黨自愛無咎矣，孟子猶不許也。必也學道乎！匪是無以立。

營營干進，砣砣黷財，陳龜筮而問得失，神其告之乎？甚且賄神矣，祇貽之怒。吁！凡事勿貽神怒。

陽長徐徐，陰長徐徐，大和絪緼，天道也。故拘迫匪以進學，和舒所以宅心。

昔賢云：「爾知，我知，我知匪爾知比。爾知猶有爲者，我知必不爲矣。」曰：「我有未知乎？」曰：「未之知也。真我真知必不爲。」

世波多狀，若非從事於學，蕩漾苦人，學乃無能撼。

既云當行，行無停晷；既云當止，止如截鐵。剛者若是，勿云姑且。「姑且」兩字斷送幾多人。

聖路顯然，聖門洞然，聖室燦然。欲見聖乎？爾身即是。

精注石穿，神凝日返，志學似之。餒極旨食，疲甚安枕，嗜學似之。溺人扳岸，戰人格虜，力學似之。如是方成。

出處輕而臣業衰，取予泛而士節墮。

幾露如毫末，明者燭，强者斷，諸悔杜焉。

倚着不化，聖學遼矣。包函不廣，天人判矣。

言者以進德而立業，聽者以腴聞而藻辭，是以學無成，教無裨，交無終。《書》曰：「敬遜務時敏，厥修乃來。」

《共發編》跋

　　蓋聞五常曰君臣、父子、兄弟、夫婦、朋友，五大曰天、地、君、親、師。五常之有友，五大之有師，猶五行之有土也。此豈直搦管雕蟲、鬥奇靡，焉賴師友哉？曩洙泗以文會友，正以友輔仁。仁，人心也，生機不息，纖翳不點。人人本具此體，故以不識一字凡夫亦可立地學聖。奈積染成迷，匪遇真師指授而著察，且懵懵乎行習，無當於學脉矣。幸際河東曹先生真切定静，威重坦夷，蓋晉自文清而後直引聖道爲己任者，海内屈指。

　　先生今治淮七載，諸所犁然興革，湛然冰澄，皆實學也。政暇，率淮士會講安定祠中，既命禮爲會約。士鱗集傾聽，乃聽而疑，疑而思，思而辨，久久，諸生彙所問答語爲帙。先生曰："余語都忘之矣，則何不彙所未嘗語者？"第先生以無言而傳，諸生不能無言而述，此《共發編》所由請也。而先生望道未見，寓於與人爲善之中者如是。大都先生之心貞純篤至，環視戴圓履方、含生負氣一有不獲其所，即殷殷引爲己責。先生之學不立門户，惟自庸言庸行一之乎！孔子圓滿充足，我經世而一無我心。先生之言不爲可駭可異，眼前提點，人人思奮，而精靈神理之自溢，此何也？真也。真即仁也，仁即千古之學脉也。

　　先生留千古之學脉於淮，而況鷹揚有會，節孝有會，又復爾爾。今應内召，行以實學翼聖明，霈寰宇，回視化止蘇湖，尤翔洽矣。兹而後，諸生儻以有待而興，倏以無待而歇，試睹此約。此編繡之梨矣，得無兩澤相依，日以輔仁，凛如躬侍函丈，求所以不負此生乎？斯可不負先生。

　　萬曆二十六年孟春月十一元日，淮南門生譚大禮頓首謹跋

《共發編》後跋

崇烈從學曹先生於鄉塾、於官舍久矣，有言無言，深言淺言耳，盈心浹焉。大都憑本體爲流行，直達天載之隱而不雜。家常倫物之近，不軼矩繩尺寸之纖，謂精粗、表裏、上下無不渾合也，謂古人今人善美無不可資也，謂一民一物無不可愛也，謂毀譽、窮通、順達無不可芯也。循之可據可依，究之無朕無際也。項得《共發編》讀之，則先生筮仕之初訓誨淮北人士者，大都亦如斯。蓋先生蚤歲嗜道業，已得其要領，故以學以教，恒如斯也。

先生欿然不自足，每謂弟子曰：“俟汝輩學成再商。”崇烈不敏，竊謂學不外此，惟日孳孳而已。高明君子當自能辨之。

門人呂崇烈頓首謹識

校勘記

〔一〕“二”字後衍一重複符號，今不錄。

〔二〕“畫”，據《孟子》當作“畫”。

〔三〕□，原書漫漶不清，據《孟子》當作“伊”。

〔四〕此句當衍或有誤字。

〔五〕□，原文漫漶不清，據文意當爲“爭”。

《四庫全書總目提要》（存目）

《共發編》四卷 山西巡撫采進本

明曹于汴撰。于汴字自梁，安邑人，萬曆壬辰進士，官至左都御史，事迹具《明史》本傳。是編乃爲淮安推官時，講學安定祠内，與門人問答之語。其持論多涉玄妙，如譚大禮問："無我相之旨，儒與禪宗將無同？"于汴答云："若天地萬物一一聯屬於我，斯無我相矣；然天地萬物亦無相也。以相觀天地，則如彼其大矣；以相觀萬物，則如彼其衆矣。安能聯屬於我？故幻相非真，真相亦非真，而無相者爲真。夫墮禪者非也，避禪者亦非也。無真而未嘗無真，無幻而未嘗無幻，無天地萬物而未嘗無天地萬物。財成輔相，種種現在，烏在其禪與不禪"云云。是坐儒者之皋比而演釋迦之經咒，則何不披緇而開方丈也？

共發續編

昔人云："二十一史，便宜若而人，冤枉若而人。"有激之辭
也。他不具論，即如荀、楊二子，儒者擯之。雄爲莽大夫，尤非
士類所齒。然近有辨其未仕莽，果爾，則千載之冤也。《書》
云："與其殺不辜，寧失不經。"吁！近世更無史矣。傳聞失真，
猶可言；私衷謬筆，敢以誑世。荆川曰："生前但有一碗飯，死
後便有一篇誌。"傲此爲乘，不念九原之恥，可勝於邑！

子輿氏謂有道無道之役皆天，則人之遇事不平者可平矣。然
豈一聽蹂躪哉？則有師文王之訓在，是迴天之術也。天可順，亦
可迴，不能迴而逆之，烏得無禍？

古人云："匹夫匹婦，若勝予焉。"馮慕岡氏曰："我視天下
人，都是先生。"問："人有問陽明先生致知、格物，在童子如
何做，答曰：'如洒掃應對，便是格物，便是致他洒掃應對一點
知。'致洒掃應對之一點知，知亦有深淺乎？"先生曰："洒掃應
對，亦休容易看。掃除一方，與掃除天下何異？應對父兄，與應
對四方何異？似淺實深，理會到極精極滿，纔叫格致。"曰：
"直下如何做？"曰："合洒掃便洒掃，合應對便應對。"

問："《詩》蔽於'思無邪'，《禮》蔽於'無不敬'，《書》
蔽於何語？"曰："'在安民'，故每以母雞、母彘、導妻子、養
老爲文王之王政，而徒爲高妙之談者所不取。"

問："《大學》古本可玩否？"曰："可。然其釋格物，曰有

以爲窮理者，有以爲格正者，有以爲格式者，有以爲格通者，有以爲量度者，有以爲格去者，俱有所見。但窮理者未有行不守正、行不合式而可格者，未有不通天下之心、不量度先後而可格者，未有不格去物欲而可格者，則亦無偏主也。”

先生與一生論性，其生舉似雲，雲入見先生曰：“性如是否？”曰：“其人如是，自不得不如是講。”

澍問：“夫子之道，忠恕而已矣。”先生曰：“夫子之道，孝而已矣，弟而已矣。酒肆招牌題云‘公平’，夫子之道，公平而已矣。”又問，曰：“夫子之道，卓而已矣，椅而已矣。”或人未達，曰：“形而上者，不離形而下。”

閶謁叩先生，恭睹門楣，俱有題語。宅堂云“天理人倫，王法清議”，讀之悚悚。又云“居室如何是美，第見所餘，未見所不足”，蓋不求盡美也；“齊家要在崇恩，莫念其短，且念其有長”，如此乃親睦也。書院云“大道無岐，習見成心須掃盪”，若斯則無邊見；“空譚匪學，真參實踐莫蹉跎”，若斯則非虛講。又云“休憑講似懸河，還自勘隱微之處”，更欲研之於内也；“試念風傳近寶，要常參聖蹟之關”，尤對症之藥也。莊園云“幾會幾元，此番蓬蓬來遊，誰堪執有”？是欲通古今也；“徹天徹地，明是洋洋合併，孰與區分”，是欲合人物也。俱令人深省。

問：“閶十七八時，將本質壞，所以今日作事難。”曰：“壞不了，如門閉之便暗，推開便明。”

一日在師前，談及文清公拂鬚事，先生曰：“以此見爲學之難也。文清公猶有脱略處，吾人便當刻刻警惕。此又見爲學之易也，雖有脱略處，猶成大儒。"

鄒南皋曰："'怒'字奴心，非正心，怒最不可有。怒則傷肝，肝屬木，木屬仁，怒則傷於仁。養德養壽俱宜戒之。"

答辛復元云："昔者李本陽臁生瘡，久而方愈，告予曰：'某初病此，不無縈繫，累月不退。既而置官於度外，乃稍安。又既置死生於度外，遂如脱。蓋向予忻忻相笑也。'彼時本陽爲兵部，想足下無所繫，知勿藥矣。"時辛在病。

少墟有言："不但伊尹爲任，即柳下惠、伯夷無有不任，不任不足以成聖，當下就任。"

問驛路嚴、車馬艱，曰："國初有以南京大司馬騎騾赴任者，稍倣此意，何憂車馬？"

問衙舍蕭然，供費不敷，曰："先進有居九卿之位，用半尾魚行祝壽禮者，稍倣此意，何憂供費？"

乾臺筆記

土潤且活草木蕃茂，砂礫枯燥，安能發育？故忠厚遂開八百，商、韓不庇其身。

猶之乎講讀也，或僅供口耳，或大禆開繼。猶之乎如命也，或順之神逸，或梗之心勞。猶之乎百年也，或古賢共席，或秋草同萎。有志者辯之。

時時對上帝，刻刻理性命，那有閒工計猥事、較細語？

父母、兄弟、妻子之間，工夫於茲用，力量於茲驗，境之順逆不計。若逃却倫理談説工夫，誕談耳。善步者，周道、羊腸無不可置足。遇羊腸而顛躓，豈真善步哉？

人無一息不與天通，一呼一吸，來往相禪，天人無間，人奈何自與天隔？

昔在孔門，示人入道，惟學與思。思以參理，學以履事。事無巨細，勿輕放過；理極精深，直窮到底。學得思以通微，悟門乃開；思得學而貼實，理境乃熟。並進無斁，日日如是。

閱白沙文編，爲人撰文，不輕許可，間有怵信而溢美，復作詩以自咎，其慎如此，可法也夫！

姚培吾每遇生日，席地其父母神主之側，坐竟日，不見客。

昔魏公見泉登第後，請教先輩，先輩云："凡人官小不戀，大則戀；財少不愛，多則愛。"亦不甚解。比筮仕襄陽司理，人饋以襄扇，十柄、二十柄，不惜也，隨散之。一日藩王饋千柄，遂置諸箱。嗣後或送十柄、二十柄，積置於上，不復散人。久而忽悟，茲所謂"少不愛，多則愛"乎？亟呼火焚於庭。清操凛凛，沒齒不替。

昔年張淥汀年兄寓吾廬，著族譜，吾爲運筆。其祖先二事甚卓：其一曾種瓜，遇人盜食而憐之，發願，遂每年種瓜十畝，不鬻錢，恣行人食。其一里人有妻妬，不得保嗣子者，一日見其人色甚憂，問之，則云"妾有姙，慮妻虐害，不保生"，乃曰："第令逃於吾家。"里人遂遣其妾逃其家，佯爲尋覓不獲也者。里妾果產子，不令通聞，養其子母八年，方歸其人。嗚呼！厚德一至是。

已而已而，長林廣野，可以棲而。風空月宇，可以遊而，已而已而！

右乃癸卯歲，余年望五，感痞恙，若不可起，自爲誌銘之辭。不期痊可，復歷二十餘年矣。念此餘生，得之望表，不啻足矣，豈可仍有他覬？因書以自勗。

或臨萬仞之壑，性命怵焉，千夫懲之墜，不從也，自惜性命也。講學以晰性命，一夫搖之而易向，又何不自惜也？性命豈有兩與？然畢竟無兩。

劉思庸先生善讀書，逢人未嘗講；劉朴庵兄居官清，未嘗嫌人不清。何至誨妬哉？

天之最惡者，烈勢狡謀，可懼也，不可玩也。

問調燮陰陽，曰："且調燮自身陰陽，喜怒哀樂，動止語默，調之合則。然陰陽一太極，太極本無極，調一身之太極可也。"元公曰："主靜立極，是調燮陰陽之要也。"

南皋大而徹，少墟任而莊，龍淵清而樸，景逸沉而恬，中素忠而篤，慕岡忠而真，朴庵清而介。

賀季真以寶珠與賣藥王老，求黃白術，王即以珠易餅，與賀共食。賀惜其輕棄，王曰："慳吝未除，術何由得？"彼異教且能如是。

不負天，不負君，不負親，不負師，不負此身，其惟學乎！

人有靈蠢，鬼亦有靈蠢。人之靈者通於幽，而靈通者鮮；鬼之靈者通於明，而靈通者亦鮮。其惟至聖至神乎？幽明合矣，不能隔也。

辛子問如何乃無錯，曰："神明用事。然或神明其非神明，不神明其神明。"

南皋曰："即心即事，即事即心。"景逸曰："忘私欲易，忘道理難。"少墟曰："小人見私，壞了小人；君子見公，壞了君子。"語皆精切。

余莊馮村，居人不及三十家。然多賢孝，侯氏青年殉節，烈日爭光，傭人之婦耳。梁盡孝、秦士貴，俱木匠，每執役於人家，遇饌食之美者，必裹歸奉母，仍背其子女，防其分食。楊守仁乃鐵匠，其母愛女，每多費，仁委曲應辦，無怨言。母死既葬，墓距家頗遠，戀不忍還，留連累日。

又曾聞張葵南氏云，一佃夫種伊田，約均分所穫。既而多雨，省汲灌。迨穫，不肯均分，請如主七、佃三舊例。賢哉！不苟得也。

又聞劉銓部朴庵云，一土工，衆以居士稱之。腰繫小杵，每築牆，大杵外，以小杵杵其隙，主人即欲就簡，不從也，所築必百年不壞。賢哉！不苟其職也。

張鴻臚體岩之孫女，適王鴻臚少亭之孫，蚤卒。將卒之前，持金珠首飾，跽其翁簾下，曰：“婦將不起，此繳上。”其翁大慟，亟令扶起入室，復曰：“留敝衣數事，吾衣之入棺，餘可收藏。”其翁復大慟，令衣錦綺數襲，蓋感之也。賢哉！臨終能不亂也。較俗之病篤而潛轉衣物於母家，惟欲耗費夫家者，霄壤矣。

賈人王雙槐名繼先，與喬東岡名岱同業賈。一日，有利息之入，各分訖，喬置魚酒於青樓，以享雙槐。雙槐曰：“請析業。”喬驚問故，曰：“初有所獲，不以贍家而浪費乎？”喬愧謝，乃已。一日閒坐，喬述其兄不友狀，雙槐復請析業，喬曰：“何又乃爾？”雙槐曰：“爾非乃兄，何以至今日？甫能成立，不以養兄而怨之乎？”喬復愧謝，不復爾。二人一忠告，一虛受，俱成富室。士人相友，能切劇相成如斯者鮮矣。

門人問答語

先生曰："余在淮七年，凡有裨於地方者，頗皆殫力。有二事未及圖，至今衷歎。"鐕問何事，先生曰："淮，大郡也，而無良醫。思聘鎮江良醫數人，令淮醫師之，閭閻有疾，不至死庸醫之手。古樂之崩，莫甚今日，思制一部古樂，令人宴會，或婚娶、祭祀用之，可挽淫靡之風。二事俱以解篆未行也。前任大常，欲疏請正樂，尋轉大理，亦不果。"

馬生之驎問："何如可立品格？"先生曰："心地清，人品自卓；學問明，心地自清。"

驎又問："愛民有心，恐位卑不能普及。"先生曰："譬之明月，照天下者此月，照一國者此月，照一家一身者亦此月。患吾心之不如月，奚患乎照之不遠？"又曰："不欺便可潔己，潔己民自沾恩。"

又："宇宙茫茫，公卿無數，操觚無數，英氣無數，究竟誰是？徒有真正聖賢，精光不泯，是以有志之士或磨杵成針，或立地成聖。年過者雖難於磨杵，豈難於立地？"

蒼雪軒全集

〔明〕趙用光　撰

張　仁　點校

點校説明

《蒼雪軒全集》二十卷，署曰龍門趙用光哲臣著。

趙用光，字哲臣。世居山西河津縣城東里，故稱龍門趙用光哲臣。明嘉靖四十四年乙丑（公元 1565 年）生。萬曆十六年戊子（公元 1588 年）舉於鄉。萬曆二十三年乙未科（公元 1595年），中三甲，賜同進士出身，授翰林檢討。萬曆三十九年辛亥（公元 1611 年），轉春官庶子。萬曆四十年壬子（公元 1612年），患偏癱。萬曆四十二年甲寅（公元 1614 年）升詹事府少詹士兼侍讀學士，掌翰林院事，官至右春坊右庶子兼翰林院侍讀。萬曆四十三年乙丑（公元 1615 年）乞致休。次年卒於故里，享年五十一歲（事分別見本書《仲弟英臣墓誌銘》、《題山西戊子同年序齒錄後》、《乞致休疏》、《告病第二疏》、李日宣《蒼雪軒全序》及《明代進士名錄》）。

父，趙三聘，字天民，號任齋。歷任知縣、知州、户部員外郎、四川按察使副使。享年六十五歲。有子四，長即用光，次用弼，次用汴，次用簡（見本書《任齋府君行狀》）。

天啓四年甲子（公元 1624 年），趙用光死後十年，其門人李日宣等纂輯所著詩文，整理成册；由胡騰蛟等付梓刊刻，於明崇禎七年甲戌（公元 1634 年）印成，題曰《蒼雪軒全集》。門人李日宣、傅冠分別作序，弁於書首。

全書共二十卷。第一至六卷收録詩歌；第七卷收録奏疏、議；第八卷收録表、策；第九至十一卷收録贈序；第十二卷收録記、解、贊、書後；第十三卷收録疏、啓、祝文；第十四至十六卷收録墓誌銘；第十七卷收録墓表、行狀；第十八卷收録傳、祭文；第十九卷、二十卷收錄祭文。

詩歌多爲近體，平和諧暢，格律嚴謹。體物咏懷，曲盡其奧。情寄山林巖穴，心繫國計民生。酬酢應和，略抒士子本性；記遊記勝，盡顯騷人才品。值得一提的是五言排律《崆峒山》，全詩一百六十韵，直追唐代白居易《遊悟真寺》詩一百三十韵，展現了他不懈的藝術追求和深厚的文學功底。難怪他自詡爲"親向騷壇擁六師"，"不數當年鄴下兒"（語見《親向》）。

文章無論建言獻策、剖析時事、品題人物、皆循其實，撮其要，稽乎古，本乎禮。探幽索隱，援古證今，明古今一概之理；權通時變，斟酌損益，求時下解惑之徑。周詳綿密，洞燭情委，言人所未見；條分縷析，鞭辟入裏，折人於無言。雖畢生以上報皇恩、下濟蒼生爲己任，但面對君臣不諧、吏治腐敗、豎宦横行，天災頻仍，生民凋敝，又力有不逮，回天乏術，覺得那麽無力、無能、無助、無望，所以篇中也時作林泉之想，且有"食以日損"之嘆。集中墓誌銘、墓表、祭文之類文章數量較多，當多爲應請托而作。由此，也可窺見作者文名遠播，廣受尊崇之一斑。

本書刊刻於崇禎七年，當係坊間刻本，刻印品質一般，間有誤刻之字，也不乏模糊、漏印之處。清代輯錄《四庫全書》，本書被列爲禁毀書目。1998 年，北京出版社編印《四庫禁毀書叢刊》，即影印崇禎七年刻本輯入。故本次點校以崇禎七年刊刻的全書影印本爲底本。校勘以本校爲主，有引文處輔以他校。偶於《趙氏宗譜》卷七撿得《趙榆庵僉事墓誌銘》，署名趙用光撰。是本書卷十四中《湖廣按察司僉事榆庵趙公墓誌銘》的實際使用，使用者對文題和文句略有調整，相當於另一版本，僅此文采用對校。

凡詩文中有所援引，必核查原書、原典、原句，務求標點合理，不害原意。偶有與通行的斷句標點不一致的文句，也自有依傍，決不妄斷。如傅冠《序》中暗引《水經注》“方知《慎子》：下龍門，流浮竹，非馴馬之追也”一句，通行的標點爲“方知慎子下龍門，流浮竹，非馴馬之追也”。我以爲這是酈道元轉述《慎子》的句意，所以給“慎子”加書名號和冒號，並在校記中説明《慎子》逸文的原文，避免讓人理解爲“慎子乘浮竹下龍門”。像這樣的改動，不知方家以爲然否？

《蒼雪軒全集》李日宣序

　　河東爲文清道地，氣所攸萃，而江右則伊洛真派，士率有宗。故豫章丙午之役，既主龍門，又奉安邑，士林率彈冠曰："進取誠難必，而師資胡可失耶？今不售，復何待乎？"蓋江右文大率神理居勝，往往沉欝瞿澀之意多，而砑砈圭角之態時存，常令觀者氣阻。故士以文著而未可以文格，主以文券而亦時以文遺，則識神於天機之際，占氣於物色之表，非有道者居之，士幾以倖遇耳！

　　愚既得遇于兩先生矣，或言兩先生者，龍門天下文章，安邑千古道德。而宣未之然也，文章道德原不分之爲兩，文章不本道德則畫脂鏤冰，何裨實用？道德不見文章亦扣盤捫燭，苦人摹擬！皆兩先生所不出，而執此以求兩先生，則隘耳。兩先生，宣事安邑最久，自是肫肫一大儒，其蒼然似松，凝然似山，澄然似冰之在玉；及其扣之則如黃鐘大呂，皦然而不亂；其發而爲文，又鏗然如佩玉鳴珂之行明光殿上也。此可謂以道德枯寂者乎？

　　若先生者，平生篤信濂洛關閩之學，以致知主敬爲宗，其于性天微妙、聖閫奧原，已洞燭無遺。故自讀中秘書，洊歷玉堂，語妙天下，名震彤管，一代詞臣，超今軼古。今觀其論說，則析理精微；應衙官六子序、記，則條達自遂，有子長遺風；碑碣則典雅不群，出中郎逸韻；至館閣鴻裁，燁煜標鮮，與《報任》、《答蘇》塤箎互叶；而一派詩歌直追正始近體諸作，和平諧暢，不讓大曆、開元。宣卒業之，則磊然如九都之北注，蒼然多玉也；泠然如承露仙掌，久而沆瀣，猶存殘捅敗橡也；渾然如銅崩鐘應，飲池見垣，恍而色色靈通也。

宣乃作而嘆曰：“有是哉，一至此耶！”竊嘗謂文章靈物，不根心而發，如石火電光，安能久照人間？即如鄴下諸子皆偉才，詞賦表記家樹一幟。三晉文獻最盛異時，柳州、河汾諸君子表表詞林，率各有所自負，以鳴於一時。先生非發靈性蘊，根極理要，安能彌深彌廣，探之莫得其崖，窺之莫窮其際乎？則安在乎文章之不出於道德也？獨怪夫先生以彌天經綸，蓋世學術，名與河漢爭流，而實不能使天壤俱竟。金甌已定，玉燭須調，而乘雲騎箕，曾不少待。今十年來，猶令人撫卷而致憾于石渠、天禄間焉，則文清先生所謂“我雖困，而道則亨也！”

宣日侍安邑師於鄆，而西望龍門，不勝山木之恨！因先生門人河津令智君鋌、萬泉令劉君鼎卿，謀其同榜平陽二守胡君騰蛟、趙城令陳君時春、榮河令高君之俊，爲搜其家藏遺牒若干卷，屬宣爲較而彙之。而先生之令子玄將已駸駸能讀父書矣，固不必遊憂之贊一詞也。是爲序。

天啓四年甲子孟春吉旦，明進士文林郎、雲南道監察御史奉使河東門生吉水李日宣頓首撰

《蒼雪軒全集》傅冠序

　　自金匱石室之藏，傳諸通都大國，伊祈埵壚而下，禀朔紀傳，必以龍門弁峙千古。且其地又唐、虞、夏迭而都也，太史公生其鄉，本其家學，矧漸海浮江，歷四方而徵故都之美，夫亦稽古典謨，有不逾鍼而得者哉！鄒魯觀風，邈焉尊岱，顧是時比肩龍門者，廣川首醇。黃初以還，曄、壽悦容之徒，史失古兢，即上之揮麈，狎主藝苑。而泗水之學，寄一綫于博士掌故。迨河汾抗席，儳續聖燃，則文中子又霍鎮之中峙，而拱靈闕里在也。古今來言文者於遷，言學者於通，皆嘖嘖曰"龍門、龍門"云。載考龍門，有巨靈迹，去長安九百里，縣水下注，黿魚之屬莫能上，上即爲龍，故暴腮垂耳之刺，誌感轅下，鑿奇漱廣，它罕儷焉。誕生其土，撫條跨陸，軼往躅挺，鉅匠有非江海之鱗，堪望門而趼者。

　　吾師哲臣先生，紹庭憲副公之學於心，躡史垣，漸躋端毗之席，峨品縶綸，仁厝聖佐。其學也，粹然本於六經，而其文則昂武西京之上，瞻而裁，則而善變，斷不作子長以下一語。間爲有韵之章，風雅駢協於心，虜揚旃廈，瞻搏拊金石之微焉，此又遷共通所不備，而卓然自爲龍門者矣！顧先生德望，巇嶸其不朽者，方將醉遊春圃，吟聽秋潭，而肖夢未求，騎箕不還。僅以著作緒餘乎千古，琬琰之價不得不儉，迴千丈流而傾崖雲嘆，偕屬怒俱騰也！往先生録士豫章，曹安邑先生並聳太行之瞻。冠受知獨甚，而晚入承明，翔其廬，儀其宇。先生蚤岱游，不獲竟安邑先生之用。即纂其餘文，以昭麟角鳳羽一二。崩浪浚波，疊顔咋舌，"方知《慎子》：下龍門，流浮竹，非駟馬之追也"[一]。但俾往來遙望，右見素氣雲浮，湏溶沉瀁於善門之下而已矣！

崇禎甲戌仲夏之吉，賜進士及第、奉政大夫、國子監祭酒、前左右春坊、太子庶子、左諭德、左中允、兼翰林院侍讀、纂修實錄、管理誥敕、記注起居、經筵日講官、豫章門人傅冠頓首拜題

校勘記

〔一〕"方知《慎子》：下龍門，流浮竹，非駟馬之追也"，這是《水經注·河水》的原句。而《慎子》逸文作"河之下龍門，其流駛如竹箭，駟馬追弗能及"，錄以備考。

編選門人姓氏

門人李日宣本晦〔一〕父編定

丘兆麟毛伯父

易應昌瑞之父

詹士龍雲從父

吳之仁長卿父

傅　冠元父〔二〕父

劉先春伯陽父

章允儒珍父父同編

胡騰蛟雷門父

高之俊震卿父

智　鋌定甫父

陳時春太和父

劉鼎卿肖生父仝刻

校勘記

〔一〕“本晦”，據《中國名人志》第十卷：“李日宣（生卒年不詳）字晦伯，江西省吉水縣人。”録以備考。

〔二〕“元父”，據《明史》卷二百六十四《賀逢聖傳附傅冠》：“其後有傅冠。冠，字元甫，進賢人。”而《進賢縣誌·人物志》：“傅冠，名元範，號寄庵，進賢縣城人。”録以備考。

詩

寄侯伯子丙戌

籬落秋風動，相思正索居。兩行遊子淚，千里故人書。冀北雲山遠，遼西草樹疏。龍門空悵望，何日賦歸與？

題畫四首

高閣穿林曉，清流逐岸斜。小亭人獨往，桃柳自繁華。

其　二

茅屋倚深林，無處著塵土。罷釣晚歸來，高臥不知暑。

其　三

清流蕩遠舟，天籟鳴深樹。遙指水西村，共君沽酒去。

其　四

朔雪滿江天，幽人獨不眠。馮闌餘逸興，擬泛剡溪船。

集　古戊子

水碧沙明兩岸苔，一枝紅杏出墻來。君王去日曾攀折，不向東風怨未開。

賦得司花女

隋家宮闕已荒唐，輦路于今綠草長。注目豈能傾學士，緣愁常得侍君王。揚州南下情何極，汴水東流事可傷。寄語司花春殿女，憑將雲雨付蒼茫。

隋　宮

隋宮拋擲舊花枝，又逐東風汴水湄。賴有賞音虞學士，垂肩軃袖爲題詩。

孤　劍

孤劍飄然上國遊，可堪寥落入深秋。懸知楚璞因人售，未許隋珠向暗投。幾處寒螿吟舊恨，滿簾疏雨滴新愁。醉來起舞歌長鋏，剩有光芒射斗牛。

新　豐庚寅

走馬新豐道，買醉新豐酒。飲罷奈情何，高樓隔楊柳。

灞　橋

關山芳草已萋萋，又向長安趁馬蹄。最是不堪凝望處，毿毿楊柳灞橋西。

太乙真人圖辛卯

蓮舟輕漾海東頭，萬頃長濤接素秋。讀罷《黃庭》遙指點，青霞明處見丹丘。

折桂圖

廣寒宮闕鬱蒼茫，笑擁青娥興最長。萬里天風歸路穩，羅衣猶帶桂花香。

緱　嶺

緱嶺仙人醉碧蓮，謫來塵塕幾經年。枕中《鴻寶》書傳世，匣裏龍精劍倚天。紫陌行春銀蹀躞，青樓調笑玉嬋娟。八公山下朝元路，騎鶴吹笙自往還。

東林憶舊

重向招提境，松門拂曉開。眼空無俗物，地僻絕塵埃。舊日僧還在，當時客又來。一尊城市酒，聊爾共徘徊。

無　題

兔闕清標自不塵，可堪紅紫鬥芳新。多情爲是憐春艷，故作桃花賺遠人。

其　二

春來曾到武陵溪，路入桃源望轉迷。把酒問春春不語，落花零亂杜鵑啼。

其　三

初從天上攀青桂，復向人間醉碧桃。笑指武夷深處去，落花流水任風濤。

其　四

故園花發豈尋常，却向玄都覓艷妝。只恐眼前容易落，不如歸去問劉郎。

送楊丞歸遼東時遼有倭警癸巳

纔憐飛舄下河汾，忽復高歌此送君。千里可堪成阻隔，一尊聊爲話殷勤。曉風羸馬衝殘雪，落日荒山踏斷雲。莫向遼西頻極目，漢家今起故將軍。

宮保高公八十

舊是先皇社稷臣，典刑今尚在朝紳。絲綸暇日開東閣，劍履寒宵上北辰。一代元功盟帶礪，幾年高臥傍松筠。君王自與天同壽，歲歲台光映紫宸。

鈴

北望燕雲萬里程，滿川芳草對愁生。迎風響逐疏簾碎，振索聲來別院清。側耳上林花外度，傷心蜀道雨中行。三郎自是郎當者，搖拽春風太薄情。

王生得恩選甲午

漢家丹詔下彤廷，郡國徵賢最妙齡。曉殿春雲行射策，夜燈秋雨舊明經。東瀛忽訝瀾光紫，北極遥占劍氣青。此日天衢初奮翼，扶搖還爲徙南冥。

小　閣

小閣青山外，軒窗面面風。流雲低曠野，飛雨暗長空。草色寒生碧，桃花春自紅。論心尊酒暮，天際見冥鴻。

了塵道士

昨宵抔醉嶽陽樓，笑擁飛瓊捧玉甌。歸去夢魂凝不散，楚天雲雨黯生愁。

王封君九十

天朝綸綍蔚紛葩，九十阿翁藉寵嘉。瞥見眉間生紫氣，何勞方外覓丹砂。南中節鉞新開府，江左冠簪舊世家。修竹蘭亭清廳在，好憑觴咏送年華。

其　二

藐姑雲影落雙鳧，共説河汾隱大儒。閱世已應逢聖主，憂時還擬著《潛夫》。稽山觴咏春將暮，緱嶺笙歌月自孤。到得蔡家秋宴後，爲憑滄海問麻姑。

梁承齋先生舉仲子

一從高卧謝時名，再聽閨中笑語聲。誰道朱門添後甲，自緣清夢得長庚。梁園叢桂當春茂，汾曲雙珠照夜明。底是韋賢經術在，他年還爲説玄成。

其　二

昨夜長庚映北窗，阿翁含笑坐銀釭。石麟入夢應非偶，月蚌胎珠本自雙。剩有箕裘延世澤，何妨蓑笠老滄江。由來賓客多梁苑，取次花前倒玉缸。

又

兩協釵完卜，應知喜欲豪。箕裘傳世遠，弧矢傍門高。想像
徵熊夢，參差長鳳毛。聖朝清白吏，守此貽兒曹。

豐巖寺小集值雨

暇日招提敞素筵，雨絲零亂織輕烟。遠公由來不禁酒，蘇晋
時復愛逃禪。銜杯默證無生忍，沉醉始登兜率天。晚晴携手虎溪
路，回首青山一笑還。

寄王子勉

何處堪逃熱，西園獲所求。幽軒不受暑，灌木迥宜秋。過雨
涼生袂，遥山翠入眸。仲宣才素健，早晚賦《登樓》。

黃生讀書山中詩以問之

長夏山中好，巖虛萬籟清，淡雲侵燭影，流水雜書聲。客路
高題柱，辭壇待主盟。詩成聊寄訊，相望幾含情。

送黃生鄉試二首

結客諸年少，心知未可逢。何緣黃叔度，投分郭林宗。梵宇
攀雙樹，延津起二龍。賢科優漢選，應許躡高蹤。

其　二

送爾搏風去，餘情付濁醪，知心還我輩，多口任兒曹。夜迥
星華爛，秋橫劍氣高。桂花飛不度，馥鬱點青袍。

送侯伯子秋闈二首

高蟬吟斷萬山蒼，匹馬蕭蕭去晉陽，鵬鶚搏風起霄漢，驊騮逸足過康莊。寒雲撲地雷聲迅，明月當空桂影長。笑指嫦娥問歸路，海天秋色正茫茫。

其　二

騷雅堪登大將壇，清秋孤劍向長安。囊中《白雪》憑誰和，馬首青雲秖自寒。一曲驪歌人欲去，幾年螢火夜相看。春風詔對金門側，待爾高彈貢禹冠。

賦得月中桂

蒼茫顥氣滿天涯，獨樹輕黃已著花。萬里寒風吹素影，九霄濃露浥仙葩。清芬暗入吳剛斧，秋色遙分博望槎。君去高枝待攀折，此香原自屬君家。

登玄武宮絕頂

檻外橫汾澹不流，虛亭徙倚見高秋。蒼茫落日堪同醉，黯淡孤雲迴自愁。萬壑寒濤翻樹杪，千尋飛練掛城頭。天涯知己看猶在，轉向人間詫壯遊。

杪秋登龍門望河樓二首

風雷盤薄撼崔嵬，涌出東南百尺臺。岸束驚濤當檻落，翬飛高閣倚天開。浮雲蕭索中原盡，秋色蒼茫萬里來。欲向清尊問千古，夕陽西下斷鴻哀。

其 二

結客龍門此壯遊，晚風還擬共登樓。回看暮靄千峰合，不盡長河萬里流。入夜清尊成雅集，虛亭寒色敞高秋。醉來欹枕藤蘿外，飛夢遙應到十洲。

杏花二首

明霞千頃爛生烟，占斷韶光二月天。紅萼半酣春雨後，嬌枝斜倚晚風前。樓頭尊酒何人共，陌上輪蹄此地偏。買盡相思誰管領，滿懷幽恨付榆錢。

其 二

深紅淺白開滿溪，妖冶一枝臨水西。何時經雨色初醉，有客尋春思轉迷。笑臉含羞自掩映，纖腰學舞相高低。年年歲歲章台路，狼藉飛花襯馬蹄。

培風館雜咏

培風館

北冥有化鳥，海運則將徙，一日藉扶搖，圖南九萬里。

泠然亭

大鵬負青天，泠然御風去，下視塵世間，蒼茫不知處。

斗 室

隙地分玄界，空堂倚翠微。裁詩因坐久，明月到柴扉。

柴 門

耽玄蚤閉關，獨坐塵心歇。尋詩有客來，敲落松門月。

蓬 窗

小齋容膝處，寂寂萬緣空。極目蓬窗外，高天度遠鴻。

短 榻

斗室容高枕，拋書午夢長。北風吹短髮，猶可傲羲皇。

素 壁

司馬臨邛去，歸來四壁空。祇應虛榻畔，孤劍掛長虹。

囊 琴

僧定鐘初靜，天高月半斜。幽人清不寐，獨坐弄《梅花》。

長 劍

吳鈎悲未遇，相對說平生。夜夜空齋裏，蕭蕭風雨鳴。

叢 書

性僻懷幽賞，仙源小結廬。揚雲生計拙，歲歲一牀書。

竹

高節今棲鳳，仙標欲化龍。知音誰個是，梅月與松風。

沼 魚

濠上觀魚樂，蒙莊嘆不虛。從容原自我，寧謂不知魚？

桃 花

紅萼簇丹柎，花開春不孤。繁華君莫訝，底是在玄都？

杏 花

簇錦望還迷，流霞低不度。紅襯馬蹄香，二月長安路。

榴 花

芳樹小池東，參差萬點紅。春花零落盡，獨爾笑薰風。

萱

清露浥檀心，曉風分翠葉。睡眼正矇眬，錯認飛黃蝶。

菊

把酒東籬下，黃花迥自愁。高秋成獨坐，山色正當樓。

葵

殷紅將嫩綠，高映闌干曲。不獨解傾心，亦兼能衛足。

金 錢

露滴珍珠碎，風搖琥珀光。長卿多病渴，侵曉漱檀香。

石 竹

嫩綠抽新節，輕紅簇小盆。曉涼庭事外，尊酒對黃昏。

蒼雪軒全集卷二

詩

旅邸簾上畫乾鵲梅花二首乙未

獨占百花魁，衝寒爛漫開。定知春信好，時有鵲聲來。

其　二

入座春先透，穿簾影獨清。朝家虛鼎鼐，持此爲調羹。

劉性宇太史册封肅藩

擁節西行道路賒，翩翩文藻動京華。百年禮樂隆周典，一代山河誓漢家。到日風雲驅授簡，歸時牛斗傍浮槎。關門知有真人過，紫氣氤氳渭水涯。

贈侯亮余

君自夷門隱抱關，我來河朔偶相攀。憑將意氣看吾黨，莫以升沉損客顏。醉倚黃金高薊北，歌殘明月滿燕山。秋風易水成千古，肯惜荆高數往還。

飲侯亮余

夙昔黃金意氣新，高臺千古自嶙峋。相逢一笑還相惜，擊築悲歌向酒人。

令狐孝廉花燭

夫婿東方千騎回，雙鬟南國倚崔嵬。鏡鸞宛轉花間度，簫鳳參差月下來。咫尺烟波迷洛浦，霏微雲雨暗襄臺。還從花燭看金榜，桃浪翻紅錦作堆。

題華亭張氏雙壽卷二首

吳鈎長倚闔閭城，豪俠當年氣未平。柱下沉冥周內史，人間淪落魯諸生。雄詞獨擅千秋業，高躅兼懸萬古名。莫更臨風悲往昔，仙郎今已侍承明。

其 二

憶昔青春奉尋年，荆椎相得已歡然。夜和熊膽供書篋，時脱鶡裘付酒錢。玩世狂夫仍偃蹇，承家令子已騰騫。鄉邦此日刑閨範，彤管還應有續編。

書程太翁高行有序

  同年程懋醇捧臨海檄，歸壽其尊人。爲不佞言："家大人斤斤信義人也，其廬墓孝，其濟荒仁。夙昔抱經濟才，乃卒老諸生，不一遇，年今六十高矣！顧安所得片語以佐稱觴者乎？"乃不佞用光以贈言。

伊人勞永慕，三載戀松杉。活鮒憐莊叟〔一〕，爲霖老傅巖。已抃雙白眼，猶困一青衫。回浦臨海，古回浦地恩波近，仙郎總不凡。

葉太夫人

顧瞻夫與子，愁絕兩情深。生死千秋淚，艱危一片心。蒼旻回黯淡，白日易蕭森，泛柏堪同調，高風自古今。

李太公

作宰同勾漏，忘機自漢陰。還家三徑在，憂國二毛侵。斗室甘雲臥，官途任陸沉。罇鑪渾漫興，猿鶴已盟心。涉世吾何有，逃閑衆所欽。放懷歌《白雪》，教子失黃金。桂籍登名舊，蘭芽人砌深。華筵開六月，淑景散千林。渭水青牛過，函關紫氣臨。龍門羨登御，鶴駕可招尋。眉壽歸陵阜，高名自古今。稱觴何以祝，擬續《白雲吟》。

壽米年伯

丈人五陵豪，夙昔稱俠少。一官執金吾，奕葉遠相紹。生平重然諾，沉機特淵妙。高誼薄秋旻，翛然寡同調。雙桂出燕山，文武俱克肖。奕奕兩科名，後先相照耀。秦雲隔千里，故鄉勞遠眺。欲采商山芝，緬懷渭水釣。世事等虛舟，掀髯一長嘯。

高衷荃太史奉母歸壽其兩世尊人小詩爲贈

歸路新乘駟馬車，翩翩詞客漢相如。燕山寒色搖征斾，閩海秋風度板轝。戲綵已堪娛晚節，析薪兼復慰閒居。巒坡侍從須還早，或恐君王問子虛。

畢孺人

貞心百折詎能摧，一死從君向夜臺。慟哭乾坤終不省，捐生千古總堪哀。蕭蕭白日中原墮，烈烈高風海上迴。知爾雙魂應未散，紫簫明月共徘徊。

葉太公携二子遊遼死死數年而仲子君材舉進士
將扶櫬還江左遂有此贈

江左有偉人，英姿何散朗。陋彼株守士，縱心成獨往。去矣北海濱，二子同俯仰。誅茅小結廬，一室遂幽敞。問奇者誰子，酣歌和《擊壤》。壯志鬱未申，翻然謝羈鞅。邊月侵孤墳，蕭條怛蓁莽。仲子開美士，流輩稱倜儻。絕迹奮青雲，登高振逸響。寒風吹松楸，颯然見精爽。夙願一已酬，何必怨疇囊。應爲華表鶴，萬里搏雲上。懷哉越江湄，歸途聊自廣。

壽唐年伯<small>萬曆辛卯冬　唐爲同年萬甫大父，實與家嚴同戊辰進士云</small>

在昔執徐年，先皇正恭己。伊吾兩尊人，獻賦明光裏。浮沉念載餘，倦遊曰歸止。汾曲與岷江，遙遙空一水。相如信有後，兩朝看濟美。顧我愧疏慵，附驥還千里。白髮應相慰，差堪紹前軌。藐姑有神人，綽約若處子。青城八洞天，亦復多奇詭。南北兩相望，優遊衰暮齒。延年壽千春，冥契觀無始。

楚有七歲兒割股療親親竟死予聞而詫且悲之爲作
是詩兒姓易名道顯黃岡人

父心忽不豫，孺子起徬徨。籲帝情偏切，操刀衷自傷。所期親病已，何惜此身戕。雙淚堪千古，孤誠激寸腸。寒風淒以厲，白日慘無光。痛哭終天恨，蒼蒼竟杳茫。

壽劉母

持家躬內德，教子憶前賢。腸斷鳴機夜，心灰畫荻年。箕裘欣有托，形影總堪憐。堅節冰霜苦，殊恩雨露偏。北宸雙鳳下，南極一星懸。翟服兼萊彩，相輝玳瑁筵。

壽遼東劉太公

華髮蕭然老鶡冠，高名夙昔滿三韓。稱詩已識劉公榦，避地還同管幼安。雲接東溟仙路迴，星輝南極夜光寒。萊衣分得宮袍色，醉倚明鐙帶笑看。

盛鳳崗先生挽章

曾向中原狎主盟，《陽春》高唱掩西京。壯猷不了當年事，直道空留異代名。太白天低收間氣，長河風急咽愁聲。幾回欲擬招魂賦，國士千秋恨未平。

贈李將軍 丙申

出塞年年路不迷，勛庸今古幾人齊。分茅建國當遼左，授鉞名家自隴西。花外鑼鐃燕月小，軍前簫鼓代雲低。灞陵誰復能相問，閑獵平原信馬蹄。

王衷白太史冊封韓藩便道歸省

千秋白社自西涼，使節新開下建章。紫氣行占周內史，黃河曾誓漢諸王。到來藩邸恩波闊，歸去庭闈慶澤長。好把金莖仙掌露，初筵親爲泛霞觴。

座主楊太史冊封周府便道還雲間

嵩雲縹緲待前旌，使者分符出帝京。不爲天潢疏汴洛，何緣仙吏下蓬瀛。賦成《白雪》梁園色，地接黃河漢代盟。歸向閶闔城外去，能無回首憶承明。

壽莆田朱年伯八十

壯志年來漸已疏，英雄回首失居諸。有時藜杖山中去，閑讀蟲文鳥篆書。

其 二

何氏仙蹤不可逢，參差九鯉躡瑤空。馮君試上靈雲望，一片湖光落掌中。

其 三

巖谷棲遲八十春，荻蘆溪畔静垂綸。知君已入非熊夢，早晚徵車下七閩。

其 四

二月陳巖度曉風，赤城遥指海門東。朝霞一散閩天色，石洞桃花萬樹紅。

贈王閬軒是龍池先生子

致身羞薦虋輪袍，接武還看佩寶刀。簪紱可能嬰世網，林泉業已解天羿。人如叔夜終龍性，代起超宗有鳳毛。回首桑乾一水隔，蒹葭秋雨故蕭蕭。

李念塘之官定興因便道還家此贈

相逢燕市裏，意氣向誰親。離別愁仍劇，鄉園思轉新。時非高卧日，予自倦遊人。歲晏歸無計，因君一愴神。

書仙靈表異卷壽姚合卿保御

禁方傳海國，高譽落塵寰。浮世功程滿，壺天日月閑。人今稱市隱，名已列仙班。所以群真集，因之叩大還。

豐城熊太公

棲遲甘薄宦，幾載向閩天。吏自南昌尉，人如渤海賢。戎機參廟略，儒術本家傳。會起豐城劍，龍光射斗邊。

張肖義使蜀因歸省潼川

使者風流漢代聞，雙旌縹緲帶斜曛。滹沱河北來丹鳳，香積山前起白雲。親舍行看天外近，主恩遙自日邊分。郊迎倘問中朝事，好出相如諭蜀文。

香山寺來青軒分韵得巖字

帝城西去雨廉纖，雨過流雲點翠巖。峭壁崚嶒開寶殿，群峰迴合敞虛檐。風光欲送青來座，樹色遙分碧入簾。回首孤村殘照外，疏鐘縹緲落窮閻。

碧雲寺分賦得卓錫泉

法界窮幽討，香泉慊素聞。涵虛澄慧月，流影濕閑雲。秀色松間墮，寒聲竹外分，翛然人境隔，共此滌塵氛。

何君美見示苦雨之作率爾奉和

一夜西風起，蕭然暑氣徂。竹間殘雨亂，屋角片雲孤。淅瀝聲偏切，霏微看若無。小庭人不到，隨意綠虋蕪。

仁聖皇太后挽歌二首[二]

先朝求孤劍，當世泣遺弓。懿訓留天語，深悲切帝衷。寒雲迷玉輅，殘月冷璚宮。目極昭陵道，松楸起暮風。

其　二

母儀垂萬國，夙昔咏《周南》。霧掩軒轅宿，雲沉玳瑁簪。鹿山悲逝鳳，繭館憶親蠶。至孝宸衷切，銜哀不自堪。

贈四川唐年伯同年唐萬甫尊人

峨嵋雪色萬峰降，麗日晴翻濯錦江。高誼共看山矗矗，雄文還擬水淙淙。

其　二

君家原自茂陵居，曾向游梁賦《子虛》。狗監不逢揚得意，漢廷爭識馬相如。

其　三

年來獻賦苦難投，客子秋風笑敝裘。賴有後先人濟美，知君作述兩無憂。

其　四

孤櫂難通灧澦濱，雙魚聊復見情親。須知此日年家子，原是當時世講人。

張尚寶使蜀丁酉

雙旌縹緲出秦關，君去無歌《蜀道難》。益部星光千里動，峨嵋雪色萬峰寒。雲開劍閣淩空度，月上琴臺立馬看。別後相思時極目，萋萋春草遍長安。

郭清宇參藩巴蜀

萬里橋邊馬去遲，三巴黎庶正懸思。西南財賦凋殘後，湖海風塵慘淡時。閶闔天高曾抗疏，瞿唐日暖更褰帷。使君自有蒼生策，不負當年聖主知。

孫聞斯太史冊封益藩

眷我同門友，托契逾金石。追隨承明廬，抒心藉薰炙。杯酒時過從，聊以娛昕夕〔三〕。一旦被朝命，遠作王門客。驅車豫章城，授簡鄒枚席。歸路及清秋，高堂慰垂白。萊衣既已成，錯綵紛相射。日月不待人，晨昏忽復易。黽勉當及時，流光肯虛擲？相期崇令德，永言酬往昔。無爲在歧路，徘徊空嘆息。

書東溟奏捷卷

簿書推佐郡，鞭弭復臨戎。何意稱循吏，居然大將風。東南王氣在，江海戰塵空。片石狼山上，銘君第一功。

書田納言世德卷

家世三荊樹，科名兩桂枝。凋疲勞撫字，保障藉恩私。夜犬渾無警，宵人肯見欺。白看雙眼在，丹許寸心知。殊績循良傳，高名德政碑。弓裘遺後業，俎豆肅明時。卓魯稱民牧，夔龍亦帝師。由來餘慶遠，不獨却金奇。

送劉貞白

劉生當世奇男子，三載交情吾與爾。興來片語薄高旻，生平

寸心照秋水。君故温其如玉人，我時昂藏氣未馴。相視無言各有
會，相逢論交各不嗔。君自不飲我自醉，醉裏悲歌饒意氣。披豁
應知我輩真，疏狂何與旁人事。颯颯涼飈動别旌，送君歸省豫章
城。蕭條易水秋雲白，徙倚燕山落日明。天涯我亦思歸客，歲晏
驅車向南陌。姑射閑雲可自怡，那能齷齪隨時格。南北東西各自
歸，與君相望兩依依。他時汾水秋風起，目斷章江一雁飛。

賦得燕山桂爲任丘劉太翁壽

幽燕之山何巃嵷，上有雙桂淩天風。久托靈根碣石北，遥連
珠樹昆侖東。昆侖碣石鬱相望，雙樹婆娑儼相向。甘棠南國已歌
仁，喬木中朝行卜相。誰其植者燕山翁，栽培深同造化功。泰岱
春松故森爽，謝家玉樹本青蔥。自緣解組歸來蚤，紅塵不入長安
道。每從玄圃覓琅玕，更踏丹丘拾瑶草。瑶草琅玕本自便，孫枝
奕葉遠相傳。門墙桃李森成列，共向靈椿祝大年。

漢江篇壽江陵劉太翁

楚天天南漢江水，澎湃橫流幾千里。日夜朝宗向北溟，乾坤
巨浸開南紀。翁家何在漢江濱，懶向天涯學問津。醉倚輕舠時鼓
枻，閑來獨石據垂綸。垂綸鼓枻多酣暢，時向江干凝遠望。夢澤
閑雲迥自飛，洞庭明月寒相傍。明月閑雲慊素心，春至不知江水
深。一卷《黄庭》消永晝，數莖白髮傲華簪。傳經舊識劉中壘，
只今江漢源流在。已看南國紹箕裘，更向中朝司鼎鼐。有子承家
百不憂，蕭然身世復何求。杖黎徐步芳洲上，但見長江萬古流。

姑射山長句壽鄧北溪戊戌

藐姑射山天漢外，俯瞰橫汾似縈帶。雲去陰厓幻翠屏，風來
虚壑聞清籟。中有神人冰雪姿，六龍夭矯竟何之。瑶空縹緲三山

珮，玉洞參差五色芝。羨君家在姑山側，時向姑山攬晴色。綽約
烟霞裊欲飛，清蒼風露寒相逼。自許凝神得大年，琅玕何必問西
玄。治平今上遵堯理，會訪王倪汾水邊。

親 向

親向騷壇擁六師，幾回羞澀撚吟髭。一從茗戰收功後，不數
當年鄴下兒。

其 二

髮白鬢黃各有真，何勞點染媚青春。即令變作虯髯客，也自
能傾執拂人。

其 三

夜碾新茶手自煎，欲從陸羽問玄玄。天明小妾應相笑，依舊
黃雲古洞邊。

書張侯喜雨卷張蜀人

作宰汾水上，凝神姑射隈。清瑩自冰雪，綽約絕塵埃。雲氣
排空出，飛龍挾雨來。之人本靳亂，大旱豈爲災。年穀應全熟，
春花已半催。言非邈河漢，聾瞽莫相猜。

又

圞景宵常燿，炎威夜不分。神君出巫峽，靈雨澍河汾。懸溜
飛琴響，回風亂穀文。晚晴庭事外，矯首送流雲。

其 二

隆旱憂民瘼，精誠格帝衷。濃雲宵起岫，澍雨旦浮空。桑野

滋柔緑，花城吐嫩紅。郊原生意轉，歌舞屬年豐。

縉雲山歌爲張明府壽

巴子之國雄華陽，西接牂牁南夜郎。江水潯皋連益梓，溪流襟束控夔塘。西望縉雲山突起，臥龍來鳳俱披靡。山頭仿佛見青城，山下東西分白水。茂宰風流張長公，一時高出縉雲東。五弦低拂龍門月，雙鳥輕翻姑射風。風繚門柳絲千縷，寒勒縣花猶未吐。歲去東皇始建寅，宵分南極方停午。此日仙鳬上國回，此時仙令正銜杯。千家已致春臺上，萬井今看壽域開。回首縉雲雲鬖鬟，黃帝丹爐今好在？知君夙昔覓刀圭，會見桑田幾滄海。

史秉直令濟源己亥

長日空庭但掩扉，萬山蒼翠落人衣。怪來官況清如水，坐對懸泉百丈飛。

其　二

槐影蕭疏散早衙，翛然清興滿烟霞。馬蹄隨意天壇去，閑看山童掃落花。

其　三

白傅亭前楊柳枝，薄寒吹斷不成絲。何人坐挾春風到，忽見長條萬縷垂。

其　四

聶政孤墳傍軹城，虹光白日起峥嶸。寒風一拂郊原外，墳上蕭條草不生。

題桃霞圖爲同年郭象蒙壽其尊人

赤城可望不可攀，參差動影冲融間。霞標遙映扶桑樹，霞色常蒸度索山。霞飛晴色紛綸起，桃倚新妝初照水。朱實離離一萬年，蒼虯宛宛三千里。海門旭日麗丹霞，此際蟠桃已著花。昆侖赤氣雲邊落，傍礴青蕤望裏賖。關中有客抽簪早，一片閒心對芳草。尋真夜宿九光壇，把釣朝迷武陵道。夫子川西舊剖符，仙郎河上更飛鳧。綏山已識騎羊子，蒲阪應逢項曼都。從來吾意甘丘壑，清夢時時寄靈嶽。殿謁金鑾慚太白，窗窺朱雀憐方朔。題詩遙祝暮春時，霞射緋桃正陸離。但酌流霞啖桃實，岱輿何必問蒼芝。

張明府歸蜀

柳色河橋入望新，華陽歸客倦風塵。羞從世路窺青眼，擬向江干采白蘋。蝶化已殘京國夢，鶯聲忽報故園春。自來彭澤官情薄，況復松筠待主人。

又絕句六首

苦恨棲遲未掛冠，遂令白眼俗相看。世途著足羊腸險，何必西歸蜀道難。

其　二

獨領清風返故丘，空餘汾水白雲秋。亦知梁苑饒賓客，其奈相如故倦遊。

其　三

五年桑麥有遺歌，白日窺人魍魎過。便向岷江理歸棹，世情容易付滄波。

其　四

投老抽簪厭簿書，王門寧復曳長裾。秖緣歸路成都近，試訪君平爲卜居。

其　五

圖書一舸錦江濱，行李蕭條不厭貧。獨有峨嵋山上月，清光留得照歸人。

其　六

牢落風塵客思殘，河梁握手黯相看。蜀天春雁飛將盡，何日音書寄羽翰。

校勘記

〔一〕"曳"，原作"叟"，未查得此字，當爲"曳"之誤。此處化用"涸轍之鮒"之典，"莊叟"即指莊周。故改之。

〔二〕詩題原無二首二字，例據目録補。

〔三〕"夕"，原作"旳"，未查得此字。據詩意"昕夕"對舉，"夕"或被連類誤刻。又本詩押入聲陌韵，陌昔同用，"夕"正在昔部，故改之。

蒼雪軒全集卷三

詩

壽梁宜人七十_{時七月十四日也}

西風蕭瑟高雲薄，狼北狐南星灼爍。素娥欲作滿輪秋，織女
銀河散烏鵲。梁家此日綺筵開，祥雲寶婺紛相錯。瑤池阿母寄音
塵，姑射神人憐婉約。憶昔青春奉帚年，持家躬自甘藜藿。每從
南國問儀刑，更向扶風羨操作。夫子冥鴻不可籠，早歲官途解塵
縛。掉頭寧肯就名利，雅意從來在丘壑。負戴還同祝牧遊，耕耘
不讓龐公樂。椒聊已自付衾裯，蘭珮從看範閨閤^{〔一〕}。只今七十
初度晨，旂旆香風圍繡幕。梱內重賡《樛木》篇，堂前又進流
霞酌。何勞靈嶽覓仙蹤，不用丹爐傾大藥。百歲同驂蕭史鸞，逍
遙坐待浮丘鶴。

壽盛太府成西

剖竹河東郡，專城領上游。玉麟唐刺史，金節漢諸侯。氣肅
蛟螭浪，春回鸛雀樓。藐姑清露曉，汾水白雲秋。霜落江門樹，
星飛海屋籌。疏慵慚下走，遙爲賦丹丘。

書海屋添籌卷壽平陽張使君_{時方六月}

分符元勝迹，爲郡藉修能。地舊唐封域，人今漢股肱。汾流
春浩蕩，行嶽日崚嶒。歲歲添籌際，蒼茫海氣蒸。

秋日陪姚萬涵登龍門四首

河上秋光好，重來思轉賒。帆檣千里色，烟火幾人家。水落沙痕峭，雲危石磴斜。乾坤蓬鬢在，離別愧年華。

其　二

紫翠千峰裏，幽尋一徑通。巖泉清漱石，殿閣迴含風。把酒看人代，臨流憶禹功。預愁歸路晚，蹤迹各西東。

其　三

拂衣臨釣石，温酒問漁翁。霜葉娟娟浄，河流宛宛通。估船〔二〕横落日，人語答秋風。吾汝真何意，相看空翠中。

其　四

取勝攀蘿徑，觀瀾俯石磯。水涼偏耐酒，嵐翠欲生衣。舟子看人過，山鴉抱日飛。天涯朋好在，相對已忘歸。

秋日郊居

姑射山齋對水開，西風蕭瑟獨登臺。荒原水落孤村遠，別浦雲沉旅雁哀。去國行藏多骯髒，歸田蹤迹半蒿萊。千秋奇絶龍門在，已愧當年漢史才。

任竹東生孫

聞道生孫日，先生已去官。芝蘭新馥鬱，苜蓿舊闌干。慶澤前人遠，高風後代看。定知小鯤鮒，東海待投竿。

幼子病癒禮佛東林值雪 時庚子新正十九日也

蘭若隔風塵，皈依及早春。一燈雲掩冉[三]，雙樹雪繽紛。
長者終憐子，空王解度人。冥心聞説法，應現宰官身。

其 二

病苦攖人累，薰修向佛家。竹風翻貝葉，樹雪涌曇花。遠岫
鐘聲斷，空堂篆縷斜。老僧回向罷，一爲演三車。

春晚述懷二首

寂寞送春歸，高齋獨掩扉。爐烟縈客夢，苔色上人衣。疏拙
官仍達，依棲計已非。去來雙燕子，羨爾日飛飛。

其 二

客衣逐時薄，旅思逼春殘。春去江湖遠，時危道路難。風塵
悲稅駕，蹤迹避彈冠。芳草看如此，萋萋正掩關。

大慧寺山亭宴集二首

小坐一亭寂，亭陰澹綠波。移尊過梵宇，入户見雲蘿。翠逼
峰巒近，涼分竹樹多。吾徒少塵事，奈此勝游何。

其 二

斜日暎檐楹，相將出化城。綠陰驅馬路，高樹暮蟬聲。鳥外
山容澹，溪邊暑氣清。野橋歸去晚，颯颯柳風輕。

五日游泰壇松林

石壇松影翳殘暉，五日經過暑氣微。拂地綠陰分坐遠，入林

清靄傍人飛。雲沉積翠聞鶯語，風捲寒濤灑客衣。不道歸來興都盡，小亭還爲欸荊扉。

劇飲行月夜集鄧霖甫齋頭作

五月長安熱如煮，籲嗟何地堪陶暑。鄧家亭子據幽勝，薄暮相將嘯儔侶。長筵列坐談鋒發，屋角盈盈吐新月。荇藻滿池縱復橫，寒光如水浸人骨。絡繹中廚送豐膳，騰鰕寒鱉佐歡宴。歷落棋聲墮燭花，分隊探鈎鬥奇變。有時大叫呼五白，盧雉梟牟分一擲。賭勝催兒進巨觥，襟袖淋漓都不惜。一觥一飲一聲乾，滿堂觀者應心寒。座上峨峨頹玉山，醉看北斗橫闌干。世間何事可出口，此中只宜飲醇酒。功業文章俱敝帚，河朔諸公真不朽。摩挲頭上進賢冠，莫令此物相摧殘。君胡不飲作寒酸，不見人間行路難？

曬書戲作

壯歲幸通籍。顧得冷官派。浪說翰林房，儗居苦湫隘。室中書亂堆，參差互相齡。俗言六月六，暴物得不敗。院落錢孔大，持書何處曬。不如付蠹魚，代償文籍債。奚奴意不甘，振拂置檐外。暴畢理案頭，秩秩有分界。主人喜且嗔，爾無太狡獪。豈以整齊故，破我懶惰戒。人生適意耳，無以書芥蒂。何當付秦坑，廓然一大快。

避暑摩訶庵二首

曉出帝城西，晴沙散馬蹄。千林蟬響急，十里綠陰齊。緩轡尋幽徑，微吟傍淺溪。炎氛一已隔，隨意宿招提。

其　二

法藏經過寺，悠然野趣長。幽花閑別院，小雨憩回廊。瀹茗
雲生椀，開琴雪滿囊。松風纔入調，衣袂已清涼。

壽劉太翁夫婦八十

聖代熙玄化，衡門可逸老。纓紱亦何事，羈人如縕袍。林巖
得我心，抽簪悔不早。黼佩凤盟在，桐室供采藻。八十笑相看，
豈伊非壽考。冥靈五千春，今茲日初杲。玉書窺鳥琢，枕中秘
《鴻寶》。芝軿擲玄空，驂虯鶩瑤島。坐觀清淺流，俯拾金光草。
桑滄直須臾，天地同固保。褰裳往從之，風濤阻洪灝。遙矚瀛海
湄，丹霞常不掃。

贈閶山人雲門山人善琴辛丑

君本湖海士，何以到閑階。共此月千里，相逢天一涯。哀弦
瀉幽澗，寒雪灑高齋。曲罷悄無語，悠然澹客懷。

題瑞蓮册贈稷山王令君

何事花神巧發祥，雙蓮相傍媚寒塘。臨風旖旎俱含笑，映水
輕盈並倚妝。倚妝含笑紛相向，脉脉幽香時蕩漾。蛺蝶連翩曲沼
邊，鴛鴦顧步清波上。曲沼清波帶淺沙，水晶宮闕駐丹霞。影分
彭澤五株柳，色奪河陽一縣花。縣花門柳光前紀，德感華蘋差可
擬。恰值三年茂績成，更看四境歌聲起。歌聲不獨歌采蓮，一聲
聲道使君賢。王倪今在姑汾側，定有恩綸下日邊。

劉省軒總憲山右壬寅

冀北新承寵，河東舊擅名。紀綱原重地，保障藉英聲。風績

雄當代，霜威震列城。襄帷真自遠，露冕一何榮。豪右驚廉訪，師儒範老成。韋丹才卓異，吳湊政勤清。陝右曾蠲稅，淮南益治兵。獻瓶羞往事，賜策見平生。節鉞班殊近，藩維寄匪輕。廟廷求懿德，好爲贊休明。

送縣簿李公二首各有序

縣簿李公，質木清介，不阿邑長，遂爲所中，升王官，去。嗟乎！奸險貪婪庸猥癲癇之人，數受勞書，儼然南面。而令李公罷其官，歸。天道國章，棼骭極矣！爰賦俚語祖公，聊以抒憤。

佐縣甘岑寂，于今復幾春。祇緣多骯髒，遂爾困風塵。苗鼠肯勞我，沙蟲巧伺人。歸時將拜賜，以汝得閒身。

其　二

李公掌簿河津，一介不以取諸人。家人諷使受賕，輒怒罵不顧。終日杜門，庭可羅雀，乃尚有中之使去者。嗟乎！解塵縛而返初衣，去于公何損？天公不終瞶瞶，還當有什百此者。因陳詩送公去，且以券天道之還也。

年來淹枳棘，庭際没蓬蒿。忽爾樊籠外，翻然翮羽高。縣花開露靨，門柳急風濤。別去應無恨，清秋見汝曹。

永和敬一枉教二詩依韵奉答

周典先同姓，頒恩總近臣。皇華慚奉節，朱邸待宣綸。賓客應徐舊，山河帶礪新。王其崇令德，持以答楓宸。

其　二

桐圭宣上命，鳳節出神京。帝子疏茅土，征夫藉寵榮。雄風回別院，旭日麗前旌，授簡當年事，游梁愧長卿。

題畫壽王翁小岡朱太史元介婦翁也

德與功與言，浪言三不朽。過眼瞥雲烟，冥茫復何有。墮帙
狎天遊，終期此林藪。樹影滄前除，溪聲落虛牖。伏臘親賓來，
呼兒覓紅友。相看共忘言，陶然醉大斗。地僻日增長，坡翁語然
不。君已百四十，無寧羨長久？緘題持寄君，言謇肝欲嘔。杖屨
隔江雲，望望空延首。

送陳孟常太史册封魯藩

從來東國盛簪裾〔四〕，帝遣親臣下石渠。茅土庶邦先魯衛，
山河千古壯青徐。含毫欲擬靈光賦，攬轡行探封禪書。莫向鄉園
久留滯，漢廷囊筆待相如。

書高叔武便面有序癸卯

內弟高叔武，持素扇索詩，走筆書此。非效世俗爲佞，
蓋本其家世，而求諸己，定之天，當不爽也。叔武勉之！

外舅成名三紀前，風流文采尚依然。君今接武更新日，又值
掄文癸卯年。清廟球瑝原國器，異時弓冶自家傳。追思清白西安
吏，始信弘農有後賢。

史武麟怡怡堂詩甲辰

洪鈞吹萬形，本自無根蒂。大地即堂皇，橫目皆同氣。喟彼
營方隅，藩垣自封閉。身外即胡越，安問人間世。同生各不同，
無同安有異。所以大聖言，四海皆兄弟。萬榮笑春風，荊花媚棠
棣。花下和塤篪，同聲合異器。薄俗式高風，返淳良可冀。四海
尚顛連，將能忘道濟。顧〔五〕君遊大通，勉作安全計。庶慰二稱

心，恢然符遠寄。

却寄靈丘定原王子用韵

藩維雅望許誰先，逸氣軒然迥得仙。水竹檀欒清興遠，絲綸稠疊主恩偏。兔園我自慚殊遇，《鴻寶》君應有秘傳。欲倚高言嗣孤響，詩才不及杜樊川。

七月海棠詩有序

予園閑閑亭外海棠一樹，甲辰七月發花數枝。眷彼丹葩，媵茲白帝，雖香霏暗度，未饒昌國餘風；而錦繖高張，足待嘉州勝賞。矧高空墜露，秋草先零，而獨樹飛霞，春花載茂。造物本無意，非時鬥捷，憑誰問取花神；世事固多奇，緣物徵祥，顧我慚爲地主。如雲勝友，共費平章，琢雪清詞，遂連卷軸，勒之琬琰，冠彼丹青，庶成一段奇聞，留作他年勝事。

爲愛空亭外，秋來事更奇。海棠重著蕊，新艷最宜詩。露薄妝成晚，風寒睡起遲。欲持梅作聘，還恨不同時。

贈傅從吾山人喬梓

男兒生世有殊寄，逼側鄉園一掌地。蓬蒿鬱鬱苦没人，一芥棲身海中蟻。從吾山人何其賢，南遊吳越北幽燕。歲時烟月奚囊裹，湖海乾坤拄杖前。暍來訪我東城陌，抵掌掀髯話疇昔。矛戟陰森武庫開，珠璣錯落寒泉射。酒椀澄波寫碧空，熏然四座酣春風。新詩字字清牙頰，妙迹時時見鼎鐘。令子羅浮更清灑，丹青筆底吞溟澥。有時浮動韵如生，有時盤礴衣堪解。上池飲後心清凉，舉眼洞見垣一方。意外抉玄祖岐伯，市邊索價奴韓康。更堪瓌刻多奇怪，仿佛垂雲兼倒薤。深心直契秦權銘，博古曾窺商鼎蓋。三兩兒童亦自奇，解臨粉本解哦詩。染罷生綃發高咏，泠然松下度涼颸。可憐人生有奇癖，父子好酒兼好奕。造物斟酌固有限，奕手頗低酒腸窄。潦倒竹林劉伯倫，崎嶇蜀道王積薪。銜杯對壘丈夫事，彼兩豎子豈異人。叵耐心雄力不副，對景那堪多錯迕。歡多畢命兩三杯，興劇銷魂十九路。籲嗟！君家父子已多奇，何必兼長奕酒為？自今相逢雅量與國手，無煩區區芥蔕小大兼高低。

小詩二章爲季父立齋翁壽<small>乙巳</small>

至德格重玄，何勞問大還。積功滿人世，錫祉自皇天。杖履今無恙，蕭閑儼若仙。衰門藉依庇，同爲祝遐年。

其　二

季父將先子，天倫樂事奇。弟兄同誕日，弧矢莫春時。難憶原鴒急，行分旅雁岐。只今稱壽處，回首一長思。

送郭猗氏赴儀部之命二首

地分郇子國，澤與大河流。百里弦歌化，雙眉礦稅憂。循良盛炎漢，禮樂佐成周。竹馬紛相送，人今郭細侯。

其　二

尺書下巖邑，匹馬渡長河。四月郇陽道，寒風灑薜蘿。世人趨熱慣，時事奈愁何。送爾難爲別，因之感慨多。

重贈傅山人<small>有序</small>

予嘗贈傅山人詩“奕手頗低酒腸窄”，頗稱實錄。後得稷山梁若生贈言云“手譚無敵，一飲一石”輒大笑。若生雅意，欲爲山人解嘲，然亦溢美甚矣。因再成絕句二首，比于古人"反反騷"之義，以證予言，博山人一粲焉。

山人雅嗜奕，派出築嚴氏。俗以圍棋低者爲打墻，而山人爲版築氏後人，宜其不兢也！阿誰堪比肩，孤山林處士。和靖嘗自言，生平惟不能擔糞與著棋。予思世必有不解棋者，始不能與山人敵。而得一和靖，足與山人稱千古知己！

其　二

山人太沉湎，一醉一涓滴。三萬四千場，何止傾一石。山人年今九十五矣，較古人三萬六千之數，特少一千八百耳。一日一醉，一醉一滴，總計其此視一石猶侈矣。

賀人生子

生生造物慈，群有一以茂。問孰亭毒此，徑寸通靈寶。以爾客充閭，寧馨儼神授。素業在弓裘，高門仁堂構。吾聞之吾師，仁者必有後。尚其勉爲德，青冥券篤祐。

書王唯齋高隱卷

長休慕長年，棲玄姑射麓。翛然塵外蹤，不受塵氛沒。飛龍矯何之，縈延雲氣族。虛壑贄神芝，涼風韻修竹。枯藤撥閑雲，朅來探抱犢。石室兩素書，冥茫不可讀。何當記示我，相與規玄域。身縱非仙才，蟲魚見奇橢。倘然啓靈鑰，駸螭翳若木。共君遊太清，揮手謝凡俗。

和韵答梁若生見寄之作

遠遊賦就思還睬，此道憐君已大家。漫説世途多骯髒，却從文苑擅才華。開械共訝詩無敵，破夢俄驚筆有花。矯首高梁吟望久，軒軒晴日麗朝霞。

送傅山人喬梓遊關中

高年久客，勸其早歸，情見乎詞

秋風吹旅雁，匹馬渡河梁。相送情何極，相看衷自傷。驂騑淹歲月，松菊恐荒涼。秦隴游方壯，何時返故鄉？

校勘記

〔一〕“閨閣”，現通作“閨閤”，未改，留以存真。

〔二〕“舩”，原作“船”，疑爲“船”之俗字，故改之。

〔三〕“冉”，原字“冄”，當爲“冉”之訛，故改之。

〔四〕“裙”，原作“裾”，當爲“裙”之誤刻。“簪裾”不辭，而“簪裙”是慣用組合，故改之。

〔五〕“顧”，原作“頹”，或爲“顧”的俗字“顾”之變體，故改之。

詩

書張廉訪恩榮卷

保障膚功達紫宸，翩蕃〔一〕殊錫下彤雲。薇垣夙仰聲名舊，楓陛今看雨露新。淮水勛勞經賜策，都亭風采憶埋輪。定知節鉞班行近，珍重平生報主身。

送史濟源赴計部之命

驄騑蕭蕭下長安，秋盡關河木葉丹。邑大夫賢真漢吏，小司徒職本周官。原川遺澤河渠永，計部新恩雨露寬。司市廿人皆舊隸，好紆籌策恤凋殘。

史秉直計部督餉關中丙午

揟虜年來志已盈，部中時復欲寒盟。留屯枉自思充國，笞背今誰問賈生。白羽徵兵波勒渡，朱旂轉餉受降城。主恩今日深如許，將吏何人慕請纓。

黃梅之南積水無際問之榜人知楚蜀流潦匯此民田廬没洪波中可念也閣軒車舟上掛席乘風俄頃三十里率爾有作

扁舟渡積水，入望渺難窮。目送遥山去，心疑大地空。稻芒孤櫂底，樹杪亂流中。三老私相語，張帆走一風。

其　二

破浪長風勁，褰帷遠樹稠。乾坤同浩蕩，蜀楚自沉浮。白鳥飛何極，滄波澹不流。人家新岸側，柳下纜漁舟。

德安道中

石塝攲斷岸，茅屋帶層崗。委練分溪白，屯雲獲稻黃。村雞唱叢薄，水牸没深塘。怪汝編籬竹，抽梢若個長。

歸次北峽道中

來往南州客，山行恣所如。竹扉多舊址，石溜或新渠。揭揭七千里，勞勞三月餘，兒童何所羨，目笑指肩輿。

寄題環山小隱二首有序

　　環山當桐城西十里，蓋予同年胡伯玉別墅。伯玉山林念重，嘗于京邸繪環山小隱圖見意。丙午，予甫入春明，輒遣使賫圖，求題其上。予時有南州典校之役，而伯玉亦需次待參知之命。予寄語伯玉，計予歸自南州，則君已畫遊久矣，能觴予積翠中，對景抽思，或得一二實境語，以不愧山靈，亦雅事也。及予北轅，而伯玉尚未抵里，殊用怏怏。車徒困頓中，聊成二詩，附寄伯玉，以償前諾。即伯玉或亦怏怏，不殊于予也。

桐鄉經過處，延眺石門間。白曲官莊徑，青橫皖伯山。遙岑迴霄漢，飛瀑寫潺湲。歸路拚雙屐，秋風拄杖閑。

其　二

遙擬旋車日，相期解榻時。巖泉供枕漱，壺榼待招携。目擊雲千疊，心盟酒一卮。暌離那可説，想像寄新詩。

送鄒生子尹游白下

相逢仍遠別，相送忍空談。須信心無二，寧知教有三。清泉疏別澗，圓月照寒潭。定是還非是，憑君仔細參。

其　二

抵死埋章句，經綸果簿書。癡心遺事物，性命豈空虛。局見管窺豹，偏沉概繫驢。君應有真契，嘗語以開予。

廬山四絶句用陽明先生韵

群峰層疊擁孤臺，杖底烟霞萬仞開。三楚山河關不住，碧天低處雁飛來。

其　二

四大茫茫誰是主，談空説有都無取。山色溪聲舉似人，眼底曼陀[二]花作雨。

其　三

江風山月閑爲主，造物無窮供客取。夜卧淩虛閣上雲，松濤萬壑喧秋雨。

其　四

抱月匡廬峰頂宿，明發逶迤下山麓。浮屠回首插層霄，千頃白雲埋竹屋。

答孫聞斯六偈

忽聞伎女唱高樓，散入春風滿帝州。叵耐世人多擾擾，遏雲聲切不回頭。

其　二

你若無心我也休，無心難可覓時流。假饒真是無心客，驀地聞聲自點頭。

其　三

向人求悟求人度，縱對針鋒亦可羞。卸却濃妝停拍板，不風流處也風流。

其　四

四十年來向外求，浮花浪蕊總堪羞。何人收拾春風盡，慚愧天龍一指頭。

其　五

塵事牽人不自由，閒愁終日在眉頭。有時相對呵呵笑，你若無心我也休。

其　六

人間何處覓風流，艷舞嬌歌政可羞。陡〔三〕遇西湖蘇學士，舞裙歌板一時休。

戲題館會簿呈孫聞斯一笑

館會招邀本舊規，況逢端午艷陽時。祇緣簿上遺尊號，無地令人可畫知。

送湯嘉賓册封淮藩

本朝典禮重親親，朱邸頒恩總近臣。不向王門誇授簡，年來身自掌絲綸。

其 二

曾經銜命册西涼，十載驚看歲月長。漫訝詞臣重奉節，如今新擢右春坊。

其 三

方舟將母陋潘輿，日日中闈立起居。何必大官分鼎養，朝昏時復饌江魚。

其 四

今歲封公六十年，朱顏玄髮地行仙。歸家獻壽高堂上，好誦《南華》第一篇。

其 五

秋風習習約江籬，君去江州訪座師。閑上閒雲樓上望，匡山雲物繫人思。

其 六

持節爭誇使者榮，寧親或恐滯王程。江鄉到處多豺虎，好爲謠諷達聖明。

送梁惺田都諫兵備霸州四首

密雲易水及昌平，四輔星羅拱帝京。帝謂霸州尤密邇，近臣特遣出觀兵。

其　　二

大參新命出彤宮，謝罷君恩謁相公。笑道如今官大了，親扶客座向當中。

其　　三

憶君昨歲使朝鮮，賜服輝煌下九天。今去褰衣秋色裏，好驅鐵馬出行邊。

其　　四

推升發票即升官，領敕經時敕未頒。贏得弟兄燕市裏，時時館會共盤桓。

後四首

近來科道盡京堂，君不京堂轉自長。笑擁旌旄霸州去，一時青瑣倍輝光。

其　　二

秖緣臺省似晨星，年例年來遂不行。如此參知縱年例，也應動色爲君榮。

其　　三

參政升君可爲君，升來宜喜不宜嗔。一推即下何須喜，絕勝頻推不下人。

其　四

編檢遭迴十二年，盧龍待謫更堪憐。君今復轉參藩去，底事吾儕雨露偏？

題孫太史聞斯所藏九世同居圖

謁病歸來餘此身，椿花棣蕚總傷神。披圖却羨張公藝，尚有同居九世人。

其　二

畫筆雖工恐未真，轉因畫記得精神。請君試向畫中看，或見當時愛畫人。

送孫聞斯請告南還

清時底事愛沉淪，送爾翻令感慨頻。澹後已知慵著眼，鬧中特地欲抽身。山多遠志寧甘小，衣有摩尼未是貧。笑我棲遲尚塵世，擬傾肝膽向何人。

于文定公旅櫬東歸送城外志感

旛引魂歸空轎裏，蕭蕭潑面悲風起。六十三年無恙人，一日登庸身遂死。

其　二

世局紛紛何不有，當機迷亂傍觀醜。總來不著更爲高，到底輸君真國手。

其　三

軍國期君事何限，沉榆忍見君空返。剛腸不擬淚橫流，無奈
酸風射人眼。

其　四

迎相國時身欲汗，送相國時身不看。炎涼終未到詞林，尚有
迎時人一半。

何君美太史迎春花春半未開見示佳什予家玉梅一樹亦未著花因步來韵奉答用博一笑

莫道春花春便開，春寒花信即遲徊。但將冷眼閑中看，到底
春風也會來。

其　二

迎春春到即芳菲，底事于今半掩扉。預想君家開欲綻，人家
花已作塵飛。

其　三

桃李清明錦作圍，梅花封玉對春暉。縱令散地甘岑寂，不逐
春花合隊飛。

其　四

金鈴戢戢聲猶咽，玉豆離離顆未勻。不是梅花開較晚，天教
留取聘迎春。

寄題方冲涵侍御還青亭　亭爲乃祖贈公所葺

焚香宴坐孤亭小，松竹青青烟裊裊。微月窺林有鶴知，亂雲封徑無人掃。個裏真成別有天，漫言幽賞寄林泉。風能寫恨悲靈籟，春亦含悽哭杜鵑。白頭著意存弓冶，一片深心付來者。亭前喬木宿霜烏，松下孫枝繫驄馬。亭對崚嶒皖伯山，雨餘天際擁烟鬟。亭中人去今幾年，猶在陰森松竹間。

題海鶴蟠桃圖爲季父立齋翁壽

滄溟清淺媚晴[四]沙，三月蟠桃已著花，海天一色燒丹霞。螃螗山高連度索，桃實離離花灼灼，花上翻然橫白鶴。遼東華表丁令威，去家千歲今來歸，但見城郭人民非。葛由去去綏山道，行驅木羊如決鳥，一桃亦足後天老。白羽排空皎若霜，丹樹映水麗如妝，鶴飛可御桃可嘗。仙人來往蓬山下，桃實爲糧鶴爲馬，霓鞓雲鞭風灑灑。粵朱雀窗黃鶴樓，方朔不良三過偷，苟瓊鶴駕若烟浮。惟予季父備景福，六十二年日始旭，期頤不待君平卜。緋桃白鶴色相鮮，稱詩獻壽華堂前，爲祝遐齡千萬年！

送毛好吾北部南旋時方有參知之推

秋光清似洗，秋水淨如藍。去住應難任，伊予總未堪。心隨星共北，帆與雁俱南。何處維舟待，新恩拜大參。

其　二

送送同門友，深心付酒杯。浮生常苦別，積素若爲開。我亦懷松菊，歸將闢草萊。莫忘方竹杖，遠寄碧山隈。

清秋晚霽集鄧宮允宅得風字

車馬衝泥此會同，晚來雲影散長空。蒼苔僻處猶含雨，翠竹夭然已笑風。寒序漸應催去燕，短檐全未見冥鴻。何當纖翳都吹盡，共醉虛明月一弓。

送楊寒質侍御按關中

漢法原寬大，秦民日寂寥。生殘酷吏虎，髓竭侍中貂。繡斧玄冬出，花驄白日驕。彫枯隨雨苗，貪冒望風逃。省試監臨重，邊防閱視勞。雕龍收碣石，窺馬避臨洮。八水應恬靜，三峰欲動搖。咸涼根本地，綱紀肅清朝。

永和敬一殿下親賢好善燁有令聞直指以題額旌之署曰名藩大雅偶詩遠寄敬步來音用答瓊瑤兼陳踴躍

百里藩封擬震雷，泱泱河嶽大風哉！文章都桂皆齊雋，儒雅平間本漢才。《白雪》賦成開兔苑，黃金臺迴集龍媒。陸沉未遂游梁願，贈答空煩驛使梅。

陳遹庵大行使遼藩便歸省母

遼國廞儀日，荊州奉節年。渚宮秋水外，沙市暮帆前。斗極心常切，江雲望屢遷。還家稱壽處，萊綵正蹁躚。

王季重謫官山右

憶君同作曲江游，回首俄驚十五秋。君自當年王季重，可堪牢落向并州。

其　二

白傅當時亦有言，貂裘不覺太原寒。秦吴客久貂裘敝，不道風塵作客難。

其　三

君家才思故難肩，《及幼[五]》篇中見一斑。如此聰明如此膽，如今猶作寧馨官。

其　四

籌邊時復上高樓，白草黄榆畫角愁。漫把歸心寄汾水，古來汾水向西流。

西湖堤上

山下湖光蘸遠空，湖邊楊柳緑烟濃。到時煩熱慵開眼，睡沃肩轝十里風。

書所見

嫋嫋肩輿渡濁漳，輿人宛立水中央。問之不渡緣何事，船上酒頭千尺長。

其　二

對案浮杯對榻眠，酣嬉無地不留連。新鄉恰是分携處，獨未相將上百泉。

其　三

試訪當年晋相公，鴻臚蹙頞説行蹤。而今避迹荒村裏，經歲惟居石窟寵。

其　四

禾麻深茂樹芊綿，肯放平疇一寸閑？閑却民居與官道，長榆修竹復參天。

其　五

輝縣新來有富翁，田連阡陌屋連空。居人不省何官府，云是工科給事中。

用韵答黃令君喜雨之作

羲和鞭日去，少女御風來。雨脚方登巘，襜紳忽委陔。郊原皆樂土，令尹自仙才。出息安耕鑿，力今何有哉？

次韵黃令君行灾二首

甘澤慳三伏，凋民困一廛。行灾侵曉出，問俗戴星還。烏面形應改，鶉衣結已穿。聖明深念汝，傾帑發金錢。

其　二

啼雞開縣閣，齋馬去山鄉。攬轡心偏切，憂民視若傷。宵迎憐戴白，露禱格穹蒼。《五噫》何爲者，遼遼嘆未央。

校勘記

〔一〕“蕃”，原作“蕃”，乃“蕃”之俗體，故改之。文中如此之“潘、翻”諸字，徑改，不出校。

〔二〕“曼陀”，原作“曼陁”，“曼佗”通行，故改之。

〔三〕“陡”，原作“陡”，爲“陡”之訛俗體，故改之。

〔四〕"晴"，原作"睛"，於意難通，或爲"晴"之誤，故改之。

〔五〕"幼"，原作"㓜"，乃"幼"之俗字，故改之。後徑改，不出校。

蒼雪軒全集卷五

詩

過萬泉呼延明府招飲柏林

林泉如待客，祠廟共停驂。靈貺留千古，幽巖嵌一龕。潤添山靉靆，寒捲柏鬖髿，城外饒風雨，神應避灌壇。

其　二

旌旆汾水上，樓閣介山陰。竅石泉爲友，參天柏作林。薄雲今古態，豐草歲時心。小立風軒外，秋濤萬壑深。

其　三

宛轉陟層岡，山坳萬柏蒼。苔封知歲古，鬣捲拂雲長。攫石根猶怒，含風韵自涼。奇材堪重荷，終擬薦明堂。

其　四

小雨初含潤，遙山已送青。烟巒浮絕磴，風柏戰深陘。秋嫩寒猶薄，山孤地亦靈。雙泉書斷碣，仿佛認熙寧。

侯亮余參余兩年丈招飲洞子園

華堂罷張宴，別圃爲移尊。轉大書房後，通新洞子園。幽棲宜曲室，野意賴頹垣。豁達高臺上，溪山向眼繁。

其　二

無限林巖趣，居然城市間。榻依三徑竹，窗聚一樓山。北上階嫌正，南端亭可刪。鑿池渠野水，終日坐潺湲。

洞子園雜詩四首

園亭移趾興偏賒，前隊雙雙竹篦斜。喝道不憂殺風景，如今園內已無花。

其　二

甜濃陝酒最堪誇，苦淡時沽味也嘉。甜苦淡濃相濟後，頓令河酒減聲華。

其　三

施名西號個兒郎，歌舞于今獨擅場。好撮西施用標目，西施原自住西莊。

其　四

幽意已輸韓學士，癡心叵耐李黃門。解梁侍酒空多戀，蒲阪裁書忍負恩。

早發泓芝驛

新雨初晴後，肩輿御曉風。禾方抽嫩綠，棗已發詳紅。引馬驅馳苦，流雲點綴工。中條山刺眼，百里翠橫空。

蒲州過王光祿園

何處無園圃，天然意始嘉。小臺收野趣，深洞見人家。壓水飛雲重，浮山睍日斜。微茫烟樹裏，點點落寒鴉。

其　二

曲徑穿雲入，陰渠磴水來。松筠隨處合，亭榭避人開。嶽色攄三指，湖光瀉一杯。匆匆遊未暢，欲去重遲回。

萬固寺

萬固何年寺，輶車偶一過。泉流環碧樹，閣起見黃河。水陸鐫形妙，池亭取勝多。那堪留俗客，鼓吹聒山阿。

其　二

良宵擲宴會，明發劇登臨。塔涌千尋玉，佛莊七丈金。失眠人意懶，惜別酒杯深。預喜秋高日，霜然柿子林。

華陰道中

秋來行役出潼關，偶借潼關邸報看。却笑吾儂真俗客，因看邸報失看山。

庚戌七月携趙樸太素師兆禎天瑞家弟用抃直臣遊華嶽過回心石抵徐公路而返悵然作此復訂後期

水繞玉泉深，清泠奏玉琴。試尋山徑入，嵐翠滴〔一〕衣襟。小憩希夷峽，悠然會遠心。莎蘿投宿處，孤月伴清吟。

其　二

俗物敗人意，頻催未肯前。青柯坪上去，白帝洞邊還。悵望天門樹，空瞻嶽頂蓮。可憐千尺幢，鐵鑷共誰攀。

其 三

却步徐公路，狂心卒肯[二]休？回看買山券，不上藏經樓。
石磴履如熟，鐵棋聞未收。重來還訂約，終耻説神遊。

其 四

已出張超谷，群峰尚簇嚴。峽長風意傲，石仄浪痕銛。戀嶽
猶心劇，酬詩但口占。從來貪險絶，此日一何廉。

嘲李念塘給事

聞説工垣李給事，登山曾過二仙橋。上去體輕還脚健，下來
股戰復神搖。回看嶽麓身雖迴，直望天門路尚遥。爭似青柯坪下
轉，睡時應免夢魂勞。

華州過郭汾陽祠有感

千古汾陽絶等倫，窮奢極欲豈無因。便將奢欲稱豪傑，豪傑
如今不乏人。

其 二

如今豪傑自云真，門面功夫已十分。或恐匡扶唐室者，也將
門面誑時人。

其 三

膽氣威靈共説賢，苞苴白日總堪憐。汾陽名遂功成後，難道
清廉不要錢。

其　四

縱使勛名冠有唐，敢云奢欲又何妨。但疑新舊《唐書》裏，不說分贓與寄贓。

輞　川

砭入六七里，山開十四區。區區溪宛轉，里里步縈紆。宜畫兼宜咏，可樵還可漁。但嗟人去久，亭館盡荒蕪。

其　二

一時留勝迹，千載挹清芬。避世開丹嶂，移家住白雲。村春酬穀響，灘石織溪紋。游止今何所，空餘母塔墳。

鹿苑寺

宅荒今作寺，人僻舊疑僧。精諦如相印，新詩尚可憑。軒窗延古木，丘壑蔓寒藤。東去山猶迴，緣溪緩步登。

其　二

清源名著久，鹿苑是邪非。嶺竹餘清靄，宮槐戀夕暉。驀溪蟠虎穴，倚醉踞魚磯。寒犬聲如豹，依遲尚未歸。

宿鹿苑寺

酒罷方敧枕，寒宵擬二更。相教慎出入，豺虎正縱橫。

錫水洞

含豁山爲洞，玲瓏石作梯。高攀疑狄決，深入或龍棲。御袂身猶慄，然燈路欲迷。出門相慰藉，寒玉韵前溪。

水月庵

直下商於路，新開水月庵。艱危車敗北，清净客和南。溪轉聲偏怒，山來勢正酣。欲携奇勝去，賓席佐高談。

王順山

王順今何許，清名寄此山。九達通砭路，兩翼俯嶢關。勝地終堪隱，仙蹤遽可攀。素雲如有意，天際羃烟鬟。

白傅《遊悟真寺》詩一百三十韵所謂我遊悟真寺寺在王順山者予熟此詩久及役關中于藍田諸勝幾盡收遊屐獨以茶險意稍殘遂覿面失之私何能無恨恨也聊寄短章用修關事

幽勝千秋絕，臨摹萬態奇。悟真棲古寺，居易繪新詩。强弩衝風末，吞舟漏網時。至今回憶處，悽恨不堪追。

藍　橋

一從茅屋薦璚漿，未覺青冥道路長。雲作衣裳山作黛，儼然凝立望裴郎。

其　二

棄家絕欲苦薰修，未否驂鸞駕玉虬。天上何緣饒眷屬，夫妻姨姒總仙流。

其　三

遥想雙飛上玉京，笑從鶴背話平生。至今藍水琮琤語，疑是當年杵臼鳴。

其　四

神仙窟宅本藍橋，鄂渚同舟已暗招。饒不佯狂求玉杵，褰簾一瞥已魂銷。

韓湘洞

列岫紛東去，危峰故北回。之玄山徑盡，虛白洞門開。泉脈霏靈雨，溪流殷薄雷。昌黎真倔強，不擬此中來。

七盤坡

七盤十二紆，奇險甲西秦。照地無全日，彌山總斷雲。勢陪藍水轉，路倚窄坡分。愁絕神偏王，終南翠撲人。

四呂先生祠

絕學承千聖，荒祠共一堂。風徽高往代，典則範窮鄉。末俗波如許，先生耿未亡。低佪不能去，今古寸心長。

華清宮

華清宮闕鬥崔嵬，別院湯池處處開。靈液何勞供浣濯，凝脂原自絕塵埃。羽衣舞罷羅衣結，羯鼓聲殘鼟鼓來。欲問淒涼千古事，溫泉嗚咽不勝哀。

乾　陵

妖狐人立簸坤軸，金佩換龜唐社屋。老死乾陵寶井開，松柏陰森綠雲族。遙想金輿祖葬時，千乘萬騎彌山麓。璧珠雜碎閟丘原，金翠熒煌顏土木。時移世換千載餘，享殿陵夷山樹禿。甓壞猶存魏闕高，石崩只見豐碑僕。我來悲慨有餘思，今古乾坤耐翻覆。最苦秋來風雨多，石馬蕭蕭翁仲哭。

邠州覽古

姜嫄祠

聖哲生有自，盲俗漫相驚。迹復關何事，猶傳履迹坪。

隘　巷

不死定不死，隘巷空牛馬。橫死不無人，畏途遵牖下。

公劉墓

太守詫地靈，卜年實肇此。因嗟周列後，積德徒爲爾。

大王城

狄方土我疆，寧患爾無主？牧野陳六師，大王宜不與。

燈　山

空洞客山腹，何來此奇石。黝之萬竅多，春宵供作劇。

慶壽寺

金身八丈餘，非石亦非草。石泐洞全荒，不及燈山好。

王母宮

武皇仙駕幸回中，此地今留王母宮。桃遺度索千年核，輦馭昆侖九色龍。朋水奔騰空自急，亂山嶕萃爲誰雄。朱雀窗寒人去久，哀情容易付秋風。

高峰寺

梵宇烟霞上，登臨眼界空。山前墮涇沕，檻外揖崆峒。霜燒三秋樹，風寒萬井鐘。歸途燈火亂，纖月閣西峰。

石窟寺

回山石窟石巉巉，窟轉層臺負紫巖。勝地荒蕪階樹冷，蕭蕭霜葉墮修髯。

魏貞女兒先氏祠有序

《魏書・列女傳》涇州兒先氏女，聘彭老生，未嫁，老生逼之，不從見殺。《北史》亦收傳中，而更其氏曰"兒"。顧其事與《魏書》合，不謬也，豈"兒""兒"文相近而訛歟？乃《一統志》遂"倪"之矣。涇州南五里許有祠，題曰《魏貞女倪氏祠》，詢霍太守錢，云："春秋實俎豆之，第未詳其事耳。"予歸檢史傳更正，以復太守，令改其題額以著于志，以慰兒先于千古，亦一快也。

裙布釵荊不厭貧，自將春〔三〕汲事雙親。此身原爲夫君守，縱死君前肯失身？

其 二

殺身終未諒彭生，一片孤誠只自盟。駐馬荒祠堪墮淚，傷心何處問珠瓔。

其 三

天地綱常永不隳，枝撐只在者些〔四〕兒。須眉冠帶稱男子，莫愧涇州貞女祠。

其　四

　　貞女由來氏兒先，何緣《北史》謬流傳？《魏書》可正聊更正，千古貞魂定灑然。

校勘記

　　〔一〕"滴"，原作"滴"，顯爲"滴"之誤刻，故改之。

　　〔二〕"肯"，原作"宵"，即"肯"之俗體，故改之。

　　〔三〕"春"，原作"春"，《魏書·列女傳》作"自將春汲"，《北史·列女傳》作"自將春汲"。當以"春汲"爲是，故改之。

　　〔四〕"些"，原作"岁"，即"些"的俗體，故改之。

蒼雪軒全集卷六

詩

崆峒山

尚章閹茂歲，將桐錫藩封。壯月日戊寅，紆道遊崆峒。朝那西南路，砂田禾芃芃。及麓三十里，涇流穿礨孔。石扼不得暴，咆哮氣未融。揭涇環矼路，問道有遺宮。廣成據中座，夾軒轅赤松。順風欲有請，謵謵慚凡庸。出宮望幽徑，盤回篆山胸。棄車策駕馬，馬瘏行遭遭。茅勁如千莑，喘汗步躋躋。石柱拄山蹊，車轂含短釭。柱逼旁無罅，斧柯任巖瓇。拾級衝柱上，轉近勢轉降。層崖縣鳥道，垂絕豁復通。于時方初昏，零雨蠓遞舂。點滴忽暴橫，崖樹搖微風。古寺位窟脫，歇馬聞鯨鐘。入門燈熒煌，曩謨禮金容。羅食蓮座前，造酒斟清冲。雲破雨乍歇，細月窺房櫳。僧寮暫假寐，高寒粟微躬。夜起出庭戶，皚皚被穹崇。初疑雪橫塗，曉看雲縮縫。御袂怯朝氣，試擁檐旭烘。地迥日力健，眴眩回雙瞳。茗糜供香積，臥挾探奇蹤。西去躪天門，巨壑掠我東。顧視壑底雲，初生白蔥蘢。須臾漲壑滿，繭栗浮群峰。捨之鶖前岡，欲去腳不從。通真路巉巖，朝真屋穹窿。南岩岩南端，小殿祠靈霳。險絕不可到，俯視心忪忪。半壁靈官洞，孤槎躍浮杠。肘户反扃閉，香雲冪天窗。飛仙閣在眼，峽窄階重重。鐵緪縣修蛇，石壁摩高鴻。十步五步坐，力疲心不慵。呀喘以脅息，浮面紛噷喁。壁上石棗根，蜿蜒奔虯龍。石堅入不鑿，扼險猶怒攻。翻身蕘曲洞，倚閣臨前衝。啜茗啖松實，實芳茗森醲。路回磨針殿，規旋疑置烽。嚙踵轉前楹，足三分垂空。下有田道人，閉關浹春冬。洞門蘿可攀，憪險未能窮。黑虎殿離立，列將森矛鏦。或髮怒如蝟，鬖髟立枯蓬。或衣輕若雲，搖揚隨風翀。前連玉虛門，門高含長龐。進禮玉虛殿，殿麗棲雄虹。玄雲擁帝座，峨峨百神宗。侍衛謹毖飭，廷臣儼恪烓。回身騁遐眺，萬象芽鴻洞。支山忽破碎，怪石紛粵夆。宛如萬壁壘，弓刀磨弦鋒。陵阜積野鮮，吳王獵五茸。又如萬丘壠，堂坊相橫縱。圭璋卓豐碑，唐臣陪九崚。自謂高已極，觀天尚夢夢。始知積氣上，高高未有終。平步觀化亭，子峙如縣幢。及轉亭後路，亭尖割蒼穹。屹立千尺餘，直如截竹筒。下臨不測溪，圓净誰磨礱？並之東南行，灌木鬱青蔥。漕[一]艘填潞河，彌望插桅蓬。日照影凌亂，風翻枝髻鬆。膚皴似榆棗，葉丹疑柏楓。披榛涉靜樂，石戴土百弓。紺殿壞狼狽，黃冠老龍鍾。崖端東寓目，遠山伏奴僮。亂雲積山白，初日射雲紅。滉瀁復燦眩，恍若汞在鎔。僕夫勸少却，臨崖路獰凶。未省登覽趣，爲我謀則忠。南山一何峻，斗絕四無朋。佛廬制淳古，虇貹屏梁棟。聞寺名香山，聞峰名馬駿。峭徑千仞端，徒望未敢登。西下西山坳[二]，廣成泉淙淙。緇黃手軍持，汲之供燔饔。聞堯碑禹碣，區刻臨鳥蟲。靈文閟不出，搜索悲猱狖。私疑軒轅氏，奠鼎濱河洪。欲來迷襄野，因之扣牧童。或穆滿效駕，山子陪驪驄。西王母觴此，醲鶘血馬醲。指僧爲借問，冀以發我矇。鶻突失所對，張目耳若珫。下觀石峽旁，山果然幽叢。甘酸涎輿臺，爭擷聲譁訌。踞石爲小憩，遙笛驚塵聰。吟龍沸積水，唳鶴伸圓嚨。遠岫攢茂林，樛枝相撞摐。諦視不辨名，所辨栝柏樅。步還真乘寺，午飱飣晚菘。寺僧爲我言，開山始藩邦。山椒向封閉，白日嘯貙貖。肅皇歲丁巳，斤斧劈雺雺。地闢出屋宇，道通任藜筇。我聞玆山名，原以廣成翁。今來盡玄武，軒皇杳無徵。乃知作者意，倖福徼玄功。南華復何物，至道固所聲。次聞峰有五，出門盪我膺。龜背廣壓圻，雞冠足翼敻。蠟燭閣西照，香爐紫烟籠。併香山所據，一一指似儂。山顛卓浮屠，風鈴語丁東。若旱禱涇水，几案奠玉瓏。載觀涇外石，繽紛羅豆豐。岡阜盡擎跽，伏起貌頗恭。還過藏經閣，入户潮笙鏞。階花錯綺繡，殿幡縣蠨蝀。范象來燕都，圓光睒瑩銅。盂水參瓶花，前煜長明釭。貝葉五千卷，卷卷丹霞封。縹緗出帝所，轉枝金芙蓉。尚憶覽圖記，山有玄鶴雙。朱頂冠火齊，修翎扶車輭。穴處不常見，見則兆兵戎。問僧今何所，東臺石窟寵。壁峭絶梯緣，有無終憒憒。五臺東寶慶，古殿藩修墉。殿左直下視，絶壁吞巨鉷。法輪北觀音，處處羅雕薨。但未禮彌陀，西瞻嘯深衷。南臺舍利寺，地夷山不童。舍利塔孤植，幽僻絶過逢。北歸道如甬，彌漫寒雲興。俯仰混六合，一氣涵鴻蒙。山靈固有意，設此兜羅供。實我雲霄間，歸去誇愚侗。同行詫奇絶，絶叫相憑陵。把臂下山麓，山麓日曈曨。回看雲若掃，但見山巃嵸。却過向石柱，閩港立孤戾。航海飽萬珍，于此縛艨艟。子石嵌巖際，白榆彌天堎。月兒石墮地，群星爭矇曨。山盡腳欲胈，肩輿渡石矼。聲聲如怨別，徑流鳴泅泅。步步如傷離，山容黯濛濛。翻然棄之去，既去我心忡。因之念所歷，十不一宇中。龍門鬣大河，匡廬帶長江。青齊登泰岱，秦豫探華嵩。或厜㕔峭蒨，或幽邃沖瀜。若清迥秀絶，孰與崆峒同。兹遊真不負，枵腸果然充。至寶失萬鎰，至貴非三公。惜我得之暮，瘠田獲晚穜。惜我言之輕，枯荄唧寒蛬。牙弦涌溟渤，潁洞流槁桐。健欲摹聲詩，思澀語未工。安得白韓手，柔翰鼎可扛。一語耀千秋，永令兹山雄。

金佛峽

石口開天塹，金身鑢佛爐。崖高工障日，峽褊[三]劣容車。直北樊關隴，迆西控休屠。何緣當孔道，客此化人居。

冒雨過六盤山

西出朝那郡，仍過瓦谷關。霖霆八月雨，峻巘六盤山。既詫乾坤大，寧辭道路艱。寒鴉誇健翮，雲裏故飛還。

六盤山口號自嘲

前日空明雲上立，今朝盤曲雨中行。勸君莫浪生嗔喜，一日天陰對日晴。

好水川

隆德城西好水川，經過猶憶覆軍年。魏公一代經綸手，底事行師失萬全？

過會寧有懷外舅高少軒先生

地久乖龍潤，人將有鶴知。溝渠骨已肉，妻子櫱如飴。清吏生前考，神君去後思。遺民揮涕語，何日肅專祠？

登威遠樓

威遠樓高處，千山拱堞平。修垣橫玉塞，嚴險扼金城。充國屯田策，嫖姚破虜名。雕蟲竟何事，低首愧書生。

皋蘭迎節值雨呈賈大行懋所

近臣持節冊藩王，冕服郊迎拜寵光。赤羽分旂環豹尾，丹霞凝蓋護龍章。團雲隊擁千門麗，軟繡街鋪十里長。細雨霢霂君莫訝，恩波從此洽天潢。

中秋無月俳語發笑

岷涼寒苦地，無事不堪籲。盛夏山常黯，殘春柳未舒。扇來風凜冽，雨罷雪模糊。石少稱腴壤，坡寬即坦途。童山空拔地，奴水或當衢。人豕衹同室，民軍轄比閭。<small>夷種而居內地者，俗謂之土軭。</small>褐袍勝綺縠，瓶酒過醍醐。炒糗遴青稞，調羹屑白榆。土封祿作瓦，石鎮板爲廬。御膻羶盈鼻，席單疥隱膚。麻紕編履屨，毰片裝衣襦。<small>裝音壯。</small>燕麥家常餱，馬芹異品蔬。<small>胡芹一名馬芹。</small>四開衣楚楚，雙架屋渠渠。米耀牛皮袋，筵羞羔乳酥。荏煎油氣惡，竹作笮紋粗。<small>作音佐。</small>是物皆籠負，逢溝盡穴居。避藜防毒螫，薪糞抵樵蘇。習見還堪詫，初聞却類誣。夷風勞版籍，殊俗限方隅。不似皋蘭甚，中秋月也無。

十六夜月于時始望

中秋苦雨灑[四]蘭州，燈下孤斟洗客愁。怪底今宵推月上，原來十六是中秋。

册　封

紫泥覃北極，白社建西涼。奉節依香案，宣綸近御牀。澹烟侵鹵簿，清珮出班行。只尺紅雲外，嵩呼繞殿長。

五　泉

小亭宜落日，古寺隔秋雲。飛瀑山坳墮，寒流樹杪分。勝堪修圃政，清擬浣兵氛。卓策何年事，虛擬霍冠軍。

夜雨巖與直臣俱

曉出城西路，言觀後五泉。幽巖鳴夜雨，細浪注秋原。心遠何人會，杯深弱弟傳。歸途擬縱目，歇喘上皋蘭。

望河樓

高樓飛檻瞰長河，河上蕭蕭雁影過。萬里風濤健舟楫，千秋豪傑費干戈。窮邊羸馬關山迥，古戍清笳涕淚多。自笑腐儒乏遠略，但憑尊酒弄寒波。

皋蘭山

皋蘭峰頂揖群峰，包裹蘭州數十重。雁掠雙眸遥北去，黄沙白草颭寒風。

五泉水

皋蘭直北望允吾，曲曲清流帶淺沙。借問水黄緣底事？居民山下洗紅花。

崇慶寺望東龍口

東龍口底樹毿毿，樹伏深溝閟小庵。指問寺僧都不説，旁人云是女精藍。

黃　河

何年星宿竅昆侖，直下金城匯浩亹。憑寄鄉心與流水，定知先我到龍門。

鎮遠橋

二十餘艎駕綵虹，中流宛宛據螾蚣。縣知白起英魂在，欲撲橋頭四鐵龍。

白塔寺

河邊白塔倚嵯峨，影浸波心玉丁[五]螺。禮罷塔身還北望，亂山無數扼黃河。

金城關

金城關外白茫茫，西接甘涼驛路長。羌虜頻年烽火静，居人指點説新疆。

木　塔

木塔撞天天欲破，黃河揭地地應浮。塔顛遥望黃河外，望見蘭州似定州。

蘭州謡四首

西安羢作有機房，叵耐蘭州撚綫忙。一掬綫成千掬淚，染將血色奉君王。

其　二

門前日日逼姑羢，官價稱來轉手空。機上殘羢續不得，土房檐外哭西風。

其　三

村村村落半紅墻，盡屬蘭州一字王。民地奪來糧不要，窮民無地却包糧。

其　四

河到蘭州岸不崩，何如河北置長城。居然南北分天塹，免使窮軍夜打冰。

興隆山

盤回幽徑陟層阿，峭蒨青蔥竹樹多。象準烟霞疑駕輅，馬寒鐘磬似鳴珂。石溪刻就羅紋水，霜葉機成閃色坡。欲撥冷雲探絕頂，上方昏黑奈愁何。

師令君治祖康阜樓留別

祖道持杯處，風生康阜樓。閭閻衣古樹，城郭佩寒流。國稅頻年窘，溪聲入夜愁。相看真欲淚，不獨念離憂。

秤鈎灣

路劃金安界，雲埋遠近山。注坡泥活活，揭澗水潺潺。雨浥肩輿重，風批手炬殘。平生閑懶客，夜走秤鈎灣。

永壽道中望太白山

太白一何峻，峨峨入望尊。去天止三百，華嶽亦□[六]孫。白帝離宮勝，黃河帶水渾。巍峰礙日月，積雪照乾坤。但覺烟霞遠，何妨鼓角喧。幾時凌絕巘，雙眼對中原。

次韵答周元鼎文學 時方襞北里故有末句

投轄情偏切，開尊客共留。好風生座右，明月滿樓頭。雅令分曹出，新詩逐字修。此中饒樂事，何似五陵遊。

復次前韵柬元鼎

漫尋芳草去，還爲故人留。作客憐青眼，論交嘆白頭。春光遙已動，禊事政堪修。擬向清流畔，相將作勝遊。

破回賊凱歌十首

聖祖寬仁天地倫，蒙古色目盡中原。幬持二百餘年後，何意驕奴負國恩。

其 二

鄜州城外殺人多，屍疊丘陵血涌波。從此眼中無勁敵，遂驅羸馬渡黃河。

其 三

皮衣宣帽觸人腥，婦子相將合隊行。深菁有時團繡氅，平原或復耀鈴釘。

其 四

風塵滾滾蔽天來，處處城門晝不開。怪底河津盡安堵，令君原自不群才。

其 五

寶刀揮處雪霜飛，白道坡前已合圍。杲日輝輝明組練，陰風獵獵颭旌旂。

其 六

密密弋鋋若比鱗，羌酋相顧怯逡巡。米家灣北摧鋒處，一鼓生擒已六人。

其 七

窮寇倉皇勢若崩，長驅乘勝益馮陵，相看泣說今朝敗，自過河來世不曾。

其　八

馬絕汾河河水渾，零星殘賊困原村。馬前羅拜稱饒命，圍闕西南鳥獸奔。

其　九

疊鼓鳴笳令尹回，摩挲如意氣雄哉！四封歌頌千人和，百里塵氛一旦開。

其　十

族類由來本不同，中華恩養竟何功？漫將驅逐稱完策，尚冀憂時論徙戎。

咏鶯二首

楊柳烟凝翠幄低，茸茸芳草綠裀齊。幽人睡足花陰轉，閒聽鶯兒著意啼。

其　二

緩聲歌轉綠楊枝，濃染衣裳淺畫眉。縱使東皇苦相妬，春風依舊屬鶯兒。

步韵答李泰生

偶瞻眉宇若披雲，便覺芸蘭氣未氛。兵甲胸中千隊合，安危舌底萬流分。忍令王薛終無統，不道孫吳更有文。湖海風塵雙鬢改，早抒籌策致明君。

校勘記

〔一〕“漕”，原作“漕”。“曺”爲“曹”之古字，故此字當爲“漕”。

〔二〕“坳”，原作“坳”。“幻”爲“幼”之俗字，此字當爲“坳”。

〔三〕“褊”，原作“褊”，或爲“褊”之誤，表狹窄之意，故改之。

〔四〕“灌”，原作“潅”，當爲“灌”之俗字，故改之。如此之“懽、權”諸字，後徑改，不出校。

〔五〕“丁”，原作 ▽，或爲“丁”之俗體，故改之。

〔六〕□處原缺一字。

奏　疏

擬制禦松海川套各虜以安關陝重鎮疏

我國家三面鄰虜，而關陝獨當其二。火落赤、抄忽兒[一]、卜失兔、真祥台吉諸酋，各擁數十萬衆，駐牧松山、西海、芒捏、河套之間。自渝盟以來，掠番族，犯臨鞏，殘花馬，蹂平固，靖寧、安會之間，無日不被兵。而頃又操嫚書以求款于我，蓋其罪已深而謀已狡矣！當事諸臣彷徨恐懼，求所以制禦安全之策，若建鼓求亡子焉，而未有得也。譚邊事者往往言：練兵也；益餉也；繕亭、飭障、浚湟而增壘也；移都司、設操守備禦也；峻土門、老鴉之險以過抑虜，無使脅番也；番既內附當間之，無復通虜也；下至軍行、營壘、器械、技藝，罔不纚纚譚之。臣獨以爲過矣，蓋此皆一吏之任，非廟堂之本計也。耕當問僕，織當問婢，家督簡婢僕而慎所以馭之，故不勞而家政舉。藉令家督釋其所當務者，而日從事于婢僕之間，將心與力俱瘁而迄無成功矣。

故今日之所急者在任人，而其機要之所最先者在重款。夫所謂人，非獨將帥也，督撫先之。乃今日之于督撫，抑何其忽于任之而輕于責之也？夫今之以邊材薦者，不問其材具而第獵其聲華，不問其設施而第取其議論。及用之不效，令遷延代去，以開規避者之便門。前日已然，後來者又復然，日復一日，人復一人，疆場之事，誰與領此？是廟堂輕邊事以倖諸人，而聽諸人之自便也。請自今以往，慎以任之于先，而嚴以責之于後。夫人難知也，謂立談而見，其窾也。乃今自入籍而至督撫，非朝夕所矣，内外之所歘〔二〕歷者久，而事變之所涉閲者多，其材具設施可按迹而求也。用人者誠不徇私昵，不關請謁，惟揮霍奇偉忠實不二心之臣是簡是毗，而既任之後則又重責成之，以堅其向用之心。效則重優異之，以鼓其慷慨之氣，不效則又重懲創之，以塞其規避之門。將前有所慕，後無所逃，不惟上知得以自效，即在中才亦知自勉。至于將帥雖復不同，然慎用于始而嚴責于終，大約不出此兩端止矣。

獨所謂求款之説則深有可議者。蓋我朝之款與宋異，而自今以後之款又與前日異。今虜雖號强大，鬥騎多，然其志不過欲得衣幣，次乃金錢而已。非必用尺一牘，與中國講敵禮也；非必欲册尊號、稱兄弟、結甥舅也；非必欲勤信使、講獻納、至驕恣亡等也，故曰與宋異。然前日之款出于懇求，而今日之款出于要脅。肅皇帝時款貢之議，邊臣不能得之于廷臣，而廷臣不能得之于上，數議而見格，稍示之利而輒止。虜之求款也，如孺子之視鶉鳥，蹲蹲然，若將可獲也，而卒不可獲。故悉其懇誠，以仰我鼻息，不憚再三以求之，而倖一旦之得也。今款已久矣，增賞增市已如例矣，而又求之于例外，予之，則又以爲例。如奉驕子，有所索，不得則啼，畏其啼輒予，予益數，啼益不止。蓋虜要之以必予之情，而我徇之以不得不予之勢，故陽款我而陰侵我，既侵我又陽爲嫚詞以誑我。既得志於掠，而又不能忘情于款，又脅而求之，以欲大逞志于我。故曰自今以後之款與前日異也。今封疆之臣苟倖旦夕無事，或假修備之説以自愚。然已事可睹矣，二十年來所修備何在？徒類養癰者，日深其疾，至委頓不可爲，以待盡耳。假令踵前日之弊而復許之款，虜能如約不掠我乎？即不肆掠，能不横索于額外以厭其欲乎？虜掠，我能備乎？横索于額外，能繼其求乎？虜迭用其款與掠，以必得吾財貨而安受吾燼。我兩失于款與戰，以見賣于虜而自愚，以終身不悟也，臣不知虜患之所終矣。伏乞敕下該部，斷然罷款，亟簡督撫重臣及大將而嚴責成之。勿徇私、勿掣肘、勿姑息，大奮乾斷，以與邊臣更始，則狡黠之虜既不得用款以愚我，而陰伐其狡詐之謀；邊疆之吏又不得恃款以偷安，而亟講于戰守之策。如是而五年不振軍容，十年不全制虜者，臣未之聞也。

臣知識寡昧，蒿目時事，而效其款款之愚如此。惟聖明財擇，全陝幸甚！臣愚幸甚！

敬陳試場檢卷始末以明職守疏

臣等菲劣，荷蒙皇上命典順天鄉試，夙夜兢兢，惟恐一有疏虞，有玷大典，負皇上任使。自入闈以至撤棘，黽勉竣事，可幸無罪。

忽接遼東都司廣寧衛儒學生員李惟華揭帖，為場中弊竇繁興，中卷無端見棄，懇乞亟賜題請，以恤冤抑，以振士氣事。又接邸報，見李惟華一本，為科場弊竇通神，墨卷埋移無覓，致棄首取，奏乞搜奸補正，以振國典事。奉聖旨："這墨卷何故失檢，著查明，來說禮部知道。欽此。"

臣等竊惟，場中查檢墨卷，係同考試官各照本房取中硃卷字號親自查對，而不敢假手別人，亦各照貯卷箱上所開本經字號據以查對，而不敢混及別經，誠慎之也。固未有取中硃卷而不檢得墨卷，亦未有一檢不得遂輕易棄置而不細加檢閱者也。今李惟華卷係量字二號，在易二房，行人米助房內。臣等擬取本房第六卷，至八月二十五日外簾送進墨卷，易經箱上並未開寫量字號，以致本房檢前號墨卷不得。至二十六日復將易經別號墨卷再三細檢，從黎明至中午，畢竟不得。而各經房所取遺卷，猶溢五名之額，臣等乃合諸中卷，哀益多寡，差次前後，填寫草榜。草榜填畢，已薄暮矣，始傳請監試提調諸臣入內簾，拆卷填榜，此場中檢卷始末也。惟華前卷或收掌墨卷官吏偶爾混入別經束中，或偶爾誤入別經箱內，有非臣等所得知。若易經墨卷中，則臣等固已遍加檢閱矣。當時欲于別經箱內尋檢，則晷刻有限，勢必遷延時日。而揭曉日期已奉俞旨，何敢故違，所以不得不置此卷。此同考試諸臣所共目擊，有何弊竇？

而惟華狂躁無知，妄瀆天聽，其指爲吏書埋移，固爲橫猜。謂己卷取爲遼士第一，填榜將完，再四索之不得，又皆誑語。且其奏本揭帖前後互異，倏稱"弊竇通神"，倏稱"中卷無端見棄"，而對行人米助又言"是別房欲中所取之卷，將己卷袖藏"。固已變幻多端，周章無主。至其疏中欲"還伊錄名"數語，則又狂悖昏愚，大屬可駭。以遼士增額之，始有此暗妄不才之輩出于其間。豈不羞遼之人士，爲大典辱哉？

伏乞敕下禮部，併加查勘。如有弊端，臣等願甘顯罰。如係惟華妄言，亦乞重加究處。一以服惟華之心，一以垂將來之戒。臣等無任激切待命之至！

告病第一疏

爲奉差事竣，中途患病，懇乞聖恩，俯容在籍調理事：

伏念臣陋劣庸流，靡所比數，荷蒙皇上置在坊局，即捐糜頂踵，莫知所報。去歲奉命冊封肅藩，酷暑長途，備極勞瘁，于九月十四日歸抵里門，則臣弟鴻臚寺序班用弼已夭折死矣。臣以積勞之後，遭此憫凶，驚痛摧心，遂感幽憂之病。心怦怦如有失，痰咯咯如涌，氣索索如不相續，頭岑岑痛也。遷延牀簀，殆半歲餘，宛轉沉綿，幾不自保。近雖稍有起色，轉盼春盡，已當報命之期，而臣病體尪屑，不禁跋涉。查得萬曆三十八年，吏科右給事中翁憲祥册封事竣，以弟愈祥病故，驚痛成疾。具疏奏聞，乞恩養疾，荷蒙聖慈矜允。臣今事體適與相同，伏望聖慈潛恤，容臣在籍調理。倘臣病少瘳，效忠有日。即終焉草野，亦當歌咏熙明，禱祝聖壽于無疆矣！

告病第二疏

爲主恩至渥，臣病難支，再懇聖慈，俯容在籍調理事：

臣于萬曆三十九年在籍患病，藥餌無功，具疏奏聞，懇求養病。于時即奉沿途調理之命。未久復轉春宮庶子之官，臣感激天恩，不遑寧處。今歲春和，即擬就道，偶于二月十二日復感危症，一時暈憒，昏不知人，卧起轉側，動須人力。調養半載有餘，無日不親藥餌。今魂魄雖還，而神志眩瞀；羸骨雖肉，而手足不仁。病廢餘生，豈堪驅策？伏望聖慈，諒臣之言爲至真，潛臣之情爲至苦，特賜生全，准臣養病。譬之草木萎瘁，猶蒙雨露霑濡。臣感大造洪仁，世世銜結無替矣！

乞休致疏

爲舊病未痊，新恩難赴，懇乞聖明，俯容休致，以安愚分事：

伏念臣以迂腐庸流，荷蒙聖恩，拔置詞林，洊陟坊局。去年十一月間，蒙恩升臣詹事府少詹事，兼侍讀學士，掌翰林院事。臣感激天恩，誓圖報稱，即擬就道，勉效驅馳。緣臣于四十年春，感偏廢之疾，荏苒四載，今始向愈。顧腕指雖伸，尚未能運筆；行雖踽踽成步，尚未能翔武以趨也。無論精勤奉職，臣必不能，即使病纔小愈，而輒汲汲榮途，臣縱嗜進無厭，亦有不安于心者。伏望聖慈鑒臣言非假飾，容臣致仕。臣若前疾全愈，勉竭駑駘，仰答恩造，尚猶有日。即使終焉草莽，亦歌咏休明，祝延聖壽于無疆矣！

議

河津縣興革利弊事宜四款

一議修葺先賢祠廟。

本縣理學名臣薛文清公世廟，時從祀孔廷。其所生地，縣南名平遠者，有祠廟一區，制頗軒敞。舊規：有司春秋舉祀，止在城內祠中，而平遠者，實未嘗有事。以故近年以來，遂極頹敝，荒垣敗屋，過者淒然。夫文清以醇學篤行，祀瞽宗而刑後進，而棲神之地令無完宇，豈重道崇儒至意？抑何以風示天下也？伏乞俯賜設處修葺，計所費不過百十金止耳，於以崇廟貌而嚴祀事，以觀刑來學，有厚賴焉。若其後人，原有世襲五經博士一員。數十年來，正派雖繁，而承襲已廢，舉而復之，固不容易易為也。所不敢議。

一議措處鹽池修堤夫錢。

河東鹽池，每歲于池邊修築堤坊以禦水患，所用夫役，俱于蒲、解二州所屬十縣調取，其日用工食，舊照丁派起。近數年來，照則派起，頗亦稱便。但各州縣距運司近者數十里，遠者二三百里，令眾役離家室而役于彼，食于彼，以露宿于彼，往往有脫而逃者矣。逃復解，解復逃，撲聲與哭相應，而民怨與堤俱崇。其不便一。每州縣夫若干名，各委本處省祭官一人統之。此一人者遂視眾役為奇貨，工食未入眾役之手，而已極意扣剋之術矣。令眾役束空腹而操畚鍤，以故有槁死池上不葬者；有乞食而歸者；有即加利稱貸于此省祭，歸不能償，以至破家者。夫懸厚實以招民，民猶不甦，況當此輩之侵牟而魚肉之也？其不便二。夫古者用民必于農隙，今百姓之餘力有幾，而池工之修築無時，往往值耕斂之候，令之舍稼事而即公工，民于此時無奈公家之督責何，荷□〔三〕出門而已，無以爲卒歲之計矣。徘徊岐路，控籲無從，即古歌《鴻雁》而嗟“宣〔四〕驕”不慘于此。其不便三。夫河東行鹽處所，西而秦，南而豫，至廣遠矣。姑無論秦豫，即河東亦寧渠兩州縣也者，而令兩州縣獨當其害乎？合無從長酌議，令行鹽處所量派夫錢，總解運司。令招募本處百姓，因時修築。夫夫錢每歲所費雖多，而令各處分任之，易辦也。役土著之民，民樂趨之，而無逃亡之患，易使也。委運司首領一人統之，彼或畏官守而重犯法乎，易核也。即役當耕斂之候，輪流使之，民亦可暮釋畚鍤而朝操耒耜，易更代也。一舉而眾美具焉，此長策便計也。伏惟財擇，即蒲、解兩州縣數百萬生靈，不勝幸甚！

一議革饋瓜之費。

本縣產西瓜一種，形長而味甘。不知何時，曾有撫按監司二千石以及州牧之饋，亦偶一爲之，而今遂成例。本縣距省城八百里遠矣，距本府二百里，而近距本州二百里而遙。此瓜非可以舟運而車載也，必用人擔荷以往。其體重，十枚而外不勝任矣。饋各處，多者數十擔，而至少亦不下十擔。每瓜在本縣值銀二分，計省城往返之費，約一錢不止，然此所費幾何？赤日長途，荷擔之人有焦喉而斃者矣。然此以本縣之人而事本縣之事，雖苦何辭？乃二千石、州牧以及鄰封，往往以饋遺上官爲名，囊金市易，本縣還金而遺之瓜者，每歲以什百擔而未止也。然此特饋遺之費，往返之勞耳。若每歲瓜期，差快手數人，巡視郊原。有種瓜者，隨于瓜上記號，令地主看守。間爲雀鼠所殘，地主且得罪不測，非重賄快手必不能免。此瓜未及登途，而田者已重被其害矣，故相率以種瓜爲戒。小民既不種瓜，瓜無所出，遂督責里老，里老每遇見年自空其菽粟之地，種瓜以給之。故瓜日益不佳，而百姓日益不堪其命。夫小民極蒔藝之勞，思售之以糊一旦之口，而重困之，使無寧宇，何爲者也？假令東陵而當此時，不惟流涕，亦復失笑。夫撫按監司二千石以及州牧，奉天子命，臨長一方。將民隱是恤，豈其以口腹之微而貽百姓之害？必不其然。伏乞嚴行禁革，仍于本縣門首置立牌一，而上橫書察院禁約，下直書今後該縣再不許饋瓜，以滋煩費。各衙門及鄰縣亦不許討取，以啓弊端，違者云云。庶足以永弭其害，而貽千百世無窮之利乎？

一議革協濟搭棚之費。

每學道按臨考試，本縣生童或調絳州，或平陽，或蒲州，或安邑。而安邑獨有協濟搭棚之費。此在十年之前，有人曲意媚人，安邑未嘗求之，而河津先意送之，今遂成例不可解免矣。此費俱出自商稅，本縣窮鄉下邑，商稅幾何？司稅者一一包賠，梱載而往，片席不返。假令調考之處當使協濟，則調者多矣，何獨河津？假令駐考之地，當爲協濟，則駐者多矣，何獨安邑？是于義兩無所當，而令本縣獨當其害也。伏惟不以小費而忽之，俯賜議革，即敝邑不勝大願。

校勘記

〔一〕"抄忽兒"，《明史・外國傳・韃靼（卷三二七）》作"炒花"。

〔二〕"斁"，原作"斀"。"斁歷"爲慣常組合，當爲"斁"之誤，故改之。

〔三〕□，原字模糊不清，或爲"筯"指竹器。未改動，存疑。

〔四〕"宣"，原字模糊不清，據《詩經・小雅・鴻雁》"維彼愚人，謂我宣驕"，當作"宣驕"。

表

擬戶部奏定內府各監局歲派錢糧上嘉納依擬減派
仍敕撫按官嚴察有司毋容混徵負朝廷德意謝表

伏以節者將以成豐，聖主念苦心之畫；損之必有所益，仁君憐蹙額之窮。況當尾閭不塞之朝，一反堯茨之儉；更值頭會無名之日，盡開湯網之慈。佐計漸可持籌，觀化喜將扶杖。臣誠歡誠忭，稽首頓首。

竊惟貢賦詳于周官，縱黼扆不得攬之以自私，而積貯一公之天下；經制操之冢宰，則薰腐不得穴之以為利，而量為一付之廷臣。故以九式節邦國之財，即羞服工事皆定為常經，而不使暴浩；以九貢致邦國之用，即嬪器貨財皆聽其自至，而不事誅求。自漢有大農、少府、水衡之名，而內外之公私始判。及唐立上共、送使、留州^[一]之法，而財賦之權取益繁，于是利權盡縮之中涓，而經國之臣始不得問賦法，不虞其內蠹，而財用之耗益不可稽，始濫觴而末遂漏卮。用泥沙而取窮錙黍，蓋供額不日狹而日廣，廣之極，雖鑄山煮海尚難繼出之途。民賦不歲減而歲增，增之盡，雖析骨攘肌，益難填入之壑。技止此爾，法不能為無糧之爨，是謂臣窮于君，民何罪焉？力不能勝剔髓之征，是謂民窮于上，況朝廷用其一，婦寺靡其十，必取倍于錐爭。而君責券于臣，臣操契于民，愈大恣其箕斂。司農或以失供為懼，而內可任德，外不任怨，則無問宮府皆可加。守令但以都利為能，而陽為供國，陰可腴家，則縱有撫按亦莫制。當國者忘反裘負薪之戒，御宇者昧割股充腹之譏，民心瓦解可虞，求散而不可得也。國勢地維將缺，即聚而安所用之？粤聖祖作法于涼，中外無橫征之擾；暨孝宗禔躬以儉，朝夕有一定之供；嘉靖以來，徵求漸侈，溢至末造，數倍初年。先帝未嘗窮內供而縮計者，或以徇監局之請，民部偶一增歲派，而催科者遂率爲貢賦之常。民生之疲敝何戡〔二〕，國是之更張有待。恭惟皇帝陛下，天之覆大，日不遺微，青震久儲，備悉彫民之疾苦；紫宸載御，深知大業之艱難。録先朝諫議遷謫之臣，梧掖松廳生色；清內府錢穀收支之數，稷狐社鼠消魂。撤高玄之額而祠祀清，罷玉英之供而典禮肅。獨內廷之供億未發新綸，而外史之收支尚仍舊貫。在明主必不忍以宵人之欲壑，令民有剟肉之悲；在微臣亦不敢以夙昔之陋規，令朝有屯膏之誚。追弘治以前之節省，裁嘉靖以後之煩苛，監局各反初程，郡縣仍從減派，著爲定則。仰瀆宸聰，乃塵乙夜之觀，特啓寅衷之照，謂口體何愛于肥甘綺縠，俾計臣掣肘而費經營，念閭閻亦各有俯仰瞻依，使小民剥膚而供糗糧，耗海内亦甚矣，往天下之謂何顧？不爲畫一之規，則借叢煬竈之奸，或得求多而亡算；而不傳四方之檄，則愛稽攫金之吏，或得射利而重征。用是省之度支，永作地官甲令。又復敕之撫按，更勞天語丁寧，遍令良有司知，庶體明天子意，謂二十年來之歲派，是宦豎之貪饕，民曹之漫浪，原非先帝初心。欲百千萬國之民生，免上孟于供給，下剥于徵求，普被熙朝德意。縱利臣欲以豐享貢悦，而臚列在方册，已酌品物訂諸先；即斂臣欲以冒破取盈，而彈壓在臺司，隨持文墨議其後。法行自近，澤及者宏。大雨解而炎焰盡返清涼，小竇塞而江河有所砥止。一日奸貪失氣，萬垓愁苦伸眉。揚太祖孝宗之仁風，有光前烈；作聖子神孫之懿範，垂戒來昆。臣志切補苴，術疏掊聚，體聖心之還樸，期以少盡其愚。幸睿聽之轉圜，因以樂觀其盛，臣不忍糜民以糜國，則民之福，即臣之榮！后不忍負民以負臣，即臣之猷，惟后之德。敢不斥榮夷公之利，拔公儀子之葵，盡洗民痾，一新朝政。伏願清心圖治，屬耳防奸，益擴仁恩，永懷儉德。念"小東大東"之怨，無令上重而下輕；酌在官在民之藏，毋使朝肥而野瘠。監寺之蠹耗黜，司會之迎合亦黜，則諸臣何樂而爲朘削之謀？有司之貪冒懲，撫按之闒茸亦懲，則百姓安往而無拊循之澤？散之因以爲萃，環衆心而永結其歡；捐之反自得尊，合八極而總成其大。臣無任瞻天仰聖，歡躍屏營之至！

策

泰　交

　　自古未有上下不交而可以成一代之理者。《易》之言曰："天地交而萬物通也，上下交而其志同也。"夫《易》徵天地之交以物，而于君臣之交第曰志而已矣，豈不及政哉？蓋天地之交也氣，氣不可見也，故徵之物。若君臣之相與，則政迹也，或可塗以綱紀文章。而志，神也，必不可假以聲音笑貌，故其君臣之志或參差乖別而不出于同，則不必徵之于政，而其上下之間，固已隔礙而不相融通，渙散而不相收攝矣。譬之于人心與百體，榮衛不周，精神不貫，不內虞關格，即外虞痿痺，身之存也，其與能幾？故君人者，必聯堂陛之交，寄腹心之托，使其臣明白易知，感奮圖報。爲之臣者，亦皆有肫誠懇惻，傾渴不可解之心，而又有精明振作，奮勵不可遏之氣。幸其君信，自可從容展錯，感遇酬知；即不我信，譬雨而徑廣漠之野也，安所逃之？亦必矢獨知以悟主，合衆力以回天，不敢容容泄泄，孤圭爵之深恩，坐而醸頹靡之患。則庶乎上下之志同，而國重有賴焉。

以今聖明在御，賢俊布列，致此非難也。乃草茅之所妄聞，則有異是者。臣耳目手足也，而以爲此懸疣枝指，其過乎？前則河中之泛梗也，適相遭而已矣；始而疑此逐逐者不爲我用；已而薄以爲不足用；繼而侮之，我焉用彼爲；卒也遂重困之，欲求爲上用而不得也。有四失焉，嗟乎，此孰非食土之毛！名臣子者，即槁項草野，尚思時而徭税以效命天子；剡食君之禄，誰獨無報心？忍使之落莫漂摇，寄置無所，而又揶揄聊蕭之，令人欲發舒其胸懷而無路也？則主上之爲計過也。雖然，令耳目手足之于心漠然而不爲之用，則夫患難薄之，必心而思所爲捍禦，然後傾聽審視，手徐爲拱翼，而足故屬武矩步以從事哉！則夫因上之疑我、薄我、侮我、困我，遂容容泄泄作自便之計，而置急公上之念也。則諸臣之爲計亦過也。約略其概，有六端焉：操典制以求之上而不得，則毀其典制以從之，而不虞典制之自此墮也。名曰遷就。微緩事而大張之、急激之，以倖一言之售，稍持而覘其後，故微緩也，即大且急者不售矣。名曰張皇。言不必行否，第言之，而暴之通都，即吾責盡矣。名曰了事。事不能得之于鉅，即細且俯首甘之，久而復欲求得其鉅者，固必不得也。名曰聊且。以事與人請而持之久，或終不報也，必爲之辭曰“慎重”，然則朝上而夕報可，毋乃輕忽甚乎？名曰虛媚。不獨媚主上也，且併建白之人而媚之，即盛氣與辯，亦必曰“某某言良是”第云云耳。此何爲者也？衆小臣分職授事，請久矣，或未省發，獨不可引大義以爭，而第曰“彼資斧且罄”，日日而朝于嗟、途于泣，可念也，將無開人主之厭賤乎？名曰猥暗。

昔虞慶使般也爲室，般曰“濡塗重而生椽撓，于法宜卑。”慶曰“不然，更日久則塗乾而椽直。”此宜尊般也，屈爲之，而虞慶之室壞不更歲矣。此遷就之過也。有業灌園于齊之郊者，曰"禾不灌且立槁。"須數日，而禾猶相扶以茂也，迨後旱且久，禾槁死且盡，不復事灌園矣。此張皇之過也。衛太子病否，醫緩以柔劑嘗之，振籍而號，之舍人兒曰"吾已發藥矣。"此其病固不可一日瘳也。此了事之過也。校人從李廣射虎，中道而懼〔三〕，止近郊，搜雉兔以返，曰"亦實歸也。"久之，復欲從廣，廣瞋目叱之矣。此聊且之過也。巫祝爲典祠，祈福于屍，曰"俾爾千秋萬年。"千秋萬年之聲灌聽，而一日之壽無徵。于人典祠，必且盧胡而唾之矣。此虛媚之過也。鳧氏范鍾，既畢事，而掌人之度直也靳，即從旁解之，不曰"義宜直"，而曰"彼貧，足矜憐也"。豈直也，以鳧氏貧故？此猥暗之過也。其大者非草茅所與知，此六端者，固衆所習聞而易見者也。人臣負此六過者，而欲通其志于人主，可能哉？即又操何道焉，而令人主不我疑、不我薄、不我侮、不我困也？故曰諸臣之爲計亦過也。

　　然是有抵焉。人臣業已拜，自獻其身于公家。乃心之弗既，而第工緣時局，以求捷得其所欲。視國事之失得，若賈人驅牛車四方，過而睨田家之穰儉也。是貌臣者也。政日陵夷，人情日益窳惰，智者憂之若不可以夕，而衆方溺于宴安，怠荒弛廢，氣奄然若盡，而肢體頹唐疲繭，若不相攝束也。是屠臣者也。人臣委質朝家，進曰"致身"，退曰"乞骸骨"，明此身非臣有也，矧于祿爵？乃不能以去就生死爭國事之闕失，而相與周容爲悅，若齊之中婦諸子然，惟恐其身之不爲人持接也，而不得人之布纕也。是奭臣者也。天下事非一家私議，要于共濟止耳，乃因甲乙之相岐，遂橫分徑術，堅樹藩垣，而不虞國體之傷，國事之決裂。譬農而分佃其主之田也，町畦互執，隔塍喧擢，田主人固已默睨而竊笑之矣。是比臣者也。

　　前六過者，不過標症被體，而此則痼疾之中于膏肓；四失者不過客邪搏人，而此則沉毒之傳于骨髓。脉病而症益增，腠理之不密而暑濕乘焉。然則叢過于不腆之身，而以致人主之疑我、薄我、侮我、困我，蓋亦固然而無足怪矣。爲諸臣計，宜莫若傾此血誠，致之人主，如結也。威利不爲惕疚，招麾不爲去來。而其竭蹷公國，復振勵其精神而鼓其氣，無日不乾，無念不惕。即君不我聽，而以去就爭之。爭之而不得，大者死國，小死職。信以繼信，善以傅善，人皆砥于波蕩之衝，即人主亦應動念。而又剗除徑術，剖破藩垣，移其比周之念，以圖君國，而用其矜爭之私，以競職業。

夫上固聖明英斷之主也，高居而鑒臣下之操持，洞如觀火。有臣若此，其何忍外焉？必且舉天下事，時與商榷[四]，如成祖之于建安；念守成不易，夙夜憂惕，期以勉輔，如宣宗之于石首；以天下事推誠付托，猶家人父子，如孝廟之于浮梁；同心一德，淵謀秘計盡見施行，如世廟之于永嘉。若是而上下之志不同，政蕪弗不得理，而天下不泰，則愚不信也。

重　民

天地間止此民耳，天爲民而立之君。君于民之中，擇所爲賢有德，才足建事，而智足以參政術之變者，使相助爲理。民于是乎稅役供之，而父母戴之。君臣民上下之間，智不各見，即力亦不各營。元首、耳目、四肢、百體賅而存焉，而精神益然，融貫周浹于其內，夫然後相倚以安，而相固抱以久。後世人主不明于天所以立君之意，而曰此蚩蚩者，其濡弱可玩，其顓暗可欺。其誘而東西走如鶩也，可智籠；其蠢刈蹷踏之不敢卬首抗也，可權使威劫也。噫，非然哉！夫民猶水，水至弱且暗，可隨地決，亦可狎入而遊也。故抱之則勝，壅之則勝，激之則勝，蹈之則勝。然至于大浸稽天，則湮陵谷，漂室廬，蕩維檝而覆舟航者，惟水能也，是以衆小不勝爲大勝也。夫民則何以異是？聖王知其然，故必重民，重民必愛之、畏之、慎之，而蚤爲之所。逢滑曰："國之興也，視民如傷；其衰也，以民爲土芥〔五〕。"則愛之説也。張栻曰："明主畏其民，而暗主使民畏己。畏民者昌，使民畏己者亡〔六〕。"則畏之説也。陳子昂曰："天下有危機，禍福因之而生。百姓是也〔七〕。"則慎之説也。馬周曰：自古百姓愁怨，國未有不危者。人主當修之于可爲之時，而不當悔之于既失之後〔八〕。則蚤爲之所之説也。此四言者，持議不同，然使臨民而願治，固皆有國之司南矣。

明興，太祖出斯民于胡元溷濁之中，而成祖奠之，列聖祇席之，我皇上起而拊摩噢咻之。法令甚具，德澤甚周。二百四十年來，休養生聚，所在熙然，稱極盛之際。已邇以疆場之不戒，東事倭，西事哱，南事播，民死于轉輸鋒鏑者，至以谷量。重以畿輔之水，晋秦之旱，江淮之疫，齊魯之蝗，楚之亂，渤海豫之河，而民之死者已過半矣。乃其毒之中，于民最慘，而民最不聊生者，則遍天下無地不有之中使，中使之毒民甚也慘。至于戈矛、漂溺、困餓、瘟蝗，死亡離亂，室家蕩析，而腐胔赫然相藉于原野，止矣。而以爲民最不聊生，何也？蓋前數者之變，天實爲之，民靡所控訴，則亦相與悲生之不辰，而所遭之無禄耳。若中使之毒民，則人爲之也。人固爲之，而不我矜恤焉，民于是始怫然怒填乎膺，而不肯甘爲之魚肉矣。怫然怒填乎膺，而不肯甘爲之魚肉，而又以有司者部署嚴，不得鷔然而快其所欲逞。不得鷔然而快其所欲逞，而其刻骨之根始柴栅鬱勃于胸中，相與目睗心計，思得一遂焉，以發其憤憾不泄之氣。蓋宋蘇子由之言曰："天下之民，惟無怨于其心，怨而得償，以快其怒，則其爲毒也，猶可以少解。惟其鬱鬱而無所洩，則其爲志也遠，而其毒深，故必有大亂，以發其怒而後息。"今之民不幸類是。爲之上者，宜蚤夜焦勞，圖所以還定安集之，若捄焚拯溺然，以佐元元之急。而乃恬焉、安焉，若駕膠舟履駭浪，而舟中之人方相視語笑，以爲不足深慮也。宋人所謂"匹夫群起之禍"可不旋踵而見于今日矣！執事慨然求急務本，計爲斯民請一旦之命者，非生所能及也。無已有二焉，急在于省催科，而本在于簡親民之吏。

二三年來，值大捷三，大慶二，無歲不下蠲租之詔。問其所蠲，率取浮泛不急之賦，聊優假之，以塗民耳目。而身親督，併之部使者與銜命之吏已先後而錯其趾于境上矣。夫此孑遺之民，死于兵，死于水，死于旱，死于疫，死于蝗，死于亂，死于河，死于中使，之所不盡者而以催科盡之，危哉！猶自萬仞之山，播而入深淵，其亡而不振也必。爲人上者，又奈何愛此錙銖，不以寬民爲國家無窮之計也？而或曰"庚癸若掃，計臣日仰屋嘆也。驟而議蠲租亦何容易？"則生有味乎周文端之言也，時省臣昂言："國用不足，請盡括諸省稅役金錢輔。"太倉公持不可曰："國用不足，宜儉于國，不宜浚于民。織造、燒造、土木、內供，費益廣不節，乃欲括天下財盡歸京師，臣昂言非是。"夫孝廟時，百姓給足，手滿錢，口滿用，民萬不至露根，公猶不欲以不足之故爲浚削計也，矧今日之民哉？第居今而求所爲儉于國，有必不能者四，然當力持，則停杼柚，減搏埴，罷不急之土木，省可已而不已之內供。有必不得者一，然當力請，則求發礦稅之積于內帑者。苟釋此而徒急征斂于民間，譬殷人駕重屋而圮其基也，榱棟倚而四阿傾，覆壓之患，固不移晷，恐亦必不可爲矣。故曰急在于省催科。

蓋聞吏雖亂而有獨善之民，未聞有亂民而有獨治之吏，故聖王治吏不治民。治吏之法，則歐陽永叔所謂"選强幹朝臣十許人，分行天下，盡籍吏官能否而升黜之。"以爲"用功少，爲利博，及民速，于事切[九]。"今督撫及直指使者，操憲一方，即宋分遣朝臣遺意。第往者舉刺，歲一聞，而近以柏府晨星，間數歲不得代，舉刺稀疏，人得無有玩心？而其強力庇民者，復爲中使齮齕，不褫職去，即拳而閉諸圜土。不然，而不肖者之詭于法也，以賄售，以虛冒〔一○〕售，以奧援售，以卑陬趨時格售，以陰鷙持上吏之短長售。又不然，則賢者格于法，以不傅要人黜，以惆悃無華不求表暴黜，以伉直黜，以過誤失當事之歡黜，以不受居間黜，以不善韜斂，勇任事而中妒忌之口黜。此數者，皆足以瘝烈士之心而解其體。持此術也，求以飭吏治而康民道，固無繇矣。必也慎擇寬收，揭精鑑以燭之，而後操憲以從事焉。則監司二千石以及司李與有均責，而督撫直指使者之所宜審持也。故曰本在于簡親民之吏。

　　夫民不可盡取，而稗吏之不可寄以民也。則丹書言之"食魚毋反，毋駕駑馬。"民惟上所感，而君不可不以仁恩預攬結之也。則管敬仲言之"民之親上，如天雨然，澤下尺，生上尺〔一一〕。"故人主而明于天所以立君之意，則必重民，重民則必愛之，畏之，慎之，而早爲之所。愛之，畏之，慎之，而早爲之所，則省催科而簡親民之吏。之兩言者，不可不深念也。雖然，之兩言者之敗也，什十九以中使。則生又有感于衞薄疑家之蔡嫗也。疑母之愛疑也甚，然其家巫有蔡嫗焉。疑言之，而母未始不與蔡嫗衡之也。由是蔡嫗得中據以飽其私，而薄疑家之敗不臘矣。夫處君與臣民之間，有所挾以行私，而橫以漁民，毒以螫親民之吏，則有國者之蔡嫗也。夫中使而可與共此民哉？

《周禮》

　　在昔聖人之治天下也，有法，有寄于法。法者，寄也，非所以寄。故或足以奏一代之理，而不能盡行之于奕世之後。然有立于法之先，君宰于法之內，而不與法俱盡者，要在後之君子，酌其意而善通其法，則其所寄于法者，自足注千世而不涸，攝異代之後而不窮。向令徒迹之，獵而晦其意；或以曲説附之，而有所駕焉，以行其私。兩者皆足以亂天下。及其亂也，不咎夫用法者，而曰必其法非也。此世儒所以聚訟于《周禮》，而以其説爲世詬病也。

夫《周禮》者，自漢孝武時，河間獻王得五篇，補以《考工記》而始出。自孝成時，劉歆校理秘書，著于《録》、《略》而始顯。自孝武作《十論》、《七難》以排棄之，何休以六國陰謀詆之而始詘。自王仲淹以爲敵于天命，朱仲晦以爲廣大精密，其大體直，是非聖人不能而始尊。自蘇子由有"秦漢諸儒以意損益，非周公完書"〔一二〕之言而始疑。自劉歆敗於新，蘇綽敗于周，蘇威敗于隋，王安石敗于宋而始壞。夫綽與威其暗淺者也，不煩齒頰。以歆著《録》、《略》而用之敗，以安石精博訓釋萬餘言，而用之亦敗，以歆之六幹、五均，希迹泉府而行之敗，以安石之青苗、市易，準國服爲息之説而行之亦敗。人始以爲《周禮》者徒有其名，如兔絲燕麥，而其不可用以經世，若取猿狙而被以儒者之衣冠也，于是相與諱言之。而聖人之精意良法始暗汶而不白于後世矣。愚嘗取程本氏之言爲刑，書而以定四子者之罪。綽與威則剽人之外郛，而自築其宮庭；而歆與安石則駕人之車，而自驅之，以馳騁于四郊者也。兩者均罪也，而駕之害甚。夫以其言之精也，而用之卒足以禍人之國。人不知其言之駕也，而咎夫《周禮》者之果不足用，則駕之害甚，而歆與安石之罪始不可勝誅矣。

然亦有議甚正而或以開人之疑，抗之甚高而適足以爲《周禮》之病者，則朱紫陽、葉水心之言亦足異也。朱子之言曰，學者且未可令讀《周禮》，蓋其中無一語涉吾人身心事者〔一三〕。嗟乎！布濩周密，乃周公運用天理之書，即朱子亦嘗言之，則《周禮》者，固無一處非心精之所寓，而亦無一事非天理之所顯布矣。業以其心布之政，自可緣政以證心；業以其天理者見之事，自可徵事以詮理，于以廣益于身心而收功于原本，固已浩博而優遊矣。且朱子不嘗傳格致誠正、修齊治平之説乎？周公兼禹湯而得統于文武，其思而得之日夜，覿面而受之家庭者，固格致誠正之真功，而《周禮》所記，則齊治均平之大法也。特當日未嘗合之爲一書，乃後世遂欲分之爲兩事，而謂無關于學者之身心。則已過矣。葉之言曰“孔子不言《周禮》，孟子以爲不可得聞矣。一旦驟出，如奇方大藥，非神農、黄帝所名，無制馭服食之法。而或妄咀吞之，不眩亂顛錯者幾希[一四]。”噫，以是而論三墳、《穆天子傳》及汲塚之《周書》可矣，而非所以論《周禮》。《周禮》者，固岐黄家之參蓍也，尩病者不得不生，而寒疾不汗，與喘而中懣者得之則死。世固有餌參蓍而死者矣，則用者過，而遂以參蓍爲鈎吻，則言者亦過也。夫傍睨而肆剥啄于域外，《周禮》在也；迹襲之而敗，私假之而敗，《周禮》亦在也。惟末視之而以爲可緩，高視之而以爲可勿用，則《周禮》幾亡矣。然則居今之世而議《周禮》，即金口木舌家至而人語之，亦且如《周禮》何？嗟乎！聖人也，而法不足以宜民；王者之政也，而不能什有一焉可張設于奕世。生即至愚，固未敢以爲然也。間嘗涉其渚涯而望洋觀之，簡而腴，敦而典，奥而不僻，木而不可傅以藻。吾取其文，于君所以奉之甚備，而不開以恣睢屑越之端；所以爲民計甚周，而其指要于寬恤而不過取。吾取其意合而分，分而無所不合，大段截然而聯貫有方[一五]，庶職棋布而統之有樞要。吾取其法，至其精所獨注，代代宜稟爲法程。而今之世，尤宜深求其意，而善法之，以維萬世之治安者。有數事焉，内宰、宫正、宫伯、宫人，凡布列于王宫之内外，而迫近于人主左右者，皆士大夫爲之，而屬之冢宰。夫士大夫則人自愛，

而又以冢宰臨之，則人不敢自恣，且得有蠹壞人主之心術，而導
之非僻之地者乎？大府、玉府、內府、外府雖各有司存，而太宰
儼然以九式均節于其間，人主即有侈心，且奈此式者何？論道經
邦之地，固已不動聲色，而默移人主之非心，躋之清明之域矣。
西漢三公總九卿，而內臣屬于少府，故雖佞幸如鄧通，一有細
過，宰相猶能得之人主之側，以法從事，則《周禮》內小臣，
奄人、寺人屬冢宰之遺制也。卅開之以禍民而不足以裕國也，人
盡知之，獨以未有專職，而事權復未嘗執之于大臣，故中涓、武
弁得以其說熒惑人主，而流毒于天下。儻能以卅人之官屬之大司
徒，而爲之屬禁以守之，如《周禮》所云，則大臣固有以持之，
何至舉天下爭之不得，而遺禍生靈一至此極也。夫君德也，自
習、自成，而近臣不得關其忠；內供也，自盈、自縮，而外廷不
得與其會；宦寺也，自操、自縱，而政府不得握其權；卅事也，
自作、自止，而大農不得綜其事。此皆忠臣節士日嘔心瀝血，思
得一當焉以自效，而正人君子所諮嗟太息，以爲無可奈何者也。
而《周禮》者固皆圖之于微，使人漸入于陶范而不覺，爲之于
易，即吾亦不至張皇急迫，而無所施其救正之功。然則六官之所
爲綿密佈濩者，其意可知，即其效亦可睹。乃謂不足以宜民，而
其間不能什有一焉可張設于奕世，豈不冤哉？然而馬端臨氏又以
爲不宜于郡縣之後。是也，而愚猶深惜其著眼之未精也，夫周公
所定周制耳，故其書但曰《周禮》，而不曰世世之禮也，乃欲不
少齟齬而行之百代之後乎？即《宅嵎》、《巡方》、《尚書》所紀，
固亦不能行之今日，而何疑于《周禮》？乃陳氏者又以爲不合于
周官，亦是也。然愚斷以爲周公之書，而非後人之所附會者，政
以其不盡合也，令後儒而附會爲之，必且補苴其間以求合。如李
少卿書與蘇屬國即沉雄悲壯，的然西京口吻。東坡又以組織
《史》《漢》無所不合也而疑之，而又何求多于《周禮》？大抵讀

古人書，本以求益于身心，而用以求宜于家國天下。苟得其意，即稗官小説無不足以裨我之身心，而可致于用。如徒以詞而已，即"孑遺""漂杵"猶可置喙于詩書，矧《周禮》哉？昔郢人遺燕相書也，過而書"舉燭"，燕相説之曰"舉燭，尚明也。"白于王舉賢而任之，國以大治。夫"舉燭"，過也，得其意尚可以治國，況周公之遺制耶？故郢書而燕説，韓非子以爲非書意也，而愚以爲善求其意者也。愚愛燕人之説郢書也，而取之以爲讀《周禮》者法，然何獨《周禮》云。

養士取士

百姓之所以蒙安，而天下之所以奏理，何哉？以政事修耳。政事者，出之不可以無原，而輔之不可以無具。于是道德以本之，文章以章之，氣節以砥之，三而一闕焉，則政事不立。三者具，而無政事與而致之，則道德爲徒善，而文章、氣節亦將孤行，而無裨于世矣，蓋政事之重若此。

竊怪國家二百年來，道德、文章、氣節之士，照映簡册，代不乏人，而獨以政事稱者，希曠寂寥，如疏星之相望于欲曙。不肖者無論已，雖復踔厲自好，刳心職務，而終不能與古人相頡頏。其弊有二：一曰不習，二曰移官。

儀、秦之于戰國，遊談客耳，薦紳學士所不齒。然當其起布衣，抵掌王公之側，而數其甲兵之犀鈍、車徒之衆寡、粟支之近遠、山川之阨塞，若傾囊出物，而靡不券合情實，何者？以習之豫也。今士方窮時，搖脣敝舌，嘔心鏤骨于所無用之帖括，而弁髦世故，略弗染手。雖主司發策，而諸生射之，僅供兒戲。迨及入官，始踉蹌問故事，取文具施行，未能操刀而强使割，而向所嘔心鏤骨者，反不能得其毛髮之用。此不習之弊也。

大德不官，自古難之，非獨枳橘之地不同，函矢之用必異。

即聖賢豪傑，幹局各殊。夫當方命用殛，納麓正殷，振鷺克廷，豈乏俾乂。而嶽牧咸薦，惟是罪人之孥，意其世藝、水經，無容別簡。且禹終虞之世，不過司空，其宅百揆也，兼之而已耳。今不問才之優劣，事之能否，纏縮金轂〔一六〕，輒佐輻鈐；方典秩宗，復司銓選。上下相蒙，以僥倖成功，而苟且塞責。此移官之弊也。

且夫技之賤而至于巫匠，細而至于醫卜，未有不童而習之，可應務于倉卒者，亦未有身兼數事，而技不窮于鼯鼠者。而獨取士設官則不然，是重視巫匠醫卜，而輕視天下國家事，爲不足理也。愚以爲專門治經，亦宜專事而治之；分經取士，亦宜分事而取之。謂宜群之幼學，自專經之外，即隨其資性所近，各占一事，而旁及其餘。分六官之職，益以本朝之令甲，而精心究之。本之于經，驗之于史，參之百家之論，畫而合以當今之掌故，推原計委，務裨實用，可施行，以應有司舉。有司亦各以其所習者，分曹拔之而旁及其餘。迨入官，則試以所治之事，積歲月而課之。課其所任之事程功，能而陟之，晉其秩不易其事，勿刑禮工戎之遞變也；廣其轄不易其方，勿秦吳燕越之屢遷也。一人之身，數十稔之內所講無非此一事，所共事無非此一方人。講豈患其不熟？事豈患其不精？而專任責成之意已寓其中。家督之治門以內也，蚤作而宴寢，食粗而衣敝，長慮深計，而不辭拮据之爲勞者，知責任之在己，無復可諉。而爲其子弟若童僕，亦毋敢長奸作過，以欺父兄而謾主人。慮欺謾可偷用于一時，不能不敗露于他日，而鞭撾有所必行也。苟居官而以此始，亦以此終，彼知其身之久于事，不得不盡瘁展力。即有艱大，不敢諉之後人，以支吾旦夕；而一有鏬釁，又不得推之前人，而謂咎不由己。是謂理國如理家，雖復舞文之奸，不軌之氓，亦知其久于事，而不得不視如父兄，如主人，而無所容其奸與不軌。此善策也。

宋胡瑗教授湖州，釋詞賦而以經義、治事爲業，即以二業名齋而分部之。經義，群通經，有幹局者其中；而治事，則邊防、水利、財用、刑名之類，人治一事，而又以一事兼之。其教之成，而雋于有司，十常居四五。通籍于朝而任以事，往往可適于世用，故當時謂"湖學多秀彦"。而出與人遇，即不識，皆知其爲瑗弟子也。此不亦已試之良畫，而方來之懿矩哉？而或曰，取士之法，裁于祖宗，豈容議變？不知祖宗時嘗舉孝弟，舉力田，聘隱逸之士，其良法美意變易于後者何限？況今所爲廣儲兼收者，猶然祖宗之制科；而所謂選授遷擢者，猶然祖宗之銓政也。法不易其舊而效有加焉，何憚而不爲也？

蓋生熟有聞于宿學之論畫如此，輒掇拾餒飣以復，不知可以佐廟堂之末議否？

朋　友

朋友之道尚矣，與天地並。天地奠高卑之常，蕩躋降之氣，暖之以日月，動之以四時，鼓奮節宣之以風雨雷霆霧露霜雪，而後百化興，歲功成矣。愚嘗遡觀于風雨雷霆霧露霜雪，得朋之説；而復于日月四時，得友之義焉。于文，"月"左右並曰"朋"，"又"下上合曰"友"。其相左右也，是切磋扶翼之，所以相成；而其相下上也，是終始後先之，所以共濟也。則夫晝夜之相禪，寒暑之相移，枯潤之相權，噓拂震疊之相爲用，何以異是哉？故曰朋友之道尚矣，與天地並。

而深悲夫世易、教失、交道喪，而朋友之誼不明于天下也。道喪而誼不明于天下，又非所云勢交、賄交、譚交、窮交、量交、利交、色交、烏集之交之爲世詬病也。此數交者，劉孝標謂"貞介所羞"，王仲淹謂"君子不與"，韓退之謂"夷狄禽獸所不忍爲"。彼其同類相推，俱入禍門，固不足以眩罔當世，而世亦共耻而交唾之，不足深斥。獨悲夫以庇奸爲公誼，復蠱其私執以相役曳者；而或以所臭味者之蹶也，故示水火以圖解免者；而或托宿于責善之雅，無端而尺一罾之以耀直者；而或于所嘗北面人而苟索之，以賣聲名者之横鶩于天下也。悲夫，虛心而察其隱，公乎，私乎？身乎，國乎？義所激乎，迹所寄乎？有所避乎，抑有所赴乎？此在恒俗或共獎以爲是，而愚生之所心非也。然亦有泰相避，阨相收。如韋正之于王僧孺者矣；名相慕，迹相納，如郭奕之于羊祜矣。僧孺爲吏部郎，故人莫不傾意，正獨澹然。及僧孺之擯廢也，復[一七]篤舊分，有逾曩日。奕爲野王令，遣人要羊。及去，送之彌日，一舉數百里，以出境免官。此兩人者，避權若染，求友若渴。皆當世之所共嗟慕以爲是，而愚生又以爲非也。厤吏部郎而營其私，不可。獨不得磨以大義，令僧孺精副職而遠于擯廢之爲愈哉！逮擯廢也，而篤舊分，即逾曩日何益矣？是從身起見，而不顧其友者也。足己而不急友，賢以自輔，不可。然何至赧顔于所未同，而固要之，而强附之，博嚶鳴之虛聲，而冒出疆之罪哉？是從友起見，而不顧其身者也。天下而皆正與奕之，爲友也，將人不得友之益，而己復受友之害。則朋友者，枝駢之贅物，毫無與于倫常，而交者徵逐之疏節，毫無補于天下國家事矣，有是理哉？善乎，曹子桓之言曰："交者，人倫之本務，王道之大義也[一八]。"蓋朋友于五常屬信，于五行屬土。土無定位，而王于春夏秋冬之末；朋友無定人，而寓于父子、君臣、夫婦、兄弟之内，倫之所由明也。必講學以耨之，而本仁以聚之，是持于四倫之外者也，倫之所由盡也。必信以相靡，而義以相拂，是立于四倫之中者也，殿倫而倫由以善焉，故曰"人倫之本務"。

　　人臣比肩而事主，卿大夫之賢者，士之仁者，孰非吾友？而非以友也，將國事與毗焉。十六族同美相濟，以佐唐虞；五臣同寮比德，以贊文武；廉、藺捐忿，安趙于強敵；平、勃交歡，定漢于幾殆；高胡以韋弦爲幽贊；僑札以縞紵爲美譚。所謂交全情親，則國安治強；交敗情乖，則國危治弱。無當于庶政，而政由以乂焉，故曰“王道之大義也”。

然則君子之交，宜何如？必也如張胥鄙，義不受任于夫吾，而後匪人之比，銷如張遼感胡質之言，復與周平，而後久要之盟；固如陳遵、張竦之操行各異，以相友善，而後切劇之道；盡如司馬光、範鎮無所不同，不爲苟同，而後公上之念；穎如劉訏、阮孝緒于可競之地，每以不競勝之，而後參商之釁弭。蓋國之立于世也，無之非臣；臣之遊于國也，無之非友。友之道盡，而後國與有立焉。此君子所以審交、擇交、定交、久交、全交，以求有益于人國，而不敢徇世俗之所是，噭避權求友之空名，令人己俱敗而國無與收其利也。

蓋天不得日月四時之幹運，風雨電霆霧露霜雪之分職，則無以成功。國不得衆正之同心，群賢之協力，則無以成治。向令其幹運分職者無與于天，而協力同心者無與于國，則世將何賴此朋友爲？而天地之化，或幾乎息矣。故曰“朋友之道尚矣，與天地並。”而深悲夫世易、教失、道喪，而誼不明于天下也。抑聞荆有善相人者，言無遺策。莊王見而問焉，對曰：“臣非能相人也，能觀人之友也。”“觀事君者也，其友皆誠信有行好善。如此者，事君日益，爵日進，此所謂吉臣也；觀人主也，朝多忠賢，主有失，皆交爭證諫。如此者，國日安，主日尊，天下日服，此所謂吉主也[一九]。”莊王善之，于是疾收士，日夜不懈，遂霸天下。此千乘友士之明效也。向使文王不得四友以治岐周，而魏文侯不得田子方以附百姓，則所謂天者，將穹然而獨覆予上也，不虞墜乎？此則杞人之深憂也。

校勘記

〔一〕“上共、送使、留州”，史稱“上供、送（留）使、留州”。錄以備考。

〔二〕“裁”，用通“堪”，未改存真。

〔三〕“懼”，原作“愳”，乃“懼”之古體，故改之。

〔四〕“商榷”，原作“商確”，“啇”顯爲“商”之誤，“商確”現通作“商榷”，故改之。

〔五〕《左傳·昭公元年》（逄滑）對曰：“臣聞國之興也，視民如傷，是其福也。其亡也，以民爲土芥，是其禍也。”引句有省改。

〔六〕張栻《孟子説七》：“是以明王畏其民，而暗主使民畏己，畏其民者昌，使民畏己者亡。”引文略有改動。

〔七〕陳子昂《上郡國利害三事》：“天下有危機，禍福因之而生。機靜則有福，機動則有禍，天下百姓是也。”引句有省略。

〔八〕馬周《陳時政疏》：“臣竊尋往代以來成敗之事，但有黎庶怨叛，聚爲盜賊，其國無不即滅，人主雖欲改悔，未有重能安全者。凡修政教，當修之于可修之時，若事變一起，而後悔之，則無益也。”所引當爲轉述此意。

〔九〕歐陽修《再論按察官吏狀》：“臣謂如欲用功少，爲利博，及民速，於事切，則莫若精選明幹朝臣十許人，分行天下，盡籍官吏能否而升黜之，如臣前所陳者而後可。”此引化用之。

〔一〇〕“冒”，原作“胃”，當爲“冒”之誤，故改之。後徑改，不出校。

〔一一〕《管子·君臣上》作“有善者不留其賞，故民不私其利；有過者不宿其罰，故民不疾其威。威罰之制，無逾於民，則人歸親於上矣。如天雨然，澤下尺，生上尺。”錄以備考。

〔一二〕蘇轍《欒城集》：“秦漢諸儒以意損益之者眾矣，非周公之完書也。”引文有節略。

〔一三〕朱熹《朱子語類·卷八十六·禮三》：“曹問《周禮》，曰不敢教人學。非是不可學，亦非是不當學；只爲學有先後，先須理會自家身心合做底，學《周禮》却是後一截事。而今且把來説，看還有一句干涉吾人身心上事否？”所引轉述此意。

〔一四〕《水心集·黄文叔〈周禮〉序（卷十二）》：“孔子未嘗言《周官》，孟子亦以爲不可得聞。一旦驟至，如奇方大藥，非黄帝、神農所名，無制馭服食之法，而庸夫鄙人妄咀吞之，不眩亂顛錯幾希。”引文有省改。

〔一五〕“段”，原作“叚”，當爲“段”之誤，故改之。

〔一六〕“轂”，原作“穀”，文意當爲“轂”，故改之。

〔一七〕“復”，原字“獲”，當爲“復”之誤刻，故改之。

〔一八〕曹丕《論交友》：“交乃人倫之本務，王道之大義，非特士友志也。”引文有節略。

〔一九〕《吕氏春秋·不苟論第四·貴當》：“臣非能相人也，能觀人之友也。觀布衣也，其友皆孝悌純謹畏令。如此者，其家必日益，身必日榮矣，此所謂吉人也。觀事君者也，其友皆誠信有行好善，如此者，事君日益，官職日進，此所謂吉臣也。觀人主也，其朝臣多賢，左右多忠，主有失，皆交争證諫。如此者，國日安，主日尊，天下日服，此所謂吉主也。臣非能相人也，能觀人友也。”引文有省改。

蒼雪軒全集卷九

序

賀常孺人壽序

昔箕子衍疇至五福，蓋首稱壽矣。夫所謂壽者，將受命于天乎，抑本乎人也？使受命于天，則彭殤修短，司命者默操其權於冥冥之表，而人特俯首聽焉。賢者不能要之於天，而孝子不能得之於親，將安所事祝爲也？夫祝者，愛而思永之者也。人固愛而思以永之，天固定之而莫能易之，將無修稱觴之故事，而無益於實乎？曰否。祝之者，人之心，是祈天者也；致之者，己之德，是格天者也。惟己有格天之德，則以德致壽。造化之權有時乎不自用，而爲人用。惟造化之權有時乎不自用，而爲人用，而後知壽本乎人，致之者有因，而祝之者不爲徒也。

心齋常子以賈遊都門，念其母孺人老，將歸而效斑衣舞。而又謁予文以佐稱觴。予惟婦德不出門，予烏知孺人之德而稱之？語曰"是母是子"，予觀常子，篤實朴茂君子也，賈業而士行者也。繄豈獨常子賢？夫有開之者矣。故予觀常子，而知其母孺人備內德焉。士行百，而篤實樸茂寔載而行之。篤實者培之必厚，樸茂者發之必長。樹基厚而發源長，壽之道也。予又觀常子之德，而知其母孺人有壽徵焉。常子之歸也，春酒既具，壽筵載啟，合中外戚屬，稱觴而前曰："請祝孺人，使孺人壽。"即不必歌《白雲》，招青鳥，以徵誕于瑤池。孺人壽矣！

柴君榮授冠帶序

當世職親民而爲民所委命者，惟儒與吏兩家。儒者若若其綬，操權民上，而吏以文無害佐之。兩者得人則民安，民安而天下可長無事矣。顧儒者遇合，一朝干雲直上，高者據要路津，而次者亦不失守令。豈其人皆宓、尹，而政皆彈琴、製錦之遺乎？何舉世崇重甚也？而至于吏則詬病之，以爲是刀筆流耳。夫不問人之賢不肖，而猥以資格爲軒輊，是世俗之見也。自束于資格而弗致力，其所謂賢，亦非達人之致也。故能爲吏者，即資格不得先人，而制行不敢後人。介以褆躬，即韰悅愈勵矣；敏以趨事，即煩劇愈起矣；慎以圖機，即幾微愈惕矣。誠如是，即進而列于儒者之林無不可者，而何刀筆之能限也？

古人有言"不習爲吏，視已成事。"數年而前，山以西有薛君侃者，夫非以刀筆發家者乎？兢兢砥礪于所謂當官三事，不失尺寸至于今。而士大夫聞之，輒詻嗟嘆息，引爲不及。即無論致位通顯，而其流永譽于來茲[一]，亦何休也？柴子之始授冠帶也，脫鹽車而驂上駟，此發之軔矣，其有兢兢砥礪之思乎？鄉之人有薛君者，則其前轍也，駕而趨之，不難千里，于以佐儒者，成安民之化。令儒者不得高自視，而蔑刀筆爲無奇。且令世俗不得輣重儒，而以刀筆相詬病也。柴子勉之，予將書此言爲左券。

賀宮保大司農本庵楊公父子尚書序

自高皇帝罷中書省，置六卿，而尚書之職獨重於前代。蓋秦內廷尚書，其職僅以通章奏，今典軍國之大務而輕重布之；漢五曹尚書，不過大將軍之一掾屬，今穹階峻秩，巍然據百僚之上；開元中，文武兩尚書以左右相兼之，令事不外攝，權不中制，分職率屬，以倡九牧而阜兆民。故士自釋短褐，娓娓從大夫後，累資積勞，前睍後顧，幸無嗟跌，以都乎卿貳，往往十不得二三，以爲難。即位躋列卿，稱人臣之極，又往往奮迹側微，或身際其盛，而中微不繼矣。乃今大司農蒲阪楊公，又何其紹休濟美，以弓裘世業而鐘鼎國家，稱士林之奇觀也！

蓋其先襄毅公當嘉隆之際，三握樞管，再典銓曹，鴻猷亮節，以身繫天下之安危者，四十餘年。而大司農繼起，後先相望，爲時名臣。間者塚宰闕人，上特簡廷臣而授之公，俾兼統之。夫襄毅公揚歷中外，靡所不見功，而其最著，在外折虜謀而內使士大夫各當其職。當其時，北虜內訌，燕代諸郡無歲不中兵，而公亦無歲不建矛塞上以控馭之。虜即甚桀驁，而覘公所在，輒逡巡惕息不敢近，而公亦數以奇勝驅而置之大漠之外。及領太宰所進退黜陟，要于內當其人之材品，而外符公議，使正人君子感奮圖報，以務求精勤于職業，而讒夫宵人睥睨趑趄而不得其從入之門。天子神武獨斷，操下凛凛，而不能不聽公之謀；時宰權傾天下，竊刑賞以作威福，獨于公若有所忌憚，而不敢肆權；倖臣囁嚅磬折，冀倖公之一言以爲重，而有所不可，輒壁立萬仞而不搖。蓋澄涃不能爲清濁，招麾不能爲來去。古稱社稷臣，公真無忝矣！

當今司農公爲少司馬屬五，單于解辮，公雍容佐理，使文恬武嬉，而今且以大司農攝天官事矣。今上修先朝故事，以神武獨斷于上，銓曹有所推擇，輒格不下，下亦不盡如天官指。二三年來，宮府隔矣。公受事閱月，章晨上，夕報可，疏滯拔幽，沛然與天下更始。天子若曰：“此先朝世胄，厥有成績，紀于太常。惟襄毅有子，惟我有臣，故不難委心任之。”而一時士大夫亦靡不灑濯其心，發舒其氣，以拭目維新之理。有如當寧求世德而授之任，即攝爲真則均統之職，公不得終辭。于以光昭先世之烈，鑒別材賢，澄清官路，使士大夫各當其職，以贊聖天子中興之化。令後之表列卿而論其世者，知公作股肱心膂，纘乃舊服，追配于前人；而又知公家父子，奕世載德，爲國鼎臣，不獨以位也。將銘功竹帛，流耀春秋，以有辭于永世，詎徒梓里之光榮已哉！

然又聞之，漢當高帝時，弘農楊喜以赤泉肇封，迨後安平臨晉，奕葉蟬聯，繼體卿相，與漢相終始。公家自僉憲公以直道取重當時，而其後人紹明光大之，自襄毅及公，世都卿貳，以對揚祖宗之光命。而諸舅弟子姓，文武承家，世濟其美。與漢弘農楊氏千載同符，則所以篤世澤而引長之者，又繩繩乎未有艾也。《詩》曰：“文武吉甫，萬邦爲憲。”《書》曰：“世篤忠貞，服勞王家。”光不佞，敢從鄉邦諸縉紳後，以是爲公賀。

送河津令張君歸川中序

張君治河津五年，河父老子弟日相與謳吟而稱願之也，曰“庶幾據要路津，以帡幪我河民，比于甘棠之廳乎？”乃無何，而藩府之檄下矣，則又邑邑不樂，曰“孰使我興學易性，而人恥訟爭者，非張君耶？孰使我黍育稷生，天不終蘊隆，而民不憂耗斁者，非張君耶？孰使我遠于枳棘蟊賊，狗足生氂，而民含哺以嬉者，非張君耶？則奈何不有顯陟以酬此民庸，卒乃虛以擢被之，而實趣之去也？”我父老子弟衣食闤闠，即廟堂舉措不敢與知。私獨念仁心質行誠愛民如張君者，而不食其報，及後有長民者胡以勸也？則相率而赴愬于臺使者，若監司、陳臬而下以及郡大夫，若將免于慈母之懷而奮擲悲籲而不能自已者。乃張君夷然不屑也，則從容謂：“仕宦，客寄耳。客何能不歸？久于客而乍歸，何能不適？巴子之陽有不腆負郭之田在，返我初衣，日從事町畝，以樂餘年，于不佞足矣。何勞睆睆然柴柵纏繳，日據丞若簿之上，以自爲得也？縱不佞不能官，然業有臺使者之勞書在矣。當事者廉其過情，而騰飛語以抑我、惡我也，夫安知非造物者實假手焉？而憐我之久客，以趣我歸也。我實弱喪而不知歸，而伊人亟勸駕焉，實大有造于不佞。不佞歸矣。"

于是脂轄將發，邑縉紳相與治酒觴君，而進史用光，以祝轅爲請。用光則屬諸先達長者而告之曰："頃張君治吾邑有成效矣，無論璽書慰勞，旌拜異等，如漢家已事，所萬萬不敢望。乃廷評少府之命，亦屢誕無徵，而終乃居然一王門客也。諸先達長者亦有所嗛然于心否乎？"曰"然。""然而不佞光竊嘗聞之于君子矣，人臣委質公家，則忠爲臣鵠。夫忠者，盡己之謂也。內而顧其心，而無一念之不兢于職，曰盡心；外而考其政，而無一事之不愜于心，曰盡職。盡心盡職，是曰盡已，忠之屬也，臣之盛也。外此而沉浮顯晦，非在己者，求之不可得，得之不可執，執之不能不失，而失之不可復招也。置之若忘焉，可也，是皆張君之所保也。不然而赴節乘會，剝民脂以自潤，而以其贏爲市于權貴之門也，則張君爲之乎？不然而擎跽曲拳于長吏之前，意未及，色奉之如機，意及之，而身奔走之如騖也，則張君爲之乎？又不然而舞詐馭民，朝四暮三，若狙公賦芧者然，而不念其毛相屬，裏相離也，則張君爲之乎？又不然而催科如火，束群下如濕薪，急於中上意，以博能名，而不顧閭閻之攘肌及骨也，則張君爲之乎？使張君而一切爲之，無論廷評少府，即入踐崇膴，若省郎，若御史臺，爲世所欽矚艷羨，而吾不謂榮。使張君而一切不爲之，無論今量移藩府，即投劾罷去，幅巾歸老故園，而君亦夷然不屑也。張君爲河津久，我稔知其必爲此，不爲彼。而又逆知張君者能盡其在已，而置浮沉顯晦於度以外矣。"於是越次授簡，以復諸先達長者，爲張君祝轅。而因書之，以告長民者，且以慰河民之父老子弟。使知張君有遺化在，即張君未歸。縱歸也，亦能置浮沉顯晦於度外，則張君無所不適，而爾父老子弟亦無庸邑邑不樂爲也。

賀四舅生子序

萬曆歲癸卯七月二十四日，予舅氏柴季公始舉一子。時予有先大夫之戚，未敢走賀。乃舅氏數過廬中，色喜，顧予語："數日來仰視日月，若滌而明者。"即喜可知矣。諸戚黨謂"是不恒有"，僉謀舉賀而徵言不佞。不佞發家以禮，《禮》"言而不議"，自小功且然。矧不佞苦由中，以吉祥善事稱詞爲賀，萬於言議，如禮何？夫何敢任？復自惟以垂老之年，集所"不恒有"之慶，而際之者非他人，予舅氏也，夫何敢辭？然使予稱説祠燕夢羆諸老生常談，侈爲觀美，無秋毫益于舅氏，即途之人能之，又安事予言爲矣？予所爲言，蓋將因其善徵，而翼之善地，于以永舅氏之慶，而衍之無疆。則天人感應之機，不憚爲舅氏一茂明之。

夫天人相與之際，緒若棼，析也甚辨；迹若暗，形也甚章；來若需，赴也甚駛。其未發則且棼、且暗、且需，然非終無。其發，則極辨、極章、極駛，然亦非始有。故不發則已，發則雷電不足擬其神，而賁育不能回其勢，所謂機也。舅氏以稽年始稱爲人父，前乎此之天其未定乎？所不敢知；後乎此之天其定乎？所不敢知。然定與未定之間，正君子所爲孜孜於善，而不敢一日怠焉者也。然則舅氏亦勉於善而已矣，勉於善，不在爲善。如日求善而爲之，神且瘁，日且不給，未有能善者也。然則舅氏亦改其不善而已矣。今執鄉之人而曰："改爾不善"，必怫然、怒然。自聖人而下，即大賢君子未有事事皆善者也。夫不善亦何足諱[二]？要之能改。於凡疇昔所爲瘠人而封於己者，逃責於己而遞患於人者，快心而拂於衆者，即衆不及知而內疚於心者，虛心勘之，而設誠洗之。不必增其所本無，惟日損其所不當有，損之又損，以至於無。外參之而無不善事，內省之而無不善心。夫既

無不善矣，且得非善？作善降祥，天有恒命。此呱呱者必且聰明
强固，永有成立，而克蓋克家，以纘先緒於不墜。則惟舅氏自省
自艾，以自求多福，即天有不得而操其柄者。蓋恒言有之，"不
於其身，必於其子孫"，而書以惠迪從逆之吉凶，況之影響，其
機如此。此予願舅氏察之秒忽，而豫以持之，以迎方定之天而永
定之，以福其後也，舅氏其深思予言。舅氏剛强勇烈，一日回
轉，向善必篤。故予與言天人感應之說以翼之。予生平不解以巇
言謾人，矧于舅氏？舅氏其深思予言。

邑侯和衷白令君壽序

今上壬寅、癸卯間，河之民困於蛇豕，嗷嗷焉若燒若焦，幾
無所如矣。歲甲辰，郡國之吏入而述所職闕下，天子赫然下明
詔，易置長吏，與河之民更始。於是邢州白公奉命而來，實蒞茲
土。公之來，未期月，而學校興，里甲省，賦斂薄，徭役均，奸
宄清，盜賊息，環四境之民，出湯火而登之衽席。於是熙然、恬
然，額手而爲豈弟之頌，聲相屬也。迨明年三月二十八日，實公
攬揆之辰，邑縉紳先生僉謀稱觴以祝，而猥徵言於不佞。不佞謂
公之撫河之民也以仁，仁則壽之符也。獨以仁之道大，而其爲術
也博。以噢咻行之，其術顯而仁之所入者深；以搏擊行之，其術
隱而仁之所成者大。自公之爲政也，無論諸撫摩化誨，真慈母赤
子之愛，即詰奸禁盜，亦兢兢不遺餘力。其效至吏胥屏氣，市井
重足，豪橫潛迹。即萑蒲關梁之間，時有不戒，立篹取之，而致
之法，不少貸焉。自恒情視之，抑何其禦奸盜嚴，而於法峻也，
不知正公之所以爲仁也。蓋自尼山而後論理道者，要之荀、孟，
荀卿之言曰"仁者愛人"，愛人故惡[三]人之害之也。民害之大
者，無過奸盜，仁者將民是務輯，夫獨無惡心焉？而子輿氏亦曰
"以不忍人之心，行不忍人之政"，夫政將詰奸禁盜之務，一是

畢舉，而猶謂之曰“不忍”，彼蓋不忍吾民之阽危於奸盜，而爲是禁詰之爲兢兢也，此仁術也。故曰仁之道大而其爲術也博。公之禦奸盜嚴，而於法峻也，正公所以爲仁也。

蓋公之生，於時爲春，於建爲辰，于支爲執徐。春之爲言蠢也，物蠢而生，仁之候也。辰，震也，時物盡震動而長，仁之發也。執蟄徐舒也，伏蟄之物徐舒而畢出，仁之施也。古之人有言“一歲之計在春”，蓋春之所生者盛，然後夏假之，秋挈之，冬中之，而歲功成焉。則仁之所包孕大而引衍長矣。公生於其時，有壽徵矣。而又能以春風風人，舉河之民而躋之春臺，則仁恩之所灌漬者深，而生意之所敦含者厚。即無待於兒觥之祝，而其爲壽也，夫寧有量乎？《南山》之詩曰：“樂只君子，民之父母。”而又繼之曰：“樂只君子，遐不眉壽。”則仁而壽之名驗也。

予不佞擇言以壽公，則請歌《南山》，以復于邑之縉紳先生。縉紳先生曰：“辯矣，趙生之言！”論壽而本之仁，論仁之壽而本之詩，庶幾其不誣矣。請授簡書之，以先酌者。

送蒲州守濟軒勇君擢潞安府同知序

粵自秦置三十六郡而命之官，郡有守、有尉、有丞。漢《百官志》稱，守掌治郡，秩二千石；尉佐守，典武職，秩視守而各有；丞以佐之，秩各六百石。明興，因秦之郡縣而省其官。郡掌治惟守，其武職或攝、或專，典並以屬丞，而罷尉不設。於是丞之體始尊，而任于是始重。其置丞，或徑授，若孝廉、若貢之雋；或陟自別駕、幕府，若州縣之長吏。其徑授，則以爲妙選，人人色喜；陟以別駕、幕府，若縣長吏，猶喜慍參焉；而以州牧往，則人人意不自得也。蓋牧之秩幾鄰于丞，而柄過之，縮綏而問四境之治，操縱惟命；而丞方旅進旅退，下以伺幕府之喜怒，而上以稟仰受成于大府，若屬吏然。權以上總，則行不必徑也；

事以旁參，則寄不必顯也；地以尊屈，則體不必信也。故士，或牧一州而效，大以望分臬一方，稱監司使者；次亦雍容即署，佐六官之長，贊天子之內治；而或以郡丞相命，輒欿然意不自得。所從來遠矣。

勇公守蒲坂有能名，其操下以嚴，其使民以義，其接鄉之縉紳以禮，其約宗人之驁者以法，其事上之人以制，其持躬以廉，其治之成稜稜井井，人不敢逾尺寸，而其操持位置亦嚴嚴斬斬，不以尺寸假人。隸蒲而邑者五，吏闕土者，慮無不兢兢奉公要束。而其邑之民若士，亦相與歌而舞之，以爲吾神君也。天子神聖，念無日不在民。宜民如公，計且得不次之擢，以風有位。而乃有郡丞之命，衆共訝之。予邑白令君，公同年友，與予語次，從容謂予："此公意也。公之言曰：'重內輕外，獨非人情。顧吾意願止此，且邦之人實典銓事，而吾于斯時得佳轉去，人其謂我何？且士而誠不負朝寄，何地不可自效？安在郡丞之果劣于郎署也？'"嗟乎！公蓋深明于止足之分，而委運於消息之變矣。出其緒餘，自足爲理，而又何有于蒲，何有于上黨？然予聞上黨古潞子國，民樸而負氣。樸易馴，負氣易於爲善，無足難者。獨其地山川峻險，當天下之脊，而部內青羊山諸處，又昔卄盜出沒地也。今卄使者所在蠶食，與民爭地，與郡縣爭民。于時，山以西以魏、趙兩公者部署嚴，中使禁不敢肆，視他省稍戢然，已不堪其命矣。卄之興必藉民，禦盜久之，則禦盜之民皆盜也。治兵詰盜即漢所謂武職，而又今日郡丞之專司也，公其有渤海之遐思乎？其于蒲，急在民；其於上黨，急在盜。詰盜所以奠民，公而愛上黨之民甚，其能詰盜也必。蓋公燕人，果毅沉雄，自其天性，而又與見泉魏公、含章趙公者，桑梓相望。計公此行其必能詰盜，能部署卄事，以奠上黨之民無疑也。且上黨守臨邑王公，予同年友，予習其人，蓋古所謂寬仁君子也。雖有忠賢，實資亞理，兩賢共事，相得益章。異日勛庸，予不佞將載筆書之，以告後之傳循吏者。

校勘記

〔一〕“來茲”，原作“耒茲”，意不順。“耒”，或爲“來”之俗字，故改之。

〔二〕“諱”，原作“諅”，或爲“諱”之俗字，故改之。

〔三〕“惡”，原作“悪”，爲“惡”之俗字，故改之。下文如此之“惡”同，徑改，不出校。

蒼雪軒全集卷十

序

賀白令君兩臺交薦序

政教一事，官師一體。然官之司備，而師之任頴。惟頴，故不必越俎豆而攝民；惟備，故得摠芹宫而問士。夫士民奇雋，即造士任亦奇隆。豈以隆重若彼，顧不得獨操焉，而令從旁持之爲則，祖宗深意也。今高門縣簿之家，有掌人焉，慮無不欲其子弟之若于訓者，固且延師儒而訓切之，而師儒因得以奏砥淬匡提之效。向令掌人者秦越其子弟，則必不嚴[一]師，即師亦必不往教。顧安所得佳子弟？而門祚亦何所寄焉？故師不越俎豆而攝民，而官得摠芹宫而問士。此祖宗之深意也。

自五倫之教失，而一體之誼衰，士或狂逞驁放，上以蔑守若令，而守若令亦或賤士，至不比於民，交相謫亦交相怨也。而司教者方且贅疣其間，仰以規人之顏色，而俯以吮錙銖之潤于多士，此寧獨官途之點而已，抑亦世道之深憂也。假令賢者而司守牧，必不其然。彼視民，吾子弟也；而士，吾弟子之雋者也，其何不仁焉？而何忍外焉？故其造士必明示之楷范，而曲體其心。獎其材者，而嚴檢其不類。令下以觀視齊民，而上以需國家一日之用。即司教者亦得有所憑籍以既厥職，而逭於不適之討，詎非黌序之厚幸哉？則白令君之所樹，而大有造於河之士者也。

令君嘗一再較士，躬爲品題衡鑒，不爽一二。材俊遊揚推轂，不惜齒牙；即字句微長，亦孜孜誘進之，不少懈。士或不軌于程，箴廉耻而奸公府，輒譙讓屏絶之。學使者行部，思得敗類不悛之士，以三尺從事，則磬折而謝無，有不少徇。居恒以繩墨糾士，即周旋登降之節，稍或軼越，必毅然約之以禮。至差次力役，士有欲復其父兄子弟者，則一一而曲遂之，令人得其所欲而往，無少嗛也。蓋令君薰然慈仁，本其天性，而又深明於一體之誼，故寬不以市德，而嚴不以造怨，要以盡掌人之責，群我之子弟，納之軌物，以不失祖宗設官之意而已。

所謂賢者而司守牧，不亦千載一時哉！凡我河之士，宜何如顧化也？河誠褊小，然卜子夏、王仲淹、薛德温諸賢，後先相望。士而生其鄉爲晚進，其自待固宜不後于常人，而況有賢令君者爲之洗濯而磨礪之，士有不蒸蒸丕變者，非夫也。戀其德，而勤修其業，上焉者紹明聖學，纘三賢之緒以不愧前哲；次則乘時颮起，緝事建功，令國家食養士之報；即下亦競競自好，死不爲不義，以貽我父兄鄉黨之羞。則豈惟令君，而下暨二三司教者，舉幸甚過望。即後有過而問政者，知守牧勤渠造士，襲迹文翁；而士亦彬彬好修，比肩鄒魯，於以起弊維風，以贊宣我國家右文之化，自白令君與河之士始，顧不休哉。令君治河，懿政遝絶，指不勝屈，不獨造士一事。兩臺廉其治狀，薦剡交貤。多士圖所以爲令君賀者，徵言於予，予獨條次其造士之功若此。

又[二]賀白令君兩臺交薦序

白令君視河，篆不再期，而兩臺直指以薦書慰勞者再。其佐屬汪君等前謁予而有請也，曰："自令君之爲河也，某等固灑然異之，今幾何時，而兩臺使者以高等聞。某等實私心爲令君慶，而又感令君恩至厚，圖所以籍手爲令君賀者，惟先生以一言賁之。豈某等之爲？庶有以重令君，而申某等之款。惟先生圖之。"予忻然俞諾，而問"所以爲慶者何似？"則曰："山以西守若令繁而薦額儉，邇復以列柏晨星。省方使者往往閱數歲不得代，則薦難。即幸而薦，猶時有彼收而遺於此者，則仍薦又難。乃令君不閱月而兩暨之，是則某等之所以爲令君慶者也。"已又問所以爲感，則曰："佐屬之事長吏，不獨倚覆幬爲生成，抑亦伺喜怒爲榮悴，乃不能數得焉。而一以爲草芥，一以爲魚肉，一以爲機辟。即不然，而陰持之以市重於人，故假之以市利於己。又不然，而鄙夷之，以爲不足與共事。乃令君於某等，則溫然而慈也，而檢攝實嚴；滑然而相恤也，而己實不爲利；不及則腋之，無所挫抑；而善則獎成之，使有所見。居者左提右携，使有所建豎，而去則委曲慰藉之，使無所嗛。計令君之於某等，則蓬麻之相勸，而毛裏之相屬也。是則某等之所以爲感也。"

予曰："不然，諸君感令君而以致可，願爲令君慶，是也。乃以得所不易慶，而以爲德於己也感，則非也。令君河津之政，即古所謂循良不是過矣。以若人而當漢之世，即璽書旌拜，几杖高車，不難致之，而以一二薦書爲令君慶耶？且令君固非爲德於諸公也，國家以令親民而以佐屬承之，豈獨以令之賢爲足以卵翼其佐與屬也？而以是望之必不然矣。佐屬職愈卑，於民愈近，誠得其人而分任之，令愈逸，澤民愈深。使佐屬而不安於令，必不能發舒其胸懷，而展布其四體；令而不安其佐屬，即仁心誠愛民矣，澤亦必不能獨究，而政亦必不能獨成。其弊使令孤立於上，而民散於下，即國家安所藉以收輯事安民之效？而孔子所謂'先有司'者，亦何以稱焉？蓋范滂舉職，宗資畫諾，岑晊伸威，成瑨坐嘯。守牧宣天子德澤，臨長兆民，體自應爾。而陳寵對安帝亦曰：'臣任功曹王渙以簡賢選能，主簿譚顯以拾遺補闕。臣奉宣詔書而已，何以爲理[三]？'嗟乎，守牧任善推功，不伐其美，而其君亦動色嗟善，不沒其能。此漢之循良所以爲盛，而吏治之美所以曠千古無兩也。然則諸君所以感令君，爲令君慶者，宜何居焉？而第斤斤云爾乎？”汪君等捧袂而前曰：“先生斯言真足爲令君重矣，微先生之振，吾覆也。某等固不足以知令君也，請遂以斯言爲令君賀。”遂書以貽之。

又賀白令君兩臺交薦序

士立於世，兩途耳，出以戢民，處以善俗。奉天子之德惠以布之民，而賓遇其鄉之耆宿，以求壤流之益，則出者事上焉。贊守牧之善，以福我桑梓，而下亦身爲標，言爲鐸，以表率其鄉之人，使若於政，則處者事。隱與顯各有所待以見功，而上與下交相輔以持世，夫然後治道、民風兩有賴焉。蓋宦與鄉異轍，而以視吾身，均士也：以視吾所共處，均民也。一以吾所致之民者，而公之士大夫；一以吾所習於鄉者，而贊之令長，均治也。士之責一，民之望一，治之效一。一，故各以道自盡，而還以道相成，不得岐之爲兩也。不然而歧之，則有禽獮其所部者矣，而有以邑無士大夫爲悦者矣；則有市其守牧以漁利於人者矣，而有毒螫其所不便者矣。以若所爲，是宦之儌民，而鄉之稗吏也。

白令君之爲河也，廉則冰瑩，仁則春盎。剷繁劇不留行則刃解，群兩造而折之，使無遁志則鑑空。若里甲，若錢穀，若胥史，湔宿蠹而清其源，則國醫治病，劃滌腸胃，起沉痼而肉枯臘。若財賦，若力役，寬恤平亭，則家督賦事，主伯亞旅，各肖其人而付之，靡不均節也。其殊獻絶迹，令人仰以爲難及，而嘆以爲莫能助[四]。乃令君則欿[五]然不自足也，猶日進敝邑之簪紳而命之，或不適於衆否？或非常而懼吾民否？或民實有利而害亦有參焉，以闕吾仁否？即敝邑簪紳亦忘令君之爲父母也，而以爲真父母也。薄有所見，不難傾腸以相告語，此豈真有一得之愚，足以答下問之勤渠而佐末議？亦聊以貢吾忠耳。蓋敝邑褊小，列在僻裔，土生而椎魯，不睹所謂世俗滑套，故其里居，往往竭力公家賦稅，不後齊民。即入而請事，亦誓不以一錢自點。或有一人焉，裂繩檢而甘以其身爲垢府、爲利壑，有識者遂交唾之，至不名爲人，即其人已矣，猶有餘臭也。豈其自能振奮？無亦稟先世之程，而漸於長人者之化，故俗龐而人恥下流若此。而令君亦遂相信，不以陽鱎相厭薄也。往臺司諸大夫，廉令君治狀，欲爲地，銓衡以一麗郡相待。乃令君意不可："吾治河，幸宜民而安其士大夫，即有麗郡，吾不與易也。"夫以敝邑褊小，士大夫之椎魯，豈真足以當令君，而令君乃相信若此？自令君賢也。以令君之賢用士大夫，士大夫亦忘其鄙陋而贊令君，民於是卒乃中利焉，而恬愉於化人之國矣。士大夫，故部民也，而飲恬愉之化於令君，固必有鐫銘而不能忘情於令君者也。兩臺之薦令君也，以民；令君之戢民也，以士大夫；士大夫之賀令君也，以兩臺之薦。其試以愚言謁令君，令君聞之，必聽然而有味乎愚之言矣。

贈大司空後山楊公考績序

《周禮》大司空之職，以佐王，富邦國。季世遠，秦火爲祟，書廢闕不完，不睹大司空所職謂何，即欲求所以富國者，卒不可得。而或曰，冬官不亡，在五官之内。凡五官之内城郭、宮室、溝洫、壇壝、工役、器物，皆冬官職也。夫迹其當隸於冬官者，離而出之，挾"惟王之命"而還之司空，敢有越志第？夫城郭、宮室、溝洫、壇壝、工役、器物者，皆所以靡邦國之財而致於用者也，安所稱"富"？即又靡不分職率屬，斤斤有事，抑文又安所稱"司空"也？班固之言曰："司空掌邦土，不言土而言空。'空'且'司'之，而況於實[六]？"嗟乎！彼將以"空"爲可控揣之物，而腕腕然凝睇而守之，爲大卿任乎？或又曰，先王以事變無常，權無豫設，故立之官而虛其職，命之曰"司空"。夫事不可常，權不可豫，盡五官皆然，奈何獨虛冬官之職，而謂之

"空"也？吾意先王設官分職，以爲民極。必因事命職，因職命名，使人循職盡事，循名盡職。豈其責以有事之職，而顧與以無當之名也？非先王意也。先王者以百工之事不能暫無，而不可常用。力以供工，常用之，則疲物以制工；常用之，則耗財以佐工；常用之，則貧。惟不可常用，故示以不用，立之官曰"司空"，謂宜虛閑無事者，而又命曰"冬官"。夫冬則積於空虛無用之地者也。冬以不用靜，靜，故可以待發育之用。工以不用富，富，故可以待興作之用。然則其司空也，正其所以富邦國者也。

　　楊公之爲大司空也，值兩宮舉事，將作稟程，工事旁午。予嘗一再謁公，公諮諮嘆焉。蓋憂夫工費日煩，而財用之日詘也。今兩宮旦晚報終事，則三殿宜次第肇工。而又有陵寢之役，高玄殿及南內諸不經之費。椓橐之聲無日不聞，而又往往以閹寺董之。夫閹寺則何厭之有焉，穴於其中，而以工爲市，所從來矣。公爲條上便宜，某冗工當已，某浮費當裁，某末務當緩。上即中距不盡施行，然意不能無感動。往聞大內小有營葺，閹人請問主者，上謂："此所費無幾何，即內供可辦，無爲昭示外廷，令所司持白簡與我爭也。"唐在玄宗朝，韓休爲相，所匡導不能盡得之於上，然上游獵小過，輒視左右問"韓休知否？"蓋國有重臣，則主不敢試以非道，而煩以非職。楊公碩德雅望，爲國鼎臣，天子以公先朝耆宿，實雅重公。此夫巨室層楹，屹然重鎮，而又能執藝事以諫者也，故寧損內供，不欲以非職煩之。用是以觀，凡經營繕葺諸不急之務，因公而寢其謀者，不知凡幾何矣？夫大臣謀國，待其事之著而爭之，其與能幾？惟令人主陰有所重，而潛格其非心，則固有不煩繩拂而默喻於道者。公恪居官次，蚤夜勤公，工即不能不常用，而常若不用；國即不能使富，而使不至於匱者。蓋不獨身與匡維，其中所默牖固已多矣。韓休終大司空，其事行史逸不著，不知孰與楊公賢？然兩公者，皆身自重而令主上重之，寧可謂古今人不相及也？

往公爲行河使者，分黃導淮，漕用不梗。及入而爲今官，度用商工[七]，國以不困。蓋公通才，隨試輒效若此。嗟乎！今廿人之職，不領于司空，開采之使分馳四出，吮血攘肌，民不堪命。藉令仍周官之舊，公亦必有以捄之，不致橫潰不可收拾，以至此極也。

蓋上因公考績，賜公秩一品，恩數有加。諸在官途者，舉鄉邦之賀，而予以職史當授簡，遂次其概如此。

賀太宰李公立嗣序

倫莫大于父子，父子者五倫之根抵，而萬化之樞紐也。父父子子，貽謀紹休之道古，昔聖賢不啻聲律身度。其他宗族之法，嫡庶之禮，亦既昭如日星，垂示萬世。獨繼嗣之禮不經見，故三代以前靡所考覽。予觀殷自成湯以至帝乙，爲代十二，而正代惟六，餘俱弟及耳，乃《易·乾鑿度》謂“殷帝乙，六代王”也。則弟不嗣兄明甚。成周時，鄫養外孫莒公子爲後，《春秋》書“莒人滅鄫”，則外姓不嗣抑又明甚。獨漢諸葛武侯以兄瑾子喬爲嗣，君子韙之。而晉賈充子外孫韓謐，識者謂其昏亂紀度，與鄫同譏。則繼嗣之禮，亦約略可考鏡矣。

夫所貴嗣續者，何也？無亦惟是履春秋霜雨之變，動淒愴怵惕之思，於以送往迎來，承祖先祀耳。設以異姓當之，無論非族之祀，神必不歆，即春秋歲時，謂能動淒愴怵惕之思否？此千世而下，稟程武侯而以公閭爲戒首，不虛也。且吾與兄弟體異耳，實同氣者也，而子兄弟之子，則源本不殊。吾以奉祖先祀，而以祖先之所出者承之，是根荄枝幹者也，則精神不隔。我祖先穆也昭固，吾兄弟之子也，昭亦宜然。生聚於有廟，而沒享于同堂，則昭穆不紊。兄弟之子猶子，以兄弟別耳。以祖視之，則固吾孫也，取仲子而伯子之，猶吾孫也。故曰兄弟之子可以爲子，系于祖也，則典法不僭。人即有子而撫摩兄弟之子，視鄰之子萬也。矧己復無子而子之乎？則天親不解，故夫無子，而子兄弟之子嗣之，善經而禮之中道也。所謂聖人復起，不易吾言者也。

今太宰李公，以碩德重望，表儀當世，而顧艱於嗣。人與鄧攸、王維後先同慨，公恬然安之。居恒惟孟氏"不孝"之言，謂："無子，第無所用慈耳，乃遂稱不孝矣！""吾兄有子，此不足以成吾之孝乎？"於是告之祖先，立以爲嗣君子，以是知公之明於禮也。嗟乎，世之人不勝其房帷之私，遂有子其妻兄弟之子若私之子；即不然而子其女之子，若鄫之於莒，賈充之於韓謐，往往而是，是烏知禮！意李公明於禮而以義斷之，其賢於人遠矣。公由給諫起爲今官。開誠布公，以武侯爲鵠，即嗣續一事不足以概公之大，而亦斤斤秉禮，不苟爲私昵如此，此烏得無賀？然《禮》有之，"昏禮不賀，人之序也"。立之嗣而祖先之祀焉，是承其爲人之序也，大矣，又烏得賀獨謂是舉也？而足以成公之孝，明公之有禮，則區區之私慶，所願以致之公者也。

封監察御史趙公夫婦六十壽序代

今天子御極二十有八年，壽考作人，斂福錫極。於時秦、雍、邠、梁之間，有夫婦齊年，康強老壽，坐觀其子之成名，而邀天子之寵靈，以食其報者，則閭里詫爲奇遭，而簪紳侈爲勝事。若今封公趙先生，則予不佞稔聞之，而嘆先生夫婦深培長發，其所以致是者有基，而所以享之者，且未有量也。予未獲侍先生杖履，而昔與先生之子子方同在中秘，是以知先生大概云。

蓋先生矢志負戴，甘隱如飴，有祝牧之風；世業耕耘，不慕榮達，有龐德公之致；嚴愛並用，不失雍熙，有華子魚、陳元方之軌。環郊而居者，靡不頌先生良士，即又靡不稱述祝願之。此皤然兩黃髮，是鄉邦之儀則，而盛世之禎祥也。深於樹而厚溉之，其獲之也必穰，而食之也必豐且久。蓋八座非崇，百年非遠矣。歲庚子，先生夫婦皆年六十高矣，而適子方以御史奏最，于是先生夫婦實拜褒綸禮。六十始壽，而適膺封典，荷天子恩最厚。昔與子方同中秘者若而人，同師門者又若而人，相屬稱觴爲祝，而命不佞擇言以先酌者，不佞惟先生夫婦以厚德覆被其鄉之人，而鄉之人咸稱述祝願之。則黃耇鮐背，固先生夫婦所自有，其何有於不佞之言？不佞之所爲祝，則先生自爲壽，與子方之所以壽先生者在。《禮》「六十曰耆，指使」，爲《禮》者曰「耆，稽也。」有稽久之義焉，而以意指令人，則不必其身親爲之矣。先生終身蘦畞，不獲以其身效用當世。而子方服先生之訓，爲天子紀綱法度之臣，直聲在朝廷，德澤在畿甸，譽望在天下之人心。天下之人莫不知子方爲良直指，而子方逡巡引避曰：「小子何知？家尊人之庭訓也。」於是知先生之所以指使其子者，在天下國家之大，而非夫屑瑟米鹽，以家人產相告戒也。于是先生夫婦之賢，得子方益著，而子方萃畿甸之歡，合天下之祝，以壽其親，必且由耆年而引之毫耋期頤，由豸冠翟彩而往崇秩穹階，可計日而待矣。聖天子惟天保定，悠久無疆。先生以盛世逸老，含哺鼓腹，歌咏太平。而子方駸駸向用，據要路津，以佐聖天子久道之化。則先生自爲壽，與子方之所以壽先生者，又豈有量哉！

説牧送保定守汪君入計

民於何而生？曰天地，民而寄生於天地，即蓋容足矣。君于何爲？則天地，於是乎寄養道焉，於穆之運也。二氣之呴暘，百物之蕃滋也，天地也。天地不言而利溥矣，其於養固不具哉？具也。日酌而挹之而日不匱，民需天地矣。日明民而劑之，而令民得其所以養，則天地需君，疏君之澤而均布焉。使無一民不得其養，則君又需守若令。《禮》："九州之長，入天子之國曰牧。"牧之訓，養也。守若令而稱民牧，牧民也。君之制，天地之道也。顧養之宜莫如惠。昔史遷傳子產循吏，靡所徵實，第曰"不令而治"耳。仲尼亟稱其君子，曰"養民也惠"，而又諮嗟嘆息乎其卒也，曰"古之遺愛"也。史遷所以稱循吏者也。迨孟子曰"不知爲政"，就所爲濟人者而稱引徒杠輿梁云云，可謂非政。然意在乎民不病涉也，則惠之爲也。故惠而或不足於政，未有屬民而可以爲政者也。仲尼之論子產曰"惠人"也，史遷所以稱循吏也。

高皇帝剗除腥穢，洗滌寰區，郡縣因秦，守令因漢，意所爲奉天地養民甚厚。循習久遠，浸以陵夷。位以膏身，不聞其以身靖也；民以膏宦，不聞其以宦養也。暇則外粉致之以爲名，遽則委之耳心，煩於條之，不得其緒若棼絲，巧托於不可如何。若累卵於盤，而莫之敢移也。何也？至三年大計，所爲幽明誅賞，予不獲窺見要領。第聞舊歲吏入計，以廉旌，或旋以冒敗；以功能褒勞，或旋以不勝任府，辜去矣。嗟乎！吏不以養民爲職，計吏者不以民養不養爲殿最，循習久遠，侵以陵夷。民焦灼無復之，而苦於其生之日蹙也，非朝夕矣。

歲庚子予起家北上，實徑樊輿。於時，春始中，所司爲粥與民之餓者。貿貿然來，則嗟以食之，至輯屨去或不能步，而風雨釀寒外迫，往往僕道上。肩輿過側，怛然隱心傷哉！粥無當於衣，而食固不救寒。死已矣，將腐骴赫然周行，任烏鳶食也。詰朝而聞守汪君出金錢收瘞之矣。予不習汪君，當是時亦未嘗紹介相覿，私獨聞埋骴之事，爲汪君心折也。斯之於民，是真能以惠養者乎？今天子，心無日不在民，即礦人權使者交橫四出，與民爲難，猶日敕戒之曰："毋或敢侵削兆民，取怨於下。"豈其計守若令而不以民養不養爲殿最也？樊輿，神京右輔，汪君養其民既效矣，入天子之國計必有異等，旌賚如漢几杖高車故事，以風示海內，自汪君始。予耳汪君之賢久，而信汪君之賢也以目，故遂以予所目擊者對其僚蔡君某之請，以贈汪君，爲汪君祖道。若其他治行，煇赫在人聽睹，茲可不具也。或曰，汪君家居析產，嘗割膏腴以命其姪之孤弱者，而自取磽瘠。夫慈仁長厚，自諸生時已然。矧今奉天子之命，以牧此民也？審爾，予益有以信汪君矣。

送保定守汪君入覲序

保定于古爲上谷地，實北迫虜一邊郡耳。成祖文皇帝奠鼎幽燕，南面而制天下，于是始宿重兵拱翼京師，若漢扶風、馮翊稱重鎮云。地曠衍達兵，營塢錯置如堠，民獷悍難馴。且當冠蓋孔道，供億煩而奔命日棘，民財力竭矣。卝稅之使，復虎噬蠶食其間，民之困于斯爲極。汝南汪君，守保定有年，日求民之瘼，而與其郡邑諸長吏共噢咻之。民瀕死者蘇，而悍者漸若于訓，治行聲名，幾最三輔。

今天子二十又八年，大計郡吏。于是汪君率守若令在部以內者入而述所職闕下。脂車有日，諸守若令走使都門，乞予言爲汪君治祖。予不佞無以贈汪君，獨嘗聞匠石之治室矣。其經域也，室中以几，堂上以筵，門阿以雉，經塗以軌。其庀材也，大者宋楹，細者榱桷，修者桱闑，短者欂櫨，具矣。然不自爲也，于是號百工使受事焉。及室之成，主人度值，顧不于百工而于匠石，曰：「匠石之功也。」匠石曰：「否，否。」昔晉獻文子成室，長老頌焉，曰：「美哉乎，輪奐！」則皆主人之功也。今汪君致貢天子，天子問：「保定治狀若何？」則稽首對主：「臣，天子不以臣駑下，使受保定，臣不自知任否，惟是所部諸郡邑，各以最列上矣，臣復何狀？”已又問“君何以治保定？”則稽首對主：“臣，天子垂意治理，恩詔數下，臣爲表率，良吏宣佈恩澤，如詔格而止。此聖主之德，臣又何功？”于是天子知保定賢且長者，識大體。往巡行使者，每列保定高等，乃今而信其賢不妄也。漢光武有言：“名冠天下，當受天下重賞。”若汪君者必且有異數，褒之如漢神爵、五鳳間事，在此行矣。然予又聞魯孟孫之治室也，使公輸子，斧斤之聲日有所聞矣，而虞其心之弗既也，命其隸從傍持之。公輸子曰：“臣受命治室，不能與豪奴從事，必若所爲，臣有投斤而却耳。”孟氏斥其隸而謝公輸子，使卒事焉。室成，而以美聞魯國。夫治室小技耳，乃不欲以人奴故改錯規矩，則公輸子賢也，矧汪君而當今卅税之使哉！夫惟孟氏謝公輸子使卒事焉，而知天子終有以賢汪君也。然則汪君者必且有異數，褒之如漢神爵、五鳳間事，在此行矣。

高氏兄弟贈言

　　處世上最勞苦而莫能休逸者，莫如人貧且賤者，衣食奔走，終歲不得休息。富者營營于券策庚畝之間，唯恐一有所遺，以不盡其利。即貴有職者，自一命而上，莫不欲精求于事之在躬，而深虞乎升沉毀譽之不在己者。火馳而不止，甘瞑而不自知，亦可潸矣。然貧賤者望富，富者望貴，若饑渴之于飲食，無人而不然也。則是何故？亦惟是富與貴者之足以釋其勞苦，而專休逸之樂也，而不知富與貴者之勞苦，乃庚侈于貧賤。貧賤之所規[八]儉，而富貴者廣；貧賤之所席卑，而富貴者高。廣者難周，高者易圮。席易圮之勢，而規難周之欲，則吾未見富貴者果足以釋其勞苦，而專休逸之樂也。然則富貴之果不如貧賤乎？曰“否”。蓋有所以善富貴之道焉。善哉乎孫叔敖之稱言之也！曰：“吾禄益厚，吾施益博；吾位益高，吾心益下[九]。”施博，則人忘其富矣；心下，則人忘其貴矣。已有富貴，而令人忘之，歆然自視，而亦自忘之。人忘之則不驥，而自忘之則不桎。其遊心也適，其宅身也安。然後知富貴者之果足以釋其勞苦，而專休逸之樂也。

理寰高子以貲遊太學，而其弟翔宇者，故千夫長，亦以貲進秩軍揮。高于翼城爲望族，代有雅稱，墨綬而操符民上。與夫儒衣冠而稱詩書者，肩背相視。乃二子獨用貲顯，二子恂恂粥粥深于藏之，而恬于用之，有儒者風。前予所稱，施之物者博，而自視也下，庶幾于二子見之矣。嗟乎！今天下氓庶顛之連極矣。礦攫之地，害己及民；稅攫之民，害且及國。刑餘之人，擁軒旌去；而郡國之長吏，荷桁楊來，吾未暇究其所終。而以彼之爲，固亦氓庶之憂而士大夫之極辱也。令二子而居得爲之位，其何以刷之？夫佐屬效職，長吏操其長短；韜鈐舉事，文吏猾以齒牙，其掣肘而不得自行其胸懷明甚。然二子者，吾知其必有以自見也。蓋人惟自視歆然，而後能輕富貴，能輕富貴，而後可與共爲天下事也。吾蓋以二子之素卜之也，二子勉矣。異日者郡邑稱循良而邊隅倚爲保障，所謂遊心于適，宅身于安者，不煩推挽而兼得其所欲者也。則夫釋勞苦而專休逸之樂者，又或別有所在乎？二子之家固有墨綬而操符民上，與夫儒衣冠而稱詩書者，其試以予言質之。

校勘記

〔一〕"嚴"，似應爲"延"，録以存疑。

〔二〕文題無"又"字，目録僅"又"字，合而爲現題。下篇同此，徑合，不出校。

〔三〕《後漢書·循吏傳·王涣傳》："和帝問曰：'在郡何以爲理？'寵頓首謝曰：'臣任功曹王涣以薦賢選能，主簿譚顯以拾遺補闕。臣奉宣詔書而已。'帝大悦。""安帝"當爲"和帝"，録以備考。

　　〔四〕"劯"，原作"劯"，當爲"劯"之誤，故改之。後徑改，不出校。

　　〔五〕"歈"，原作"歈"，當爲"歈"之誤，故改之。後徑改，不出校。

　　〔六〕《白虎通》："司空主土，不言土而言空。空尚主之，况於實乎？"《白虎通》爲班固等整理的會議記録，故云"班固之言"。録以備考。

　　〔七〕"商工"，不辭，或爲"商工"之誤。故改之。

　　〔八〕"規"，原作"規"，當爲"規"之誤，故改之。後文如此之"規"，徑改，不出校。

　　〔九〕《列子·説符》："孫叔敖曰：'吾爵益高，吾志益下；吾官益大，吾心益小；吾禄益厚，吾施益博。'"引文有節改。

序

河津薛氏族譜序

薛，黃帝後，自奚仲受邑，子登受氏，歷年長矣。代有顯人，則明德之遺乎？高皇帝手闢混濛，乾坤載正，扶輿之氣久漓乍凝，篤生文清，羽儀聖代。文清質鄰天縱，道繼聖修，所謂曠代偉人。寰區間氣不獨鐘毓河東，冠冕當世而已，嗣後雲耳繩揖，最稱繁庶。上焉入對金閨，流芬桂籍；次亦升榮上國，發藻儒林；即素封黃鹹之民，亦以乃祖列祀，瞀宗復其力，世世無與。於以見仁賢遺澤，彌久彌新，而明德紹休，於前世有光矣。

其某世孫某某，慮源遠或淆而莫辨，支繁或泮而不屬。於是本仁義，率祖親，別宗支，明統系，爲薛氏譜，用視方來。而又以高墻于薛，予不佞墻于高，抑亦有葭莩之誼焉，則過而問序。予惟敦本睦族，《禮》有成言；檢躬端慮，以不負本始而隳家聲，則有文清之遺訓在，予復何言？獨以薛之族，巨也。或有鬩墻之釁焉，則分而內攻；而或有同室之鬥焉，又合而外禦。合不以萃渙，暴寡苦怯，即恣睢武斷不自知；分不以厚別，離析參差，即宋蘇明允所稱“骨肉而路人”之不旹也。嗟乎！還而內視，樹敵益多，攏而外馮，糾合易逞，則世德不修，而族之巨，生禍矣。嗟乎！道非天畀，弘之在人。不聞文清而先有世則，乃獨躬明德，而儀後世。豈典刑在望，不能紹明光大之，至負本始而隳家聲，謂世德何矣？夫覽[一]者必自愛，我賢者之裔也，而躬底不類乎？忍乎？覽者必恂默下人不自恃，我賢〔二〕者之裔也，而藉之以自逞乎？不自惡乎？人人有自愛、不自恃之心，吾不慮分而之內，合而之外也。《詩》曰“無念爾祖，聿修厥德”，夫亦人修其德耳。考《禮》而求敦本睦族之道，固不易此矣。

江西鄉試錄序

臣睹往錄序文，率稱以醮士。士始進而以正醮之，使若於訓，有忠告之誼焉。意良厚，然士往往弁髦之。即異日者道德勳伐，節義文章，卓然重當時而名後世，亦士自賢耳。不謂主司實始醮我，遂奉以周旋，無敢失墜，而因以有聞於世也。即士無庸以言訓，明甚，臣知之而復曉曉以言訓士，臣則贅矣。

臣惟試所爲錄，錄士若文也。夫士，更三年一比，豈以久奧渫也？特離而升之，爲多士寵容亦惟是，異日者，於國家須緩急之用焉。然而文非所以致用也，緣文而收之，挈文而程之，藉文而奏之。夫乃文焉而已，而無裨於用乎？曰否。士用世以才，而所以用才以心。心徑寸耳，所爲沃其靈根而開其智牖者，惟聖賢載籍是賴。彼其酣載籍而出之，則心聲也。而持衡者覆之，則心印也。昔先臣楊文定溥之舉於鄉也，胡祭酒儼實主試事，曰：“夫夫也，異日必能爲董子之正言，而不爲公孫弘之阿曲。”乃卒若符券合也。此豈有他術哉？亦信之以文而已。故文者，徵心之符而程才之方也。夫既藉文以程才，文而當，即又藉以程世，夫直以文而已。蓋士必心精盡斂戢於矩中，而後才具不淫軼於事外，故以文程焉。若曰“是心之寄，才之所注也”。才戒於逞，心戒於馳，言戒於放，有儀的焉，即此而具矣。由是藉而進之天子之廷，曰“是士之所爲先資也”。士方伏處嶔巖，目不睹紛華之變，故其言多質實而不浮；慮不圖榮辱之機，故其言多草野而無忌諱。自恒俗視之，若見以爲椎少文，或徑遂而不達於變。不知樸茂直致之言，固明主之所欲亟聞也。然録不以士之文也久矣。臣嘗反覆思之，不得其解。及觀宋臣蘇軾之言，意殊有當也。軾之告其君曰："策試多士，將求山林樸直之論。而所試舉人，不敢指陳闕失，阿諛順旨，臣竊悲之。退而擬試策一首，直載所聞，庶補萬一。"此擬策之始也。然軾所以擬之意，蓋惟恐不樸，而今也或飾以文；亦惟恐不切直，而今也或易以婉，非其質矣。臣最庸劣，無所比數，何敢言自信？然不敢不信。詔旨今所録多士文，于初場節其長語，使還於約；於後場綜其故實，暢其指歸，使極於詳要。皆本多士之質時橾栝之，以不失山林樸直之意而已。蓋江以西，俗敦儉雅，人矜名義，端人德士之所觀刑者素，而道義風飾之所漸涵者深，故言而粹，然一出於正，不煩藻斧。即以臣之庸劣，亦得有所馮藉以襄大典，實有厚幸。儻廈旃清燕，一奉覽觀，知士之進不徒以文，亦各有所負，即士之文復不爲窾語，亦或可見之施行，不盡刺謬也。若然者，即一士一言已稱厚獲，矧兹九十五人與所籍奏二十篇者？或萬分一可藉手報命，以無負聖天子崇重求賢之至意乎！蓋臣推原録士若文之意，而竟其愚，以效區區一念之樸忠如此。若多士能自束脩，卓然重當時而名後世，彼其道德勛伐，節義文章，亦士自得之。其波及臣以知人之名者，士之餘也，臣何敢知焉？而必以言訓之曉曉也。

湯年伯六十壽序原稿

湯嘉賓欲以册使奉母歸，壽其封公六十。予艷其遭，復慕尚其志，顧私止嘉賓："可無庸歸也。夫士處鄉里難，册使之反命以歲計。致天子之命藩國，而還其鄉里，遠者以月三四計，餘皆其里居日也。人之於人，徼恩而不售，則歡不終固；銜怨而不釋，則患不終弭。兩者無一不可虞，而怨甚；亦無地不有，而鄉里甚。優遊承明著作之廷，迎封公來，偕同署二三兄弟，奉巵酒爲壽，不適乎？奚而歸也？”嘉賓笑應曰：“否。以吾子所稱，必終去鄉里而家於官也。可必能逃此橫目，而宅廣漠無人之境也？可此固世所必不有者也，夫鄉里顧所以處之何如耳？予故樸衷，視世上人無一非可親敬，而又思古人正容悟人，使人之意消，當自有道也。蚤夜圖惟嚴所以檢身，而慎其所以與人者。即非意來，受之未有不安也。而施不敢以所不安，未嘗少自張焉，以生人心。猶慮實張而象爲恭，以貿人之疑也。予故樸衷，未審習鄉里而安之道宜出此與否？久之，亦遂舍然相愉，而油然不相柴栅矣。即相愉而不相柴栅，倖耳，敢不謂難？要以生理之直未泯于人心，即世津之末流，亦未始不可以道御也。歸而壽吾親，將鄉里之歡心，於是乎在。猶畏簡書有程，依膝下之日少，不獲日與鄉父老子弟狎耳。胡不歸？”予聞而服，嘉賓養日沉，德日益進，未可以尋常涯量若此。

又聞其封公文南先生，簡靜識大體，一切居間關說，不以浼嘉賓，欲嘉賓一意澡修，爲時名臣以廕暎鄉里，而庇其子孫無窮。然則嘉賓之歸也，入而稱觴，有天倫之慶，出而遊其鄉父老子弟，有桑梓之樂。又安所不適，而又安事予之過計爲？嘉賓歸矣。

湯年伯六十壽序改稿

湯嘉賓欲以册使歸里，壽其封公六十，予艷其遭，復慕尚其志。顧私止嘉賓：“可無庸歸也。嘉賓携兩弟奉太夫人邸中甚適。封公復騫健，以嘉賓念切，數擬北上。嘉賓委蛇金馬迎以來，兄弟羾輚，奉巵酒爲兩尊人壽，極人子之願矣。夫册使僕僕爾勞也，其反命以歲計，致天子之命藩國而還其鄉里，遠者以月三四計。里居而奉膝下之歡，能幾何時？且里居之概，嘉賓自知之，人固處鄉里難耳。即歸，顧孰與邸中適也？"嘉賓笑謂予："此正某之所以欲歸也。某自一人耳，出事公卿，入而接其鄉之父老子弟，未有殊也。某居邸今幾年矣，復有何事？即事萬有不齊，一靜觀而順應之，復有何心？不謂無我，而未嘗覺有我，自薦紳皆然，矧鄉之父老子弟，某習之生平者乎？某去鄉里久，亟欲歸而遊其父老子弟，起居杖屨，以考問其風俗之汙隆，物力之登耗，相與安養其老者，而訓其少者。凡我鄉里，將無聽足音之跫然而有喜心？某從父老子弟後，以大官法醞效萬年之祝於吾親，令吾親身不出里門，而有戲綵稱觴之樂，其愉愉適也，未嘗不侈于居京邸時矣。即某僕僕爾勞于道路，足以奉吾親終歲之逸，里居而萃父老子弟之歡心，足以極吾親一日之養，此亦人子之至願也，胡不歸？"予聞而服，嘉賓養德沉厚，未可以尋常涯量若此。

又聞其封公文南先生，簡靜識大體，一切居間關說不以浼嘉賓，欲嘉賓一意澡修，爲時名臣以廕暎鄉里，而庇其子孫無窮。然則嘉賓之歸也，以鄉里之歡爲親壽，以親與身之所以施於父老子弟者，爲鄉里榮。即嘉賓安有不適，而又安事予之過計爲？嘉賓歸矣。

程豫録序

制舉之有程什九，司衡者筆第士名耳。乃議者欲因而實之，曰豫擬，虞漏校閱而程是務，虞妨取士之業，而繩墨糾之，以登天府。庶幾先資之信乎？意甚善，卒乃不勝其苛束而淫醹之也。夫畫馬者，神全而精注，胸中有全馬矣。急振袖從之，猶恐後時，而欲徐以待裝池之後乎？且其蘭筋、隅目、霧鬣、風蹄，割衆人之長而雜綴之，則莊生有言"馬之死者，已過半矣"。夫善畫馬者，必善相馬；善相馬者，必不以畫馬妨相馬。蓋畫有別傳，即毛肉可棄；相有孤詣，即驪牝可遺。畫與相，有懸解，即廄馬可師，而帝之詔可不奉。若江都風雨奮筆，而曰"姑徐徐爾"；九方歅〔三〕若恤、若佚、若喪，而曰"子之所使相馬者，敗矣"。則驊騮之殊阨，而志士之奇慟也。

丙午，予濫江右之竿，禄禄守株，靡所表見，意殊不自得。及觀采于豫方諸撰製，復爽然自失也。今其業具在，蓋浚於極深，發之持滿，與餖飣爲華，而中滿不副者，不啻霄壤。然俱得之闌棘以後。是何其間于爲程，而復精於品士，兩不相跂也。采於自兼才要，亦見天下事未有一了百不了者。安在乎苟束而淫醨之，令重迹不容，而己方揚揚矩步以自詫哉？嗟乎！上所操以取士，制也，復有制制者。以局外之身，毛櫛而橫其口，亦復何難？第慮夫制多而國之事愈以棼也，憂不獨在制舉矣。

壽季父立翁先生序

伏以璧海添籌集祉，介南山之壽；瑤池命使陳詞，佐北海之尊。心結龍門，情同燕廈。恭惟季父立翁先生座下：天予子諒人稱樂易，席父兄之清廔，無忘澹素之風。教子侄以義方，每矢廉仁之訓，斥廩庾而活族，急賦稅以奉公。振餓收貧，陳太丘以仁心爲質；解紛息訟，王仲方之義聞無窮。老不釋恭，逢途人而磬折；積而能散，推畝稌以舟旋。既衆美之兼胲，宜諸福之咸備。赫奕旌門之綽楔，信爲善於室，必取賞於朝；參差繞膝之纓髦，知植德於躬，必發祥於後。不獨耿國共推爲耆宿，抑亦趙宗深藉其匡持。

聖主方斂福以錫下民，仁人自躬德而登上壽。岡陵遐算，今歲躋六十三齡；弧矢昌辰，杪春當二十一日。穀雨清明都過了，覺化日之遲遲；石泉槐火一新時，更和風之澹澹。點綴人間，花鳥權握東皇；輝煌天際，弧狼祥呈南極。華堂命酒，賓筵集黨里之衣冠；樂部徵歌，曲調按《箾招》之節奏。前期飾俎，有肉如陵，有酒如澠，以燕嘉賓；迭起稱觴，如川之至，如松之茂，以祝君子。拓奐輪而華鳥革，甲第新開；萃姻友而稱兒觥，壽筵載啓。蓋宗枋之盛事，亦閭里之榮觀。

用光幼荷撫摩，長承訓切，欣逢華誕，知五百歲以爲春；敬介燕言，馳二千里而致祝。所願椿齡益茂，見桑田滄海之屢更；更祈槐廬彌長，衍亏冶箕裘于毋替。寄調《千秋歲》，何以文爲？用佐萬年歡，以先酌者。

順天府鄉試錄後序

今天下士習之卑趨極矣。賢者，幼矻矻經義以待舉，長居官建事，歸老林巖，優遊自適。而其下者，出，賈於官，處，豪奪于鄉曲，武斷居間，老死不厭，以爲得計。而不知士所以自待，與國家所以待士，政不爾也。

國家功令，三歲一舉士於鄉，合而待公車之對。而今茲京國以百四十人舉，此百四十人者，即人人國士，然使入對公車，固未必人人能也。甲乙之途異，則遇不遇之念岐，等天下事耳。偃蹇春官者，謂非我輩所得爲；即出而服官，謂非我輩所能爲；而一升諸司馬，復軒眉闊武而橫蔑之，以爲不足爲。三者無一可倚藉以待國家之用。國家所以勤薪櫔而收之者，卒若木馬塗羹[四]，無一可以效驅馳而備緩急，此亦多士之羞也。夫士操修有本，豈必關時；表豎[五]有具，豈必問位。上焉，遘會風雲，委身致主，心專於奉國，識周於謀國，才工於赴國，而不作身家妻子之圖。次，以孝廉通籍，亦各發舒感奮，勉樹勛名，勿以日暮途遠，爲倒行逆施之計。即終老嶙巖，不一用於天下，亦敦倫砥節，譚道淑人，死不爲不義，以貽父兄鄉黨之羞。若然，即末寮散職，亦可以鼎呂朝廷；巖樓川觀，亦可以斗山當世。何必盡致雲霄，盡登華膴，然後爲快哉！蓋士生斯世，自鬌年而黃髮，皆學問之時；自畎畝而巖廊，皆經綸之地。孔子謂，用行舍藏，惟己與顏子能之。夫士亦大行難耳。時捨身藏，復有何事，而孔子鄭重若此？始知淹淪隱約之日，自有學術；桑樞褐塞之中，自有作用。所以顏子終身陋巷，不以不試貶賢；子貢大馬華軒，逡巡而愧色于原憲也。多士勉之！

臣又聞樹穀之效以歲，樹木之效以紀，樹人之效以世。今舉士於鄉，連翩取甲第，多即相詡得人。以閱世之計，而欲題之數閱月之間，何其索之急而不大也？臣竊非之，故備舉以告多士，欲其不搖於恒俗之非譽，而自信堅。自信堅，而後隨時可以操修，隨地可以表豎也，多士勉之！

歲丙午，臣衡文江右，未敢以言醵士。謂士材品不齊，不欲以局說概之。乃今不能不以言醵都人士。要臣所以醵都人士者，皆時時可以自修，處處可以自見，人人可以自勉者也。則願爾多士，交相勉之而已！

名藩大雅冊序

永和殿下德稟珩璜，學窮宛委。親兼郕霍，首開東邸之封；座有應徐，時啓西園之宴。挹賢豪而擁短簹，碣石築宮；集英偉而曳長裾，稷門置館。永作維城之固，允爲磐石之宗。頃者譽徹埋輪，樂爲推轂。署以《大雅》，楚詩沛易，遠追麟趾之風；望重名藩，霍岳汾流，益羣犬牙之勢；朱門懿則，白社奇觀，不獨馳紐金章。耀休光於國譜，抑亦象盤玉七，介景福於仙經，芳徽卓冠於一時。善頌兼集於衆妙，蓋王本功高屏翰，追東平、東阿以同聲；而詞亦字挾風霜，媲大山、小山而爲烈。謹疏短引，用作前茅。飛廣袖而奮長纓，雖則負深慚於竹簡；體寬仁而躬孝友，尚期流永耀於桐珪。播揚則糠粃在前，擊拊而球琳並奏。庶八公著造，昂百金於淮南；而七子咏歌，共千秋於鄴下。

張懷宇太守詩册序

張君成進士，母安人已前歿。封公兩拜恩褒，禄養方康，奄忽淪逝。當封公無恙時，諸咏歌其事者，率皆艷封公之壽豈，而痛母安人之遇。迨今而夜壑舟移，荒原木共。向之斑綵丹綸，備庭闈之樂事，侈閭里之榮觀者，總歸一痛矣。木欲靜而風不休。凡此咏歌，其刁調之餘響，而明發之靈籟乎？抑聞諸《禮》，君子履霜雨，而悽愴怵惕乎其心也，如或見之，將祭而齋，如見所祭者。君居恒撫是册也，將無有所見焉否乎？近來卷册贈遺，紛紜充棟，顧其間無一衷語。即求一言焉，遠於衷而偶傅於格，亦萬不得一也，私心厭苦之。意其意，第相與爲觀美云爾。

張君詣予求叙，語及兩尊人，愀然其若悲，穆然其有餘思也。彼或於咏歌別有見焉，而于所不可解；亦別有寄焉，豈世之相與爲觀美而不本於衷者，可同日道哉？君今剖竹天水，日尊顯光寵矣，意卷卷是册，不少置念，即古所稱"終身之慕"，何以加此？予故樂爲之叙而歸之。

香海棠詩序

古來豪雄瑰磊之士，材與遇合，得極意用，生平無幾微憾歉者，可指數也。而厄于所遭，沈抑佗傺，老巖壑不一竟用者，往往而是。未嘗不低徊悲慨，謂造物忌多取，即于人亦靳不少縱若此。則夫齒角齒足翼之用於鳥獸，而酌花木於色臭之間，不足多怪也。

昔劉淵材恨海棠無香，自措大癡想，乃嘉州顧實有香海棠。予友袁仔肩氏故守嘉，每爲予言，輒令人遠想。及微其狀，謂香如蘭稍淡，即色深者，亦若朱勻薄粉然，不盡渥丹也。色正赤而香濃，獨牡丹芍藥耳，昔人至品之花王、花近侍，固已極賢豪之殊遭矣。嘉州海棠幾兼得之，而各有遜焉。于王，蓋扶餘國主；于禁近，抑管、葛之流亞乎？此亦造物者靳不少縱之一驗也。

仔肩涖嘉最久，賦咏亦最多，哀而刻之燕中，而命予一言弁諸首。人亦有言，齊魯二大臣，史失其名，黃四娘何人者，以工部千載？然則此香棠者，亦奇有遇矣。

一笑園詩稿叙

詩故無畛域也，要之以民風爲本。故先王省方，命大師陳而觀之，用固保其良者，而隄其頗者，以定民志而緝皇猷，厥用最鉅。乃後世割而屬之文人學子，以爲顓業，則詩之途隘矣。間或蒿目民隱，寓意謳吟，不過寫閭巷之悲愉，指致治之得失。於所謂轉移化導之方，概未有聞焉，即詩之用亦薄矣。予嘗喜劉彥和之言「詩者，持也，持人情性」，以爲妙得詩理。顧第以義歸「無邪」當之，猶惜其言之局而不備也。夫觀民也，固保其良者，而隄其頗者，獨非持之爲用乎哉？持身防淫，持民防辟，交相持也。而後可以適治，夫然後持之訓該，而知詩之義大也。

黃令君涖河，未期月而政和，予深有感乎令君之爲政；已出其詩視予，予復深有感乎令君之爲詩也。循吏也哉，詩流也哉？已復以令君之政，質諸令君之詩，而《愍旱憂人》一篇之中三致意焉，又未始不意奪心折也。令采而陳之於上，必且穆然動當寧之思，轉而墍之於民，亦且欣然有更生之望。則夫令君之所爲詩，固端範宜民之善物，豈與夫文人學士流靡自妍，鑴珝相詫，極貌窮力，而無裨民風者同域論哉！

令君善政多，此不具列。獨爲論詩之義，與令君所以爲詩如此。且以致私慶於河之民，而嘆河之得令君晚也。

黃鳳吾明府破回賊凱歌序

帝王謹夷夏之防，聖賢嚴王霸之辨。夏商周而秦，厄矣，厄於以慘毒黠詐，驅誑黔首，而帝王所世守之綱常亂；漢唐宋而元，再厄矣，厄於決內外之限，令犬羊雜種交錯內地，而帝王所自立之中國亦亂。高皇帝手洗羲常，煥而重朗。向來羌胡竄入者，壹是兼容，不煩淘剔，自天地之量矣，而不虞後之延緣跳驚也。

族類異則心異，不足多怪也。封疆之臣顧安所逃責哉？林箐深迥，支類繁，誅討不易，時小寇竊，姑聽之，俄群逞矣；遙曈小聚，幾易逃耳目，姑聽之，俄蹂郡邑矣；室攫行禦，盜猶未賊也，姑聽之，俄刳斷焚瘞，人如弧薪矣；延鄘西漢間，無奈其窟宅此也，姑聽之，俄長驅渡河而東矣。鼓行以前，鋒聲甚怒，風日黯慘，市野愴儴，向非我明府馮赫一大創之，幾不廑縣官西顧，貽驕奴笑哉！明府一令耳，位不席監司鎮^[六]撫之尊，御不獲旄鼓韜鈐之將，庫不豫弩矢戈鋌之器，陣不列什伍坐作之兵，而能邀擊狂寇，令搏顙崩角，若窮猿駭鳥然。嘻，亦壯矣！

用光予告里中，眼見劻勷，身芘保障，義不得含嘿，用歌凱歌以章之，而以數語弁首。乃私心殊幾幾乎有長思也。嗟乎！抹心迹陰陽之界，令王霸雜而夷夏混，則秦元首比，無容覆讕。嘔心而策攘寇，蒿目而計徒戎，伊誰事哉？而或泄泄然不蚤為之計也，此夫可為隱切者也。爰屬而次之，以告夫有封疆之寄者。

送廉吏河津少尹思川黃君序

昔管敬仲稱國之四維，歸之禮義廉恥。予謂不獨維國，正可訓官。夫官以禮義為經，以廉為要，以恥為本。故夫子論士，不言禮義，不言廉，第曰“行己[七]有恥”。有恥之士，必不爲無禮無義不廉之事。敢爲無禮無義不廉之事者，必其無恥之甚者也。善乎，歐陽永叔之言，“禮義，治人之大法；廉恥，立人之大節。不廉，則無所不取；不恥，則無所不爲”。無所不取，無所不爲，則人類化而爲禽獸，而國步隨之，蓋其重如此。

高皇帝以重典懲貪，章句之士謂其取天下於濁亂之餘，不如此則源不潔，人不率。要以拔本端範，即在平世，道自應爾，非獨刑亂之爲用也。邇來廉恥道喪，貪冒之吏無地無之，民日以不恬其生，而治日以窳至煩。廟堂奬飾，顧漠不變也。夫貪人之爲計遠矣，攫市飽壑，而以其餘市官市幸。得之則揚揚擁重貲去，即不然褫而列之齊民，而其所得已多矣，妻妾子女田廬僕馬，皆充然温裕。而暇顧朝廷之法，禽獸驅之；黨里有識之士，犬豕唾之哉？予嘗妄謂“不懲貪，廉必不貴；不嚴没入之法，貪必不止。”十最貪人之所入，而苞苴之耗也，一；貓鼠之割也，一；戚黨之灑潤也，一；破三而後能有其七。七之敗也，稽籍之十而没入焉，彼孑然一身，至不名一錢。而且捐自有之官以殉之，折閲甚矣。貪人之爲計遠，肯爲是哉？則庶乎民有更生之日，而治可幾而望乎！

予病廢久，睹貪吏之搶攘，食爲日損。僅僅少尹黄君一人，復以王官被[八]之。當事者之黜陟，予不能知。獨計黄君以文無害發家，更兩任，至一介不取，令人愧。司銓者不有異等之旌，爲人吏勸，乃使曳裾[九]王門，名陟而實永錮之，令人疑。貪吏享富人之樂，而笑廉吏之拙。廉吏苦貧，上復不有以異之，而令垂首敗其官去，令人憤懣惶惑，莫適爲主。此予所爲咨嗟太息，而不能止於言也。君行矣，釋負而咏歸來，已足自樂。矧家無不義之財，宦無疚心之事，優遊田畝，閉門課子，其樂無涯。慎無致疑於命數之權，而邑邑不自得也。

校勘記

〔一〕"覽"，原作"賢"，當爲"覽"之誤，故改之。下文"覽者"同，徑改，不出校。

〔二〕"賢"，原作"賢"，當爲"賢"之誤，故改之。後徑改，不出校。

〔三〕《淮南子·道應》作"九方堙"，《列子·説符》作"九方皋"，録以存異。

〔四〕"羹"，原作"羮"，當爲"羹"之誤，故改之。

〔五〕"豎"，原作"竪"，或爲"豎"的異體。故改之。後徑改，不出校。

〔六〕"鎮"，原作"填"，爲"鎮"的假借，故改之。

〔七〕"己"，原作"巳"，《論語·子路》："行己有耻，使于四方，不辱君命。"，故改之。

〔八〕"被"，原作"被"，當爲"被"之誤，故改之。

〔九〕"裙"，原作"裾"，當爲"裙"之誤，故改之。

記

培風館記

余不佞，居常習静，厭城市囂，遂同友生卜汾水之陽而構〔一〕室焉。得天慶觀隙地，高與城等。鳩工舉事，五浹辰而落成。中拱而立者，四楹；左右侍，各三楹；前，兩楹。後規地，若半壁，爲花圃。前崇土，尺有咫，爲月臺，臺下引水蓄魚。誅茅出竹，芳花佳卉，雜植其中，周以嘉樹數章，清陰可愛。

西北望龍門，杳在雲際；諸山蜿蜒而來，若斷若續，争馳而畢赴。對嵋嶺而俯汾河，若列屏，若委練，可坐而觀。藐姑射山在東南，矼如雲立；西界長河二十里而遥，汪洋浩渺，如或見之。每春回草緑，雨歇山青，花開鳥鳴，水流雲在，即忻然暢懷，神情俱往。或樹林陰蔚，竹影參差，高卧北窗，便足遺世。又或霜湛水痕，風吹月影，亦復襟抱洒然，與秋空共闊。時乎風雲溿互，飛雪彌空，川原一色，阬谷都滿，恍如神人肌膚下照人間，剡溪輕舟欲淩汾水而上矣。地不滿百弓，而景物略備，日與二三知己尚羊乎其間，彈琴讀書，敲詩命酒，何必窅然喪其六合，而城市塵囂，則直揮手去之耳。

抑南華有言，"風之積也不厚，則其負大翼也無力。"厚積而鴻施之，兹所名培風意乎？由是御風而行，泠然自適。高揖禦寇而游乎無窮，又非大丈夫遇合時哉？而取以名吾亭，亦當實不爽矣。

靖孝梁先生祠記

德成于卑，究于尊，尊本于情，概于禮。德士者，逃薰蕕之境，棲寂寞之鄉，我無僻行，人無駭心，見謂處卑久且我尊。蓋人趨薰蕕，則薰蕕衆；我安寂寞，則寂寞獨。夫亦獨尊耳，衆于何有？乃人亦有因而尊之者，生則洒然異之，而没則俎豆于賢人之間，伏臘奔走，久而不能忘也。人情乎？相于情，將淫于禮，惟稽之祀典，于禮不僭，然後社而稷之。于鄉之人可謂曰："公即其後之人，亦非以私昵也。"夫情則何窮之有？惟概之以禮，則是以禮制也，有其舉之莫敢廢也，其必由此乎？

高梁靖孝梁先生，心恬于榮，行合道。朝旌其孝，里溉其仁，閭黨齊民，身相安，衷相慕焉。而後進有志之士，望典型而趨步者，且八十餘年。即其生時，里之人業有祠之鄉者。迨其没，而冢子蕙復專祠尸祝之，人不謂昵[二]也。夫梁先生，下邑一孝廉耳，進不階於朝，布天子之德惠，以澤天下；退跧于野，曾未刻情修容，依倚道藝以翹人，而人爭赴之。今之祠距城里許，過者必趨，入者必致恭焉，曰"梁先生之所棲靈也。"先生何以得此于人哉？先生居恒著書，號樗櫟子，意若無意于用者，而人卒不能忘之，則先生可知也。晚末，世教陵遲，人艷華膴，究所爲崇重而嗟慕者，顧反在于恬退。於以見天理民彝，千古如新。而先生修德就閒，安卑成尊，反不常之貴賤，而操其大常，則道有極，則勢有本。重破執見，而觀之域外，知所極重果在此不在彼也。古昔法施于民，列在祀典，意不獨創制立法，當有蹈不踐之地，崇無用之功，秉德于潛，而爲法于衆者。則梁先生之祠，又衷于典常，非苟爲私昵而溢于情者比矣。君子於是謂，可以徵德，可以風人，可以敦情，可以白禮，具四善焉，祠之不可已也如是。

先生諱紀，字理夫，號晴石。曰靖孝，則先生没，而其門人私以諡之者也。

重修后土廟記

河津邑東二里許，有阜巋然。蓋自梁山發脉，西南走，當邑之乾，屹立不下，爲窰頭，則禹廟在焉。一枝自窰頭東北蜂腰而下，直東走，爲紫金山，而阜爲東南一乳。當紫金盡處，有后土廟，實吾邑肩背云。廟頗弘敞，南向而祠者三，中岱嶽，西華嶽，而東后土。然扁其外曰“后土之廟”，即土人亦曰“后土廟”。所從來久遠矣，碑志無考，不知肇自何代。

萬曆歲癸卯，邑父老若而人，鳩錢穀若干，爲葺其圮者，正其傾者，完其敝者、廢者，而飾其丹堊之剥蝕者。既畢事，群謁予請記。

予惟坤母萬物，即嶽瀆，有子道焉。廟不嶽而后土，似也。然后土僻在東偏，而嶽實中處，則亂而不序。且后土，天子之所有事也，歲時享祀。閭巷小民得以修俎豆而效奔走，則僭而不法；里婦瓣香宇下，麾筭納履，楮勝縑袍，競相贈遺，則野而不典；倡優錯陳于前，艷歌媟語，熒惑神聽，則褻而不尊。且不獨嶽神失次已也，東西向而雜列者，祠以五計，而神以數十計。祠參差若鱗比，而神若棋置無統次也，則棼而不肅。此皆晚世陋習，法之所禁，而禮之所不出也。齊民習焉而不知；儒者知之而力不能舉正；司牧者能舉正矣，而以爲非臨政之所急。環視邑中祠廟，蓋希有不然者。不然則列在祀典，若學宫、若邑城隍之宇、及群望之壇墠而已。

嗟乎！舉莫敢廢，《禮》有成言，“教民美報”，國有恒典，齊民而祠后土，或古親地之遺意乎？何敢求多？惟是晚世諸陋習，冀得司牧者一舉正之，令神秩其次，人衷于禮。神皆相安于冥莫，而合者復不至于潰也。神之聽之，庶其有感焉，而時雨風，節寒暑，遂萬彙，蕃百穀，以福我民。即民亦潔而粢盛，嚴而伏臘，崇廟貌而虔祀事，世世有加，而不敢一日怠也。詎非禮之善經，而範俗覺民之要務哉？而或者曰，"祠廟之興，則圭臬家言所稱'補助'之說"云爾。以視吾所謂肩背吾邑者，若有會焉，非吾之所敢絀，然而不可以明民，則又非吾之所敢知矣。

獨爲紀其歲月，以諗來者，令得有考焉。

解

耕墨堂解 代

堂以"耕墨"名，志訓也。所爲訓者何？蜀李先生闢墨田五十畝，而貽之子若孫，爲燕翼者也。其以名堂也何居？蔚大夫服其先君子之訓，而揭之以永繼述者也。四民，首士、次農。士之子恒爲士，農之子恒爲農。異哉，李先生之貽謀，乃農名而士業也！夫亦見世有馬牛其身者，汲汲營負郭，爲子孫累也，而思以矯之也乎？

乃不佞于大夫之紹述，獨重有感矣。父也，連阡陌而遺之，私若謂世世萬子孫無變也。子乃不知稼穡艱難，而侮昔之人無聞知，即晦廣以平，冊小以深，有鞠爲茂草已爾。蓋有析薪之父，而無負荷之子，從古嘆之矣！大夫業一經，若裘氏、冶氏，世治其官，不出徑，遂而致身守土，爲天子廣播穀明農之化，延及長君，亦復待對公車。而諸郎之以研槧爲耒耜，蚤夜力作，以蘄有秋者，趾相接也。夫耕之在農，事初曰塌，再曰轉。大夫及菖生而首事，而諸郎繼之，其于是五十畝者，亦已轉矣。人得淺深廉猛之宜，而禾無鹵莽滅裂之報，不惟已食其利，而又闡揚光大之，以待來兹，詎不稱賢矣哉？乃大夫登堂，顧謂方怵怵然，有深思也。大夫之言曰：“當户者，專境瘠數畝，猶然强土弱之，弱土强之，以不忘有事。”孰是五十畝之遺，而以一畊稱子職之共哉？汾晋人有言：“問黄金，毋作千箱主。”宜若斯言，則爲富而已矣。竊恐先君子之貽謀不若是也。蓋地即耕，而禾麻菽麥惟所樹之。有如百種不辨，而雜以稊稗，荒以稂莠，此其病與操豚蹄而祝歲者埒耳〔三〕。無亦惟是審五時之候，相丘陵阪險原隰土地所宜，五穀所殖而躬蒔藝之，疏爲泠風，洩爲甘雨，是薰是蓘，必有豐年。用之，則施于國，以粒蒸民；不用之，則修于身，以養恒心。滌場入室，而後薦馨香于祖考，曰：“我不敢忘先世之烈，是則先君子之貽謀，以詔不穀。而不穀葍之，以待後之人者也。蓋有年瘥土，無年瘥土，不穀知竭力耕田，共爲子職而已矣，豐歉何有焉？”大夫之言如此，不佞則前請曰：“昔君家廷珪氏父子以墨稱絶技，流譽千古。大夫受墨之田于先世，廓而大之，培而厚之，則大夫之子子孫孫世據膏腴，不與廷珪氏之墨俱盡也。即受田當一夫之半，斯以奢矣。”嗟乎！趨而過庭，肯堂肯構；退而考業，肯播肯穫，即大夫之繼述，善而益徵，先生之燕翼者遠也。

不佞不獲登堂，稱兕觥爲大夫祝，而作《耕墨堂解》以薦之，蓋不佞則竊附于豳民之義矣。

贊

孫封公像贊

而貌閒閒，而履翩翩，而眸子玄玄，而耳聃聃，是嘗發身乎

刀筆間耶？是嘗浮湛下寮譽翔起，而棄之歸田者耶？胡爲乎金緋
被體，而容服之光鮮也耶？是能迪厥子列柏而握蘭者邪？是三拜
恩封，襲豸繡而冠惠文之冠者耶？又胡爲乎中退然不勝衣，而口
内内然如不能言也耶？蓋嘗考公之世，得公之全，身績德而自不
以爲德，子能官而自不以爲官，劇都榮而自不以爲榮，富得年而
自不以爲年。嚚而鎮之以静，盈而持之以謙。謙故能受，静故能
延，福禄後尋未可量也，蓋相者之言。予非相人者，迫而視之，
亦以爲然。若公者，蓋得天不居，而真能得全于天者乎！

蔡默齋先生贊

予之生晚，不及侍先生，一窺其藩。予之言鄙，舉以目先
生，恐失其全。幸哉有子，爲世所賢，或以爲伊、傅，或以爲
孔、顏，即先生可知矣。而奚俟掇其應迹貌以厄言？嗟乎！予自
以爲知先生深，推先生至也。先生有知，或將含笑于九原矣！

仲弟英臣像贊

絮絮素雲，巉巉齒齒。草樹蕭閒，水風清美。夷猶誰者？曰
汝仲氏。阿堵察之，恒似時似。兩小童清，以琴書侍。縞衣前驅，
繫青田子。塵外烟蹤，固應爾爾。彼攖世人，云胡錯趾。我儀圖
之，來猶可俟。道合絲桐，胸溉圖史。鶴與同清，庶其宜此。

書　後

題山西戊子同年序齒録後

吾晉舉士子，鄉有録，職在藩司。既而以齒序有録，職在附

邑之令長。戊子之役，直指以盡瘁，祀于棘闈，學使者以投劾去，而令長偶虛，以郡倅某攝也。我同籍諸兄弟，旅進而以齒録請，不應。於是衆各散去，而齒之録遂闕。後雖一再刻于京師，然紕漏訛舛，弗善也。

歲丁未，同籍諸兄弟以職以計，以計偕鱗次而集都門者若而人。以視戊子，于今已二十年往矣，始克糾拾是正，獲有完帙，以授梓人。

嗟乎！始而首事，郡倅某責也，顧以直指、學使者之無人焉而遂已。已而自爲之，使有成事，吾輩責也。顧以均是任者，有同籍諸兄弟焉，而有待不可已而已，則舉者廢；不必待而待，則廢者無時而舉。巧避焉而獨毀其成，衆諉焉而坐觀其敗。今士大夫之于國事，蓋稀有不然者，此事之所以日弛，而天下之所以日趨于敝也。成與，否與？淹與，速與？齒録耳，舉不足問也。獨于吾心若重有感焉，是用筆之末簡，以諗我同籍諸兄弟。

校勘記

〔一〕“構”，原作“搆”，假借爲“構”，故改之。

〔二〕“昵”，前後文“私昵”作“昵”，當以“昵”爲是，故改之。

〔三〕“操豚蹄而祝歲”，語出《史記·滑稽列傳》，通作“操豚蹄而祝簣車”，録以存異。

蒼雪軒全集卷十三

疏

創建白衣觀音寺募緣疏

伏以舊山浮玉,頭陀薙草以開林;法界鋪金,居士崇基而表刹。蓋以誦真言于五千龍藏,貝葉翻雲;爭如瞻妙相于丈六金身,曇花覆座。兹惟白衣大悲觀世音菩薩隨地現身,尋聲救難,揭昏衢之慧炬,耀大千世界于光明;泛苦海之慈航,濟百億有生于清靜。綠楊旖旎,甘露橫流;翠竹陰森,慈雲普廕。不獨悲一切艱危之苦,垂手而拔之康途;抑且愍衆生嗣續之難,發願而施以平等。以有覺覺衆覺,舉優[一]婆塞優婆夷,歸心正覺,即是熏修;以無生生群生,凡智慧男端正女,委蜕含生,總歸蜒埴。顧教行迦衛,雖瞻白帕之光而地遠,祇陀未闢青蓮之宇,皈依無所,頂禮何從?

沙門某者,秉堅貞心,作方便事。約金繩而界道,擬開功德之林;列窣樹以分行,欲啓奢摩之路。群情已協,獨力難成,所望卿相、侯王、宰官、開士,各發菩提之願,同游般若之津,多寡隨緣,便宜喜捨。于彈指頃,頓空意海貪癡;當發心時,即種恒沙福慧。衍琳宮二梵,共禮西方大士身;駕火宅三車,普度南洲長者子。是諸功行,難可稱量。所有姓名,別宜鐫記。

河津縣城外西南鼎建浮屠募緣疏

天地分儀，已奠河山之位；王公設險，每資圭臬之功。匪獨壯四履之觀瞻，實以備萬年之形勝。眷惟吾邑，夙號名區。堯舜中天，地在畿封之内；禹湯定鼎，人居邦域之中。迨祖乙遷都于耿冀，遂作王京；及孝公徙祚于岐豐，亦連秦塞；東瞻玉璧，鞏北魏之金湯；西扼龍門，嚴有唐之鎖鑰。時惟勝地，代産英人。名著西河，子夏翼斯文于東魯，里稱通化，仲淹紹絶學于初唐；在馬遷，以夙稱千古之逸才，書成《史記》；在王勃，亦濟美三珠之嘉樹，閣序滕王。逮我文清，有光昭代，立朝方大，每身當九死而不回；持己堅凝，亦壁立萬仞而不易。席台衡而参俎豆，分輝曲阜之門墙；才豪傑而學聖賢，直接新安之衣缽。

二百餘祀，一已爲多。胡在于今闋其不振？或乾坤清淑之未萃，抑山川形氣之未完？而説者謂，河北來而西去，汾東下而南奔，止緣水法無情，以致地靈不聚。議于坤位鼎建浮屠，關二水分飛之勢，萃百年已涣之精。顧工程廣大，物力浩穰，獨重難肩，衆輕易舉。所望闔邑縉紳士庶人等，捐易來易去之錢財，成不朽不刊之功果。隨心喜舍，極力助成。庶此大工成以不日，倚高標而風烈盪胸，平跨乎蒼穹；拾寶級而雲危决眥，俯臨乎高鳥。飛流抱而靈淑萃聚，回龍顧而頭角崢嶸。從此科第林林，並美潁水之龍、汾陰之鳳；簪紳濟濟，盡皆千人之俊、萬人之英。不問曩今，何殊彼已。昂霄聳壑，揔惟我邑之才賢；附翼攀鱗，知是誰家之子弟。

謹疏數語，用獎群心。凡有姓名，各宜鎸印。

啓

辛丑同鄉迎賀新郎君啓時舉二十一人

伏以表裏山河，咏唐虞夏商之風，昔稱盛地；登庸賢俊，群菁莪樲樸之彥，今際明時。光生故國，枌榆春在，滿城桃李；恭惟執事，人林高步，藝圃英流。行霍欽釜，健筆挾千巖霽色；黃汾澎湃，雄詞驅萬頃春濤。屬者振翮西陲，觀光上國。題甲乙而賜第，際辛丑以彙征。辛曰重光，正世運更新之會；丑惟奮若，亦人文迅起之期。三七人龍變雲蒸，亮天工而少一；九萬里鵬搏水擊，羨國士之無雙。玉笋班開，染春衣于苑柳；瓊林宴罷，烘醉色于宮桃。白雪調高，和寡郢中之曲；黃金臺迴，群空冀北之良。蓋晉國天下莫強，而漢室得人爲盛。詹十九日之吉，恭陳芳醑，佇仁高軒。交臂得賢，寧分異地；比肩事主，甚喜同朝。國步艱難，期共矢丹衷于初服；天王明聖，願同堅素節以終身。聊敦鄉黨之盟，勉答朝廷之遇。其爲欽遲，莫罄敷宣，儻覲龍光，可勝鳧藻！

答王曙峰中秋致餉

老年丈青署條冰，高言屑玉。花城雲净，楊慰彼之仁風；桂闕秋分，普恩斯之湛露。屬者玄輪豁照，白藏司晨。吏散庭空，泛冰弦而瀉月；簾垂晝静，調霜羽以披雲。桂籍同袍，每望清光于東海；萍蹤異地，莫追高興于南樓。謬辱勤施，可勝刻戴！共我月千里，遙同醉于玉宇瓊樓；懷人天一方，時結想于瑤林珠樹。

復蕭海印別駕

不佞迹寄鷦巢，命如蟬翼。驅車隴右，肇開白社于蘭泉；返轡汾陽，載咏皇華于周道。顧四牡望鄉園而返駕，方及深秋；則次弟捐賓客而淪亡，已沉修夜。痛雁行之中斷，淒切摧心；叩馬鬣以長號，淋漓隕血。從此百憂俱集，意恍恍而靡寧；至今萬念成灰，魂搖搖其若失。縱使含毫伸楮，俱動深悲，安能命意抽思，用彰盛美？屢勤翰使，殊切慚惶，敢食前言，端期改歲？苦心酸語，可能盡佈于臺端；曲體深憐，尚敢屢徵于仁者？至如渥惠，未敢虛饕，謹用璧完，統希鑑照。

祝　文

祈嗣汾陰后土祝文

惟神九乾配尊，萬彙資育。代更漢宋，屢著休靈[二]。伏念用光，下邑蒙生，中朝薄宦，年逾既壯，未獲後昆。夙昔芝蘭竟成烏有，方今豆蔻尚屬玄虛。垂白在堂，久缺[三]抱孫之望；啼紅當夕，每興誰嗣之悲。自省愆厄，實深愧悔，敢陳明薦，仰瀆洪慈。惟神以廣生爲德者也，何物不生，豈獨靳于一人？何歲不生，亦奚煩于持久？無而有之，遲而速之。三年之內，將拜明神之賜，于以延此衰祚，以上慰親心，而下以逭不孝之罪，則神之惠也。凡世俗所藉以答神貺者，極知不足以酬萬分一。然于《禮》有之，曰“教民美報”焉，亦先民之所常有事者也。惟神垂慈，曲佑用光，可勝懇切祈禱之至！

子孫祠祝文

竊惟坤輿博厚，其何物不生？而所以生之，則各有主者。惟神左贊坤元，職司民命，生人胤緒，實藉洪庥。用光已逾壯年，未獲後嗣。既達鄙誠于大造，復申虔告于專司。期以三年，敢希明況。自惟綿未報，稱何由然？而旂常題額，花勝冠袍，亦世俗所藉以答神賜者也，即用光其何能忘之？

衛雙洲先生祝文

於惟先師，國寶人傑。天荒肇開，風徽迥絕。譚經淑人，精研《戴記》。多士奮興，雲蒸風厲。惟師樂育，無隱乎爾。義則師生，恩同父子。遊師門者，人謂得師。易世之後，穆有餘思。爰集友生，爰舉時享。積有歲年，悲生居往。子等末學，未獲負墻。守先之訓，其曷能忘？不于其身，必于其子。思與澤長，禮緣義起。履時興感，申茲常祭。薄夫可敦，有辭永世。

校勘記

〔一〕“優”，原作“惪”。“惪”爲“憂”的古字，“惪”，當爲“優”，故改之。下文“優婆夷”之“優”同，徑改不出校。

〔二〕“靈”，原作“霝”，爲“靈”之古字，故改之。凡此之“靈”，均徑改，不出校。

〔三〕“缺”，原作“歁”，乃“缺”之異體，故改之。

蒼雪軒全集卷十四

墓誌銘

山東東昌府照磨安齋暢公暨配劉氏合葬墓誌銘

公諱孔樂，號安齋，世河津東暢村人。曾祖諱敬先，以子亨貴，封監察御史。而子茂者，隱德不仕。茂生忠，以貢任應天上元縣簿。忠娶于高，蚤卒，繼史氏、繼李氏、又繼任氏。而史爲稷田御史史公女，實始生公。

公生而溫粹性成，上元公深器重之，手《尚書》一編，朝夕訓督曰："勉之，此爾先世箕裘裘也。"及長餼學宮，清文茂譽，藉藉諸生間。顧累舉不一售，晚以次貢太學。久之，授山東東昌府照磨，志邑邑不自得，甫半載，掛冠歸矣。當公父佐上元時，以家累不獲隨侍，嘗三往省之。父後卒于官，爲扶柩歸葬，即家貧不可爲悅，而其襄事務一稟于《禮》。事母任盡養，即一果、一蔬未嘗不先致之。諸弟幼，爲一一時其昏冠，而又群之家塾，俾攻苦勿少懈也，即學書不成，亦俾拮据家政，勿少逸也。後諸弟林立，而季紹川君舉于鄉，爲別駕。微天子寵靈，以爵其先之人，秋毫皆公力矣。後公家日益饒裕，而所御衣履，率從儉朴以爲常。見大冠若箕，鮮衣綦履者，口即不言，而心隱之，若不能一朝居也。居常蚤作宴罷，即老猶日僕僕田間不少休。蓋其性若此云。生正德癸酉十月八日，卒萬曆丙申八月十日，壽八十有四。

配劉氏，邑人劉鶴女。既笄歸公，性慈和，能敦婦道，而又能以勤儉佐公。即公意指未悉，業先事經營，而所措置又無不當公意者。事嫜姑，昕夕[一]滫瀡，必躬必親。姑每中夜起禮神，輒奉巾櫛庀盥漱以俟。時與姑皤然兩黃髮，猶旦晚修婦禮不衰。即姑亦未嘗不咨咨嘆新婦賢也。門以内雍如秩如，子婦滿前，無敢少恣軼者，蓋所儀刑素矣。没正月廿九日，先公兩年，距始生正德壬申十月十六日，亦得壽八十有三。

子四：家科，歲貢生，娶高氏渠女；次家第，庠生，娶任氏朝官女，蚤卒：次家傳，藍田教諭，娶侯氏祉女，繼張氏蘭女；又次家芳，娶薛氏天錫女。孫男九：科二，曰一元，娶師氏，學生昌言女，繼高氏期説女；曰弼元，庠生。傳三，曰一鷗，曰一鵬，曰一鶯。芳四，曰奎元，曰儲元，曰養元，曰體元。孫女三：二已適人，一尚幼。

爲之銘曰：寒霜糾糾履葛屨，吁嗟暢公人所步。顧視梱内休且瞿，彼兩垂白美無度。善夫九京同魯衶，後熾而昌惟此鑄。

户部郎中少軒高公暨配宜人薛氏合葬墓誌銘

萬曆二十六年二月十一日，總督延寧糧儲户部郎中少軒高公卒于官。子趨等將扶柩歸葬，而榆林兵使者趙君楫，慨然許銘其墓。予時謁病里居，既爲狀。以請而久之不至，日月有時，將葬矣，子趨等懼無以襄大事，則以誌銘屬不佞，使姑爲之，以需趙君之命。而不佞卒不能辭也。

誌曰：少軒公名拱辰，宗極字。其先晋絳人，有諱顯者，挾醫術遊河津，遂籍河津之南陽里。顯七世而生綱，綱生鋭，皆賓于鄉。鋭生汝礪，爲柏軒公，以貢授霑化縣主簿，不就，歸而爲德黨里，黨里稱長者。有三子，長即少軒公，次拱斗，俱薛氏出，又次拱日，繼王氏出。後公以西安最，加贈其父如己官，而母薛亦加贈宜人。公幼有至性，及長，修長莊偉，一見知其爲正人君子。其居官行已，亦大率忠厚公廉，剛方和易，不矯矯爲名高，而誠之所孚格人，亦往往傾服愛慕之。既壯，領鄉書爲會寧知縣，于時歲大飢多盜，公衽席窮民，靡所不周，而或以盜聞，輒按法誅之。其于邑諸生則獎拔其才者、賢者，懲其不類者，而周其貧者。久之，士若民人人尸祝公，以爲吾父母也。及升河南府同知，遮留强半載所，始解任去，邑父老子弟奔走號泣如失所天。至于今言及，輒含淚手額，謂"高公仁人，况我會之民厚也"。在河南旬餘，以父憂歸。及起而爲西安，撫民詰盜，具有成績。至其攝商、涇陽、富平諸郡邑事，則又無不隨在而效，軒車所指，民欣然向風，即旁郡邑亦靡不輸誠歸化，唯恐後也。當是時，公能名幾掩三輔，諸當道亦亟推轂公。督撫魏公學曾，擬公莊浪僉事以請，而天子業以水部召公，水部檄甫下，而公已前期以病歸矣。于時當大計，天子獎吏廉能者，以風海内，公名在舉中。居久之，孫公丕揚爲冢宰，以戶部員外郎起公田間。無何，延寧須督餉使者，遂升公郎中以往。公心念邊將士最勞苦，而餉或不時給，非制也，凡帑金、漕粟計時開發，或先期借支。而又招墾荒屯三十餘頃，白上大司農餘粟六百石、金錢千兩。至贖鍰亦取以充餉，無侵牟者。後數以出塞功，增歲禄二秩，賜白金若干勞公，公于時感奮圖報。方浸浸向用，而一旦無疾逝矣。距生嘉靖丙申正月十九日，得壽六十有三。

配薛氏，于母宜人爲姪，以高、薛世婚，遂以歸公，後亦以公貴加贈宜人。宜人事舅姑孝，即有違言，亦躬自省咎，不至失舅姑歡。而又能以勤儉佐公，門以内井井秩秩，不貽公内顧憂也。諸子婦時時體恤，不異所生，然卒無狎恩而恣者。訓諸女以勤，并曰機杼使躬自操之，謂："各等適人，將捆内是寄。令習于驕惰，以隳各家聲，其奈各父母何？"其賢而明于禮如此。當公在西安，出隨按君行部，而宜人無疾卒于官廨。則萬曆戊子四月三日也，距生嘉靖戊戌正月二十八日，得壽五十有一。

宜人有四子三女，及沒始置側室楊氏，楊氏無出。子：超，庠生，娶邵氏，通州知州寵女，先公十一年卒；趨，廩生，娶師氏，廣平府同知嘉言女；赳，庠生，娶師氏，廩生達女，繼李氏希孟女；起，娶薛氏，生員惟懷女。女：長適生員薛應顏，莨州知州惟傑子；次爲予妻；又次適史修德益府奉祀正實錄子。孫男子三人：趨二，曰梓，繼超後，曰杜，聘王氏，鎮原知縣汝爲女；起一，曰梗。孫女四人：趨三，赳一，長許聘薛士爌，生員應策子，凡薛皆文清公之裔孫也，餘尚幼。

爲之銘曰：孰鮐之背也而蹇乎？而孰狐之丘也而遠乎？而曰天道無知，然而德配乎往哲，而聲施乎來茲。宜爾子孫，誰實爾私？則公與宜人之所以不朽者，匪石而實在于斯。千世而後，徵此銘詞。

處士樂川董公暨配高氏合葬墓誌銘

昔黃帝裔孫董父，以豢龍事帝舜，遂賜姓董氏。而春秋時，有董狐者爲晉史，有聞于世。董姓之在山以西者，疑即其後云。然以予所聞，北陽董氏其始祖敬之，世次已不可詳考。而後有名不成者，或以爲普成，已不可的據矣。普成子旭，旭子文貴，文貴子仁，仁娶于高，生四子，而季號樂川者，即處士公。

處士公諱浪，字宗源。性質木，言內內不出口，視之敦然朴野，顧中嫻于大義，倜儻好施予，亦豪舉自喜。梱內孝友，中外無間言。延師儒訓督諸子，而身敬事之。養飱所餘，輒散以周貧乏，時時爲食于路，以待餓者。人有鬻[二]田廬，歸息豪家者，公知，爲代償之，不責報。於是鄉里翕然謂董公長者，乃公自視欿如也。性好角觝之戲，遠近名能角觝者，輒養數人于家，每佳晨月夜，相與較藝場圃，間以爲適。晚歲酷嗜棋弈，有客對壘，輒手談竟日，欣然忘食。彼所寄意遠矣。卒萬曆庚辰十月七日，得壽七十。

公娶張氏，繼黃氏，皆先公卒，無所出，而最後爲高孺人。孺人即農家子，然言笑舉止有則。蚤歲歸公，兢兢修婦職不怠。迨後十九年，稱未亡人，而足迹未嘗一至外户，難矣。嘗訓諸子：「各父望各輩成名甚切，各輩不有以慰之，謂子職何？即我他年見各父地下，亦何以自解也？」後安宇君以戊子舉于鄉，孺人喜動顏色，既而恫乎有深悲矣。及安宇君四舉不第，深思易以進賢冠以慰母氏，卒以不果。歸而安意績學，以俟後舉，而孺人卒亦不待也。悲夫！逝時爲萬曆戊戌十二月廿三日，亦得壽六十有九。

孺人三子：長三邊，即安宇君，娶黃氏，側室龐氏；次三元，娶張氏；次三晋，運司學生，娶李氏。五女，皆已適人。三元亦三子：子長大儒，而以次醇儒、通儒者繼安宇君嗣。孫女三，俱幼。

銘曰：敦而淵，貞而理。不于其身，必于其子。子貽之成也，而還自榮也，夫焉不寧也？

處士昆崗姚公墓誌銘

歲丁酉，予奉職都門。同年姚惟一氏，以使事告竣，自其鄉來謁選。予過邸中相問訊，把臂甚歡，而察其色若不怡者。叩之，則戚然謂：「家尊年今七十餘，老矣，屬者一疾，遂至委頓。予兄弟亟爲迎醫視療。而家尊以選期迫，固驅之來。來矣，顧此心搖搖，將安所薄也？」予聞而傷之。居無幾何，惟一出尹鄒平，而予亦謁病歸里，兩不相聞。一日或報惟一來。私甚訝之，亟命駕往視，則儼然衰服，且泣且請曰：「家尊遽棄不孝孤往矣。不孝孤懼其生平行誼闕軼不傳，輒敢以誌若銘仰煩吾子，惟吾子圖之。"予唯唯，辭不獲命，則按狀爲誌。

誌曰：姚公，故安邑人，珊名，子珍字，昆崗其號，通渭知縣如松之季子也。生有至性，事通渭公以孝聞，其處兄姊雍雍怡怡如也。與宗族讓，宗族無少長皆敬而愛之，謂姚公長者。與人交不輕合，既定交矣，即變故亦不輕棄也。持身廉以介，辭受取予，一介不苟。少爲博士弟子員，試稍不前，即脱屣去之。一意農畝，三時出舍，郊園蚤作晏罷，唯恐失時。即滌場入室，輒招致鄰里，以斗酒相勞。酒酣耳熱，抗音高歌，自謂羲皇上人不過如此。居恒訓迪諸子，必行誼爲急，謂學之真以治身，其緒餘以爲人，豈其兀兀窮年，于此身漫無關涉，而第工鏧帨，爲青紫媒也？諸子服其訓，咸兢兢好修。而仲惟一氏，以乙未起家，效用當世，人方謂公豐植而厚穫之，必且從容以食其報。而乃一疾不起。悲夫！悲夫！公以嘉靖壬午八月廿六日生，以萬曆戊戌七月初八日卒，得壽七十有七。

娶靈寶許氏，爲太子太保、南京户部尚書莊敏公誥女。生三子：中立，太學生，娶王氏，序班如孝女；誠立，即惟一，娶許氏，太僕寺少卿偁女，則莊敏之從孫也；敬立，娶文氏燦女。女三：長適楊清；次適監生許茂橙，亦莊敏從孫；又次適王國賓。孫男二，曰懿德，邑庠生，娶庠生曹于淮女；曰峻德，聘舉人王一大女。孫女一，適運司庠生喬光。

已又爲銘，銘曰：蒲阪安邑，鱗比河東，姚爲顯宗。身蹇不售，有子以庸，繄公之逢。荒荒郇原，若堂者封，於焉是宫。勒兹玄石，信示無窮，來者爾蹤。

湖廣按察司僉事榆庵趙公墓誌銘

公初諱思聰，其登進士以嘉靖乙丑，以與御諱嫌，遂更名思誠。于時舉主袁文榮公以汝存字，而自號榆庵。世太原樂平縣人。祖瓚，以掾史起家，爲白河口巡檢，商旅如織，至不索一錢。家人或勸之，則動色怒罵，然性實寬慈，以故人愛而慕之。瓚生文淵，剛方和厚有父風，翺翔士林，晚乃棄去，尚羊泉石間。娶于常，實始〔三〕生公。總角讀父書，即穎悟絶人，兼有志概。時有憲使者，行部過其門，鼓吹旂常喧填里閈，公恬坐讀書，若弗聞者。十九補邑庠弟子員，愈益攻苦，獨處斗室中，臥起一塌，擁書數卷。家貧無燭，手劈松枝耀夜，霄旦吾伊，卷不去手。

己酉薦于鄉，人謂趙生才，且稸萃淹雅，可唾手取上第。顧猶六上春官，始成進士。試政吏部，人皆纖趨依諾，群聚則相調工戲謔，公獨抵掌談天下事，慨慷激發，聞者聳壯。以次授山東萊州府推官。時有樂侍御獄不決久，公一問具伏，百姓驚猶神明。顧寬平廉恕，多所平反，一時能名，幾蔽東海。穆廟在宥，雅聞公賢，趨召公。而適有繼母氏之訃，遂以憂歸。暨服闋，授兵科給事中，録前司理績，以新銜贈其父，而母常與繼母俱〔四〕贈孺人。公故伉直不阿，既給事兵垣，益發舒其所自負，一切糾彈無所規避，聲隆隆出省署間。而忌者中之，遂升河南僉事以去。其在河南，清理驛傳鹽法，梳抉垢蠹，不遺餘力，中州人甚德之，以專祠祠公。無何，升行太僕少卿，備兵莊浪，魯夷讋其威不敢肆，窮邊屝卒，稍稍有起色矣。乃又以口語遘歸，家居逾年，調湖南兵備。時江陵竊政，播弄威福，可炙手熱，仕宦過荆州者，必仰首前謁，公獨不往。久之，所部吏以意見相齟，陰肆媒蘖，遂解組歸〔五〕。

歸時年六十有五，閉門絶客，時出舍于鄉，躬督田事，群子弟讀古人書，而躬訓齊之。凡所匡提，必聖賢格言，綱常至理。一切怪誕不經之書，儇薄吊詭之事，必痛爲檢飭，不欲其聞且見也。先是，邑庠生少與解額者，公捐貲修葺學宫，又改邑南門東向，挹蒙山之秀，嗣是取科第者，面背相視。黨里有窶乏，率周恤之，如恐不及。節行風表，冠冕一時，一時人無不稱公長者。于萬曆二十八年八月初一日卒，距生嘉靖二年九月二十日，得壽七十有八。

配張氏，封孺人，孺人不子，生一女，適侯門教讀葛一純。嗣子士魁，廩生，娶李氏；子士俊，庠生，娶常氏。女次適朱中丞子光袞；三適臨洮府同知喬虞；四適奉祀生喬膚，皆莊簡公孫也；五適李翰鵬。皆側室□氏出[六]。

公侄，滑縣令士吉，予同年友厚善者。以計入都，手公狀，以誌若銘請。予辭不獲。遂勒其事行而系以銘。

銘曰：公志在天下不獲究，而約之邑，民式士茂。修之身，躋上壽，延之族姓，克昌厥後。冥冥者天，謂薄于究公，而享公者厚，所謂疏而不漏者耶？

延安府通判紹川暢公墓誌銘

蕭皇帝之戊午歲，紹川暢公與家尊人同舉于鄉。暢公少，讀書攻苦，或通宵不寐。家尊人嘗稱其經義精絕無倫，然竟阨一第。始仕陝之澄城令，居六年，通判延安，以微事忤其太守某，某騰飛語中之，遂投劾去。又數年，而家尊人亦致蜀兵使者之政歸里，與君朝夕過從，相得歡甚。

予以年家子每前謁，公即延之座，笑語娓娓不倦。一日當暑詣公，公爲命酒，酒酣，慷慨顧予言："士效用有具乎？居求本朝令甲合當世之故，而熟參之，異日臨事，恚然刃解。視沈帖括語，以冥冥臆決者，萬也。子必且大用，其無忘予言。"予時方舉孝廉，聞公語，甚愧。然以此知公材品蘊稸，真足擘畫當世。令剸繁劇，必卓然有以自見。第一試之澄，稱能吏，及量移金明，以身阨不售去矣，惜夫！

公有至性，髫年喪父，即知哀毀，事毋以色養，處諸兄和，急不待相求，即爲瞷恤。比屋治室，或侵軼其垣有愬，讓不與校。性恬恕，一切横逆，處之裕如，終其身，于人無睚眥之怨。鄉鄰有鬥者，忿懥不自堪，必欲陳牒。見公，一言而解。至有婚喪不舉，或逋負不能償者，即捐資折券無難色。居恒抑默深念，意若不自得，而其牢騷不平之氣，一寄之酒，醉後軒然遠暘，若忘其身之鬱而所遭之拂亂也。然竟以蘊熱錯毒于背，疽發甚巨，遂以不起。續且屬謂其子若孫曰：“富厚叢怨，晏安貽鴆，矜己喪善，淩人不祥，勉之戒之。”子若孫受命惟謹，及再請緒言，而公已瞑矣。時萬曆二十九年正月三日，距生嘉靖十二年九月十五日，得壽六十有九。

父南川公，諱忠，以貢任上元縣簿，有聲。七年，卒于官。後以公最，拜澄城之命。前母高、史、李，而母任，獨受太孺人封。祖諱茂，曾祖諱敬先，以伯祖亨貴，封監察御史。

公娶于任，蚤世，續任氏妹，各贈封孺人，最後娶王氏。子家麟，太學生，前任氏出，娶袁氏，繼任氏。孫啓元，娶王氏，鎮原縣令汝爲女。孫女：長適陳王猷；次適侯建中，生員膺命。子俱袁氏出。

墓在邑東八里許，艮山之麓，去兩任氏壙不數武。其葬卒之年八月十九日也。

幽室之銘，子麟實請之家尊人，而家尊人命不佞光爲之。其詞曰：登此梁汾之陽，隆隆封之堂。爾謐爾歸藏，曾孫之慶。

耆賓次軒高公墓誌銘

公名拱斗，字宗北，號次軒。耆賓銳之孫，霈化縣主簿贈西安府同知汝礪之子，戶部陝西司郎中拱辰之弟也。少業儒不就，去事農畝，斬斬有次。門以內有孝友稱，季弟拱日，失贈公蚤，公撫訓迫于成立。性儉，素喜赴人之急。衣履未嘗無華靡者，然不常御。至推錢穀服食，以周其族黨，葬娶妻不給者、歲凶不火、老病不自存者，則竭蹶趨之，不少吝也。與人無少長以誠，即或以橫逆加之，亦讓不與校。居常諷詠勸善諸書，嘗稱以教人，蓋有味乎其言，非空譚者。畬歲不子，晚子女林立。然家稍落，意忻欣然自得，不以彼易此也。每歲滌場畢，即釀黍數鍾，爲卒歲計，親友過從，銜杯相笑語，暇則偃蹇場圃間，博弈爲樂。未嘗席父兄貴倨，輒傲睨人，及與人兢也。邑侯張公崇儒，廉其行，以耆年賓於鄉飲，亦一再至，不數往。晚嬰癱瘓病，然不廢行步。淹及數年，竟以不起。于時萬曆二十九年三月三日，距生嘉靖十九年十月四日，壽六十有二。

娶董氏、繼任氏，皆先公卒，無出。側室趙氏、張氏。長子趩，邑庠生，娶任氏，繼胡氏，有女一；次越，娶丁氏，有子二，曰棟，曰柟；次趙，娶解氏，有女一；次趨，娶黃氏；次趕，未聘。及季女三人，一聘丁夢瑞者，俱趙氏出；其長二人，一適楊晉位者，則張氏出。葬以卒之年十一月二十六日。而其侄女夫用光爲之銘。

銘曰：吾蓋習公，而嘆公之不可知也。檢躬，不父兄違也；應物，不父兄依也。鄉里稱善人，與父兄合也；厝以新阡，與父兄離也。之人也，即異世亦當有知之者。吾惡知？夫不知之非知也。

校勘記

〔一〕"夕"，原作"敗"，與"昕"對舉，當爲"夕"之訛，故改之。

〔二〕"蠲"，原作"粥"，爲"蠲"之假借，故改之。

〔三〕"始"，《趙氏宗譜》卷七《藝文·墓誌銘·趙榆庵僉事墓誌銘》作"感異夢而"，録以存異。

〔四〕“與繼母俱”，《趙氏宗譜》卷七《藝文·墓誌銘·趙楡庵僉事墓誌銘》無此四字，録以存異。

〔五〕《趙氏宗譜》卷七《藝文·墓誌銘·趙楡庵僉事墓誌銘》後有“不與較之”四字。録以存異。

〔六〕□，原缺其姓。

蒼雪軒全集卷十五

墓誌銘

叔母譚孺人墓誌銘

趙母譚孺人者，予季父立齋翁之元配也。父威，母王氏。孺人十八而歸立齋翁，於時先大父歿四歲矣。先大父宦貧，歿未幾，而諸父復廢箸。季父年最少，家徒立壁，孺人歸而相與拮据，家乘廛具饗飧。後稍稍饒益，迄今累數千金，倉庾充羨。孺人儉操之而寬出之，經于家不有贏也，被于人惟恐不贏也。鄉鄰急不振者，里婦挫針治繲，鼓策播精于家者，莒筐遞進，虛往而實歸，人人厭其意。即有指使，亦人人盡力也。有蒼頭奴不慧，人謂此行禽，宜虜使之，孺人不忍也。衣食居處必在視宜否，即有不適，亦笑語開之，不至尋夏楚。其主門以內，掃除位置必潔以整。歲時致餉姻戚，必豐。間出酒脯佐季父觴客，必精腆。其自姻戚、鄉里以暨臧獲，靡不曰"趙孺人賢"。蓋季父出，行仁于外，而孺人贊于內，不獨齊德，且陰有助焉。

孺人一子，名用博。壬寅春，從予都門，輸貲為太學生。留京邸久，孺人念之不置，遂以成病。及秋，而予罹先大夫之變，携用博歸，歸而具冠服起居床下，孺人喜動顏色。然而疾深矣，遷延床第幾歲餘，禱群祀徧，即巫醫技亦殫矣，卒以不起。病時，每晨起，醫來切視，過閭巷間，必有人竊語："此延以療趙孺人病，孺人饒於德，天必且以遐年報之，將安事此為？"然竟不讐也，傷乎，傷乎！逝時為萬曆癸卯九月十二日，距生嘉靖庚戌七月十五日，得壽五十有四。

用博娶高氏孽生珍女，有一子三女。子長定，聘邵氏，通州知州寵孫孽生文烺〔一〕女。女：長字陳跟慶，河州茶馬司大使守經孫，孽生節子；二尚幼。

卜以卒之年十二月十六日厝于祖塋之南。季父之言曰："吾先世安，爲藏于兹土且百年，無俟他求。今即大爲室，而待我百年之後，亦無煩別兆也。"嗚呼！其達而財于理如此！用光不孝，失先慈蚤，孺人實子視之，乃今喪先大夫未幾，而復銘孺人。毒痛攻中，愍焉莫瀉，然不得辭也，敢輒撰述其事行而系以銘。

銘曰：困不仰人豐溉人，胡不壽考，儵返其真。將天之道非與？曰常與善人。妥兹幽室，翼我仍雲。

王母柴孺人墓誌銘

萬曆歲甲辰，當大計群吏。予友王君子勉，時守葭州，葭邊虜，例不入計，而督撫固趣之往曰："以社稷之靈，虜倖款塞，邊吏得少暇。乃安然習故事，不從群吏述職闕下，覲天子之光，其何辭之與有？"於是，子勉促裝北上，且念二親俱八十餘老矣，計事畢，得歸一省視，亦天假之便乎？乃子勉未及歸，而其母柴孺人已先期逝，不待矣，時正月二十五日也。子勉歸將及里門，始聞訃，崩鷙柩下，觸地哭如不欲生，而其父封公愍止之數，始抆涕。而徐憶母孺人事行，手勒狀，謁予請銘。悲乎！同病相憐，予間歲自京邸聞先大夫之變歸，倖焉逃死，今得襄事，守先人丘壟。每一回憶，沉痛徹髓，亟收淚，已涔淫下矣。乃今何能爲孺人銘？坐是，執筆輒廢。最後以葬期迫，恐不及事，遂忍痛爲誌。

誌曰：孺人姓柴氏，實河津大族，父廷章，母李氏。幼舉止凝重，不妄言笑，父母器重之。既長歸王封公，逮事舅及姑某，貧無以爲養，孺人多方具辦，字母雞幾，以卵代肉，日以爲常。姑没，而張、陳、李三氏者繼，事之如所以事其姑者。封公性嚴徑卞急，對婦子一語不合，即瞋目去，絕不與語。孺人以婉順怡默承之，顧無不得其意也。歲時姻戚邀致，他婦女笑語相答，孺人默然不謬相和。子勉嘗貿時綺以衣孺人，縫人待命，則固止之，"吾老矣，安用此麗飾爲？"蓋其性如此。而又能急人之難，兄柴耿死，貧不能殮，孺人脱簪珥買棺葬之。有巫氏媼，族尊行也，貧而老，數食飲之，病則時時慰問，且死以裙襦襚，巫氏感泣，曰："吾何以報也？"其仁而嫺于義又如此，乃竟不獲霑一命之榮以殁，豈不悲也！距生嘉靖壬午六月二十六日，得壽八十有三。以卒之年閏九月十三日，葬於城東北紫金山之陽。

孺人有三子：伯，汝教，先孺人卒，娶于李，繼劉、繼杜。子三：瑆，娶李氏，生子一女一；琦，娶柴氏；璁，聘阮氏，杜出。女一，適郭衛民，李出。仲，汝近，娶于龐，媵許。子二：琇，娶武氏，生子一，繼盧氏，龐出；璕，許出。女四：長適庠生閻毓祥；次適陳所養，龐出；餘二幼，許出。季，汝爲，即子勉，與予同師傅，戊子復同舉于鄉，仕陝鎮原知縣，升葭州知州，娶于陳，子三：瑛、瑀、瑇。女二：長適庠生暢啓元；次字高杜。

嗟乎！孺人稱新婦時，井臼操作若甚勞苦，不獨以貧故也，自婦職然耳。迨後家日以裕，而子勉以循吏顯名，孺人席上壽，拊諸子姓，享富厚尊榮之福，且數十年，環至之符，蓋可勝原哉！乃世有習驕惰以爲福，驕惰豈福也？即福履備，而以驕惰迎之，遠矣。若孺人可不謂簪髻之良範哉？予獨悲夫子勉者，例不得歸，倖得歸，圖視孺人起居，而不一見。孺人目且瞑，口子勉不置。然卒不能忍旬月之死，以待其歸而一訣也。蓋予昔以使事還朝，違膝前僅百日，而先大夫見背。今子勉以計事歸里，去母孺人之卒旬月，而不獲相晤一語。其事同，其茹痛又同，予即忍痛爲孺人銘，祗以益予二人之痛耳，而欲爲子勉紓痛，能乎？

　　銘曰：儉履豐，勤將福，代夫成，爲世則。鬱紫陽，玄宮閟，靈之歸，晏長夕。返而真，遲厥匹，廡來舅，安終極。

梁太孺人墓誌銘

　　襄陵，河東望邑，多隱君子。予所聞近山梁翁柱者，業高其行。繼聞其配張太孺人者賢，顧生平遭遘，殊艱閔甚。蓋太孺人爲予友梁徵存大母，萬曆三十一年八月七日卒覃懷宦邸，徵存匍匐扶其樞歸，而以使來徵銘。予手其狀，未嘗不涔涔泣下也。太孺人一子，淇，以邑庠增廣生遊太學。近山翁卒未兩月，而淇卒。二女又次第卒。迨後第二孫一麟及婦張卒。歲戊戌，淇婦蘇又卒。癸卯，徵存側室狄與其子又繼日卒。而太孺人亦以不勝傷，鞠鬱成病，一卧不起矣。悲乎，悲乎！方太孺人稱未亡人後，茶蓼叢心，所爲慰藉目前，紓痛苦萬分一者，恃子姓及婦若女耳，乃相次舍太孺人去。即徵存以省闈第三人舉進士，板輿迎養，承膝下歡，濡沫衰暮。然其生平所茹毒痛，已萬萬極人情所難堪矣。悲乎，悲乎！此予所爲涔涔泣下者也！

　　太孺人事舅姑及繼姑孝，處妯娌和，撫諸侄若孫慈，而相夫子盡婦禮。近山翁兄某且卒，有子方稚，遺金六百，寓近山翁所。後子亦夭折，即携原金傅[二]子錢歸嗣孫一鴻。黨里皆頌近山翁高誼，顧皆太孺人贊成之也。歲大祲，出庾粟賑族黨之急，存活頗衆。即居恒匱乏，亦時與周恤。而自奉顧甚約，平居布衣蔬食，無綺紈膏餼之奉，曰：“非吾好也。”徵存既成進士，念太孺人老，勉就青氈，圖便侍養。及得覃懷，太孺人時時匡誨，謂：“朝家設官，教與養參，而教奇重，勉之，毋溺汝職而關人材。即青衿有貧不振者，而請田分俸亦汝之司，其胡可後也？”

嗟乎，此其志行才識，即丈夫猶難之，而貲備于太孺人之一身。狀稱"知與不知，皆嘖嘖稱太孺人賢"，其有自矣。太孺人以正德十五年八月二十二日生，得壽八十有四。以卒之明年四月二十九日，祔近山翁之室，從初兆也。

女：長適閻景山；次翟琚、次翟珊，皆邑庠生。孫：一龍，即徵存，予辛丑所舉士，娶于楊，繼趙，有子一女五。子士弘，聘喬氏，太學生養初女。女一適吉夢熊，省祭官儉子；一適張拱極，醫官天祥子；一適鄧希孔，儒士尚彬子；及士弘俱楊出。一字劉崇基，太學生仁聞子，狄出。一字李本完，定興知縣瑾子，趙出。一麟，太學生，有女一，適吉信，皆襄陵右族。而外孫翟師雍、師偓輩，復彬彬以科第，紹休方興未艾。嗟，太孺人亦可以瞑矣！

銘曰：謂天夢夢，倀太孺人，夙遭愍凶。抑享身嗇也，而遺後則豐。貽厥孫謀，賁于家邦。謂天夢夢，盍概其終，用勒汝封，以慰汝衷，而奠汝宮。

處士汾川黄君暨配薛氏合葬墓誌銘

君諱希曾，字近城，號汾川。其先本皇甫氏，自萬泉皇甫村徙河津，籍喬薛里。六世祖諱斌，斌生昇，昇生政，政生經，始變皇甫爲黄。經生理，理生鍵，以掾爲直隸永年典史，乃君之父。君幼業儒，用邑武生就平陽府掾。于時，東郡胡公來貢守平陽，心器重君，"此能吏也"，事屬君綜理，無不當胡公意者。他掾或鮮衣縶履，以豪奢聞，君獨澹然，恥與爲偶。生平施予貧乏，自其性然，不望報。人或以橫逆來，亦寬然容之，不報也。生正德十年八月六日，卒萬曆十一年十月二十二日，壽六十有九。

配薛氏，爲文清公五世孫女。性嚴毅，操家井井一是，家秉勤應而以儉持之，于君稱賢婦。生正德十六年二月十四日，卒萬曆三十一年十二月二十二日，壽八十有三。子二：嘉訓，娶于高，繼程；嘉謨，邑庠生，娶于衛。孫男女各七，曾孫男女各一。汾川君之歿也，兆村之西南。萬曆三十二年十一月八日，以厥配祔。

嘉謨于予有葭莩之誼，手狀求誌。予按狀爲次其概，顧獨有感于族氏之遞變也。吕伯恭之言曰：“氏以別其子孫之所自分，數世一變[三]。”然變各有其故也。潙以土；袁、高以名；吕、蕭、韓、魏、苗、歐陽以封；展以字；司空、祭以官；柳下以居；第五以次第；京以律；陸以筮。未有無故而變者。皇甫，故氏也，源于子，迨宋公子充石字皇父，子孫遂以字氏。而漢初復易父爲甫，逮後數千百年未有變也。乃獨以聲之相襲，訛而爲黄，若步摇之爲慕容也者，亦異矣。且今厭複姓之非便而變之者有矣。呼延爲延、司馬爲馬猶然。延也、馬也、皇甫之黄，則併其文而變之，抑又異矣。

嗟乎！世人憚于守其故轍，而輕議變，趣取吾便耳。夫天下事亦何者不以便壞也？易世于祖宗之制，士于秉教者之程，豪民于國之法，末俗于古之衣冠，皆曰“非便，非便”，必且圖己之便矣，不至盡舉其舊而變之不止也，天下庸得不馳騁而狂乎？夫族氏其小者也，予於是重有感也。

銘曰：以子姓之繁，年之永也，蓋善之餘。而別生不始，則心之瘋。汾之原鬱鬱兮，而奠而居。奕世而後，無忘厥初。

處士王公墓誌銘

甲辰閏九月，王葭州子勉葬母孺人，予爲銘其墓。再閲月，其父處士王公卒，卜明年正月二十七日舉葬事，復謁予銘。予惟王氏，蓋世濟其德，其先予不及見。自戊子，予與子勉同舉于鄉，始習處士。

公蓋所謂古遺直云。公少貧困，嘗爲縣書佐，已棄去，酤酒于市。後家饒裕，然酤酒不廢。生平直躬而行，即與人言，亦無一軟〔四〕語。然寬仁端諒，足以服人，故人亦無怨之者。子勉得舉後，念家無儲蓄，而日以薪米之資煩父兄，非計，貸人五十金以權子母。公聞之怒罵："吾望爾一意束脩爲端人，乃爲此耶？"立遣還之。族父名世瑞者，夫婦死，貧不能葬，一是棺殮悉倚辦。公已復收其子宇下，不致流徙。嘗于酒肆得遺金數兩，察知爲客侯貞所失，即召付貞。周崇祿鬻産，實與公鄰，顧售之侯氏。諸孫以爲言，公謂："吾家豈不需此，然亦非急。而侯方卓錐無所，忍不相讓也？"柴成器置革履一兩，頓他所，及醉忘之。過公酒肆妄索履于公，不得，詈語加公，公無以自解。翌日從他所得之，復踵公門謝罪，公笑謂："爾醉誤耳，何謝爲？"有道人粗曉醫術，然酷嗜酒，公一日譙呵之曰："黃冠而沉曲蘗，無論非宜，即人以急難求爾，而爾醉，則何以應乎？"道人始猶不自得，既乃嘆伏曰："公教我矣！"姻家陳謨從博徒遊，公見，切責之不少假。謨含怒去。後悔悟，向所知言："微公，吾不有家也！"

公娶柴孺人，生三子，得孫男八，孫女七，曾孫男二，曾孫女一。紀孺人誌中，兹不具。公體素強，即老猶健食，少疾病。卒之日尚從酒肆中約客飲，午抵家，飯既，即被病。子姓奔走藥餌，迄不效，入夜遂瞑。時十月二十六日也，距生嘉靖癸未四月五日，得壽八十有二。葬不與孺人合，相企數武。

公諱朝卿，字君弼。父世聰，祖景陽，遠祖克明，洪武中以薦舉，官户部主事。

銘曰：直鄰于迫，而寬是崇。直鄰于刻，而仁是從。惟直之德，而翁是躬。惟翁之節，而人是宗。封之若鬣，而靈是宮。安之若宅，而慶是鍾，遺澤焉窮。

奉政大夫直隸廣平府同知慎堂師公暨配黃氏楊氏王氏合葬墓誌銘

　　慎堂先生殁，葬紫金山之麓。逾二十年而有伯子兆興之變，仲若季謀葬其兄喬薛先塋，則其曾大父而下序列焉。以視先生厝所且百里，以爲非便，而又以其地亢且燥，質之圭臬家亦以爲非宜，則謀遷先生喬薛，而以狀來徵銘，曰：“昔者，先君子之葬，實未有銘，諸孤嗛之至今。今將改厝，惟吾子假之一言，往以洗諸孤之恨，而末以永先君子。子其勿辭。”予聞命唯唯。自惟先生于先大夫爲畏友，先生弟虞堂先生于予爲經師、人師，而先生子若侄，復次第與家弟締昏媾之好。即載筆而銘先生，固予分也，予何敢辭？

　　先生姓師，名嘉言，字行甫，號慎堂。爲河津永綏坊人。國初有諱友讓者，三世而生禄，厭城市囂，始移家喬薛。禄生範，範生忠，爲先生父，世載其德。忠娶于黃，以先生貴，封延慶州知州，黃封宜人。先生始四歲，即能畫字塵上，一迹不謬，六歲熟《大學》《中庸》。顧以家赤貧，且廢學矣。幾弱冠始從師問業，不數年補邑庠弟子員，已廩學宫，嘗三中副榜。穆廟改元，歲丁卯，始舉于鄉，辛未，署朝邑縣教諭事，升寶雞縣知縣、延慶州知州、廣平府同知，以病致其官歸。方偕計吏，時蔬食布衣，依然寒素，絶未嘗以請托稱貸，營膏脂之潤。其以朝邑攝白水縣事，潔己奉公，民爲之頌曰“白水如水”。其在寶雞，有公費銀八百兩，實漁之里甲以私令，舊矣，公毫無所取。其徵稅，民函而内之甌，而官發之，往往掠其贏以自封也，亦毫無所預。其歷延慶、廣平宦久矣，家無長物，所餘薪俸以供弟若侄昏嫁之需。即田廬亦割而與兩弟均之，無所私也。其于仕宦，在在能舉其職，以文行迪朝邑，士士彬彬奮起。《志》稱其邑有造士功者，曰"前有翟張，後有師雙。"寶雞彭桓，故里中橫也，私山田數十頃，逃公家之稅，公核而實之，法不少貸。回鶻居內地者，流劫境上，公集民兵擊走之。繕延慶城廓百餘丈，民不稱勞。暨數年流移復業，獄無殺人之辟。此皆今世士大夫所難能，而公顧隨地效，即當路亦隨地而薦達之，曰"此循吏"。士若民亦隨地而俎豆之，曰"此名宦也"。嗟乎！欲足靡剛，利能昏智。無欲而能其官，則廉之效明矣。公生嘉靖戊子八月十一日，卒萬曆壬午七月五日，壽五十有五。

黃氏實公元配，與公同困阨，至以績紡佐公讀，丙夜不休。繼楊，以勤儉持家，稱賢婦。最後王氏，性嚴毅，捆內凜凜，奉要束無敢恣，以公最加封宜人。而黃楊兩氏者，以前公卒不得與。悲夫！

公四子：兆興，娶于黃，繼賈；兆隆，娶于任，繼阮；兆吉，辛卯舉人，娶于劉，繼薛、媵賀，俱楊出；兆禎，邑庠生，娶于張、媵趙，王出。女二，適高趨及邵文烺，皆邑廩生，王出。孫男十有三，孫女四，曾孫男六，曾孫女一。

銘曰：嗟先生，以廉鳴，始仕宦，成茂績英聲。孝于親，友于弟，隆于師。惟先生德，而以循吏名。繫先生之清，故廉吏不可爲而可爲，以視先生。

巡撫延綏都察院右副都御史進階資善大夫正治上卿肖山何公墓誌銘

猗氏蓋有何肖山先生云。方予伏研，北窺舉子業，先生詩文已四馳遠近。獲讀其一二，多不得句，至其法與意所隱，秩而默注，往往不能測涯涘。私慕嘆以爲先生之于此道蓋富蘊稸而奇位置者，而以不得規函丈、親緒論爲恨。歲戊申，則先生歿已二年矣，子諸生洪岳，踵都門謁予請銘。

予讀民部張君所爲狀，而知先生蓋力臣，故不獨以文譽噪當世也。先生在榆林，屬吉能、賓兔諸酋入寇，追擊大破之，斬首數百十級，鹵生口二百餘，駝馬牛羊夷器稱是。捷聞，賚白金文綺，賜爵一級。所條上便宜，如分布兵馬，預定應援，乘時修浚，優重哨探，安設柴塘，嚴詰奸細，議併小堡，慎固城守，團練鄉兵，責成監司十事，多見施行，窮邊改色。兵備紫荆，修廢墜，勸農桑，立社倉，申鄉約，民至今咏歌之。時徐文貞階罷相，則抗疏留請，竟其用語侵高文襄。拱守衢州，當浙省試，推轂多名人。所著程式文，海内傳誦。入計課績，爲天下第一。莊皇帝召問計吏以民間所便苦，則上重正官，察輿論，勵任事，勸樹藝，議保障，開鼓鑄六事，上嘉納焉。守徽州，置膏不潤，計擒雲霧山卅盜余相等。城婺、祁、黟、績諸邑，捐贖鍰六百，置學田若干畝，士興於學，而民以寧。爲郎刑部，争楊侍郎選、趙編修祖鵬獄，幾蹈不測，卒俓侹不爲屈。督遼左餉事，歲祲，疏請通州倉粟四十萬賑之，全活甚衆。虜寇廣寧，于時城以雨圮，而鎮兵復移駐山海，人震驚莫適爲主，則獎率遣將士，授兵登埤，日夜修所以守禦具不懈。虜偵知有備，遁去。榷稅清源，一意紓商民之困，計歲入溢故額十之三，而所省費幾倍。蓋先生十四補邑庠弟子員，凡八年，以春秋薦，省闈高等。明年成進士，拜户部主事，擢郎中。督餉遼左，以疏劾總戎跋扈，移疾歸。久之，起刑部郎，擢守徽，以窮治羅文龍贓罪，爲忌者所中，移之衢。已擢山東副使，備兵紫荆。逾二年，以僉都御使巡撫延綏，用破虜功，升副都御史，以内艱歸。比禫，朝議將大用，而張給諫焕故文襄客也，疏劾先生，而先生遂决意懸車，不復問當世事矣。

先生歸，得大肆其力于詩文，如所著《九愚山房集》《佐右集》《鼪貐子聚雁樓集》，即專門名家或遜美焉。又精書，行草楷則無愧古人。晚病，運腕頗艱，以左手代，尤古所罕儷者。至所纂集《史漢抄評》《鴻烈類選》《古文會編》《四六玄圃》《唐詩類苑》，及所著《四書正理》《麟經發揮》《榆關奏議》往往行世，而兵法若干卷則秘不以示人。蓋先生奇材絕詣，不必全寄于文章，而又不獲盡見于功業。其所鬱勃而不能終戢者，或隱隱具兵法中，而又無從窺見其百一。然則世所以名先生者，何必真足以當先生。而予以鄉晚進，遂欲以文章功業，挈先生之大而概其生平，則予之暗淺亦可概矣。先生生嘉靖十年十月廿八日，卒萬曆三十四年七月十五日，得壽七十又六。歲辛丑，以冊立皇太子晉今階。卒，而子洪岳誦先生之功于朝，得予祭葬，贈某官。

先生諱東序，字崇教。其先有諱濟者，以貢任鴻臚。濟生純，純生廷璋，廷璋生尚德，舉嘉靖壬午春秋第一，官開封同知，配潘宜人，實生先生。娶薛氏，繼潘氏，側室薛氏、任氏。有四男子：洪岳，增廣生，娶于任，繼劉，薛出；洪岱，太學生，娶于曹；洪嵒，庠生，娶于衛，繼張，任出；洪岊，蚤殤。一女子，字王毓麟，潘出。孫男四：起蛟，岳出；起鵬，岱出；起□[五]，嵒出。孫女一，適張巽，岳出。

銘曰：言之物浮也，而風者長。勛伐煌煌，瞥眼冥茫。可與言衡，不竟于功。而言是鳴，不竟于言。而兵是藏，策以屋量。久且彌光，斬板郇陽。若斧若坊，而躬用章。而子孫永慶。

校勘記

〔一〕"烺"，原作"烺"，或爲"烺"之誤，故改之。

〔二〕"傅"，原作"傳"，"原金傳子錢"不合事理。"傳"當爲"傅"之誤。故改之。

〔三〕呂祖謙（字伯恭）《左氏博議卷一・隱公問族于衆仲》："三代之

時，曰姓者，統其祖考所自出者也，百世而不變者也；曰氏者，別其子孫所自分者也，數世而一變者也。”引文有節略。下文“潙以土”至“陸以篦”，皆其例之轉述。

〔四〕“軟”，原作“㪟”，乃“軟”之異體，故改之。

〔五〕□，原缺一字。

蒼雪軒全集卷十六

墓誌銘

邑庠生金川周公墓誌銘

萬曆己酉，周君慎拜河津令，縮綬兩閱月，奉封公之計以歸。歸而手爲狀，走使都門，以銘墓請，予不能辭也。

按狀，公諱某，字國望，號金川。本肥城人，國初始移籍諸城。既五傳[一]，有名琼者，生全仁，全仁八子，公即其長。弱，不好弄，入小學，同舍生或嬲之嬉，輒正色拒之：“吾尊人龜手作勞，以趨吾學，而令吾從而輩嬉耶？”既冠，補邑庠弟子員，雅有文譽。母丁孺人病，日侍湯藥，至叩天請以身代。母殁，哀毀有加。及廢箸，推腴田百畛命異母弟，即其弟困無以家，復割己田殆百畝贍之。甲午，值大祲，斗粟錢百，素封之民，或昂直以牟利。公獨廉出之，人賴以活。妻王不禄，巾櫛畀諸媵，迄不再續，意若有所懲戒云。狀稱，公生平耿介悃愊，初終一轍。訓子孫卷卷以忠孝慈儉爲本，宜可徵信然。予聞令君既冠珮，過里門慰公，公苦口以清廉仁恕相詔戒。即河之民聞之，罔不額手，願公百年。而公乃翛然長往，有足悲者！狀不書卒日，第云生嘉靖七年十一月十日，得壽八十又二。

配王，有壺內之德。慎其長子，辛卯舉于鄉，娶曲氏；次子愷，娶張氏。女適丁綬，次者適匡銓。孫男女各四。

爲之銘曰：青鏖涅之袗，命未有逮也。教鏖澤之吻，民未有溉也。雲路飆車，倏云戒也。莞而衷之，惻惻者宜，未有艾也。

封孺人衛母龐氏墓誌銘

史用光曰：“昔先大夫事其師雙洲先生，非恒俗所謂師弟子也。生致其敬，歿喪諸宦邸，葬銘其墓，昏女其孫，四孟祠之。教所鄉後進，且有感而效之者矣。此豈恒俗師弟子所能有哉？”歲庚戌，先生夫人封孺人者卒，子新命復以銘墓請，予蓋泫然有餘思也。憶先大夫在時，每起居孺人，貌願篤詞致懇款，孺人亦相與慰勞，仿佛家人母子然。予所爲泫然長思，不獨二氏今昔之感，蓋厚有風木之痛焉。此何忍爲孺人銘，然何忍不爲孺人銘也？

按狀，孺人龐姓，父臣，母楊氏，爲河津清澗里人。其嬪于衛，逮事繼姑封太孺人。薛太孺人性卞急，不善孺人。孺人謹事之，凡晨昏潞瀡，衣履酒漿，必躬必親，無敢怠也，太孺人久亦安之矣。雙洲先生署陝庠，司李衛、輝，判蘇，令三河，孺人皆奉巾櫛以從。孺人剛嚴自將，屏内外無不兢兢奉要束。其于夫子亦復不能婉順，如世所謂婦于人者，故雙洲先生亦敬而畏之。始孺人屢蓐不育，置側室王孺人，卒育新命，而王亦舉一子，曰新民。孺人顧之而喜可知也。雙洲先生歿三河宦邸，孺人奉其柩歸，喪葬有禮。孀居逾三十年，門庭肅肅如被霜雪，婦若孫婦時誰何，不少假借。其于雙洲先生，可謂健婦，于諸子姓，抑可謂嚴母也已。歿五月二十日，距生嘉靖戊子正月五日，得壽八十又三。

新命，起家成均，拜南陽府照磨，娶龐氏，有子五：曰繩武，庠生，室予女弟；曰紹武，室太學生杜汝思女；曰繼武；曰憲武，采郝師孟女；曰宗武。女一，室於汝思子，庠生逢時。繩武有子二，暨紹武各有女一。新民，儒官，娶侯氏，繼王氏、張氏，有子三：曰接武，室閻氏；曰步武；曰洪胤。葬以卒之年十一月一日，兆雙洲先生壙東，不祔。

銘曰：易父與母並稱嚴，晚例沈愛痼不瘳。反脣勃谿言詹詹，吁此聾俗孰與砭。孫枝戢戢鷩羅鉗，匪衷亦足箴窮檐。

遼東東寧衛倉大使槐亭馬公暨配趙氏合葬墓誌銘

公姓馬名克勤，字自新，號槐亭，世河津僧樓里人。曾祖能，祖潤，父庠生負圖，例授靈丘王府典膳。娶于徐，繼曹，實始生公。以藩司掾任澤州廣豐倉大使，改汾州汾陽驛驛丞．馭驛之役，用慈廉事；當轄及冠蓋之淝止者，用謹敏，久之頗有能名。後遷遼東東寧衛倉大使，致其政歸。以其橐中，裝飾田廬而廓之，優游閭里幾三十年。嘗捐貲建橋及道院各一。其爲人靜而寬，遜而不阿，事無刻念，人無伏機，躬無隱慝，既老猶健不憊也。生正德十六年十二月二十八日，卒萬曆三十八年二月三日，得壽九十又一。

娶趙氏，予大父贈奉直公、大母贈宜人路氏之長女也。性方以質，弟畜先伯父而下，即長猶孩名之。顧先伯父而下皆敬事惟謹，不敢怠忽也，持家亦以嚴勝。其生也，長公十日，萬曆三年十一月二十日卒，壽僅五十又五。權厝予先塋西偏，今年十一月一日啓，與公同室。生一女，適同里李鳳輦，賢明婉順，内外稱之。卒先公五年，不獲葬公，可悲也！子馬光裕，官澄城縣簿，娶魏氏，繼衛氏。子一，曰洪標，娶劉氏。女三：長適魏守紀，餘二尚幼。

銘曰：有子不死，析薪能荷。不子而子，亦既類我。類我也而非我類，義葉蒙茸，根輿有庇。但不若敖，尚亦有利哉！

壽官李公墓誌銘

萬曆歲丁未，麟定開祥，賜天下耆民爵，人一級。河津莊社里，以李鑛應，于時年七十九矣，烏紗鶴髮，相映甚都以榮于鄉里。越三年而殁。子諸生必喬，手其所自狀，謁予銘墓。

按狀，公號念蓋，貌魁挺，言笑有則。少攻儒，不成，畢力農畝，不數年而家裕。居恒自詫曰：“予惄焉望歲，數逢年而厚穡，適有天倖。第令豐積而嗇于施，恐亦非天道也。”故時時收里閈中葬娶妻不給者，而以其餘爲粥，以待四方之乞，乞四集，則續炊應之。家人疲于供饋，或喃咄盧胡，公卒無厭倦之色。歲即不登，輒傾廩賑人，人賴以活者甚衆。顧其家子弟多任俠，陸博終訟相高，則擇其中韶穎者，群之塾爲擇師教之。久之，相率游于黌序，彬彬稱華族矣。而其鄉有鬥訟，亦復酌劑而與之平，人未嘗不詘服頌戴也。生嘉靖八年二月十八日，卒萬曆三十八年二月八日，得壽八十有二。

配蔡氏，繼趙氏、解氏、馬氏。趙舉子一，曰必喬，配張氏。喬舉子一，曰名芳，太學生，配王氏。芳舉子一，曰炳。而其女三，孫女一，俱適右族。曾孫女二，俱幼。

公之先蓋猗頓人，其徙于河津，自國初始。父忠，有子四，公其叔子。祖旺，曾祖鵬飛，高祖仲温，仲温而上，蓋不可考矣。

銘曰：著猗鄉，賓河渚。頓可師，黃金母。越而居，昌而緒。物有然，視葆旅。

光禄大夫柱國太子太保工部尚書後山楊公暨配累贈一品夫人張氏合葬墓誌銘

今上二十三年，河覆淮，淮不能受，泛溢鳳泗間，扼漕艘，衷寢園松檟。上赫然震怒，罪故河使者。拜右都御史楊公，官大司空，主河事，以工垣給諫佐之。公發卒十餘萬人，鑿黃家壩，渠魚溝，達岔廟，下五港口以疏河。闢清沙口，並安東下雲梯關以引淮。從周家莊稍遷置閘，會河淮之流而節縮之以利運，五閱月訖工。秋水時至，河淮安流，鳳泗不警。論功晉太子少保，賜白金文綺，褒其先世，而以胄監任其子。先是，公佐漕淮上，條《河所以當治狀》以上主者，主者方事堤防，棄不用。及督漕屬，黃淮潰泆，公抱園陵根本之慮，議復河故道以紓淮，而主者方塞高家堰，風御史以"不悉河事"擊公去。乃後不十年而有黃家壩之役，於時，河決黃堌口，時議主塞，公謂"塞易耳，塞而不浚，勢將復決，在彼猶在此也"。卒不塞，而引龍溝小浮橋水，疏沂武水，導睢水，鬢而梳之，使無助河為虐，而注其專力于黃壩。黃壩告成事，上重念公功，俾兼理漕務。及將營，大內詔公還司空，署典工事，河竟無恙。而歸德倅某佐行河，惡黃堌決，當其履，從吏河使者塞之，塞未及半，而上流決于蒙墻，公言遂中。而省臣猶以不塞黃堌為公罪，公連疏告休，荷溫綸慰止之。會聖躬偶不適，詔諸大臣入侍，而以他詔褫公官以去，此其故，蓋不可問矣。公以嘉靖乙未十二月三十日生，幼有異徵。庚戌〔二〕，籍博士弟子員；戊午，舉于鄉；乙丑，登進士第，授行人；戊辰，選兵科給事中，轉吏科左；辛未，以湖廣副使，分巡荊襄，加右參政，轉左，佐漕；丁丑，升浙江按察使；己卯，升山東右布政使；辛巳，轉左；癸未，以副都御史撫河南；甲申，升南京戶部右侍郎；丙戌，以戶部右侍郎兼僉都御史，總督漕運；壬辰，起南太常寺卿，尋復南戶侍，總督糧儲；甲午，以右都御史掌南京都察院；乙未，以工部尚書行河；戊戌，還部以考績晉太子太保、光祿大夫，覃恩加勛柱國；壬寅，奪籍歸里；丙午，皇孫錫慶，詔復冠帶。以己酉五月二十八日卒。

　　公翱翔官路久，所在著聲。使韓藩，却其厚饋；符丞鄭履淳建言，當與杖，公力爭免；裁江陵狎人橫里中者；司徽以倭誣閩商劉二仔輩，察知縱舍之；清山東田賦；弭新會王睦㭎之訌；請留漕粟哺饑民；議改折漕綱便運；奏減織造、燒造；減楚蜀采辦，止卅稅；白曹御史學程寃；爭宮工窗瓦之費；止龍舟及別殿之工。建樹論列皆卓然可名一世，而始終毗國功，無大河渠。本朝急河，視前代最劇，公功亦最高。上洞悉公拮据勞，而公顧以河得譴。然公歸後，大臣多不得良去，或輾轉困阨，憔悴死都門。而公優游林泉，前後八載，意天或別有所以享公者乎！公去國久，上顧左右問：“楊尚書安在?”知上意不忘公，則身後濃恩，故應有待，不終没没也。

　　公系出關西，實漢太尉震裔孫。其徙安邑，自公曾大父景山始。景山生昭，昭生琯，嘉靖戊子舉人，官新安知縣。娶景氏，生子四。公其季子，名一魁，字子選，號後山。

　　元配累贈一品夫人，張氏十四歸公，嘗以女紅佐公讀，往往丙夜。性不喜華侈，即命服亦僅一御。荆襄司李覆銀盂茶籠中以饋，發籠却之。收王氏孤，振鄉鄰乏絕，人皆誦義。家政井井，不以内顧煩公，實公良助。生嘉靖壬寅十月二十八日，卒萬曆丙子八月十八日。繼配任氏，累封一品夫人。有五男子：騰光，辛卯舉人，娶陳氏，學正茆女，張出；時振，南京左府都事，娶蘇氏，運使養蒙女；時輝，恩生，先卒，娶劉氏，舉人行寬女；時興，運庠生，娶令狐氏，知縣泌女，繼劉氏，知縣中寬女；時嘉，邑庠生，娶荆氏，布政州俊女。任出。四女子：一適弋進士鶴；一適翟生夢柱；一殤；一字吳舉人養洽，先卒。張出。孫男女九：鼎初，恩生；貞初，光出；履初、恒初、復初及一女，振出；巽初，亦振出，嗣于興；賁初及一女，嘉出。卜以辛亥二月二十日，葬于邑東七里柏園村之陽。

銘曰：濁流南鶩，挾淮爲夥。松楸浮薺，陵蘼漂粿。帝重屬公，往哉試可。莢玉不煩，雙流載妥。冰夷脅息，巫支祈鎖。蒼水旋功，于是爲大。帝憂既紓，如枵斯果。帝鑒孔明，如炁執簸。業以河功，復以河坐。誰與叫閽，雪茲煩累。柏園既薤，柴車亦輀。大鳥其來，爲公祖左。

仲弟英臣墓誌銘

予弟名用弼，予爲字之曰英臣，而自號景衡。先大夫任齋府君之仲子，而庶母吳之第一子也。予生乙丑，而弟以丁丑生於獻之宦邸。先大夫嘗夢兩巨牛傅翼自天際飛來，止邑學掖門鴟吻上，覺而過期予，謂："足當一，次或此子用是？"絕憐愛之。而弟亦聰敏過恒，似可屬望者。及受書，顧頑猾弗率。先大夫督之嚴，不貸夏楚，且數易師，顧頑猾如故也。及先大夫以辛卯嬰病不適，而弟遂棄書，浮湛聲酒間，雖屢誰何之，不爲衰止。戊申，入貲爲太學生。以報訃使關內諸藩，而弟是時昵狹邪一姬人，爲築室貯之，不往，假以族子青衿者往。明年反命如都，復益貲，授鴻臚寺序班以歸。弟美豐儀，素强盛無病，以昵狹邪姬故，內不能無損。乃性復豪酒，往往過丙夜，坐是病痰暈者再，然頃時即蘇。予庚戌使過里門，聞之，從容謂弟，"此非小恙也，脫不戒而復，且奈何？"弟雖貌肯之，然中弗寤也。及使秦，欲攜之往，冀少節齰，臨岐乃固不往，然猶祖予汾上，依依也。予未歸十日，乃竟以痰暈死矣。死時不能出一語，惟雙淚介面。弟作人和易，從未嘗席貴勢齝人，即橫逆來，亦多忍茹。小時跳騖不嗜書，後頗能韵語，學書畫雖未成，頗有途徑。棋弈、六博、洞簫、探鈎諸技，一往便詣。至琴弄，雖專門鬻蓺者恐未必遠過也。善權子母，徵貴賤，家用饒給。予與諸弟雖廢箸，猶共畎畝，凡地入國征，一倚辦，弟不煩程督。方藉用支門，遽殀折死。時庚戌九月三日，距丁丑八月七日，得年三十又四。

娶王氏，爲□。韓府紀善賓女，生男子四：長長寧，采金縣知縣師兆吉女，蚤殤；次長榮，采廩生師兆祉女；次長茂；次徐茂。女子一，笄庠生閻毓祥子蒲子。予去家四年，仲襲冠帶，叔若季並列弟子員。予私喜，謂“足九原慰先大夫”，于是圖歸，冀朝夕歡宴一堂，寫家門愷豫。詎意僅兩月餘，夭吾弟不及訣。復忍痛銘吾弟也，天乎！

銘曰：濁世茫茫久焉藉，後我乎來先我駕。噭噭隨之恥怛化，落不怨秋榮不謝，罔倖徒繁省相嚇。

榮澤縣縣丞一庵李公暨配丁氏合葬墓誌銘

李爲平粵望族，冠冕蟬聯，有聞當世，然其先實洪洞人。洪武初，有思中者，以避兵始籍聞喜。思中生亨，亨生謙，謙生壽官學，學生澄，澄生高苑簿興祖。興祖娶于趙，舉丈夫子五，長即一庵。

公諱感培，字□□〔三〕。兒時即知孝讓，及受書，悟徹邁儕輩，十六籍博士弟子員，文譽噪甚。學使者陳公棐試，奇之。于時大母宋春秋高，高苑君以共養，不遑問家人産，具以屬公。公心計而躬拮据之。不十年，致貲鉅萬，闢田葺廬，潤及宗黨。迨後宋以百歲終，母趙尋亦不禄，而高苑君開七，衰老矣。公嘆息，“子職謂何？渠能沈此帖括，違啜飲之歡也？”既禫，遂以例遊成均，值司成爲殿學王荆石公，則又試，奇之，而公亦期售京闈，用酬夙昔。乃又以高苑君訃歸矣，公喪高苑君如喪母趙，宗族藉藉稱孝子焉。終喪，諸弟謀廢箸，公矢諸日，泣止之，不聽。則取田廬之瘠陋者，至入貲四百，亦平停畀諸弟，無難色也。捐金貸乏絶，多不索券。助喪葬若母黨趙、妻黨諸丁、舉業師王，皆殫力營護，義聲洽遠近。生平恬進取，第思易一進賢冠，爲終老計，遂謁選，得丞滎澤。履官未旬月，輒投檄歸。歸時，手植籬菊，華尚葳蕤，與知交觴咏其側，酒酣耳熱，長歌“歸去來兮”用以自況。蓋滓濁浮榮，皆望崖而返，公翛然遠矣！卒萬曆庚戌八月九日，距生嘉靖乙未七月二日，得壽七十又六。

配王氏，蚤卒。繼丁氏，事舅姑孝，處先後和，訓子女嚴且正，巾櫛箴紝于公，三十年如一日也。凡舉四男子二女子。卒萬曆戊子五月二十三日，距生嘉靖丙申正月一日，得壽五十又三。向欑淺土，今祔以從公。又繼丁氏。子佖，選貢生，娶王；次仁，邑庠生，娶斑，蚤卒；次俸，乙未進士，任大理左寺評事，娶王浙方伯哲孫女，側室田；次侃，娶楊，邑庠生采女。女長適楊本淳，洛川令晜肖孫；次適邑庠生翟夢桂，都御史繡裳子。孫男三：啓明，方明，佖出，萬齡及孫女二，俸出。曾孫男四：立家、立功，啓明出；立身、立政，方明出。辛亥十月二十一日，葬丁店東麓。而以廷評君之請，用銘諸幽。

銘曰：鴻涵演迤續日餘，噤不施用奄縣車。將余負丞丞負余，子鵲然起傾所儲，行昌厥世大厥閭。樂哉秘此丁之墟，千秋萬祀安而居。

校勘記

〔一〕“傳”，原作“傅”，當爲“傳”之誤，故改之。

〔二〕“戌”，原作“戍”，地支無“戍”，當爲“戌”之誤刻，故改之。後之“丙戌、戊戌、庚戌”等皆同，徑改，不出校。

〔三〕□□，兩字原缺。

蒼雪軒全集卷十七

墓　表

贈文林郎安陽縣知縣李公暨配王孺人墓表

公諱廷佑，字國有，世蒲城人，蓋唐西平王晟之裔孫也。明興，有諱恭者，以捐粟得賜爵一級；恭三世而生果，果生濟時，有兩子，長廷佐，次即文林公。

公生八歲而孤，與母原煢煢相吊，而家又居貧，乃所以事母原與兄廷佐，則斤斤孝弟，不以貧失母兄歡也。及長事農，每晨夜操作，務趨時，爲備保倡。自是家稍稍起而以饒，故益好行其德。于家置義庾，以佐諸戚黨之困阨，又置別墅，以教育戚黨諸子弟，無失時者。歲乙卯，關中大饑[一]，野殍相藉，則日帥蒼頭奴荷耑往瘞以爲常。嘗得囊金于道，徵知爲里人某所遺也，輒撮囊還之矣。其居恒好行其德類如此。以故，黨里皆誦義無窮，而又于王孺人者得内助。

孺人爲耆賓虎女，及笄歸文林公，與俱事姑原，雍雍如也。屬屈黃門銓，爲其孫笄文林公妹，而金若幣加無已。孺人謂：“此市道哉，不然者帷幕簪珥不有恒在，即安用溢格爲也?”蓋姑原自是多孺人識，而付家以内屬理矣。久之，姑原病且革，孺人躬不離榻畔爲扶侍，嘗夜驚寤，問姑有詔乎?需粥乎，藥乎?未也，亦必周捫摩，妥衾枕，而後即安，蓋逾年一日也。後姑喪，家漸落，而孺人以勤勞節縮持之，拮据井臼，手足至皲瘃，機杼軋軋，至丙夜未罷。即一切家人產，不以煩文林公，故文林公得一意爲德于黨里，無內顧憂。此于文林公稱健婦矣。迨癸未，子應策舉進士，明年筮仕任丘，而孺人于家卒。丙戌，起家成都，迎文林公與俱，而文林公于蜀卒。蓋文林公得年六十有九，而孺人僅五十七云。及子再起爲安陽，以最得贈文林公如其官，而母王稱孺人，榮也。又四年，安陽君列諫垣矣，無何持狀謁予，以表墓請。則予爲揭其大者如此，即公與孺人者，亦足以不沒矣。子二，長應書，蚤卒；次乃應策。餘具誌中。

戶部郎中少軒高公墓表代

戶部郎少軒高公，當今上在宥，以人品治行冠冕一時，一時士大夫靡不心儀嚮慕之。顧其功名績效，始終不越關陝一步，筮仕會寧稱良令，同知西安稱良倅，督餉榆林稱良使者，在在以方直介潔，勇赴事，公正不私致譽。世非無以方直介潔，勇赴事，公正不私名者，然往往與事幾謬，與人左，人不能相信帖而已。亦不能自持，若敗絮行叢棘中，不獨譽挫，且賈禍焉。則往往悲嘆世流失甚，而以古道行之，無異被猿狙以儒者之衣冠也。乃高公者，寬然行之，而大有效，豈易俗哉？所事，事我，及我所共事，莫不信且安之，服其所爲，而樂觀其所就，且左右翼相焉，豈易俗哉？嗟乎！務名不名，倖功不功，求榮不榮。原無爲國家，利生民，植行誼之實心，而第托宿于方直介潔，勇赴事，公正不私，而貿世之所羶以自便，間或得所貿去，然而敗者其常也。

若高公者以爲方直介潔，勇赴事，公正不私，自吾分耳，行之而未效，何可尤人？即行之而效，亦何足翹人？故終其身默以蹈之，而鋤其色若尋常事也，夫亦何之而不得乎？獨恨會寧時，與行取不果，西安時，備兵莊浪不拜，榆林時，行報命且有別簡，而公遂死官不少需也。冥冥之中，夫有制之者矣！公如命何？如關陝之民何？予關陝人，被公之澤甚厚，知公亦甚深。屬公子諸生趨等以表墓請，輒論譔如右。李獻吉氏之言曰："墓表其大者，他見于銘志者不表。"予于高公表其所以大者，他見于續行者不表，以明予知公在續行外，且以警世之浮慕公，而無其實者。

公名拱辰，字宗極，少軒其號，世河津人。居近薛文清公，復世締姻好。近且入祀鄉賢，與文清共俎豆，稱盛事云。

鄉貢士五渡李公暨配任太宜人墓表

五渡李公者，名感，字惟善，涇野呂文簡公爲更字惟咸，而自號曰五渡。世太原平定人，封順天府推官鳳之孫，西安府同知應箕之子，予同年友武定州知州棠之父也。幼穎特，自舞勺即能屬文。及長，修榦疏髯，軒眉闊武。學淹究子史，即野乘稗官，星占方技之籍，亦無所不涉。生平負奇氣，倜儻不羈，塊磊有大節。爲博士弟子，文譽匋匋，在多士間取制科如視掌文易也。十入鄉闈不售，晚需次以歲薦，未及起家，旋以病歿。

居恒慷慨自命，"九萬消搖，自男子事，而顧屋足墨守，何爲者？"歲薦人，多守博士，無遠圖。復慨然謂："丈夫何所不見才，即關半通緺，亦自可緝民功國，而寂寂寒氈老乎！"其奇逸激越，若不可以繩度相檢質。其行事顧斤斤繩度，不少出入。西安在宦，封公戀里門，不一至邸，公代西安侍于家甚歡。侍母姚安人疾，不褫帶、不交睫者三月。安人歿四年，西安不復議室。公傷西安老，巾櫛無主，爲委曲續以葛氏，而身敬事之，西安大慰。事諸父昆弟亦睦愛有恩，其他讓産、收孤、振族黨之急，即賢者以爲難，在公則其細小者云。

配任氏，佐公操家，秉門裹秩秩。事王舅姑及舅姑婉順盡婦禮。五渡公歿時，武定幼，則日抱之泣呱呱也，長而命之學，嚴訓切之，稍逸即誚讓相踵。武定績學掇巍科，分刺史，將奕奕向用，以不隕李氏之問〔二〕秋毫，皆母氏之力也。

嗟乎！以五渡公材，諸父昆弟先後起，而縉郡邑之綬者，若若相係，公顧獨以歲薦，復坎壈死，不獲究用。且死，娓娓屬武定于太宜人，語甚苦。太宜人卒能以母儀成武定，使永有聞于當世，即公與太宜人可兩無憾矣。故君子不謂獨武定賢也，一以徵五渡公之貽，一以章母太宜人之教，以爲可以愧世之薄植而覬厚穫晏安。踣子猥云："母儀無當，父訓者是用。"擷其大者表墓，使揭之廣陽石艾之墟，以示來世。若其世系子姓，則有予友韓、傅兩太史之志在，此不具列。

行 狀

先考任齋府君行狀

嗚呼，府君之棄諸孤也，則不孝用光以使事報命還朝，違膝下僅三閱月，而溘焉見背矣。叩天搶地，自死無所，徒跣奔歸，勉勤大事，日月有時，業當井椁。痛惟玄室之銘，欲求當世仁人君子行爲世表，而言足取信于後者，爲不朽計。而不孝隕迷震懾中，于府君事行，十不能舉二三以爲恨。然私心惴惴，惟恐一語溢實以自誣，誣府君及當世仁人君子，則死有餘愧。惟是本之季父所憶，及不孝小來趨侍膝下所承于府君者，條次先後，匍匐以請。惟仁人君子愍而賜之一言，不孝即旦暮死，亦可藉手見府君地下矣。

府君諱三聘，字天民，號任齋，世河津縣城東里人。河津古耿國地，周惠王時，晉獻公滅耿，以賜其大夫趙夙。趙姓在河津者，疑夙之後，然不可稽矣。洪武中，有諱思忠者，四世而生盤，爲府君高祖，盤生軡，于時，家饒裕，性喜施予，嘗以歲凶哺餓者粟；餘二千石，貸人千金，亦以凶故，皆焚券不責報；濟人昏葬計七十有餘家，鄉里人至今能言之。軡生九成，以太學生爲順德府照磨，能其官，歸而爲德鄉里，有光先烈。以府君貴，累贈奉直大夫、禹州知州。贈公凡五娶，始路氏，贈宜人；繼周氏，累贈宜人；繼杜氏、劉氏、徐氏。周宜人生不孝世父三畏、三樂及府君，而杜生不孝季父三綱。

府君幼韶秀敏慧，先贈公鍾愛之。年十二三時，縣令高公文學，理更夫曠役者。諸兄避匿，以府君往，視之溫然儒生也，問受業誰氏，試以文，立奏之，高公大詫曰：“此不凡材也！”贈以楮墨送歸，而更夫事得解。十四補邑庠弟子員，衆中軒然見頭角，爲文清思雅韵，復決囂塵，時人未識也。暢公紹川見之，獨擊節賞異。歲戊午，邑令簡青衿與試者，實首府君。學使者試，列高等，當受饎，輒推以讓某。及試晉陽，初場出，老僕迎問：“若何？”謂：“是不難，遲以三年，會當以禮經魁解額耳。”然竟以是科與前暢公者同舉于鄉。己未，與計吏，偕不第。壬戌，文意得甚，以病不終場。歸居一年，而贈公病，府君左右視養，衣不解帶。夜命之去，不去即堅促之，去矣，旋復在旁，依依不忍離也。贈公歿，哀痛柴毀，興必以杖，始終大事，一稟諸禮。逾小祥矣，猶却酒肉不御。戊辰，舉進士，試館職，業在選次，以溢于額罷。授山東益都縣知縣，便道里門，拜先壠而去。道出大名，兵使者某欲交歡府君，不以禮，府君怫然不爲下，某甚銜之。屬府君渡河，筶工偓蹇不事事者，遂誣府君枉道，且淫怒掠筶工死，劾逮府君。及對簿而筶工某故無恙也，然竟左遷河南布政司都事。方兵使者某謀中府君，府君不知也，促駕而之益都。未任，罪猾胥之侵牟夫役者，人皆股慄。故事，令尹衙宇所需，取辦笐庫，計一歲費可千金，府君則盡裁之，薪米器用一皆自備。及解任去，庫貯羨金若干兩，亦一無所取。在河南受檄，攝祥符縣事，諸務蝟集，府君爲條次其事之緩急，而殫精趨之，不謂攝也，可怠于事，且遷延遜避也。甫五月，升揚州府江都縣知縣，始行條編法，民甚便之，相與作歌謠，詞號《一條編》，以咏歌其事。江都故巖邑，且當冠蓋孔道，案牘山積，而輪軼往來無停晷。每戴星出郊，勞授粢事，甫罷，日已暮矣。則設燎聽政，剖斷如流，案無宿牘。其饔飱委積有恒，即強有力不過腆，而單微必具也。往，他方孝廉下第，必迂道維揚，前謁令君，謂賈人某子若弟可教，懇令君致賈人所。挾令君威，重飽金錢去以爲常，竄未嘗一日擁皋比也。府君則嚴謝絶之，謂："賈人即求師急，然往教謂何？吾安能以身爲轉注與，若曹市也？"里中某甲，賈維揚，則絶不與通。而醫人某侍府君病，語次微餂以賄，即正色譙呵之："而勿以錙銖蹈不測之淵，嘗乃公三尺也！"或函文房器具爲饋，開視有銀相酒鎗數事，立拒却之。于時，譽望橫絶江以北，即江北諸薦剡，無一不首府君者。而無何，丁繼母徐憂歸矣。歸時，庫中贖鍰及他羨餘數千金，或風府君"此橐中裝也"，府君蹙額謂："吾生平砥礪謂何，而一旦以賄聞乎？"卒藉紀之庫，一無所取。

葬繼母徐，附身附棺，無敢不誠信。即練，而諸文學立文會浮屠所，謁府君司盟。府君躬爲殿最，士爭自灑濯，彬彬奮起。餘二十年來，上者取青紫，次廩學宮，半皆府君所造就士也。

府君拊循百姓如恐傷之，而胥隸則痛檢束之不少縱。服闋，補河間府獻縣，未及視事，而署中積猾有聞風而解役者。獻故澤國，秋水時至，民田廬與河伯共之。府君爲疏水上流，而導其委，俾來不以獻爲壑，而往有所歸，民不苦昏墊矣。獻之南有地名單家橋者，當流賊之亂，有五女子義不受辱，相率而投于河死，業被旌矣。府君心慕重之，爲更橋名“五節”，以風來者。有逆旅主人苦客，客不能堪也，赴愬府君。府君徵得主名，謂客：“休矣，此瑣瑣者亦足煩我庭訊耶？”居久之，逆旅主人以他事至，府君從容謂：“主人乎，客將以而爲歸，而奈何漁肉單弱之客爲也？”重懲之。時鄰邑有重獄不決，府君偶與其邑長造兵使者。使者以咨，其邑長瞢不能置對，府君爲從旁條其故甚悉，使者深注目，謂“趙令君才”，凡疑獄必屬讞府君然。

府君前後受邑，俱號繁難，而府君畢力從事，不自休逸，以積勞故，至咯血病也。丁丑入計，前道維揚諸孝廉，有都要津者，銜府君不置，遂嗾吏科都給事中陳三謨，謀陷府君。然府君累官清慎，無隙可入，卒亦無如府君何也。于時，府君蕭然邸中，自知厚相慰勞外，不妄饋遺一人。歸謁監司，監司迎謂：“善乎，令之能自約也！吾聞某邑、某都門繁費以若干計，豈其不以禮而以賄？嘻，其甚也！”戊寅，升開封府禹州知州。計府君前後薦書凡十九上，法不宜外，而府君安之。其治禹，一如所以治兩邑也者。禹故無《志》，首爲質故府舊聞及長老言，爲《禹志》。而又創建麗譙州治前，成以不日，巍然稱壯觀，卒不費民間一錢也。庚辰辛巳間，白蓮教之盜起，窮治黨與，豫方諸郡邑蹤迹殆徧，獨不入禹境。以府君行保甲法嚴，民相助守望，無府盜者。撫按監司人使，毫不相假，稍橫即重法繩之，後其人至不敢道禹境內，寧從他道往矣。諸生連君標才，府君每推轂之。歲壬午，學使者拔禹士，顧獨逸連君，府君持不可，曰：“夫夫才士，視一第掌上，顧逸不取耶？”卒以遺才入中壁經三卷，明年成進士，即學使者亦心伏府君。乙卯壬午，兩與分校，最號得人。而壬午爲尤盛，士出府君門下者什二。季司業道統、錢太守守成輩，多以文學政事稱名士大夫間。宋君名世，號逸群才，復從廢卷中得之，一時當事者舉手相最，謂：“趙大夫知人，能得士也。"有張鼎文者,不知何許人,以詩文游縉紳間,老居禹,頗干公事,府君歲時問遺有加,顧不聽關説,終府君任,不敢以一事相煩。于時政和,而士若民戴如父母,至有以專祠祠之者。

癸未入計,畢事,遂留府君補户部員外郎,甫拜命,值今上謁山陵。故事,中貴人騎而從,則部具芻秣。以府君主之,府君爲域秣所,止中貴人域以外,按次續給,紀事,無嘩者。時府君久于外,欲假差還里,一省封樹,大司徒王公遴輒勉留之:"君揚歷久,事無不迎刃解者,方一切倚辦,何言歸也?"無何,司九門鹽法,日與中璫從事,府君儼然以正御之,即中璫亦嚴事府君,無敢恣者。有猾胥穴其中,規利自潤,往在事者蔽弗知,即知亦延緣置之,蓋輦轂下法陵遲久矣。府君悉其奸狀,時爲督切,甚則肉袒與杖,吏胥人人重足,而他隸人顧人人悦服,謂府君寬而簡,不我苛求也。

久之,遼左需督餉使者,往使者代人或自媒,時主者業具府君以請,府君不知也。在遼左一切金錢漕粟隨至即發,無留行者。廣寧北有牽馬嶺者,實鳥道,即單騎必下,手彎過,以是得名。或謂開之,以度諸乘障者便,府君謂:"此一綫者,我與虜共之,我能往,虜亦能來,且是肩背,我不虞薄乎?"其議開也。後數歲,虜果道此入螯内地,乃始服府君之先見焉。大將軍李公成梁,每出塞取首虜歸,輒歸功府君,計先後賜帑金者三,進歲禄一。而鎮撫顧公養謙雅,推重府君,引參大議,嘗具疏薦之曰:"自郎某佐邊實,而大將數以捷聞,不獨轉餉功也,即帷帳與有勞焉,此其績不在河使者下,宜放其制,以四品章服旌之,將邊臣庶有勸乎。"疏入不報,然一時聲隆隆出九塞諸使者上矣。

乙丑,升四川按察司副使,整飭下川東道兵備。于時府君倦游,而不孝用光業舉鄉試,遂托病乞休,詔予致仕。府君於是稱林下人，優游樂也。家居無事，恢蔬圃郭外，構亭焉，扁曰“閒閒”。暇日携知友尚羊其間，以爲適，後復集諸文學，課藝亭中，時命酒相勞，每見後生，即殷勤問近業何侶，相勸勉焉。趙故無宗祠，府君始創爲之，四時刑牲設奠，寔府君主辦，不以及他昆季。事諸父及兄以禮，有急，取之府君如外府。撫諸弟侄以恩，然有過失，未嘗不倦倦督誨也。族有尊而狠者，屢求析籍，即旁亦慫慂之，幸免蚕食。府君嘆息謂：“一人之身也而兩之，忍乎？”女兄適楊氏，楊宦門子，家中落，不克自振。爲時時周給之，即遠在宦邸，問詒絡繹不絕于道。諸當道有問詒于家者，亦輒散之親黨。至其性喜施予，發其財若粟爲德鄉里，又自不孝曾大父以來守之，世若家範然。丙戌饑，發粟賑親黨之貧者，或以廬若田鬻，即重賈酬之。己亥洊饑，直指使者下勸賑之令，府君首以百金應，直指義之，爲扁其門曰“弘濟民艱”。有靳守中者，釋青衿而貧且死，以誠歸府君，府君謂：“是當在我。”爲買棺葬之。友人郝永禄老無子，嘗與府君譚身後事，悲不自勝。時不孝在側，府君指語不孝：“以累汝，毋忘吾言。”郝感戢意外，更爲一慟。不孝有母舅柴氏學圹，府君出金錢使營葬，事後，其子懷金相售，府君笑謂：“是不腆以資而翁喪耳，豈望報哉？”卒却之。性疏曠軒爽，與人言，時雜笑謔，未嘗以冷面相向，而行顧伉直，不作佝僂纖趨態，然斤斤尺度，無少出入也。鄉里即齊民亦歡然昵就，人自以爲親。已没而語及之，或流淚被面。與人無機穽，一以至誠，或面數其過，然心寔無他。久之，咸諒府君：“此益我者。”即有微嫌，亦陰消釋，更相親厚矣。有通家子，非意見侮，寬然不與校。後見府君，復謬爲恭，府君亦夷然不屑也。宦接其鄉之薦紳先生，無崇卑以禮，或他事相連，必委曲周護，曰：“是各有體，在吾務全之耳。”即請事，謝不納，亦必温言相慰。故宦轍二十年，更郡邑五，無幾微嫌怨于其士大夫。家居亦未嘗以事干有司。或事詿誤而冤，試才而遺者，一爲直且薦達之，亦不任德也。蒼頭四五人，嚴爲訓飭，宦無敢外預，而家無敢武斷于鄉者。然恩恤備至，即被斥，適他郡者，聞府君喪，亦蒲伏哭柩前。

先是，辛卯感偏枯病，行步不適，然客來必強起拱而揖；有事宗祠，必扶持備禮；春秋享祀學宮，必祗謁；元日、長至或聖壽，必偕里中薦紳俯伏盡禮而退。蓋府君老且病，猶不釋恭如此。而其報稱師恩，尤稱篤至。少從先贈公順德延衛先生問業，後貴，過順德訪之，而衛先生已病，則設拜床下，爲經紀其家，恤其子而去。自順德歸，復委贄雙洲衛先生所。府君雅嚴重先生，而先生亦愛府君英敏，撫之如子。及府君爲禹州，而先生以三河令卒于官，府君哭之慟，爲制服，爲位，退食廳事，朝夕哭奠，終七日乃止。每見先生夫人，即拜問起居。後復以女字其孫，蓋先生子少府君幾二十歲。或疑年不相若，府君笑曰："非爾所知。"及致政，復與諸門下士約會，四時祠祀之，終其身不廢。

幼即解聲律，爲詩清婉有致。然多削稿，故所存無幾。詩左袒青蓮，文好蘇長公、司馬子長、莊周、《檀弓》，而絕不喜雕刻餖飣、文淺易以艱深者。壬寅，以東宮恩進亞中大夫、資治少尹，于時不孝使事竣，當反命，欲奉府君如京，府君不欲逆子意，佯應曰"然"，及期乃竟不往。然不孝察府君容色充盈，氣甚健，謂可無虞。不謂一別，遂爾永訣也。痛哉，痛哉！逝時爲六月二十一日，無他病，獨以痰逆喉間不出。親知謁問，猶抗手謝。至二十日夜，漏下四鼓遂瞑。痛哉，痛哉！不孝時在京邸，亦病，病不知所從來，如以石填胸臆間，氣噎塞不能出，心惑憒不知所爲，而頭眩暈欲仆。時六月中旬也，及晦，良已；七月初復病，病欲已，而府君之訃至矣。痛哉，痛哉！没而鄉之人無問識與否，相與嗟惜，謂"善人没矣"。有張氏子向不孝言，府君没，而其母爲流涕悲也，曰："善人乎，爲德于吾之家厚，顧若曹不知也，若兄以農民促就掾吏，就道矣，則公爲言之令所，罷也。不然吾之家破久矣。天乎！胡不百年報公，而遂已也？"府君生嘉靖十七年戊戌三月二十一日，得壽六十又五。

既舉孝廉，始娶先妣柴氏。有婦德，能以勤儉佐府君，俾無内顧憂。隆慶辛未，卒江都宦邸，後以府君最，贈孺人，加贈宜人。繼袁氏，嚴毅有志概，萬曆癸未，卒于家，封孺人，加封宜人。俱厝先塋西偏，今俱以不孝沐東宮覃恩，得視府君秩，加贈恭人。側室吳氏。子女各四人：長即不孝用光，備官翰林檢討，娶高氏，封孺人，户部郎中拱辰女；次用弼，娶王氏，韓府紀善賓女；次用抃，娶任氏，朝互女；次用簡，娶稷山梁氏，陝西布政司參議綱女。女長適生員侯膺命；次適衛繩武，即雙洲先生孫，太學生新命子；次適武繼文積有子，後府君兩月卒；次適生員劉秉謙，鴻臚寺序班承志子。獨不孝與姊侯爲先妣柴恭人出，餘俱庶母吳出。罩孫一人，孫男子五人，女一人。光一，曰玄將；弼三，曰玄毅，曰玄從，曰玄止，及女一；抃一，曰多年。外孫五人。卜以明年三月二十九日，將奉府君柩，歸于紫金山祖塋之次，兩母氏之東。其不以合祔，則府君有成命，不敢背也。

明故總理延寧等處糧儲兼理屯種兵馬事務
户部郎中少軒高公行狀

公諱拱辰，字宗極，別號少軒。其先絳人，有諱顯者，善岐黄家言，始籍河津之南陽里，故高氏遂爲河津人。顯七世而至綱，綱生銳，皆賓于鄉，銳生汝礦，號柏軒，樂易倜儻，鄉里稱長者，積學能文章，竟不第，以歲貢授霑化簿，除目甫下，即拂衣去之。生三子，長即少軒公；次拱斗，皆配薛宜人出，薛則文清公之來孫也。又次拱日，繼王氏出。後公貴，封其父文林郎、會寧縣知縣、贈奉政大夫、西安府同知，而母薛，亦加贈宜人。

公生而淵敏樸醇，異常兒，十歲能文，十五補弟子員，即能攻苦，一意舉子業。是時，贈公居業甚豐，公一無所問。即壯受室矣，米鹽服御，一稟之贈公，無敢私也。丁卯，領鄉書，益自砥礪。自以近文清之居甚，而又世締姻好，即卓然以爲必可法。其所操行，要以内盡己而外不徇人，令忠實心流注遠近，以不悖文清之範而已。居恒，友生相命，或慷慨言：“丈夫幸寄一官，縱禄禄無補清時，而或没于財貨，非夫也。”公默不答，或叩之，曰：“士平居，勉言清白易耳，必民社在躬，而真不以一錢潤囊橐，始足述也，又安事空談爲矣！”

後三上春官不第，始謁選，得陝之會寧。會寧在長安西千餘里，外迫虜而内困于征輸，民凛凛朝夕，糇糒是憂，公爲繕葺城垣，謀所以爲虜備者。即又問民間疾苦，爲調停振刷之。久之，民亦翕然信服，謂得高公晚也。暇時，群諸生校藝，躬爲品題。嗣是，取賢科者，後先相望。梁生清貧，不能室，公爲采曹女室焉。梁妖死，曹竟以身殉，宜若不欲苟生而負梁生以負公者。壬午癸未間，會大饑，斗米千錢，道殣相藉，民父子兄弟不相保。群不逞者，殺人白晝，恬不畏命，民幾無如矣。公篡取暴子弟，肆之市中，而亟發粟以哺飢者，闢隙地城外，日求原野飢莩瘞焉。故雖大饑而民不盡，于歲安定。張副使嘉孚謝政家居，即當道求一面不得，顧獨時時交歡公，每過其里，未嘗不置酒盡歡罷也。當是時公能名大著，即當道無不知有高會寧者。天子拔外吏，補臺省，公名在籍中，而竟不果，止升河南府同知。會父老子弟相與泣曰：“高公去，民將無類矣，願終留之，以生我民。曷亟也？”遮留强半載，始解任去。去之日，傾邑走送，至慟哭不能仰視，而公亦慟哭，相慰勞，猶之免赤子于懷也。

在河南甫半月，丁贈公憂。服除，同知西安。西安直北有地名關山者，介四縣之中，蓋商賈孔道，而民習于盜，至白晝剽行人而奪之金，行李爲梗。近歲，始議設官填撫，寥寥數家聚一城，如斗大廨宇蕭然，宦此者率蘧廬視之。公抵任即往駐其地，躬爲巡行郊野，嚴保甲，勤緝捕，萑蒲潛蹤，關梁不警。即又立社學民間，擇塾師，群民間諸子弟而教育之，關山之民稍稍知禮讓矣。公雖填撫專官，顧當道亟欲得公攝郡邑事。孫公丕楊時爲少司徒，從京邸貽督撫書。富平饑，至人相食，獨不得誠愛民有風裁如高公者，惠此一方民也，遂檄公攝富平。公曩者行捄荒之政，于會寧既效矣，遂舉以治富平。而又保善類，抑豪強，明冤獄，杜請謁，富平大治。即他邑有訟，顧不于其邑長而于富平，謂「高公仁而明，慮無不爲吾屬昭雪」者。公一一爲剖析之，即蒙法離重辟，亦無不人人意滿去。郃陽民楊可久，故亡賴子也，暴于鄉，鄉人莫敢迕視。公捕得，一大創之，遂禁不敢肆。又一大姓，失其名，以貲豪里中，而顧蠶食里中人，至強奪人子女，人不敢抗也。公甫逮治之，則求縉紳某爲之地，縉紳某者方詣公求解，而其人已斃之杖下矣。富平民朱雙魁父及孫姓一老人被誣，御史臺屬公讞，公心知其冤，爲開釋之。兩民子孫輒感激，泣數行下：「非高公生我，我不有今日也。」于時，屬太守病，僚有佞太守者，欲率同官謁佛廬，爲太守禱。公心弗善也，則折柬太守所，具陳非便，且太守禱久矣，毋庸徼福佛屠氏，貽官途笑也。太守瞿然請已之矣。公攝商、涇陽、富平諸郡邑，隨在而效，若一地，即民亦隨在而感激之，若一人也。環西安之民，戴若二天，而撫巡、監司、使者亦倚公如左右手。督撫魏公學曾欲得公僉事莊浪，移咨銓曹，而銓曹業升公水部員外郎。水部檄甫下，而公已前期以病歸矣。

是時當大計，天子獎廉吏以風天下，計所舉八人止耳，公名在第四，稱異數云。公里居久之，病良已，促裝赴水部之命。而銓郎某者，賄人也，風公致賄，公拒不應，曰：「吾豈買官者，即奪吾官，能奪吾畎畝樂乎？」某聞之大恚，輒揚言曰：「某某吾不知何如人，豈一折腰不能得，而遽欲受官乎？」尼前議不行。而公亦決意罷歸，屬橐裝盡，不能前，至欲以肩輿並所攜一劍貨金圖歸計。而戶部郎張君四端，公同年友也，贈金資公歸。歸而閉門却掃，明農科子，若將終身。

會前孫公者爲冢宰，以司農員外郎起公田間。往制：郎署無徑授田間者。有之，自公始，即人亦不以爲非宜。而公亦感奮圖報，遂單車趨闕下。既任，僦一屋長安市中，僅容膝。客來，局促矮檐下，或攢眉去，公夷然處之。晨起，蒼頭持羸馬去署中居矣。一日受脤，當陛謝，漏垂盡，僕馬不至，則徒步趨朝中。既謝，徐步出長安門，騎馬歸。吏人凜凜譙呵，而顧無一語及之。居久之，延寧缺督餉使者，諸郎以邊徼，固不往。而公固欲往，謂：「陝以西宜我，即我亦宜陝以西，我不往，誰當往者？」驅車抵延寧，諸將領饋遺，一切謝不受。故事，計日而給軍餉，主者靳惜留難，往往後時。公固不使後時，行間屈指受餉，若取之掌中。材官、健兒昏喪不舉，或饔飧不自給，爲先期借支，曰：「名實未虧，而因是爲用，曷不可者？」諸塞上田法廢久矣，無論虜馬踐屯，不得時就耕作，惟是軍中多俠少年，有蹴踘、六博、擁胡姬、取杯酒歡耳，誰僕僕手末耜，習臣虜之勞也？計公前後招墾荒屯，殆三十餘頃，而又白上大司徒，餘粟六百石，金錢千兩，至贖鍰，亦取以充餉，無侵牟者。計兩歲餘，省帑金無算。大將軍每出塞取首虜歸，論功行賞，未嘗不曰：「此轉餉勞也，臣何力之有焉？」則升俸賜金有差。于時，虜無闌入者，即公亦強食無恙，方浸浸向用，而一旦奄然逝矣。逝時，爲今天子二十六年二月十一日，距生嘉靖十五年正月十九日，得壽六十有三。

公性不喜華靡，與人交不苟合，然御之坦然，略無崖岸，以故人皆敬而愛之。而于倫常特厚，當贈公殁時，拱日僅兩歲耳，公調養匡誨，逮于成立。子諸生超，先公卒十二年，婦煢煢在疚，公旦夕語家人善視之，"此未亡人，不天，實切隱軫，忍逆其意也？"當公往西安時，里中大饑，輒散數囷麥濟之，所全活甚衆。及西安歸，行李蕭然，交際所須，或稱貸比鄰。邑先達王文中、薛文清諸賢遺迹，亟表章之，而又刻其遺書若《中説考》，若《敬軒文集》及《讀書録》宦邸。晚喜讀《易》及《康節集》，退食手一編，吾伊郡齋不倦。自諸生時，業不喜聲伎，即賓筵雜遝，未嘗一注目。由佐郡而郎署，鬚鬢蒼然飄蕭上官前，不屑一塗飾也。世有路人骨肉，而顧高自標植，以驕其黨里，黨里急難相求，即一錢捫之汗出，不能去手；投老日絶意墳索，日擁橐裝，供淫祠，徼福子孫；否者亦藉目絲竹陶寫，溺情聲伎，或染髮媚人，如何長瑜所稱"不少也"。若公者可不謂難哉？當公在延寧時，語諸郎："吾宦味甚澹，且晚解綬歸，結廬東臯，課爾輩讀古人書，暇時親友過從，共尊酒爲樂耳，安能白首朝章，貽兩疏笑也？"而無何，公遂不起矣。有懷莫遂，托之空言。悲夫，悲夫！既諸郎扶櫬歸，道出西安，西安父老子弟伏哭道左，或握諸郎手，慟哭不能去。即追不及，亦望柩行哭失聲。嗟乎！公何以得此于西人哉！

公配薛氏，贈宜人，宿州判官之女，則文清公之舅孫也，卒先公十一年。有婦德，事載墓誌中。側室楊氏，自東女。公有四男子：長即超，娶邵氏，通州知州寵女；次趨，廩生，娶師氏，廣平府同知嘉言女；次赳，庠生，娶師氏，廩生達女，繼李氏，希孟女；次起，即《宜人誌》所謂赴也，娶薛氏，生員惟懷女，則文清公之仍孫也。女子三人：長適生員薛應顏，葭州知州惟傑子，則又文清公之仍孫也；次即予妻；又次適史修德，益府奉祀正實錄子。俱薛宜人出。孫男子三人：趨二，曰梓，繼超後；曰杜，聘王氏，鎮原縣知縣汝爲女；起一，曰梗。孫女四人，趨三，起一，長許聘生員薛應策子士爌，則文清公之雲孫也，餘尚幼。

趙用光曰：予獻歲謁病歸里，乃婦翁貽予書，深相慰也。書中扼攬時事，以得歸爲幸。則向語諸郎旨乎？至謂竣事得代，即歲杪可聚首田間，而今已矣。公子趨等，以襄事有期，將欲走當世顯者前，徵惠志銘以信示來世，而命不佞光狀公事行，藉手以請。則爲論撰如右，以俟命世者采焉。

校勘記

〔一〕"饑"，原作"飢"，明代已通"饑"，然"飢、饑"義本有別，此處當用"饑"，故改之。當用"饑"處，徑改，不出校。

〔二〕"問"，或爲"門"之誤。錄以存疑。

蒼雪軒全集卷十八

傳

楊封公傳

　　楊封公者，太平縣人，名守道，字子由。以子天民始仕朝城，封朝城知縣，故稱楊封公。封公嘗爲邑功曹掾，主刑獄，以慈慎著稱，所具爰書多寬平，未嘗周內。邑有劉氏母，陷前子獄中，復謀公死之。公卒左右之，令得生去。及子天民以儒顯，遂辭掾家居。嘗隆冬騎而之趙康鎮，道遇醉者墜溝壑且死，公下而乘醉者抵所，親以湯火蘇之。臨汾王姓者，以他事官捕之急，以窮歸公，公哀而收之，事卒解，夫婦感公恩，誓事公終身不去。

　　天民以壬午薦於鄉。乙丑，成進士，自朝城調繁諸城，以治行高等，拜禮部給事中，已補吏科，晉禮科右給事中。以極言建儲事，謫貴州永從典史。其在朝城，公誨之“寬”，曰：“民罷于役久矣。”在諸城，公誨之“威”，曰：“民悍而輕其上，不以嚴，其將干紀。”及爲給諫，公誨之“盡言”，曰：“而身非而有，是天子之諫臣也，知言言盡，庶報天子恩萬一，其容以我爲念？”計給諫在省垣，疏凡四十餘上，而其最大在請蚤建東宮。天子明聖，當璧之符，顯注元子，以需時，未即授冊。奸人旁睨其間，遂流言動衆，舉朝洶洶，若有隱憂。給諫發憤陳言，不覺過激，遂以謫去。然天子意不能無感動，給諫去未久，而冊立大典旋以舉行。蓋給諫身黜言庸，未爲不遇然。非漸公之訓，安能知言言盡，靡所顧忌若此？嗟乎！人臣列采服官，要於共濟國家事止耳。乃至假國事，而肆螫于所私憾，如戊己間所謂憂危宏議者，其言至鄙野，乃市井無賴者所不遵，而憸邪喜亂之人，方茹爲口實，私倡公和，始曰"其有之"，既而曰"已漸驗也"。嗟乎，寧獨臣紀，亦幾無人心矣！不二三年間，青宮正位，其議乃自給諫君發之，向來宵小，始勢孤興盡，慚其術窮而悔其始計之驗也。於是，知者稱給諫有社稷功，而益以服封公之賢，謂陰培顯迪，俾其子副名共位，克家而功於國。視世人暗於大義，徒以名位望其子者，不啻相萬矣。

封公醇篤爽豁，行多可紀，余獨撮其大者著于篇，以俟後之傳卓行者采焉。

朱肖田先生傳

朱肖田先生者，吾友允修太史之父，名希曾，字師魯，聊城人。生平負奇氣，讀書湛淫刻索，所悟解往往出訓詁之外。以之爲文章，掃世俗帖括語，一道其中之所欲言。里中王中丞，與同舍，每相遜伏。顧連蹇不售，意殊不自得。允修甫髫年，屬望甚切，竟不欲其以帖括語取媚時眼，益發古人書，日訓切之，以期必售，而身自放于酒，爲諸生。以老父姚安公嘗欲以橐金私所憐少子，先生則曲承其意。父歿，又火其所遺券，可責數十百金于人者。生一歲失母，育姑鄒所，姑老無子，則迎歸母事之，死祀別室，終其身不怠。伯兄某以抗令不勝，雉經死，難猶未已。先生則懷金與令媾以紓難，伯兄家人不使知也。允修[一]用先生訓切，連取上第，官翰林檢討，以封先生。貴倨矣，每出驅稠人中，一驢兩蒼頭後，若故諸生者然，而意稍舒，遂益豪于酒。辟負郭地，蒔雜花竹樹，日携一二宿友，酣適其間，一不問外事。久之，以沈酒病，病少間，復酣適如初。允修切憂之，因長老以諷先生，笑而謂："彭、殤，數耳，豈復關酒？且而令吾止酒，能必不病耶?"卒以是病日深以殁。

憶在中秘時,先生自其家來視允修邸中,予前謁先生,允修侍,顧允修恂恂俯躬,若在嚴師傅側也。即未習先生行誼,私意嚴繩矩斤斤者。允修顧稱先生儻易疏金錢,居恒慕古烈丈夫之所爲,割田解衣急貧,交隨感轍奮。垂老談世,壯心猶鬱勃不休。益嘆息,予向窺先生不盡。嗟乎,世有如先生者,自足重當世不以子。而先生意,即子貴猶嘖嘖,不獲抒胸中之奇,以諸生終老。以諸生終老,宜未必傳,然先生必傳,其傳必不以子允修貴也。嗟乎,是可以知先生矣!

尚寶徐公傳

徐公諱瑛,字漢卿,爲太師謚文貞存齋先生季子,因自號述齋。肅皇帝甲子,年十又五矣,以廩試中書舍人。丁卯,考績,擢尚寶少卿,丙申,擢尚寶卿,加四品服俸。逾十年,致其政歸,歸時年未及艾。太宰孫公嘉其恬退有定識,深嘆重之。事文貞公暨母張夫人,晨昏必謹。性不能酒,侍文貞觴客,必盡歡。文貞君國之憂,即退休不能忘,必從容婉慰解之。敬事兩兄若從兄弟,愉怡甚洽,然不敢雜以嬉媟。下逮子姪,亦不以嬉媟假之,談宴相收,必凛凛肅儀檢焉。張夫人所遺簪珥,捐以奉母黨。復割膏腴百四十畝,以共歲祀。配陸宜人,殁且四十年不續。生平賑施拔急難人于阨,至不可勝紀,此皆詩書大夫所難能,然予喜其當。文貞秉國時,恂默韜晦,絕不與戶外一事,卒與遇,循墻抑却,不知其爲相君子也。至躋卿寺華重矣,飯蔬衣布,終其身習且安焉。此豈恒俗貴公子所易能哉?近世相公家兒,襲家門冠帶,精綺被體,皎皎作清態不休,令剛腸人見之,欲嘔欲唾。彼亦終其身習且安焉,不自怪怍也。若徐公者,可不謂賢哉!

史用光曰：予觀徐公爲人，蓋不勝時代之感焉。蕭皇帝操下嚴，而倚撥地特重，文貞公得君專且久，一意忠國，而不爲家謀。即其子謹約好修，無恒俗貴介公子氣，以視今之世何如也？予觀其爲人，蓋不勝時代之感焉，作尚寶徐公傳。

蕭鐵峰先生傳

蕭鐵峰先生者，名與成，字宗樂，廣之潮陽人。爲翰林修撰時，以父方齋先生憂歸。于時，母鄭孺人老矣，遂依養膝下。當道推轂，有司數趣駕，終以不出。事孺人朝夕不離側，即出遊，必亟反，曰："得無塵吾母倚閭望乎？"弟光禄與潔，以詞翰自豪，不問家人産，先生身爲紀綱，即諸姪昏嫁，亦身任之。及廢箸，復推腴讓精，曰："兄弟一體，即吾尊人之愛亦一也，顧何得而二之？"有女弟已家矣，歲時致餉，務有以當母孺人意。其季蚤世，爲收其遺孤鞠之，人不知其甥非子也。建祠立祭田，以祀其父若祖，以至于初祖。復割田租若干，庶以祀其外祖。其于族屬，合以宗祠，約以宗法，有孤貧葬昏不給者，復多方資助之。子端蒙，官御史省方，卷卷以察冤理枉爲戒。比報命，復爲畫潮中民瘼六事聞上。先是，邑有徭革除地方虚糧數千石，歲爲民累。則從容白有司，以郡廣濟橋魿稅代，民賴以蘇。邑濱河，南北通潮，沙壅河口梗舟楫，復捐金募浚之。歲大祲，爲粥其餓者，瘞殍者。海寇連巨艘數十薄城下，率鄉人設策禦之，寇以宵遁，鄉人以此益倚命先生。先生家食且三十年，未嘗以請寄煩公府。至其雪鄭世綱等冤獄，及白兩劉生之誣，復侃侃切切，不啻其身家事也。

蓋先生生平問學，以修己惇倫爲本，以濟人利物爲用，而絶不喜飾名宿利，口標懿而躬府穢者。居恒語諸子，"吾不願汝曹沈舉子業，亦不願汝曹隨世俗講學。但願立好心，行好事。行得一分，是一分好人，行得十分，是十分好人。"嗟乎，此豈近時士大夫所能有哉？士不講于心行之際，久矣。鄉請托，宦苞苴，以慷慨自命；奸如鬼，毒如虺，蠱內行猥，至羞對妻孥；名君子，奢淫無底，隽訿無崖；檢稱經濟豪傑，譬潔澤庭屏，而汙萊糞溷，其突奕也。誰實闢此法門，流波未已，悲夫！今之爲士大夫者乎，聞先生之風，或可以少愧矣。

先生弱冠，魁解額，及成進士，官詞林，貴顯矣。然不足爲先生重，故舍官閥而傳先生，以警世之僞死官而餒其實者。

喬封公傳

侍御喬公事今皇帝，有清嚴勁直聲，澄澄侃侃，海內慕重，不知實父封公之家範云。當侍御按馣淮上，人不敢干以私，則走白鋌三百若五百，賄封公所，封公峻斥之，而遺書止侍御勿暴其事，蓋惟恐賄者陷不測，可潛惜耳。抑何其介而不磷于薄也！蓋予嘗侍封公，惇重質木簡言笑，若介特難合者，而久之溫然可即，若和氣之煦物，形解而不自知也。弱冠廩學宮，文譽翔起，顧九入鄉闈不售。而是時，侍御以襄陽李最當貤封，公辭不拜。又數年，侍御以治行高等拜今官，而公亦貢在闕廷，際覃恩拜御史封，人皆榮慕，而公顧以不獲信，志終歉然不自得也。

居恒喜施予，散金粟若干，用起饑莩。又傚張忠定置義宅，以待貧不能自存者。逮後子若孫解囊賑貧，服行若尋常事，雖或性所固然，抑亦義愛之所風者遠矣。世俗號封君者，貨利熏心，往往攫金不見人；至以居間府，利權子母，收責而張其勢陵轢黨里。公痛恨之，則勒署齋閣，用以自警。至歲時，過從姻友，匹馬一蒼頭後，若寒素然。或曰："即肩輿，分也。"公笑而應："詎不謂分哉？慕古人安步可以當車，即馬猶侈矣。"配侯孺人歿，著《鰥夫論》，自矢迄不再續。

而予又讀侍御《次封公軼事》,而得孺人。其于封公,蓋稱齊德焉。當行賄者以數百金來,公已峻斥之矣,顧猶盤回近地不即去,孺人陰使奴子以盤飧遺之,宜若滑遠使之艱危,念不能釋者。嗟乎,其慈心隱惻,不與封公之惠厚相映注哉!即慕重侍御者,亦可以得發祥之自矣。

祭 文

祭暢太孺人文代父

蒼茫而不可問者,天耶?而未始不可以理究。苟天道之無知耶?而所以報施善人者,胡毫髮之不謬?有如太孺人者,非淑慎而貞靜者耶?而何愧乎古賢媛之與閨秀?夫寧挈其德以責報于天耶?而所積顧靡一之弗售。始而贊上元其良佐耶?而常以寬仁爲內助。既而刑閫內其母儀耶?而又以忠厚爲啓佑。鵲起而服官者,伯耶?季耶?而鬱乎庭蘭之遞茂。緣子而貴者,母耶?而拜此輝煌之翟繡。逾八而望九者年耶?而孰知夫大德之必壽?雜桂玉而羅砌者,子若孫耶?而何疑乎仁者之有後。豈偶然而適相值耶?而何當今之希靚。謂蒼蒼者非篤此一人耶?而何所施之獨厚。母即乘白雲而往耶?而足以不朽者,固常留于宇宙。愚于太孺人稱年家子,則所以哀之者,豈詞所既耶?而聊以申虔于俎豆。靈之惝怳而不可即者,于彼耶?于此耶?而洋洋乎如在其左右。

祭季青城先生文代

嗚呼!先生其生也不偶,鍾英毓秀,而發洩乎長河嵩少之靈；其出也有時，雲蒸霞會，而致身乎承明金馬之廷。道足以匡時致主，而未嘗脂韋以詭遇；學足以苞前孕後，而不屑雕刻以矜能。其諒節通才，偉乎河流而岳峙；而英風爽氣，超然騎日月而駕風霆。蓋學者仰爲山斗，而當世視之如慶雲之與景星。胡爲乎位不逾宮寮，年不登中壽，而屣遠塵鞅？夢奠兩楹，痛哲人之既萎，遺永恨于玄扃。雖壽夭崇卑，于先生無加損，而志長世短，恨不獲盡展其生平。蓋天下莫不悲其未遇，而匪直及門之士歔欷痛悼，有愧乎太上之忘情。嗚呼，先生已矣！愚即不得嚴事終身，而微言緒論儼然常見於墻羹。雖株守一官，未得致生芻于墓左，而清宵朗月，恍然若睹其精英。自今以往，所求無負先生者，惟是奉遺言爲師保，遵遺行爲法程。匪獨江漢秋陽，永師傳于千古，而臨深履薄，亦求無忝于此生。謹緘詞而致奠，庶感格于冥冥。

祭盛鳳崗先生文代

　　太華維嶽，隆嵷蟠鬱，大帝所宮。長河北下，汪洋噴薄，萬折必東。靈秀氤氳，篤生夫子，一代宗工。弱冠登朝，石渠視草，筆吐雄虹。晋陟宮寮，橫經御幄，諷議從容。一德結知，明良道合，風虎雲龍。載典禮闈，黜浮崇雅，尊古維風。帝心特簡，預懸揆席，以待登庸。何其厭世，逍遙歌斷，返駕鴻濛。人之云亡，邦家何賴，吾道終窮。帝曰「痛哉，天胡不弔，奪我儒宗！」推恩晋秩，尊名壹惠，用示褒崇。帝德孔厚，榮哀具備，存没兼隆。惟予小子，謬以綿菲，遊羿縠中。具瞻徒切，泰山已頹，仰止何從？國士感深，千秋同慨，有淚縱橫。上悲斯道，下憫當世，豈獨私衷。著書何在，空餘紫氣，萬古龍芎。仙馭難攀，徒令關尹，追慕高縱。一束生芻，緘詞千里，寄我懺懺。有赫精魂，臨之在上，鑒此微悰。

詞林合祭王益吾翰檢併孺人畢氏文

茫茫蒼蓋，落落黃輿。泰山滄海，奠彼名區。海嶽效靈，人文孕秀。龍變雲蒸，啓茲華冑。佩刀接武，掾筆開祥。瑤林瓊樹，彬彬雁行。惟公晚出，得時則駕。一代風流，人方裴謝。秋宵孤月，春空層雲。覃思搦管，楊馬繽紛。雞舌宵含，螭頭晨集。皎皎風前，亭亭玉立。方期大受，柱礎明廷。造物見忌，倏秘玄扃。既豐其才，胡嗇其壽。惟此同袍，怒焉心疢。英英賢閫，匪石同心。矢死靡他，以殉夫君。烈烈高風，凛凛生氣。海岱霜寒，薄俗可勵。天付完節，成公令名。九京相見，慰此平生。皎如聯珠，瑩如珏玉。衆或痛心，公宜瞑目。某等或忝前茅，或附同舟。臨風隕涕，遺恨千秋。不獨憐才，亦兼取節。彤管青編，遺芳可勒。一尊酹土，斷雲低空。雙魂庡止，慰我忡忡。

祭閻太宜人文代

惟靈！名閥開祥，夙閑內訓。結縭茂宗，載揚休聞。梱政肅雝，斂茲百順。啓佑後人，蘭芬玉潤。爰有哲嗣，德棄圭璋。遭時遇主，奮迹曹郎。白雲仙署，載翶載翔。政平刑允，惟母之光。潘輿未將，寸心如縈。回首行山，暮雲迢遞。繁祉遐齡，方昌勿替。飆馭難迴，溘焉長逝。凡我梓里，夙仰徽音。訃來驚悼，實切同心。不腆牲醴，聊寫微忱。精英如在，颯爾蕭森。

校勘記

〔一〕"修"，原作"脩"，本文前後皆作"修"，作爲人名，不宜假借改換，故改之。

蒼雪軒全集卷十九

祭　文

合祭李太夫人文

惟太夫人，貞静淵醇，雜佩芳新，淑慎有常。内範允臧，趾美齊姜。夫君有子，不忘規砥，寧分彼己。司空宣猷，玉瓚黄流，惟母之休。捧檄北上，板輿迎養，傍無几杖。晝永春明，萊衣既成，養志怡情。嗟福既茂，宜躋上壽，享兹殊祐。百祉方昌，溘爾淪亡，云胡不傷？人誰無死，夫人于此，良無恨只。榮哀兩收，理識藏舟，抑又何求？某等，誼叨世講，芳徽凤仰，私心嚮往。俄聞告終，哀激深衷，涕豈無從。溪毛可薦，擷之申奠，以將哀戀。夫人有靈，鑒此芳馨，格于冥冥。

祭黄太宜人文

昔太宜人之荷襃綸也，以子二千石，而予等之知太宜人也，以孫直指使者。蓋直指君嘗按釐河以東諸所，爲裕國實邊，率持大體，而其所推擇搏擊，又凛凛三尺不少借也。至于今，吏奉章程，民歸覆露，即西而秦、南而豫，亦靡不社稷尸祝之。則太宜人之貽謀遠，而其所澤被，斯以廣矣。河東爲直指弭節地，惟是予等桑梓，與所謂列柏者，廛相接也，其荷太宜人之貽謀，而被其澤者，不滋厚哉？

直指君甫解河東，旋被南海之命，輒捧檄喜謂："可便道過里，奉卮酒爲太宜人壽。"而太宜人遽奄然逝矣。嗚呼！報恩日短，難陳令伯之情；回首天遙，寧免元卿之痛。哀同執硯，心折覓芹，即直指君之悲悼可知，矧予等故被澤厚者，能無感太宜人之逝，而悲直指君之悲耶？故聊陳薄奠而侑以辭，太宜人有知，其必鑒予等之衷而昭格之矣。

年家合祭馮仰芹年伯文

嗚呼！齊魯以泰山滄海雄于天下，而先生生其間，爲海岱偉人。其地望高華，勛名烏奕，操行瑰磊，巍然當世具瞻。而當世之士，亦靡不仰止而企慕之。至于文學，不獨天性，抑亦家傳，裘冶相紹，盟中原而表東海，洋洋乎大風也哉！即泰山滄海，先生不啻身有之；而又鍾靈毓秀，篤生賢哲，爲天子股肱心膂之臣，于以上承天而下澤萬物，不見運動而天下享。底定潤澤之功蓋先生身有之，不必身見之。其所以于天下宏，而天下之所利賴，固已博矣。某等之于先生，丘陵與？百川與？方且仰而趨之，而先生已矣，泰山頹，滄海劫矣。即天下莫不悲悼，而矧夫年家子，且夙沐宣旬之化者哉？敢束走一介，以薄奠申虔，即不獲躬親致之，而齊魯之墟有先生之靈爽在，其必鑒某等之精誠，而與之相陟降矣。

祭誥封恭人宗氏文代

於越奧區，曰惟檇李實稱大邦；天目嶔崟，龍湫竦峙，鶴湖汪洋。靈秀絪縕，篤生賢媛，比美河魴。內訓夙閑，遵箴圖史，稟德珩璜。爰自笄年，言歸名閥，百兩干將。鳳凰于飛，此曰扶提，彼曰歸昌。徽柔懿恭，肅雝梱政，周姒齊姜。《關雎》宜家，《螽斯》衍慶，百爾嘉祥。夫子英流，機雲抗逴，鬱爲時良。簡在帝心，巍然節鉞，填撫江鄉。吏治民懷，威宣澤暢，惠此遐方。帝嘉乃績，惟我有臣，誰實贊襄。咨爾令人，民功既懟，內德宜章。章之伊何？鸞書有赫，翟服斯煌。荷茲明命，介茲繁祉，既壽且康。和膽含飴，春明日永，樂以尚羊。既惠我民，民之祝之，曰壽無疆。胡然厭世，雲軿飆馭，溘爾高翔。白藏司辰，西風介候，霜隕高蒼。傷彼蕙蘭，遂同秋草，墮此危芳。茫茫天地，招魂何術，爲問巫陽。夫君沉痛，聲淒鼓缶，淚灑清防。凡我民吏，何依何恃，罔不盡傷。矧予世誼，情均骨肉，哀曷能亡。炙絮有嚴，緘辭千里，聊寫彷徨。靈兮安留，肅然至止，厭我嘉觴。

祭婦翁高少老文代父

吁嗟乎公，孕粹汾龍。和易方廉，取則古昔。清真恬穆，本自降[一]衷。故其動蹈規矩，言發德音，人以爲黃叔度；至性過人，時賢推孝，人以爲王浚冲；嚴愛並濟，門裏雍熙，人以爲華子魚、陳元方兄弟；奇度夙成，推財命弟，人以爲高伯恭；雖有禄位，務存儉素，人以爲房彥謙；勤而能清，綱舉事理，人以爲傅翕；而拯援餓者，所活鉅萬，人以爲富韓公。蓋莫不傾公、德公、慕公、則公。而所以爲公惜者，獨以位不媲望，壽不配德，死不獲首丘，而生不及諸郎之聳壑昂霄，搏扶搖而馭泠風也，則又莫不唏噓痛悼。而不知官本臭腐，孰卑孰崇，令名不朽，何始何終。天地蓬廬，未始有封。高風承世，餘澤焉窮。是皆不足爲公惜，而知公已毫無芥蒂于胸中矣。

余獨悲咽而不能自已者，則以公有成言，深契余衷。掛冠歸老，結廬郊東。怡神繕性，課子明農。良辰芳候，老友過從。杖屨逍遙，文酒從容。《擊壤》而歌“帝力”，彈琴而咏《王風》。即兒輩謁病歸來，亦日夜遲公之至。侍吾兩人者于農圃之間，相與娛晚景而適歡悰。而不虞公之逝也，蟬蜕濁世，返始鴻濛。風淒丹旐，雲結素空。空留嘉話，難覓高蹤。則余所爲深悲極痛，心鬱斷而淚龍鍾者也。嗚呼！公今往矣，千秋長別，曠劫難逢。叩棺一酹，寄此忡忡。空堂蕭颯，仿佛音容。寒飇淒厲，助我悲恫。

祭董年伯母文

蓋嘗讀詩《蓼莪》，而知劬勞之德，與天地垺也。既又讀詩《小弁》，而知母氏之恩，于瞻依切也。方太孺人佐夫子治梱以內，而拊畜長育，未有別也。迨後稱未亡人且二十年，而外內斬斬，行罔缺也。諸孤未有立則拮据者，誰與報之，而免于憂惙惙也？既有立則優遊者，誰共食之，而悲夫形子子也？人徒知其泛柏中河，而"之死矢靡他"以明節也，抑孰知其方舟游泳，以健婦持家而維于將危殆也？舉夫君之所不及爲者，而身與劻勷費提挈也。藐諸孤靡瞻有依，而彬彬以衣冠紹祚，惟母氏烈也。惜也，諸孤不天，悲飇輪之莫御，將奔電滅也。此家君以下所爲震驚，崩殞泣盡，而繼之以血也。用光髫年失母，每傷夫投兔之莫先，心如結也。故于太孺人之逝，實深有悲焉，而不覺其重嗚咽也。明馨是薦，即澗溪沼沚之毛，亦可擷也。靈其鑒此區區者，而馭彼寒雲紛來格也。

詞林合祭全太公文

四時成歲，成之維冬，故曰"冬者，終也"，三時之發育，待以有終。而又曰"冬者，中也"，來兹之玄化，伏于其中，紐結乎始終之會，停毓于剝復之衝。以不用爲用，以無功爲功。然則全之有封，公其四時之冬耶？澡身浴行，執德有恒，即冬之確信不爽；濩落成均，韞奇不售，即冬之閉塞弗通。冬曰安寧，則公之履德含和，虛閒不事；冬曰閉藏，則公之韜精劋迹，寄心鴻濛。是皆與公合德，聊以擬諸形容。而其大者，在嗣人之駿業，公開其始；先公之鴻懿，公厚其終。儻所謂斡機終始，持權剥復，致用于不用，而收功于無功者耶？固宜衍狼駿之長暉，等遐算于寒松。詎意成功者去，叱御豐隆。即交知靡不悲悼，而況與公之子遊者，又焉能已于恫耶？不腆炙絮，寄此遙悰。深哀莫寫，詞以爲容。沉漻淒惻，其諸鳴之，以風者乎？

同鄉合祭景太孺人文

嗟太孺人，珮纓芳潔。于歸德門，和此琴瑟。于時夫子，奮迹賢科。梁案雍容，樂且有儀。鳳凰和鳴，差池其羽。嗟未亡人，職在機杼。訓諸哲嗣，厚稼深培。和熊志苦，畫荻心灰。季實前驅，仲亦繼起。銓署司衡，花封振紀。曰惟伯子，韞奇韜光。元孫趾美，天路高翔。奕奕諸孫，方興未已。列戟旌門，鳴珂表里。翠翹翟服，恩寵翩反。潘輿來往，燕京鹿泉。生享大年，没獲丘首。懿範可師，令名不朽。凡我梓里，夙欽母儀。倏驚凶聞，云胡不悲。修詞設奠，鄉邦之雅。聊寄遙悰，深哀莫寫。瞻彼白雲，太行之西。嗣君歸止，有淚霑衣。

年家合祭朱夫人文

顯矣夫人，休聞孔章。以夫以子，宗伯奉常。惟宗伯公，紹休摯旦。巨室層楹，鼎司中鉉。暫停宵直，寄迹林巖。士瞻北斗，民望東山。宗伯能官，豈伊無助。相室持門，夫人之故。惟奉常君，清廟琳球。甄裁庶品，澄汰九流。裴楷清通，王戎簡要。時無滯材，品藻之效。奉常能子，縶豈無因。貽謀昭訓，有母夫人。孰是令人，梱内作範。族姓稟程，里門歸善。孰是令儀，薄俗可師。有淑其行，于古求之。天下有道，我黼子珮。剛倡柔隨，可云非泰。頡之頏之，歸倡扶提。中途鎩翮，云胡不悲。哲嗣天飛，雲津高躍。膝眷雖違，可云非樂。未獲終訣，溘爾淪亡。崩魂遥驚，胡云不傷。某等遊喬梓間，與之講世。宗伯父子，奉常兄弟。忽驚凶聞，入唁奉常。黯然相視，有淚承睚。桂酒椒漿，陳兹薄奠。豈物之以，明馨是薦。魂兮江南，秋鶴與翔。或式臨之，肅肅洋洋。

祭高次公文

嗟乎世人！失得柴中，未違天問。數理差池，則嘛然含愠。此亦暗于大常，失萬有之恒分矣。予蓋數參之，而知天有定命。乃今于次公而益信也。公門第貴介不自恃，家席温厚不自潤，奉先之訓不少違，赴人之急不少吝，游心奕飲不廢時，娛情聲伎不隕聞。徵于鄉，端然而賢；刑于家，怡然而順。出參耆席，揖讓雍容；還視庭階，玉蘭充牣。蓋積之躬者，若券之符；而食于天者，若塗之印。此其所得已多，即耆年不爲短；諸郎翼翼足亢宗，即未了向平之願不爲恨矣。嗟乎！頹陽不留，馳駒道迅。載啓玄堂，于焉歸殯。何以祖公，酹兹清醖。雲物冥茫，公靈遠近。

祭暢公文代父

嗚呼！賢籍同升，古人講世，躬之不閱，遑恤其裔。惟公于予，五年以長。異姓塤箎，唱于答響。伊昔家食，遊處略同。詩賡夜月，酒揖東風。及與計偕，同懷鉛槧。抵足匡床，聯鑣款段[二]。予牧中土，公尹西秦。渭北春樹，江東暮雲。別駕金明，介然脱屣。長卿倦游，薄言歸止。予亦被命，治兵川東。返我初服，丘壑從公。白鳥可盟，崇蘭可擷。披豁相看，娛兹晚節。管鮑真知，遊楊雅謔。何之不同，何之不樂。方予嬰病，啓居不適。公懷怛爾，猶如己及。及予强起，公心舍然。徵逐譚宴，何論少年。公全于天，豐碩强固。耄耋期頤，坦途安步。裂山妖夢，警予宵分。云何二豎，殲我吉人。回首舊游，晨星同嘆。柔脆浮生，寧堪把玩。老境棲遲，疇堪嚮邇。豈無他人，如公復幾？吾汝心知，匪伊朝夕。先世締交，孫曾襲迹。生死交情，此其大凡。與之講世，彼我無慚。公歸冥漠，我心孔傷。叩棺一慟，老淚縱橫。何以祖公，一杯清酤。公知我者，庶其不吐。

校勘記

〔一〕"降"，原作"降"，或爲"降"之俗字，"降衷"乃習用組合，如《國語·吳語》："今天降衷於吳，齊師受服。"故改之。

〔二〕"款段"，原作"欵叚"，意不可解，據"聯鑣"，當爲"款段"，"欵"乃"款"之俗字，"叚"爲"段"之誤刻。故改之。

蒼雪軒全集卷二十

祭　文

祭承齋梁公文

萬曆三十一年四月十一日，詔起陝西布政使司左參議承翁梁老伯之柩歸于壞厦。于時，用光偕弟用簡，匍匐陳炙絮之奠焉。顧以厝先君未久，毒痛攻中，未獲勒言傾慟，衷闕如也。迨明年二月，驚痛小定，始克爲文，告于木主。

其辭曰：恒情致誄，抒痛陳詞。非有所惜于身，則有所悲于時。即備福長世，亦必臚列盛美，慰藉所私。乃不佞之于伯翁，則別自有深痛焉。而俯仰今昔，穆然長思。憶己亥之歲，家弟用簡，以先君愛子，憑托舊好，結縭名閥。而伯翁惠顧世誼，不是鄙棄，遂慨然以子妻之。時也，親賓廳映，冠蓋參差。雍雍言笑，樂且有儀。鄉邦盛事，閭里流輝。而二老亦復欣欣色喜，得及其身之未老，而目睹其婚嫁之期。今四五年耳，先君遂乃棄諸孤去，而伯翁亦復蟬蛻濁世，鞭雲氣而騎箕。兩雛者煢煢在疚，母氏相依。即昏嫁之期伊邇，而二老曾不少待也。撫時感事，是可不爲長慟而深悲也耶？嗟乎！浮生柔脆，世故嶔崎，百年一瞬，電決風馳，有生必盡，無出不歸。在伯翁玄覽冥識，自可以委運不疑。而況二姓者，一已舞象，一且及笄。今兹以往，委雁非遲。即伯翁與先君相遇九京，亦可以含笑相慰，而靡所致憾于幾微矣。

祭王宜人文

嗚呼！世俗之所以望其子，與子之所以報其親者，惟仕宦一途。子而致之，親則顯揚之。孝親而得之，子則啓佑之謨時也。二人介祉，千里驅車。宦邸祿養，朝夕怡愉。春和萊服，暑退潘輿。出勤職業，入奉起居，夫非人生之殊願哉？而有不得以自如者，高堂遲暮，景在桑榆，辭以出則荒涼。子舍侍以往，則風雨修途。進退維谷，歧路踟躕。終然膝下，畏此簡書。收淚就道，死別須臾。矯首秋雲，鄉心杳杳。倚閭暮日，老眼瞿瞿。故國書來，未開緘而魂斷；鄉園人到，始見色而心紓。幸焉無恙，雙眉稍舒。而天不可知，亦安能保吾親無意外之虞？傷哉乎！溘承凶聞，與死爲徒。天容陡變，日氣模糊。魂崩心死，血盡眼枯。衣愁浴鵠，聲咽啼烏[一]。望里門而遙鶩，叩殯次以長呼。而吾親終不復聞且見也，此非仕宦者之大痛？可謂椎心瀝血，氣盡而繼之以唏噓者歟？悲乎！憶予間歲，奉職燕都。先君厭世，倏棄諸孤。煢煢小子，飲刃茹荼。每一回憶，泣血漣如。葭州于母，遭遘不殊。伊予同病，彼此相於。此予于伯母之逝，而詞以誄之，不覺其情同己痛，而淚與聲俱也。嗟乎伯母！母子分張，人所時有。諸福咸備，人所絕無。是亦可以，爲伯母慰。而呪葭州，宦成績懋，恩倫可須。龍章輝赫，賁輝黃壚。在伯母竟以有子仕宦，或可以瞑目不恨。而仕宦者之于親，亦可萬分一釋終天之恨，逭不孝之辜矣。

祭王孺人文

坡公有言，“人生幾何”，有子不死。噫嘻孺人，《樛木》誰歌，竟以弗子！懿哉夫子！小星在御，豈乏衾裯。大澤龍蛇，用懷深懼[二]，固敵是求。晉廷九錫，短轅犢車，長柄塵尾。寄語夫君，君家始興，曷能專美？豈無靈藥，倉庚梁代，赤木秦阿。世之相後，道遠莫致，將奈君何？鼓缶興歌，而返其真，時而之倖。悲茲後死，偶影伶俜，嗟予賦命！夫君奇塞，他生夙業，端相會逢。恨無尺一，附任武達，若馮敬通。有作門楣，豈必深虞，無人歸骨。第恐雨霜，若敖之鬼，悲涼夜月。帝鑒有赫，大荒之北，寒冰玉釵。夫君念此，伉儷增重，淒然軫懷。凡我戚姻，旁觀損神，有淚如霰。我言孔章，靈即冥冥，諒回一盼。

同門祭郭年伯文

嗟天之道，辟之猶酌。或有受注，或受之縮。注將衍之，衍且彌長。縮其所積，積且彌光。縮而不屈，注而愈出。不測者生，不貳者物。夫寧臆測，理有固然。于瞻澳公，睹其大全。幹穦如公，阨于一第。裕宮允君，犖然名世。姑蘇解組，遯于林巖。英英叔子，天路高騫。謂天享公，享不于己。謂天概公，不于其子。即冥冥耳，亦豈難知。前予所云，縮或注之。衍其所積，久將逾暢。于子于身，惟天所餇。象賢濟美，黃閣青宮。植而溉之，獲則已豐。予于宮允〔三〕，獲交一臂。諸同升者，與之講世。沒存之誼，一杯酹公。公靈如在，總帳搖風。

祭史憶椿文

悲哉！君之以客死也；奉使歸，未及報命，死也；百未及，一有豎焉，死也；復夭折，死也；子女伶俜，未獲視其成立，而遽死也；母妻各天，不獲決絕一語，死也。悲哉！人死丘首，死亦不惡。旅次奄淪，遊魂安泊？孤櫬淒涼，修途綿邈。一出不歸，爲君心割。悲哉！轉餉關西，方春返駕。遽染沉痼，未獲廷謝。彳亍都門，遷延物化。心嗛魂營，含淒修夜。悲哉！結束登朝，通籍縉邑。載陟民曹，亨衢拾級。荏苒湮淪，修名未立。聵贖此翁，趨君何恧。悲哉！彭殤修短，縱未有分。曰仁者壽，繄豈無因。溫恬愷易，端慎慈仁。曾止四十，嗟如此人。悲哉！或始笄纓，或方繈褓，昏嫁無期，棄之何蚤？魂逐神縈，君心未了。寄累母兄，堪茲荼蓼。悲哉！白髮遠離，紅顏夙別。二千里外，末由一訣。遙想君歸，魂崩心折。搶地呼天，淚痕凝血。悲哉！悲哉！君身一何寋，君數亦已奇。爲君思往事，無事不堪悲。叩棺薦君酒，淚下如緪縻。我言亦良苦，君今知不知？悲哉！

祭王封公文

憶年伯與先大夫暨里中長老爲率真之會，相得甚歡，周旋十有餘載。呼盧浮白，情無所不極，靡有間言。自壬寅，先大夫長往，年伯痛猶骨肉，有淚潸然。才兩年所，而年伯亦復厭此五濁，列缺前鞭。計會中次第捐館舍，則前有暢公，既有子孝，後有歷山。自數公歿，而諸老落落晨星，每一聚首，慨焉長嘆。疇昔之夜，夢年伯、先大夫及二趙，明燭一室，宴飲流連。坐獨無暢公，豈滯他所，抑以歿蚤，前已生天？追惟數公，褆躬涉世，坦夷率直，契若金蘭。故無疾而終，後先一致，屣遺蟬蛻，來往輕安。即既歿，而明靈不昧，遞與招攜，儼如夙昔，尊酒盤桓。然則死生之故，亦可知己矣，而又何分延促，何論後先？尚其解脫，皈依大乘，佛門甘露，淨土青蓮。無然溟濛，自沉苦趣，輪回束縛，恩愛纏綿。孟春之月，吉日惟寅，素車既駕，宅彼新阡。何以祖公，有酒盈觴，有肴崇俎，侑以蕪言。曰予小子，念茲世講，兼悲風木，涕淚闌干。神之聽之，以語先大夫及諸公者，灑然超悟，證彼冥詮。

祭荊年伯母文

世俗所艷羨而不可必得者，于制科，曰進士；于仕宦，曰侍御史；仕宦而躋崇膴，曰節鉞登壇；而考其世，曰濟美徽德，曰必得其壽，祝禧曰使多男子。此數者。世所深願，而或不能得一于天。乃太恭人獨優遊順受，而能襲繁休于一己，此可不謂人世之奇遭，而簪髻所罕儷者哉！獨其生不及以子侍御養，而歿不及訣。侍御之新恩方暨，而太恭人不及聞之一色喜也。則侍御君之極痛深悲，而鄉邦所共咨嗟而悼惜者矣。某等誼重同升，渠寧桑梓，寄此哀衷，有嚴牲醴。淒厲寒風，薄帷振几。靈式臨之，侍御在此。

同年公奠王念鳳文

唐虞諸臣，功在生民，以萬世計。其身若子孫起而撫民長世，歷歷可徵據也。獨庭堅氏之後無聞焉，人曰："此刑官耳，所傷和實多，其餘沴也歟?"抑孰知爵賞之爲沴，有萬于刑者也。君以六館高等，參幕工曹，已而有松廳之簡，不報。以憂去。出而俟命，當事者宜有以待君矣，乃扼之數閱月不問。及松廳需人，復以援其私客而故左君，以比部令，同日拜也。此尚有人理哉！即君沈養汪度，無絲微悲瀎于胸中，乃旁觀固已不勝其憤切矣。蒞比部二十日耳，遽獨夜以客死。死自命也，困頓拂菀，生火實多，乃其所以死之故，又可勝道哉！嗟乎！以君之豈弟也，令久于職，必能以刑罰生人。而當事者顧以爵賞殺君，此其爲沴必有萬于刑官者矣。將身之不免，而何子孫之足云？嗟乎，嗟乎！豈必刑罰遂能死人，豈必刑官禍延子孫？羌赴愬而靡所，聊抒痛于斯文。

祭梁恭人文

以恭人之莊也，宜貴；以恭人之恬也，宜壽；以恭人之仁也，宜子。乃今襲金緋而焜耀，躬耄耋而康强，貴矣，壽矣，顧獨弗子也。豈天之爽其常哉？將無别有所以注之，而不可以恒俗億也？嘒[四]星流咏，斯羽徵休。衾裯抱而宵征，疇與逮之？弓裘衍而勿替，疇與載之？塤箎奏而兢爽，疇與溉之？惟恭人之德備也，而後足以培筦簟之祥；惟藩參公之緒昌也，而益有以章瑟琴之美。然則祠燕而夢熊者，豈必其身？屬毛而離裏者，又豈必其子哉！誦周詩于《葛藟》，成之，綏之，將之；擬堯祝于華封，宜貴，宜壽，宜子。若恭人者，不獨閨闈之殊福，抑亦簪髻之懿軌乎？簡也，館甥也，恭人之幽誼有祖奠。而光亦其年家子也，得陳詞以誄之。恭人豈遂冥莫，而不一顧予之房簋哉？

祭張浚翁文

嗟乎！四關融結之壯甲天下，二華終南幽悠磅礴，太白拔地萬仞，劘劃青冥。河貫金城朔方，東北流，帶沙漠，擘宣雲，斗折而南，挾磧梁潼華，固抱不脱。相與骨天地，液華戎，貢靈祥，出雲雨，興寶藏，鞏黄圖，奠黔首，雄寓内無兩。蓋用光得之軒輶夙矣，于人乃復得公。公身備淳德，仕奏豐功，生播令名，殁霑殊眷。今即收精英于靈岳，還浩氣于洪流。而生平所保固，已鐺脚河山，一日千古矣。公旬宣之澤，夙浹山以西，舊遊紳委義不能忘公，輒走使修炙絮之奠焉，即公何能遠而吐之？

祭龐孺人文

天地嚴凝之氣，義氣也。人鍾而毓之，爲剛正；酌而劑之，爲剛中。緊君子之懿德，嗟曠世其難逢！世稱壺範，德言容工。順以爲正，穆穆雍雍。柔嘉惟則，剛復何庸？嗟乎，嗟乎！世衰教失，慣懊成風。方嚴氣餒，脂韋調工。持以逢世，遂不有躬。具湏眉而若此，問簪髻以何從？嗟乎，嗟乎！健以持門庭屏静，孰是梱職，匪剛不共；嚴以刑家子婦肅，孰是母儀，匪剛不崇。

澗峭而人不越，櫛比而垢莫容。人雖悍亦帖，家雖落亦興。矧衛之名閫，而稟孺人之嚴訓，固宜政成家裕，蔚爲女宗。嗟乎，嗟乎！趨飆車之戒路，鞭列缺與豐隆。御椒漿乎瑤席，冀潛格于冥夢。儵餘輝于璧月，回清照于寒蛩。

祭梁思軒文

嗟思軒公！挺秀茂宗。倚冰梧液，灑澤花封。既騰薦剡，既奏民功。天胡不弔，溘爾長終。知交轉語，共切隱衷。矧茲姻婭，涕豈無從。嗟乎，嗟乎！方榮遽萎，已極悲恫。而況高堂垂白，曲室啼紅。宵烏泣月，靜樹調風。皆人世之深悲極痛，而于公乎見之。其爲悲悼，又寧有窮哉！光也，昔年奉節，于役關中。渭南紆軫，藍田從公。輞川千澗，玉山兩峰。遊履齒屐，奚囊氣雄。歸晤齋閣，宴笑從容。于時公病，我心忡忡。然而神王，即氣亦充。萬不慮及，遘此愍凶。詎知一別，遂御豐隆。歸途聞訃，毒痛環攻。死生交誼，炙絮恪共。公乎如在，鑒我微恭。

崇祀鄉賢祭文

維萬曆四十三年，歲次乙卯，甲戌朔，越二十一日，甲午，孝子右春坊右庶子兼翰林院侍讀趙用光等，敢昭告于中憲大夫四川按察司副使府君。崇祀鄉賢，國家大典，然必公論帖然，靡有遺議。得之有道，非由寄托，然後增光祀典，取重鄉評。子若孫蒙麻襲慶，有餘榮焉。府君生平行誼，人有口碑。諸孤，人子也，何敢縷述？今日之事，但覺參之清議，質之良心，靡有幾微恨歉者。此人心所以不死，世道所由永賴。諸孤所爲私心，慶幸不能已于踴忭者也。

嗟乎！夫人之處世，爲賢者難，爲賢者之子孫亦復不易。有如懿範可師，典刑在望。爲子若孫者顧躬底不類，自隳家聲。考世者或過而問焉，此誰氏子孫，將不愧死？則夫夙興夜寐，勉爲善人，以不愧世問者。又諸孤所爲兢兢自矢，以仰答先靈者也。入祀之始，謹以庶羞牲醴，陳兹常祭，尚饗！

校勘記

〔一〕"烏"，原作"鳥"，依韵當作"烏"，故改之。

〔二〕"懼"，原作"愳"，乃"懼"之異體，故改之。

〔三〕"官允"，前文作"官允"，當以"官允"爲是。故改之。

〔四〕"嘒"，傳世本《詩經·國風·召南·小星》作"嘒"。録以備考。